J 1604.
S.H.1.

HISTOIRE
DES GUERRES CIVILES
DE LA
RÉPUBLIQUE ROMAINE.

TOME PREMIER.

Cet Ouvrage se vend à PARIS,

Chez LE NORMANT, Imprimeur - Libraire, rue des Prêtres-Saint-Germain-l'Auxerrois, n° 17 ;

Et à la Librairie stéréotype, chez H. NICOLLE, rue des Petits-Augustins, n° 15.

On trouve aux mêmes adresses les *Dissertations de Maxime-de-Tyr*, philosophe platonicien, traduites par le même auteur.

HISTOIRE
DES GUERRES CIVILES
DE LA
RÉPUBLIQUE ROMAINE,

TRADUITE

DU TEXTE GREC D'APPIEN D'ALEXANDRIE

PAR J. J. COMBES-DOUNOUS,

Ex-législateur, et membre de quelques sociétés littéraires.

> *Hæc et apud seras gentes, populosque nepotum,*
> *Sive suâ tantùm venient in sæcula famâ,*
> *Sive aliquid magnis nostri quoque cura laboris*
> *Nominibus prodesse potest : cùm bella legentur,*
> *Spesque, metusque simul, perituraque vota, movebunt.*
> LUCAN. Lib. VII, v. 207 et seq.

TOME PREMIER.

PARIS,

DE L'IMPRIMERIE DES FRÈRES MAME,
rue du Pot-de-Fer, n° 14.
1808.

Εἰ γὰρ ἡ τῶν ἐν ᾅδου Μυθολογία τὴν ὑπόθεσιν πεπλασμένην ἔχουσα πολλὰ συμβάλλεται τοῖς ἀνθρώποις πρὸς εὐσέβειαν καὶ δικαιοσύνην, πόσῳ μᾶλλον ὑποληπτέον τὴν προφῆτιν τῆς ἀληθείας Ἱστορίαν, τῆς ὅλης φιλοσοφίας οἱονεὶ μητρόπολιν οὖσαν, ἐπισκευάσαι δύνασθαι τὰ ἔθη μᾶλλον πρὸς καλοκαγαθίαν.

Diodor. Sicul. lib. I, pag. 2, B.

Si enim Fabula de inferis, argumento ficto constans, multùm ad pietatem et justitiam hominibus confert; quantò magis Historiam veritatis antistitam et vatem, atque totius quasi philosophiæ metropolim, mores ad honestatem informare posse judicemus.

« Car si ce que la Mythologie raconte des enfers, quoique ce ne soient
« que des fictions, a une grande efficace pour inspirer aux hommes
« l'amour de la piété et de la justice; à combien plus forte raison
« devons-nous regarder l'Histoire, *cet oracle de la vérité, cette mé-*
« *tropole,* si l'on peut s'exprimer ainsi, *de toute la philosophie,*
« comme plus capable encore de leur faire aimer la sagesse et la
« vertu. »

PRÉFACE.

« Lisez l'histoire, disoit Démétrius de Phalère à l'un
« des Ptolémées, roi d'Égypte, lisez l'histoire, c'est-
« à-dire les ouvrages qui contiennent le tableau des
« vertus et des vices des hommes, le tableau de l'ori-
« gine des États, et de la naissance des Empires, le
« tableau des causes de leur formation, de leurs pro-
« grès, de leur maintien, de leurs vicissitudes, de leur
« décadence, de leurs révolutions, de leur ruine. Vous
« y verrez, vous y apprendrez ce que les flatteurs, ce
« que les courtisans, dont les chefs de gouvernement
« sont perpétuellement entourés, ne vous permet-
« troient jamais de voir et d'apprendre (1). »

Lisez donc l'histoire, vous, dépositaires des pouvoirs des nations, qui êtes jaloux d'obtenir le suffrage
de vos contemporains et les hommages de la postérité.
Quelque habiles qu'un génie naturel, secondé par les
leçons de l'expérience, ait pu vous rendre dans la
science de gouverner, l'histoire vous apprendra toujours quelque chose. C'est sur-tout par la lecture de
l'histoire qu'on acquiert le sentiment de la vérité de ce
sage mot de Solon : « J'apprends toujours en vieillis-
« sant (2). »

Lisez donc l'histoire, vous aussi, hommes d'État,

vous qui êtes appelés auprès des chefs de gouvernement, pour être les ministres de leurs ordres et les oracles de leurs conseils. Vous y trouverez toujours de quoi agrandir vos idées, étendre vos vues, améliorer vos principes sur cette importante science des hommes, des choses, des temps, des lieux, dont se compose la grande science de gouverner.

Vous aussi, peuples, lisez l'histoire. Heureux, vous y verrez de quoi mieux sentir le bonheur de votre condition, de quoi mieux apprécier les douceurs de votre situation présente, en la comparant à ces tristes, à ces déplorables tableaux du malheur des nations qu'elle vous mettra sous les yeux : car, à la honte des chefs de gouvernement, ils sont rares, très rares, dans la chaîne des siècles, ces périodes sur lesquels les regards du philosophe puissent s'arrêter avec intérêt, et lui faire dire avec attendrissement : « Que n'ai-je « vécu à cette époque, chez un peuple et sous un gou- « vernement semblable ? » Malheureux, vous y trouverez d'amples, de fréquents motifs de consolation. Vous y verrez le tableau d'une servitude pire que celle sous laquelle vous gémirez, d'actes de despotisme plus révoltants que ceux qui exciteront votre indignation. Vous y rencontrerez des horreurs plus fortes que celles qui vous paroissoient inouies, des atrocités qui surpasseront celles que vous croyiez sans exemple. L'histoire vous offrira des désordres, des maux de tout genre, plus grands en intensité, plus étendus que ceux qui vous sembloient en être le comble. Vous recueillerez de cette lecture cette grande vérité, que le bonheur des hommes en société tient moins à telle ou telle forme de gouvernement, à telle ou telle distribution de pouvoirs publics, que certains docteurs politiques ne se l'imaginent; qu'il dépend essentiellement de la moralité, des passions bien ordonnées, de l'amour bien entendu des lois et de la justice dans la personne de ceux qui tiennent les rênes; et que, selon qu'ils possèdent plus ou moins ces qualités, les peuples ont à bénir une autorité paternelle, ou à gémir sous la verge des tyrans.

L'histoire vous apprendra sur-tout que le fléau le plus cruel des corps politiques, c'est une révolution. Elle vous dira qu'entreprendre de renverser un gouvernement dont on se plaint, pour lui en substituer un autre, c'est mettre le feu aux quatre coins de sa maison, pour donner la chasse à quelques animaux malfaisants qui l'infestent; c'est ouvrir les quatre veines à un malade pour le guérir de quelque accès de fièvre, de quelques paroxismes de fureur; c'est, en un mot, chercher le remède de la maladie dans la mort. Elle vous dira de regarder comme des perturbateurs, comme des factieux, comme des pestes publiques, les novateurs en matière de gouvernement, qui, en déclamant contre les abus de l'autorité, ne songent qu'à s'ouvrir le chemin du pouvoir et de la fortune; qui, en vociférant contre les attentats de la tyrannie, ne visent qu'à devenir des tyrans. Elle vous dira qu'à très peu d'exceptions près, il n'y a point de révolution politique à laquelle on ne pût appliquer, dans un sens plus ou moins exact, cette douloureuse exclamation de l'orateur romain, dans le premier livre de ses Offices: « Plût aux Dieux que la chose publique « eût continué d'exister comme elle existoit aupara- « vant, et qu'elle ne fût pas tombée entre les mains « d'hommes moins zélés pour y améliorer l'état des « choses par des changements, qu'avides de la bou- « leverser de fond en comble! » *Outinam respublica quæ cœperat statu stetisset, nec in homines non tàm commutandarum quàm evertendarum rerum cupidos incidisset.*

C'est, du moins, la leçon que donnera l'histoire des guerres civiles de la république romaine, que je viens de traduire de nouveau, sur le texte grec d'Appien d'Alexandrie. On y verra combien fut pénible, combien fut laborieuse, combien de fois et de combien de manières fut ensanglantée la longue agonie qui conduisit cette république à la monarchie et au despotisme des Césars. On y verra les Gracques, sous les prétextes les plus spécieux, et peut-être avec les intentions les plus pures, préparer le germe de ces troubles, de ces discussions intestines, qui, par un enchaînement de résultats successifs, amenèrent la guerre sociale, les proscriptions de Marius et de Sylla, la guerre entre César et Pompée, la bataille de Pharsale, l'assassinat de César, le déchirement de la république, le fameux siège de Modène, l'épouvantable triumvirat d'Antoine, de Lépidus et d'Octave, les deux batailles de Philippes, le fameux siège de Péruse, la catastrophe du jeune Pompée et la bataille d'Actium. A l'aspect de cette grande tragédie, la plus imposante, la plus féconde en résultats politiques et moraux, la plus digne des regards des lecteurs de toutes les classes qui ait été jouée sur le théâtre du monde, il est impossible que la nation dans la langue de laquelle ce monument d'un des premiers historiens de l'antiquité va recevoir encore une fois le jour, ne sente pas mieux, n'apprécie pas davantage le bonheur de sa destinée, qui, tandis qu'elle étoit la proie des factions et le jouet des tempêtes, de manière à avoir à craindre de rester long-temps dans cet état de convulsion et de crise, lui a fait trouver un port dans la seule forme de gouvernement qui pouvoit la sauver du naufrage.

Après avoir ainsi exposé les motifs de mon entreprise, je vais donner sur le compte d'Appien d'Alexandrie, mon auteur, le peu de documents biographiques qui sont parvenus jusqu'à nous. J'entrerai ensuite dans le long détail des nombreuses éditions qui en ont été faites, soit dans son texte, soit dans les différentes versions

PRÉFACE.

en latin. Je parlerai des traductions diverses de cet ouvrage dans les langues vulgaires, et notamment des deux traductions françaises, l'une par Claude de Seyssel, et l'autre par Odet-Philippe, sieur Desmares. Je terminerai par quelques réflexions sur le fond de mon travail, et sur les notes que j'ai cru devoir y joindre.

Appien, ainsi que l'indique le surnom *topologique* qui le distingue, étoit originaire de cette célèbre ville d'Égypte dont Alexandre avoit été le fondateur, et qui jeta un si grand éclat sous les Ptolémées qui lui succédèrent dans ce royaume. C'est ce qu'il nous apprend lui-même dans les dernières lignes de la préface, ou discours préliminaire qu'il a mis à la tête de tous ses ouvrages. Il vint à Rome; il s'y livra à la profession du barreau, où il paroît qu'il eut occasion de se distinguer, en plaidant devant les tribunaux du premier rang, puisque l'un des empereurs sous lesquels il vécut l'éleva à la dignité de procurateur, et lui confia l'Égypte même, sa patrie, pour la gouverner à ce titre (3). Il résulte de divers endroits de ses écrits, du paragraphe VII de son discours préliminaire (4), de la section XXXVIII de son histoire d'Ibérie (5), de la section L de son histoire de Syrie (6), de la section XXXVIII du premier livre, de la section LXXXVI et XC du second livre des guerres civiles, qu'il vécut sous le règne de Trajan, et sous celui (7) d'Adrien (8).

C'est grand dommage que les mémoires historiques

qu'il paroît qu'Appien avoit composés sur sa propre histoire (9) aient été la proie du temps; nous y aurions probablement trouvé de quoi satisfaire amplement notre curiosité sur son compte, et de quoi le venger sur-tout d'un reproche qu'on lui a fait, et dont nous aurons bientôt occasion de parler. Mais au défaut de ce précieux monument, il faut nous borner au petit nombre de faits dont nous trouvons les vestiges dans son discours préliminaire. Au reste, il paroît que cet ouvrage d'Appien étoit déjà perdu du vivant de Photius et de Suidas; car ces deux auteurs ne nous apprennent rien de plus que ce qu'on vient de voir, dans ce qu'ils ont dit l'un et l'autre du personnel de cet historien.

Le premier de ces deux écrivains, Photius, nous a laissé sur les ouvrages d'Appien des détails beaucoup plus précis, beaucoup plus exacts que ceux que nous a laissés l'autre. Les lecteurs curieux de les connoître les trouveront dans sa *Bibliothèque*, *cod.* LVII. Nous remarquerons, à ce sujet, deux difficultés que présente le récit de Photius. La première consiste en ce qu'après avoir donné les différents titres des douze premiers livres du grand ouvrage d'Appien, il arrive à ceux qui contenoient les guerres civiles, et qu'il en porte le nombre à neuf, depuis le treizième jusqu'au vingt-unième inclusivement. La seconde, en ce qu'entrant dans le détail des principaux évènements rapportés dans les livres de la guerre civile, sans énumérer une seconde fois le nombre de ces livres, il annonce que les derniers comprenoient l'histoire de la querelle d'Antoine et d'Octave, de la guerre qu'ils s'étoient faite l'un à l'autre, et de l'effusion de sang qui avoit eu lieu à cette occasion (10). On sent, en effet, que les cinq livres des guerres civiles, tels qu'ils existent aujourd'hui dans toutes les éditions, s'arrêtant à la catastrophe du jeune Pompée, sans aller jusqu'à la bataille d'Actium et à la mort d'Antoine en Égypte, laissent une lacune considérable dans le plan de l'historien. Il semble donc que l'histoire des guerres civiles devroit contenir plus de cinq livres. Mais ce qui fait l'embarras sur ce point, c'est que le second des deux anonymes dont Schweighæuser rapporte l'extrait parmi ses *Testimonia veterum*, tom. 3, p. 12, ne mentionne nommément que cinq livres des guerres civiles, ἐπὶ δὲ τούτοις εἰσὶν οἱ ἐπιγραφόμενοι Ῥωμαϊκῶν Ἐμφυλίων πέντε. On ne peut concilier cette discordance, qu'en supposant que Photius comprenoit, parmi les livres de la guerre civile, des livres que l'anonyme a classés sous un autre titre. Quoi qu'il en soit, nous ne nous étendrons pas davantage sur ce point de critique, dont la discussion ne présente pas, dans le fond, un intérêt bien considérable. Au surplus, on peut voir avec quel succès le docte Schweighæuser a débrouillé cette fusée. (11)

PRÉFACE.

Avant que d'aller plus loin, il importe de venger Appien d'un grave reproche dont Henri Etienne a été le premier auteur, et qui, trop légèrement accrédité par Joseph Scaliger, s'est propagé, sous l'autorité de ce dictateur de la république des lettres, de manière à acquérir, pendant quelque temps, le poids d'une vérité constante. « Si je pouvois, disoit Fontenelle, « persuader à six personnes à mon gré qu'il fait nuit « en plein midi, je le persuaderois à toute la terre. » Il fut un temps où Scaliger n'avoit besoin que d'énoncer ses opinions pour les faire admettre comme des oracles.

Dans le vaste plan d'histoire romaine qu'Appien s'étoit tracé, il avoit traité les guerres des Romains contre les Parthes. Cette partie de son travail se perdit de bonne heure, ainsi que beaucoup d'autres. Un ancien ami des lettres, en lisant dans les vies de Crassus et d'Antoine, écrites par Plutarque, d'assez amples détails sur les guerres des Romains avec les Parthes, s'imagina d'extraire, dans ce dernier historien de la vie de Crassus et de la vie d'Antoine, ce qui regardoit la guerre contre les Parthes, et de faire de cet extrait un corps unique, qui, sous le titre de Ῥωμαϊκῶν Παρθικὴ, *Histoire des Romains contre les Parthes*, rempliroit la lacune existante dans Appien. Ces lambeaux de Plutarque, cousus ensemble, entrèrent depuis dans les manuscrits qui furent faits d'Appien, comme s'ils étoient réellement sortis de sa plume. A la longue, ils se naturalisèrent dans cette famille ; et, à l'époque de la renaissance des lettres, ils se montrèrent investis de tous les droits d'une légitime filiation.

Lorsqu'en 1472, *Petrus Candidus December* entreprit la première version (12) latine d'Appien, il trouva les lambeaux de Plutarque dans le manuscrit de son historien, et il les traduisit, comme lui appartenant, sans aucune défiance. Lorsqu'en 1551, *Charles Étienne* en donna la première édition en grec, le livre de la guerre des Romains contre les Parthes fut traité avec la même faveur. Lorsqu'en 1554, *Cœlius Secundus Curio* fit paroître la nouvelle version latine dont *Sigismundus Gelenius*, déjà mort, étoit l'auteur, le même traité de la guerre des Romains contre les Parthes se trouva compris dans son travail, sans que le nouveau traducteur se fût aperçu que Plutarque y eût quelque chose à revendiquer. Le premier qui ouvrit les yeux là-dessus fut Guillaume Xylander, le traducteur latin de Dion Cassius, dont la traduction parut en 1557. A l'occasion des détails de la guerre des Romains contre les Parthes, renfermés dans ce dernier historien, Xylander consulta ce que disoit Appien sur les mêmes faits; et ce ne fut pas sans étonnement qu'il remarqua que le texte d'Appien étoit presque mot à mot le texte de Plutarque dans la vie de Crassus. Il s'en expliqua dans la 129ᵉ de ses annotations. Mais Xylander n'eut garde de porter à ce sujet un jugement téméraire contre Appien, en l'accusant d'avoir mis Plutarque à contribution, et d'avoir été son plagiaire. Xylander devina ce qui étoit réellement arrivé, que pour réparer la perte du livre d'Appien sur l'histoire des Parthes, quelqu'un avoit imaginé d'emprunter de Plutarque de quoi y suppléer autant que possible ; que cet individu avoit, à cet effet, réuni deux fragments de ce dernier historien, le premier pris dans la vie de Crassus, le second dans la vie d'Antoine, et que rien ne prouvoit mieux la vérité de cette conjecture que la lacune qui avoit été laissée dans cette prétendue histoire des Parthes ; car elle ne contient pas les évènements qui eurent lieu depuis la mort de Crassus jusqu'à l'époque où les Parthes combattirent contre Ventidius, sous les ordres de Labiénus ; évènements dont Appien n'avoit certainement pas omis les détails dans ce qu'il avoit écrit sur cette guerre (13). Xylander regardoit donc comme pseudonyme, et par conséquent comme étrangère à Appien, cette partie de son ouvrage qu'on faisoit figurer dans son manuscrit, sous le titre de Ῥωμαϊκῶν Παρθική, *Histoire des Parthes contre les Romains.*

Par on ne sait quelle fatalité, Henri Étienne en jugea tout autrement. Quoiqu'il eût connoissance de l'opinion de Xylander à cet égard, il ne laissa pas de penser qu'Appien n'avoit fait que copier Plutarque dans son *Histoire Parthique*, et, s'il prit à tâche de répandre sur cette partie de l'ouvrage d'Appien un plus grand nombre d'annotations, ce ne fut que dans la vue de rendre plus saillants les plagiats de cet historien (14). Henri Étienne sentit néanmoins que, pour donner de la consistance à ce titre de plagiaire, qu'il vouloit imprimer sur le front d'Appien, les plagiats qu'il lui reprochoit au sujet de son histoire de la guerre des Parthes n'étoient pas suffisants. Il poussa donc les choses plus loin ; et, appelant les présomptions à son secours, il supposa que si les ouvrages de quelques autres historiens étoient parvenus jusqu'à nous, ainsi que ceux de Plutarque, on y verroit qu'Appien s'étoit emparé de leur travail, comme il avoit fait de celui de l'historien de la vie de Crassus et d'Antoine (15). Ce qu'il y a de fort singulier, c'est qu'après avoir ainsi accusé Appien d'être un plagiaire, il tâche de faire sortir de ce reproche un titre de recommandation en faveur de cet historien, à qui nous avons, dit-il, cette obligation de nous avoir conservé des documents historiques qui, sans lui, auroient été perdus pour nous (16), et à qui nous devons l'avantage de lire plusieurs historiens dans un seul.

N'en déplaise à Henri Étienne, Appien ne mérite point d'être traité de plagiaire, sous prétexte qu'il a pris dans les écrivains qui l'ont précédé les matériaux dont il a composé son histoire. Si cela étoit ainsi, le même reproche pèseroit sur la tête de tous les historiens qui ont entrepris d'écrire l'histoire des temps qui les précédèrent. Hérodote, Thucydide, Xénophon, Denys d'Halicarnasse, Polybe, Tite-Live, Suétone, Dion Cassius seroient également des plagiaires, parcequ'il est évident que ces écrivains ont puisé dans les documents historiques des historiens leurs prédécesseurs tout ce qu'ils nous ont raconté des temps très antérieurs à l'époque où ils écrivirent ; et s'il étoit défendu d'en user ainsi, sous peine de se voir accuser de plagiat, il faudroit se résoudre à ne composer que des romans, ou à n'écrire que l'histoire de ce dont on auroit été le témoin.

D'un autre côté, si Appien n'étoit en effet qu'un misérable compilateur, dont l'ouvrage ne fût qu'un tissu de fragments historiques pillés d'un côté et d'autre, la difformité que ce défaut répandroit sur son ouvrage, par la différence de style, de manière, de ton, de couleur, par les fréquentes lacunes qu'on devroit y rencontrer, par la nuance des transitions qui seroient alors de son crû ; cette différence, dis-je, auroit un caractère si sensible, si saillant, qu'elle frapperoit tous les yeux. Mais si, au contraire, dans un ouvrage d'aussi longue haleine, tout paroît fondu du même jet, tout paroît être sorti de la même plume, si l'on y remarque d'un bout à l'autre ce style simple, ce ton naturel que Photius a signalés comme le type caractéristique de cet historien (17) ; si tout y marche sur le pied d'une narration uniforme, sans lacune, sans disparate, ce sont autant de preuves qu'Appien a composé de son chef, et qu'il n'a copié personne.

Seroit-ce, d'ailleurs, parcequ'il a rapporté quelquefois les mêmes faits que Plutarque, qu'il devroit être regardé comme le plagiaire de ce dernier? Mais, pour donner de la consistance à ce reproche, il faudroit, avant tout œuvre, constater en point de fait, non seulement que Plutarque avoit écrit avant Appien, mais encore que ses ouvrages étoient publiés à Rome à l'époque où Appien mit la main à la plume, question chronologique sur laquelle on n'a pas pris la peine de se fixer, ce qui seroit peut-être assez difficile. D'un autre côté, lorsqu'Appien raconte les mêmes détails, narre les mêmes faits que Plutarque, c'est, de l'aveu même de Henri Étienne, dans des termes tout-à-fait différents, et néanmoins avec une élégance tellement digne de rivaliser avec celle de Plutarque, que le plus exquis discernement suffit à peine pour choisir entre les deux versions (18). Or, est-il concevable qu'un écrivain qui a dû avoir le sentiment de ses forces, et se juger capable d'avoir un style et une manière à lui (19), se soit dégradé au point de n'être que le copiste de celui dont il ne pouvoit se dissimuler qu'il dépendoit de lui d'être le rival?

Malgré ces considérations péremptoires, Henri Étienne eut d'Appien l'opinion que nous venons de combattre; et, sur la foi de son autorité, cet historien fut regardé comme convaincu. Le moyen d'imaginer, en effet, que son docte éditeur l'eût chargé sans bonnes raisons d'une accusation aussi grave, lorsqu'il avoit tant d'intérêt à l'en défendre, et que d'ailleurs il avoit cherché, avec tant d'adresse, à faire valoir ce qui pouvoit le rendre excusable. En conséquence, cette accusation de Henri Étienne fit écho dans la république des lettres, et Appien fut traité pendant quelque temps, sans examen ultérieur, comme un compilateur dont on pouvoit signaler les plagiats à chaque page. Joseph Scaliger, ce dictateur littéraire dont les jugements étoient érigés en articles de foi, dont les opinions étoient admises comme des oracles, fut le premier qui, sur la foi de Henri Étienne, répéta ce que ce dernier avoit dit d'Appien [20]; et tous les érudits le répétèrent après lui. Témoin Vossius, dans ses *Commentaires sur les Historiens grecs*, liv. 2, chap. 13, et dans son *Art d'écrire l'histoire*, ch. 22. Témoin Fabricius, dans sa *Bibliothèque grecque*, tome 3, p. 398.

Cependant, comme il est de la nature de l'erreur de n'avoir qu'un temps, et de faire place tôt ou tard à la vérité, des érudits plus circonspects, revirent les pièces de ce procès avec une nouvelle attention. Ils lurent, ils examinèrent, ils virent de leurs propres yeux; et regardant l'opinion de Henri Étienne comme un jugement téméraire contre un écrivain qui ne méritoit pas la flétrissure qu'il lui avoit imprimée, ils lui rendirent la même justice que Xylander lui avoit rendue. Le premier qui en donna l'exemple fut le savant Freinshémius, dans une de ses annotations sur le chapitre X du liv. IV de Florus, qui traite de la guerre d'Antoine contre les Parthes. En citant le ch. LV de la *Vie d'Antoine* par Plutarque, Freinshémius cite en même temps l'histoire de la guerre des Romains contre les Parthes, faussement attribuée à Appien, et il s'en explique en ces termes: *Plutarchus tamen Antonio, cap. LV,* et exscriptor ejus, qui Appiani nomine circumfertur (*cùm Appianus Plutarchi coœtaneus, ne si voluisset quidem furta tàm insignia potuisset impunè facere*), etc. François Baudoin, dans son ouvrage *de Institutione historiæ, lib. I, p.* 87, a rendu à Appien la même justice que Freinshémius. Le gendre de Fabricius, Herm. Samuel Reimarus, dans la belle édition de Dion Cassius que nous lui devons, a combattu lui-même l'erreur de son beau-père, au lieu de la propager. Il a eu occasion, dans sa préface, de venger aussi Dion Cassius du même reproche de plagiat que certains écrivains ont dirigé contre lui; et cette controverse l'ayant amené à faire usage du passage de Xylander touchant Appien, « Rien n'est plus judicieux, a-t-il « dit, que ces réflexions; et quant à moi, je ne doute « point que ce ne soit un copiste qui ait imaginé de « faire disparoître la mutilation d'Appien en ce qui « concernoit la guerre des Parthes, aux dépens du « propre texte de Plutarque, dans la vue de vendre plus « cher son Appien plus entier, à la faveur d'une lucra- « tive supercherie (21). » Harles, le savant éditeur de la dernière édition de la *Bibliothèque grecque* de Fabricius, a embrassé le même sentiment. Voyez sa dernière note sur Appien, *Biblioth. græc. Fabric.* tom. *V, p.* 254. Struvius, dans sa *Bibliotheca historica,* t. IV, édit. de 1783, s'est également rangé à cette opinion. *Erant olim,* dit-il, *qui Appianum tanquam plagiarium, fucumque alienorum laborum* (c'étoit l'expression de Scaliger) *vituperarent, potissimùm hanc ob causam quia Parthica, à Plutarcho mutuatus fuerit. Sed recentissimus ejus editor Schweighœuserus, demonstrat Parthica ista opusculum esse futile ab Appiano minimè elaboratum, sed illi suppositum,* p. 179.

On s'attend bien que le nouvel éditeur d'Appien, le docte Schweighæuser, à qui je suis redevable des matériaux que je viens de mettre en œuvre, est entré vigoureusement en lice à cet égard, et qu'il a rompu des lances en faveur de son historien. Afin d'abréger, je n'entrerai pas dans le détail des arguments, tous également péremptoires, avec lesquels il a battu en ruine l'indiscrète accusation de Henri Étienne. Je me contenterai de renvoyer le lecteur, aux yeux duquel cete discussion pourroit avoir quelque intérêt, au fragment *ex professo*, dont Schweighæuser a enrichi son édition, à la fin du troisième volume, p. 305 et suiv., sous ce titre: *Ad historiam Parthicam Appiano temerè tributam adnotatio;* ainsi qu'à la première de ses dissertations sur cet historien, sect. VI, §. V, p. 58 et suiv.; et j'espère qu'entraîné par l'évidence de la démonstration qui en résulte, on regardera comme constant ce que Xylander n'avoit présenté que sous l'aspect d'une simple conjecture.

Passons actuellement à l'historique des versions latines, et des diverses éditions de notre auteur.

A l'époque de la renaissance des lettres, Appien eut l'honneur d'être un des premiers auteurs grecs dont on entreprit la traduction (22). Il eut de commun avec Maxime de Tyr, philosophe platonicien, dont j'ai publié il y a cinq ans une traduction nouvelle, de paroître dans une version latine long-temps avant que de voir le jour en original (23). Ce fut, en effet, en 1472 que Petrus Candidus December en publia à Venise la première traduction dans cette langue. Elle parut en deux parties; dont la première contenoit la préface ou le discours préliminaire d'Appien, ses livres de l'Histoire des guerres des Romains en Libye, en Syrie, celui des guerres contre Mithridate, et, avant ce dernier le livre, pseudonyme de la guerre contre les Parthes. La seconde renfermoit les cinq livres des guerres civiles, celui des guerres en Illyrie, et un abrégé de celui des guerres contre les Gaulois. La première partie de cette traduction, qui, par on ne sait quel évènement, ne parut qu'après l'autre, étoit dédiée au souverain pontife Nicolas V (24), ce qui suppose que le traducteur l'avoit achevée avant 1455. La seconde étoit dédiée à Alphonse, roi d'Aragon et des Deux-Siciles; ce qui est une preuve qu'elle étoit terminée avant l'an 1458 (25).

Soit que Candidus ne fût pas grandement versé dans l'intelligence de la langue grecque, à une époque où les lettres sortoient à peine du long sommeil où le barbare concours de plusieurs circonstances les avoit plongées; soit que le manuscrit sur lequel il travailla se ressentit, comme de raison, de la rouille des siècles d'ignorance au travers desquels il avoit passé, sa version se ressentit beaucoup elle-même de l'influence de ces deux causes d'inexactitude et d'imperfection. Henri Étienne reproche à cette traduction, non seulement d'être difforme et grossière, mais encore d'être tellement infidèle, *(ita infidelem) ut multa non vertere, sed pervertere dicenda sit* (26). Schweighæuser en porte le même jugement à peu près. C'est en vain qu'un passage qu'il rapporte de l'épitre dédicatoire de Candidus à Alphonse semble promettre quelque mérite dans sa traduction ; « non seulement, dit-il, « Candidus est tombé dans un nombre infini de « contre-sens, et s'est souvent perdu dans un galimatias inintelligible ; mais encore il paroît évidemment qu'en beaucoup d'endroits il n'a su, ni ce « qu'il disoit, ni ce qu'il avoit à dire, pour rendre « le sens d'Appien (27). » A la vérité, ce dernier éditeur d'Appien excuse Candidus à la faveur des deux considérations que je viens de présenter, fondées, l'une sur l'enfance de l'étude de la langue grecque, et l'autre sur la rouille des manuscrits.

Schweighæuser place ici un fait qu'il dit tenir de Jacques Morel, bibliothécaire de la bibliothèque de Saint-Marc à Venise : c'est que François Philelphe, honteux de voir un des premiers historiographes de l'antiquité si horriblement traduit en latin, avoit entrepris une nouvelle traduction de ses ouvrages ; ce qui résulte d'une lettre adressée par ce Philelphe à Frédéric, comte d'Urbin ; et que ce même Philelphe, dans une autre lettre adressée à François Arétin, le 30 novembre 1470, annonçoit à son ami qu'il étoit sur le point de terminer ce travail. Il l'acheva en effet, s'il faut en croire ce qu'en rapporte *N. Ango Venusinus*, qui, dans la *Vie de Philelphe*, mentionnant les ouvrages qu'il avoit laissés, s'exprime ainsi :

« Nous avons chaque jour entre les mains les auteurs
« grecs qu'il a traduits en latin ; car il a fait de fort
« bonnes traductions d'Appien, de Dion Cassius de
« Nicée, et de Diodore de Sicile (28). » Mais, par on
ne sait quelle fatalité, cette traduction que l'on croit,
avec grande apparence, avoir été très supérieure à
celle de Candidus, ne vit pas le jour. On ignore
même si le manuscrit qui la renfermoit existe aujourd'hui quelque part : tandis que celle de Candidus
obtint d'abord tant de succès, que des copistes, la
plume à la main, s'empressèrent d'en multiplier les
exemplaires (29); car, à cette époque, l'imprimerie
n'étoit pas encore inventée. Livrée ensuite, pour la
première fois, à l'impression (30), en 1472, on en fit
une édition magnifique à Venise, en 1477; et depuis,
elle fut réimprimée au moins neuf fois, soit en Italie,
soit en France, soit en Allemagne (31).

On ne demandera pas, sans doute, comment Philelphe, avant 1470, car c'est la date de ses lettres où
il parle de sa version d'Appien, eut connoissance
de celle de Candidus, qui ne fut imprimée que
deux ans après, en 1472. On a déjà vu, par la date
de ses épîtres dédicatoires, que sa traduction fut
achevée avant l'an 1458; et nous venons de dire,
tout à l'heure, que plusieurs années avant sa première
édition, elle avoit circulé, dans des exemplaires
manuscrits. Or il est apparent que Philelphe s'étoit

procuré quelqu'un de ces exemplaires. Quelque défectueuse, quelque infidèle que soit la version de Candidus, elle ne laisse pas d'avoir quelque prix, sous un certain point de vue, que Schweighaeuser a très judicieusement aperçu. Les incorrections, les infidélités dont elle fourmille, offrent quelquefois l'avantage de présenter des vestiges du matériel de la phrase grecque que Candidus a voulu traduire; et plus d'une fois ces vestiges mettent sur la voie de la véritable leçon du texte du manuscrit sur lequel Candidus a travaillé; leçon souvent préférable à celle des manuscrits postérieurement découverts.

Ce ne fut que vers le milieu du seizième siècle, en 1551, qu'Appien fut pour la première fois imprimé en grec. Quoiqu'il paroisse, par le frontispice de cette édition, qu'elle étoit l'ouvrage de Charles Étienne seul, Robert son frère y eut autant de part que lui, du moins s'il faut en croire le témoignage de Henri Étienne, fils de Robert, qui revendiqua les droits de son père à cet égard, dans la préface qu'il mit à la tête de la nouvelle édition qu'il donna lui-même de cet historien.

Schweighæuser entre dans beaucoup de détails au sujet de cette édition. Il a remarqué que les Étienne (en supposant que les deux frères aient coopéré à ce travail) se servirent, pour faire le texte grec d'Appien, de deux manuscrits de la bibliothèque du roi, qu'il distingue, le premier par le titre de *manuscrit de Fontainebleau*, n° 1681, et le second par le titre de *manuscrit de Colbert*, n° 1682. Selon lui, ces manuscrits sont d'une date très récente. Ils ne paroissent pas remonter au-dessus du seizième siècle. L'un est l'ouvrage d'une assez bonne main, et le copiste paroît s'être piqué de quelque attention et de quelque soin, mais avoir travaillé sur un manuscrit singulièrement altéré. Dans l'autre on remarque une main sans grace, et des négligences qui attestent la rapidité de son allure. Il en résulte que ces deux manuscrits fourmillent de fautes et de lacunes, d'où il paroît qu'ils sont émanés l'un et l'autre d'un même exemplaire, qui n'étoit recommandable, ni sous le rapport de l'ancienneté, ni sous celui de la fidélité et de l'exactitude.

Les défectuosités de ces manuscrits, et les circonstances critiques où se trouvoient personnellement placés les deux Étienne (32) à l'époque où ils travailloient à cette édition, contribuèrent également à la rendre moins digne de la réputation de ses auteurs. Ils eurent beau mettre ces deux manuscrits alternativement à contribution ; en vain même, lorsqu'ils furent mécontents de la leçon qu'ils leur présentoient, ils cherchèrent à s'aider de la version latine de Candidus ; vainement encore ils s'efforcèrent quelquefois de suppléer aux vices qu'ils rencontroient, par les conjectures plus ou moins heureuses que leur suggéroit leur profonde connoissance de la langue grecque; leur travail, malgré tant d'efforts, ne laissa pas de demeurer très imparfait; et ce qu'il y a de remarquable, c'est que depuis cette édition, aucun des éditeurs subséquents, jusqu'à Schweighæuser, ne s'avisa de songer à améliorer le texte d'Appien à l'aide de nouveaux manuscrits. Cette édition, du reste, ne contenoit à peu près des ouvrages d'Appien que ce qui en étoit contenu dans celle de Candidus.

Appien ne faisoit que de paroître en grec, lorsqu'un homme de lettres également versé dans la langue grecque et dans la langue latine, non moins habile critique que profond dans la connoissance de l'histoire romaine, *Sigismond Geslen*, en entreprit une nouvelle traduction latine. Ce ne fut pas la tâche d'un interprète servile que Geslen se proposa de remplir et qu'il remplit en effet. Guidé par le flambeau de la critique, il attaqua souvent les vices dont le texte lui paroissoit infecté, et leur appliquant assez communément d'heureuses corrections, il fit disparoître un grand nombre de ces difformités par lesquelles l'édition des Étienne étoit déparée. Les nombreux contre-sens où le premier traducteur étoit tombé firent place à l'expression claire et fidèle de la pensée de l'historien. Cette traduction de Geslen ne parut qu'après sa mort, à Bâle, en 1554, petit in-folio. Cœlius Secundus Curio en fut l'éditeur. Il y joignit une version de sa façon, de l'Histoire d'Appien des guerres des Romains en Ibérie, qui paroissoit pour la première fois. Il y fit entrer également la traduction de l'Histoire des guerres des Romains en Illyrie, qu'il emprunta de la traduction de Candidus.

Henri Étienne, à son retour d'un voyage qu'il avoit fait en Italie, s'arrêta à Genève en 1557, et y donna une édition en grec de quelques *Excerpta* de Ktésias, d'Agatharchide et de Memnon, auxquels il joignit deux ouvrages inédits d'Appien, l'Histoire des guerres des Romains en Ibérie, et l'Histoire des guerres contre Annibal. Ces deux morceaux de notre auteur, qui n'existoient point dans l'édition de Paris faite par son père et par son oncle, il les avoit trouvés dans un manuscrit qu'il avoit apporté d'Italie (33). Mais ce manuscrit étoit tellement mutilé, tellement fautif, que dans une de ses *castigations*, p. 235, Henri Étienne remarque qu'il semble que le misérable copiste dont il est l'ouvrage ait pris à tâche de défigurer le texte de dessein prémédité.

Bientôt de nouveaux suppléments vinrent grossir la collection des ouvrages d'Appien. L'empereur *Constantin Porphyrogénète* avoit fait extraire des fragments de Polybe, et des autres historiens romains, sous le titre de ἐκλογαι περὶ πρεσβείων. *Fulvius Ursinus* voulut donner une édition de cet ouvrage, à Anvers, chez Chr. Plantin. Ursinus ayant remarqué dans son manuscrit que les fragments de cette collection qui appartenoient à Appien étoient pris de ses neuf premiers livres, il se contenta d'imprimer ceux de ces fragments empruntés à des livres d'Appien qui n'avoient point et qui n'ont point encore vu le jour. Ursinus ajouta beaucoup de notes, destinées, les unes à comparer le récit d'Appien avec celui des autres historiens, les autres à corriger et à épurer le texte. Mais comme Ursinus n'avoit point bougé de Rome où il étoit établi, tandis qu'on imprimoit son livre à une si grande distance, à Anvers, il en résulta que le prote de l'imprimerie de Plantin se permit d'insérer dans le texte des leçons différentes de celles du manuscrit envoyé par l'éditeur, ce qui produit en quelques endroits de singulières disparates entre le texte et les notes. Cette édition fut publiée in-4° en 1580.

Il y avoit déjà près de quarante ans que la première édition grecque d'Appien avoit paru à Paris, par les soins communs de Robert et de Charles Étienne, lorsque l'illustre héritier de leurs talents et de leur gloire, Henri Étienne, en donna à Genève une nouvelle édition en grec et en latin, plus complète que la précédente. Elle vit le jour en 1592. Aux ouvrages d'Appien, contenus dans l'édition de Paris, Henri Étienne ajouta les deux livres qu'il avoit imprimés séparément à Genève en 1557; savoir l'Histoire des guerres des Romains en Ibérie, et celle des guerres contre Annibal. Avec le grec il imprima la version latine de Geslen, dont nous avons déjà fait l'éloge. Il ne voulut point de celle que Cœlius Secundus Curio avoit faite du livre de l'Histoire des guerres des Romains en Ibérie. Il la jugea trop infidèle en beaucoup d'endroits. Il chargea donc François Bérauld [*Franciscum Beraldum* (34)] de lui faire une nouvelle version latine de ce livre, et de lui traduire en même temps le livre des guerres des Romains contre Annibal, dont il n'existoit point encore de version. Au fragment des guerres des Romains en Illyrie, il appliqua la version que Candidus en avoit faite, de manière que la version latine de cette édition appartenoit à trois différents traducteurs.

Henri Étienne ne fit point entrer dans son travail le recueil des *variæ lectiones*, qui avoit fait partie de celui de son père et de son oncle. Il n'en fit même aucune mention. Mais il y suppléa très amplement par de nombreuses annotations de son crû, sous le titre de *Henrici Stephani Annotationes in Appiani librum de rebus à Romanis in Hispaniâ gestis, in librum de bellis Annibalicis, in librum de bellis à Romanis adversùs Parthos gestis, in concione per Appiani libros spar-*

sas. Ce n'est pas que Henri Étienne eût découvert quelque nouveau manuscrit, à l'aide duquel il lui fût possible de purger l'édition de Paris, et la sienne de Genève, des fautes qui y abondoient. C'étoit par des corrections, des *émendations*, des conjectures de sa façon, qu'il avoit entrepris cette grande tâche; et certes la profondeur avec laquelle il étoit versé dans la langue grecque lui servit avec tant de succès, que ce ne fut pas sans juste raison, qu'il annonça dans sa préface qu'Appien sortoit de ses presses beaucoup plus pur qu'il n'avoit paru jusqu'alors.

Néanmoins cette édition ne contenoit d'Appien rien qui n'eût déjà vu le jour. Sept ans après, en 1599, David Hœschélius publia, pour la première fois, le livre des guerres des Romains en Illyrie, dont jusqu'alors on n'avoit possédé que des fragments. Il le trouva dans un manuscrit de la bibliothèque d'Augsbourg: manuscrit précieux dont nous aurons occasion, un peu plus bas, de parler plus amplement. Schweighæuser nous apprend qu'il a eu à sa disposition le même manuscrit dont Hœschélius s'étoit servi pour donner au public cette édition, et qu'en le parcourant avec une soigneuse attention, il est parvenu à corriger, dans le texte de cet éditeur, quelques unes de ces fautes qui échappent toujours en pareil cas, avec quelque soin qu'on se tienne sur ses gardes (35).

Dans le dix-septième siècle, en 1634, Henri de

Valois, un des érudits de cette époque, publia à Paris, sur la recommandation de Peiresc, son ami, de nouveaux fragments d'Appien, qui se trouvèrent dans un manuscrit ayant pour titre : Ἐκλόγαι περὶ ἀρετῆς καὶ κακίας. Au fonds de l'ouvrage près, c'étoit le second volume de celui dont nous avons parlé ci-dessus, qui avoit été exécuté par les ordres de Constantin Porphyrogénète. On y avoit compilé les traits les plus mémorables sous le rapport de la *vertu* et du *vice*, épars dans les écrits de Polybe, et dans ceux des autres historiens romains. Henri de Valois ne donna au public, comme de raison, que les morceaux d'Appien encore inédits (36). Il y joignit une traduction latine et des notes de sa façon. Ce fut le dernier accessoire qui vint grossir le volume de notre historien.

Les libraires Waesberg et Someren donnèrent une nouvelle édition d'Appien, grec et latin, *in-8º.*, à Amsterdam, en 1670. Cette édition entre dans la collection des *Variorum*. Elle n'est guère qu'une copie de celle de Henri Étienne. Quoiqu'on lise sur le frontispice qu'Alexandre Tollius a corrigé et épuré l'un et l'autre texte (*utrumque textum multis in locis emendavit et correxit*), cela ne doit être entendu, suivant Schweighæuser, que dans ce sens, c'est que les libraires chargèrent Tollius de voir et de corriger les épreuves pendant l'impression. Ce qui démontre que ce fut en effet à cette médiocre fonction que se borna la tâche de Tollius, c'est que, fidèle au plan des libraires, qui étoit de ne faire que copier l'édition de Henri Étienne, Tollius a conservé avec une sorte de respect religieux les fautes même qui existent dans cette dernière, sans compter celles qui lui sont échappées pour son propre compte. Tollius a déclaré, sur le frontispice, qu'il avoit enrichi son édition des annotations de Henri Étienne, et de celles de quelques autres érudits, *Henrici Stephani ac doctorum quorumdam virorum selectas adnotationes adjecit.* En le louant d'avoir placé ces annotations chacune au-dessous du passage sur lequel elle est destinée à répandre de la lumière, Schweighæuser l'a blâmé, avec raison, de n'avoir pas eu le soin de marquer le nom de celui auquel l'annotation appartenoit. Mais il a eu tort peut-être de l'accuser, comme il le fait, d'avoir eu pour but de s'approprier, par cette adroite réticence, l'honneur de plusieurs de ces monuments d'érudition, et d'avoir eu l'ambition, à l'exemple du geai de la fable, *gloriari alienis bonis.* C'est pousser la sévérité un peu loin. C'étoit bien assez de lui faire un grave reproche d'inexactitude; et s'il est en effet arrivé à Schweighæuser de rencontrer des annotations de cette édition d'Appien attribuées à Tollius, tandis qu'il les reconnoissoit pour appartenir à Jac. Palmerius, à Janus Rutgersius, à Jos. Scaliger, à Sam. Bochart, ou à d'autres, Tollius n'en est peut-être pas responsable (37).

Quoi qu'il en soit, ces éditeurs, faute d'avoir eu connoissance du livre des guerres des Romains en Illyrie, publié en entier soixante-dix ans auparavant par David Hœschélius, ne donnèrent en grec que le fragment de ce livre, tel qu'il avoit été imprimé dans l'édition de Henri Étienne. On ne trouve pas non plus dans leur édition les fragments sur les ambassades, *excerpta de legationibus*, donnés au public, à Anvers, chez Plantin, en 1582, par les soins de Fulvius Ursinus. Elle ne contient de plus que celle de Henri Etienne, nulle autre chose que les fragments mis au jour par Henri de Valois et ses annotations; sans néanmoins que Tollius ait indiqué la source dans laquelle il avoit puisé cet accessoire. Ce qui sert à prouver du moins que ces défauts d'indication n'étoient de sa part que de simples inadvertances.

On eût dit qu'après l'édition de Tollius il ne restoit plus rien à faire sur Appien. Personne en effet, pendant un siècle entier, ne parut songer à un nouveau travail sur cet historien. Cependant Samuel Musgrave, ce savant helléniste anglais, qui s'est immortalisé par ses doctes élucubrations sur Euripide, forma le projet de donner une nouvelle édition d'Appien. Il communiqua ce projet à Brunck, célèbre helléniste de Strasbourg, vers 1780, et le pria de lui procurer, par tous les moyens possibles, la collection des *Variæ lectiones* d'Appien, par la collation du texte imprimé avec le texte du manuscrit dont Hœschélius s'étoit servi pour publier l'Histoire des guerres des Romains en Illyrie. Il fut impossible à Brunck de se charger de ce travail : mais il le proposa à Schweighæuser qui l'entreprit volontiers. Le manuscrit en question fut confié à Schweighæuser par les magistrats de la ville d'Augsbourg, avec des procédés qui attestoient leur zèle pour les intérêts de la république des lettres. Schweighæuser mit la main à l'œuvre avec d'autant plus d'activité et d'ardeur, qu'il comptoit rendre un service signalé au savant Musgrave. Il collationna donc le texte grec de l'édition de Henri Étienne à celui de ce manuscrit, et il ne tarda pas à s'apercevoir du mérite et de la supériorité de cet exemplaire sur ceux qui avoient déjà été mis à contribution. Schweighæuser s'empressa de rendre compte de cette importante découverte à Musgrave. Il lui marqua que ce manuscrit seul lui fourniroit une ample moisson de leçons heureuses qui amélioreroient singulièrement le texte de son historien. Schweighæuser reçut, contre son attente, une réponse du savant Anglais, dont voici la substance, telle qu'il l'a consignée dans sa préface, page 18.

« Ce n'étoit que dans le lointain que j'avois jeté le
« projet de donner une nouvelle édition d'Appien.
« Je n'avois encore rien recueilli à cet égard dans
« d'autres manuscrits. Je n'avois que quelques correc-

« tions de conjectures imaginées au courant de la lec-
« ture de cet écrivain. Depuis quelques mois mes
« forces physiques se sont tellement affoiblies, que je
« me vois forcé de renoncer à cette entreprise. Mais
« vous, puisque vous avez entre les mains ce manus-
« crit que vous regardez comme si propre à épurer le
« texte de cet historien, et que d'ailleurs votre goût
« pour un travail de ce genre paroît concourir avec
« votre capacité et votre intelligence, je vous
« exhorte, je vous invite à l'entreprendre vous-même.
« Si vous ne dédaignez pas l'offre que j'ai l'honneur
« de vous en faire, je vous transmettrai avec le plus
« grand plaisir toutes les *émendations* dont l'idée
« m'étoit passée par la tête, en lisant cet historien ; et
« vous en ferez tel usage que bon vous semblera. »

Schweighæuser regretta beaucoup qu'Appien fût abandonné par un éditeur aussi recommandable que Musgrave. Docile à son invitation, et comptant d'ailleurs sur les secours de tout genre que pouvoit lui donner, dans une entreprise de cette importance, un homme qui avoit déjà fait de si grandes preuves de sagacité dans la correction des auteurs grecs, et de profondeur dans l'intelligence de cette langue, Schweighæuser se décida en effet à le remplacer. Mais il eut le malheur de se voir bientôt enlever la meilleure partie des ressources qu'il s'étoit flatté de trouver dans les lumières de cet illustre helléniste. Il écrivit à Musgrave, que, plein de confiance dans ses bons offices et dans ses secours, il se chargeroit de l'entreprise. Une main étrangère répondit à Schweighæuser que la mort venoit d'enlever à la république des lettres un de ses membres les plus distingués.

Au regret de cette perte se joignit bientôt une alarme d'un autre genre. Schweighæuser s'adressa à Tyrwith, ami de Musgrave, et savant helléniste lui-même, pour lui demander les *émendations* manuscrites de Musgrave sur Appien, que l'auteur lui avoit promises de son vivant. Tyrwith lui répondit qu'en exécution du testament du défunt on avoit brûlé tous ses papiers manuscrits, hors ceux qu'il avoit spécialement exceptés, parmi lesquels il n'existoit pas la moindre chose qui eût trait à Appien, et que dans sa bibliothèque on n'avoit trouvé aucun exemplaire d'Appien à la marge duquel il eût écrit des *émendations*. Mais deux ans après la mort de Musgrave, une main qui ne se fit pas connoître, et que Schweighæuser suppose avec grande apparence de raison avoir été celle de Tyrwith, lui adressa de Londres un exemplaire d'Appien, édition de Charles Etienne, avec les notes marginales de Musgrave. Sur des feuilles détachées étoient les *émendations* du même critique sur ceux des ouvrages de cet historien qui n'étoient pas compris dans l'édition de Charles Étienne; et ces feuilles étoient accompagnées du brouillon d'une lettre adressée à

PRÉFACE.

Schweighæuser, que Musgrave avoit couchée sur le papier, le 26 juin 1780, quelques jours avant sa mort, dans laquelle il lui marquoit qu'il lui faisoit cadeau de ce fruit de ses veilles.

En promettant à Musgrave de donner à sa place une nouvelle édition d'Appien, Schweighæuser s'étoit mis en mesure de se procurer beaucoup de matériaux destinés à ce travail. Les grandes ressources qu'il attendoit de cet illustre helléniste lui manquoient. Il se flatta d'y suppléer autant que possible, à force de soins, d'attention, de zèle et de recherches. Il s'aida d'ailleurs des secours de quelques autres hellénistes. Ce n'est pas encore ici le lieu de dire avec quel sucès Schweighæuser a rempli son but, et bien mérité en même temps de la république des lettres.

Il sentit d'abord que le premier soin, l'objet fondamental du nouvel éditeur d'Appien, devoit être de purger le texte d'une multitude de lacunes et de leçons vicieuses qui le déparoient ; et qu'à cet effet, c'étoit dans des manuscrits meilleurs que ceux qui avoient servi jusqu'alors, qu'il falloit puiser. En conséquence il se livra avec un nouveau zèle à la collation du texte imprimé de son auteur, sur le texte de ce manuscrit de la bibliothèque d'Augsbourg, dont il avoit déjà reconnu le mérite. Je dois laisser Schweighæuser faire ici lui-même la description de ce précieux manuscrit. *Est autem hic codex spissum volumen majoris for-*

PRÉFACE.

mæ : charta bombycina, nitidissima. Scriptura perspicua, elegans, raris utens scribendi compendiis. Ceterùm nec antiquitas maximè hunc codicem commendat, quippè cujus ætas non videtur ultra XV sæculum adscendere, nec eruditio librarii qui haud obscura imperitiæ suæ documenta passim prodidit. Sed exprobato admodùm exemplari magnâ fide ac diligentiâ fuisse descriptum, ostendit probarum lectionum multitudo, quarum ope infinita Appiani loca, vulgò depravata, integritati suæ restituere, et plurimas lacunas, ubi vel singula verba, vel plura etiam desiderabantur, explere nobis licuit : quo accedit singularis quædam in distinguendis membris orationis ἀκρίϐεια, *quæ una sæpè nos adjuvit, ut obscurissima vulgò loca et propè desperata, ne ullam quidem verbis mutationem adferendo clarâ in luce ponere potuerimus.* Præf. Edit. p. 21.

Ce manuscrit contient, d'ailleurs, les mêmes ouvrages d'Appien que renfermoit celui sur lequel Candidus fit sa traduction, à l'exception seulement de l'épitome des guerres des Romains contre les Gaulois. Le nouvel éditeur de cet historien ne sait donner assez d'éloges aux chefs de la bibliothèque d'Augsbourg, et notamment à celui d'entre eux qu'il nomme, le savant Mertensius, qui non seulement ont daigné le lui confier, mais encore l'ont laissé entre ses mains jusqu'à ce que la nouvelle édition d'Appien ait été achevée. Il en est résulté pour Schweighæuser cet avantage considérable, qu'ayant été à portée de consulter et de reconsulter ce manuscrit toutes les fois qu'il en a eu besoin, il y a continuellement puisé de bonnes leçons qui lui étoient échappées dans les précédentes lectures.

Schweighæuser vint consulter à Paris les deux manuscrits de la bibliothèque du roi, à l'aide desquels Charles Étienne avoit publié la première édition du texte grec. Il désigne ces deux manuscrits, l'un par *Reg. A*, et l'autre par *Reg. B*. Il y en trouva un troisième qu'il désigne par *Reg. C*. Mais ce dernier ne contenoit que des fragments des livres des guerres civiles. On peut voir ce qu'il en dit dans une préface à la tête du second volume de son édition.

Il n'avoit trouvé ni dans le manuscrit d'Augsbourg, ni dans ceux de la bibliothèque du roi, les deux ouvrages d'Appien, l'histoire des guerres des Romains en Ibérie, et celle des guerres des Romains contre Annibal, que Henri Étienne avoit imprimés à Genève sur l'informe manuscrit qu'Arlénius lui avoit donné. Le savant Bandini lui avoit appris, dans son catalogue des manuscrits grecs de la bibliothèque de Florence, que ces deux ouvrages d'Appien existoient dans un manuscrit de cette bibliothèque, très net, et parfaitement conservé. Schweighæuser s'adressa donc à ce docte bibliothécaire, qui lui offrit ses services de la meilleure grace du monde. Il fit agir en même temps, pour le même objet, l'intendant de sa province, M. de Gérard, qui, par le canal du comte de Vergennes, fit recommander au comte de Pacolomini, ministre du grand-duc, la commission de Schweighæuser auprès de Bandini, bibliothécaire de son altesse royale. Bandini s'en acquitta avec un zèle et une exactitude vraiment louable ; et il marqua très exactement à la marge de l'exemplaire de l'édition de Henri Étienne, que Schweighæuser lui avoit envoyé à Florence, les variantes que lui présenta le manuscrit en question. Sur son invitation, il compulsa en même temps deux autres manuscrits du même historien, mentionnés dans son catalogue ; mais il n'y recueillit rien de neuf.

A cette époque, un des célèbres hellénistes dont la France regrette aujourd'hui la perte, Villoison, étoit à Venise pour y faire sa cour aux muses grecques. Il transmit à Schweighæuser une notice des deux manuscrits d'Appien qui existoient dans cette ville. L'un étoit dans la bibliothèque des Dominicains ; il avoit été copié sur la fin du quinzième siècle, par César Strategus. Schweighæuser reconnut que c'étoit le même dont le savant Montfaucon avoit parlé dans sa Palaiographie grecque, p. 8, coll. p. 96. L'autre, qui appartenoit à la bibliothèque de Saint-Marc, lui parut de la même famille que celui d'Augsbourg, et que celui sur lequel Candidus avoit travaillé : car il contenoit identiquement les mêmes livres d'Appien, et ils y étoient disposés dans le même ordre.

Ce ne fut pas seulement par les bons offices de Villoison que Schweighæuser mit à contribution les manuscrits de Venise. Il paye, à cet égard, un nouveau tribut de reconnoissance à Joseph Paul Blessing, citoyen d'Ulm, qui, établi pour quelques années à Venise, voulut bien, sur la recommandation de Schnurrer, son ancien professeur à l'université de Tubingen, et ami de Schweighæuser, consacrer une partie de son temps à collationner le texte grec de Tollius au manuscrit de la bibliothèque de Saint-Marc ; et à cette occasion Schweighæuser s'acquitte également envers Jacques Morel, bibliothécaire de Saint-Marc, qui daigna aider Blessing avec beaucoup d'intérêt dans les commencements de son travail.

A l'époque où Schweighæuser étoit entré en correspondance avec Bandini, au sujet des manuscrits de la bibliothèque de Florence, ce dernier étoit allé faire un voyage à Rome. Il en profita pour adresser à Schweighæuser un *index* des manuscrits de la bibliothèque du Vatican, concernant son historien. Cet *index*, Schweighæuser en étoit redevable aux bons offices de Joseph Spalletti, érudit du premier ordre, qui s'est fait un nom dans la république des lettres, par la magnifique édition qu'il a donnée d'Anacréon, d'après les manuscrits de la bibliothèque du Vatican. Schweighæuser apprit par cet *index* qu'il existoit dans la bibliothèque du Vatican un manuscrit en parchemin, num. CXII, ayant l'air d'avoir été fait dans le courant du treizième siècle, et contenant, outre la préface d'Appien, ses trois livres des guerres des Romains en Ibérie, des guerres contre Annibal et des guerres Puniques. Ce manuscrit paroissoit être le plus ancien de tous ceux que Schweighæuser connoissoit. Il contenoit les deux livres d'Appien les plus rares, l'histoire des guerres des Romains en Ibérie et des guerres des Romains contre Annibal. Il eut donc le désir le plus vif de le faire collationner, et d'en extraire les *variæ lectiones*.

Le manuscrit de la même bibliothèque, tracé sur papier de soie, sous n° CXXXIV, qui contenoit les mêmes livres d'Appien que le manuscrit d'Augsbourg et de la bibliothèque de Saint-Marc, et dans le même ordre, contenoit également dans son entier le livre des guerres des Romains en Illyrie. Spalletti pensoit que ce manuscrit étoit du quatorzième siècle. Le nouvel éditeur d'Appien désiroit donc également de faire collationner à ce manuscrit l'édition de ce livre donnée par Hœschélius. Il crut pouvoir profiter d'une heureuse commodité qui se présenta sans qu'il s'y attendît. André Birchius, de Copenhague, s'étoit rendu de Gœttingue à Rome, pour y mettre à contribution les manuscrits du Nouveau Testament. Le savant Heyne, ami de Schweighæuser, avoit prié Birchius de prêter ses bons offices à Schweighæuser. Birchius se chargea de la commission avec plaisir; mais il arriva quelque chose de fort singulier, c'est qu'en lui permettant l'usage le plus ample de tous les manuscrits de cette célèbre bibliothèque, on refusa de lui permettre de compulser aucun des manuscrits d'Appien (38).

Pour faire lever cet obstacle, Schweighæuser sentit qu'il falloit avoir recours aux puissances. Il s'adressa donc de nouveau à l'intendant de sa province, qui, par l'intermédiaire du comte de Vergennes, fit agir à Rome l'illustre cardinal de Bernis, l'Anacréon de la France. Spalletti écrivit alors directement à Schweighæuser, pour lui dire qu'à l'exception du manuscrit num. CXXXIV, sur lequel il avoit personnellement entrepris un travail important, il mettoit tous les autres à sa disposition. Il commença par lui transmettre une notice des manuscrits d'Appien existants dans la bibliothèque du Vatican, plus étendue que celle du premier *index*. Il prit ensuite lui-même la peine de collationner l'édition de l'Appien de Henri Étienne, au manuscrit en parchemin ci-dessus mentionné, de marquer avec soin toutes les variantes relatives aux livres concernant les guerres des Romains en Ibérie, les guerres contre Annibal, les guerres Puniques, et même l'épitome du livre des guerres contre les Gaulois ; et, sur le manuscrit même qu'il s'étoit réservé, il collationna le livre des guerres des Romains contre Mithridate.

Pendant que Spalletti s'occupoit de ce travail, Birchius travailloit de son côté à collationner à un autre manuscrit les livres des guerres en Ibérie et des guerres contre Annibal. Mais les résultats n'en furent pas bien importants. Sur un manuscrit de Photius, Birchius collationna en même temps le passage de ce philologue, que Schweighæuser a placé à la tête de son troisième volume; et Spalletti lui procura d'un autre côté le témoignage d'un auteur anonyme sur Appien, que le nouvel éditeur a fait imprimer à la suite du passage de Photius.

Avide de donner à son Appien toute la perfection possible, Schweighæuser mit à contribution le docte Wyttembach, un des plus savants hellénistes que possède aujourd'hui la Hollande. Wyttembach collationna pour lui le passage de Photius sur le manuscrit de cet auteur qui existe dans la bibliothèque d'Amsterdam. Il copia pour lui également sur le manuscrit de Vossius, déposé à la bibliothèque de Leyde, l'entier livre des guerres des Romains en Illyrie, ce qui étoit pour Schweighæuser d'un prix d'autant plus considérable, que Spalletti n'avoit voulu laisser rien prendre de ce livre dans les manuscrits de la bibliothèque du Vatican. Schweighæuser fut également redevable à Wyttembach d'obtenir une plus ample certitude sur l'authenticité des fragments d'Appien, fournis par un grammairien grec, dont le manuscrit existoit dans la bibliothèque de Saint-Germain à Paris, et d'obtenir en même temps une copie de ces mêmes fragments de la main du célèbre Ruhnkenius, qui, depuis long-temps, les avoit recueillis pour lui.

La bibliothèque impériale de Vienne, en Autriche, pouvoit offrir des secours à Schweighæuser. Il songea à la mettre aussi à contribution, et il s'adressa, à cet effet, à M. de Locella, amateur distingué de la langue grecque. Mais on ne trouva dans cette bibliothèque que deux manuscrits, et encore ne contenoient-ils d'Appien que des *excerpta* que Pléthon en avoit pris dans le livre des guerres des Romains en Syrie. M. de Locella prit néanmoins la peine de collationner le texte d'Appien, de l'édition de Tollius, sur ce manuscrit. Wyttembach, d'un autre côté, collationna le texte d'Appien, dans l'édition de Henri Étienne, sur un autre manuscrit de la bibliothèque de Leyde, qui lui a été donné par le savant Perizonius, et qui contient les *excerpta* de Pléthon.

Il ne restoit plus à Schweighæuser que de se procurer le moyen d'épurer le texte des fragments de son historien, imprimés par les soins de Fulvius Ursinus. Il se flatta, nous dit-il, de trouver les secours nécessaires à cet effet dans un manuscrit de la bibliothèque du duc de Bavière, qu'il avoit vu mentionné dans le catalogue des manuscrits grecs de cette bibliothèque, en ces termes : *De legationibus variarum gentium ad Romanos, ex diversis historicis, Arriano, Appiano, Malchio rhetore Philadelphiorum, et aliis, chart. fol. e.* En conséquence, il fit demander ce manuscrit au duc de Bavière en personne, et ce prince, avec une bonne grace admirable, daigna mettre ce manuscrit à la disposition de Schweighæuser, et permettre qu'on le lui envoyât. Schweighæuser y trouva à glaner beaucoup plus qu'il ne s'y étoit attendu. D'abord il y trouva de quoi améliorer le texte des fragments publiés par Ursinus. Il y trouva encore de quoi ajouter aux ressources que lui avoient fournies les manuscrits du Vatican, et celui d'Augsbourg, pour épurer le texte des deux livres des guerres des Romains en Ibérie, et des guerres Puniques. Il y trouva enfin de quoi remplir la grande lacune qui tronquoit ce dernier livre dans tous les manuscrits et dans toutes les éditions. Ce n'est pas que le manuscrit en question soit plus ancien que les autres ; car il ne paroît pas être d'un style supérieur à celui du quinzième siècle. Mais il paroît être d'une bien meilleure famille, et avoir été immédiatement copié sur le manuscrit qui étoit, au dixième siècle, dans la bibliothèque de Constantin Porphyrogénète, et duquel les fragments en question avoient été extraits par son ordre.

L'impression du second volume de la nouvelle édi-

PRÉFACE.

tion d'Appien s'achevoit, lorsque, par l'intermédiaire de Jérôme Scholtz, les magistrats de Breslaw voulurent bien communiquer à Schweighæuser le manuscrit d'Appien, que possède cette ville, dans la bibliothèque du Lycée d'Élisabeth. Il avoit eu, depuis peu, connoissance de ce manuscrit, et il s'étoit hâté de le demander. Ce manuscrit, en parchemin, petit *in-folio*, très purement écrit, ne contient, après la préface de l'historien, que les mêmes ouvrages qui sont contenus dans les manuscrits de Paris, et dans ceux de la même origine. Il a même cela de particulier, qu'il ne pousse pas au-delà du second livre des guerres civiles, au bout duquel on lit quelques caractères de la main du copiste, qui annoncent qu'il acheva ce travail à Rome, le 25 septembre 1453. Schweighæuser ne nous dit pas d'ailleurs que ce manuscrit lui ait été d'aucun secours.

A peu près à la même époque, Schweighæuser fit une découverte qu'il crut d'une grande importance. Reiske, ce célèbre helléniste allemand, qu'on pourroit appeler peut-être le moderne Varron de la littérature grecque, venoit de mourir; et son épouse, femme recommandable, qui avoit hérité d'une grande partie des talents de son mari, venoit de publier sa vie. Cet ouvrage apprit à Schweighæuser que parmi les manuscrits que Reiske avoit laissés, et qui étoient passés entre les mains de Suhmius, conseiller privé de sa majesté danoise, se trouvoient des *Animadver-*

PRÉFACE.

siones ad Appianum. Il présuma assez honorablement de ce Danois, pour penser qu'il ne refuseroit pas à l'intérêt commun de la république des Lettres, de communiquer les précieuses reliques dont il étoit devenu le dépositaire. Schweighæuser fit agir, à cet effet, son ami Heyne, un des plus beaux ornements des Lettres anciennes en Allemagne. Suhmius laissa extraire toutes les annotations de Reiske sur Appien, et se fit un plaisir de les transmettre, à Schweighæuser.

Ces annotations, toutes d'une brièveté singulière, ne portent que sur quelques ouvrages d'Appien, sur l'histoire des guerres Puniques, sur l'histoire des guerres en Syrie, sur l'histoire des guerres contre les Parthes, sur l'histoire des guerres contre Mithridate et sur celle des guerres en Ibérie. Voilà tout. Mais Schweighæuser n'ayant reçu ces *Animadversions* qu'après l'impression de son premier volume, il n'a pu en faire usage que dans les annotations étendues dont il a rempli le troisième.

Je ne me suis engagé dans les longs détails que je viens de parcourir, et dans lesquels je n'ai fait à peu de chose près que traduire le latin de la préface de Schweighæuser (39), que pour donner une juste idée des soins de tout genre, et du travail prodigieux auquel a dû se livrer ce nouvel éditeur d'Appien, et que pour faire sentir les grandes obligations que lui

PRÉFACE.

ont dans la république des Lettres ceux qui se plaisent à cultiver la langue grecque. Ce judicieux, cet infatigable, ce savant helléniste n'a rien négligé, comme on vient de le voir, pour mettre au jour un des plus précieux monuments de l'histoire ancienne, en le purgeant d'un nombre infini de défectuosités qui déparoient toutes les éditions antérieures. Quant à moi, je me fais un devoir de déclarer que je lui dois personnellement une reconnoissance toute particulière. Car ayant entrepris la traduction de l'histoire des guerres civiles, sur l'édition de Tollius, la seule que je connusse alors, j'étois presque décidé à renoncer à cette entreprise, lorsque, arrivé au milieu du second livre, l'édition de Schweighæuser me tomba entre les mains. Autant mon travail avoit été lent et pénible sur le texte grec de Tollius, autant il devient coulant et facile sur celui de Schweighæuser ; et si j'ai achevé avec courage, c'est à lui que je m'en reconnois redevable.

Je passe maintenant aux diverses traductions d'Appien dans les langues vulgaires.

La première est celle qui fut faite en italien par Alexandre Braccio, secrétaire de la république de Florence. L'histoire des guerres Puniques, celle des guerres en Syrie, celle des guerres contre les Parthes, celle des guerres contre Mithridate, parurent pour la première fois dans cette langue, en 1502, à Rome, in-fol. chez Siber, autrement nommé Frank. La traduction des Guerres civiles fut publiée à Florence, *apud Juntam*, en 1519, in-8°, et en 1526, même format. On est étonné de lire dans Fabricius le nombre prodigieux d'éditions qui ont eu lieu de cette traduction italienne depuis 1502 jusqu'à 1792, tout imparfaite qu'elle est. Car j'en ai en mon pouvoir un exemplaire de l'édition in-8° de Barthélemi Césano, imprimée à Vénise en 1550, et je me suis convaincu par mes propres yeux que Braccio n'avoit travaillé que sur la version latine de Candidus, et que la sienne par conséquent n'étoit ni plus fidèle, ni plus exacte que celle qui lui avoit servi d'original. Je remarquerai, en passant, que Fabricius lui a fait le même reproche (40).

Alexandre Braccio n'est pas le seul qui ait entrepris de faire lire Appien dans la langue italienne. Les Aldes imprimèrent à Venise, en 1545 et 1551, une version du livre des guerres des Romains en Ibérie, qu'on attribue à Paul Manuce. Louis Dolce, frappé des imperfections de la version de Braccio, en donna une édition corrigée en 1554, in-12, à Venise, deux volumes. Cinq ans après, en 1559, il en donna une édition nouvelle, où il publia le livre des guerres des Romains en Illyrie, en Ibérie, et contre Annibal, traduites de sa façon. Un autre littérateur italien, nommé Ruscelli, publia à Venise, en 1563, une autre traduction italienne des ouvrages d'Appien, à l'exception de l'histoire des guerres civiles traduites par Braccio. Quoique cette version de Ruscelli ait eu les honneurs de plusieurs éditions, elle doit avoir été jugée inférieure à celle de Louis Dolce, puisque celle de ce dernier a été préférée dans l'édition de 1792, pour accompagner celle des guerres civiles par Braccio.

En 1522, les Guerres civiles, traduites en espagnol, furent imprimées à Valence. On en donna une nouvelle édition *in-fol.* en 1536, à Alcala (41).

Claude de Seyssel, évêque de Marseille, sous le règne de Louis XII, en entreprit une traduction en français, sur le latin de Candidus. Pour cet effet, il s'étoit procuré un exemplaire imprimé de cette traduction, où il ne trouva que les cinq livres des Guerres civiles, et les fragments de l'illyrique et du celtique. Les autres ouvrages d'Appien, traduits également par Candidus, il les trouva en manuscrit dans la bibliothèque du roi (42). Seyssel nous apprend lui-même combien ce premier travail lui coûta. Voici comme il s'en exprime dans son épître dédicatoire à Louis XII.

« A la translation desquels j'ai eu moult grand peine,
« à cause de ce qu'icelny translateur, lequel n'avoit pas
« bien entière cognoissance et intelligence de la lan-
« gue grecque, et par ce moyen n'entendoit pas en
« plusieurs passages la signification des paroles, ne
« la substance des sentences, ha couché son langage

« en termes si obscurs et si impertinents en beaucoup
« de lieux, que l'on n'en peut tirer bon sens ; telle-
« ment qu'il m'a été force, du commencement, en
« deviner une partie, chose dangereuse et mal seure
« en translation. »

Le traducteur français ne faisoit que d'achever ce travail pénible, lorsque la république de Florence fit présent à Louis XII de quelques manuscrits grecs, dans le nombre desquels s'en trouva un d'Appien qui contenoit onze livres de son histoire (43). Seyssel revit et corrigea sa traduction sur le texte grec de son historien. Il s'aida, dans ce travail, à ce qu'il paroît, des lumières de ce Jean Lascaris, littérateur distingué de Constantinople, qui s'exila de cette capitale de l'empire d'occident, après qu'elle eut été prise par les Ottomans, et qui trouva un asile dans le palais de Laurent de Médicis, le père des Lettres, à Florence. Cette révision fit découvrir à Seyssel tant de fautes dans son premier travail, qu'il avoue lui-même s'y être donné autant de peine que s'il avoit traduit une seconde fois.

Malgré tous les soins de Seyssel pour que sa traduction française fût très supérieure à la traduction latine de Candidus, ambition qu'il ne ne lui fut pas malaisé de satisfaire par les secours de Lascaris, la sienne ne laissa pas de se ressentir beaucoup, comme de raison, des imperfections du manuscrit grec venu de Florence. Pour avoir une juste idée de ces défectuosités, il suffit de jeter un coup-d'œil sur les nombreuses *animadversions* que les Étienne ont jointes aux éditions qu'ils ont données du texte grec d'Appien; éditions dans lesquelles ils ont suivi le manuscrit en question. D'un autre côté, quoique Seyssel eût peut-être fait, à l'aide de Lascaris, plus de progrès que Candidus dans la langue grecque, il paroît qu'il ne la possédoit point encore autant que sembloit l'exiger l'importance de son entreprise. Quoi qu'il en soit, son travail doit être jugé eu égard à l'époque qui le vit éclore, et sous ce rapport, Seyssel a des droits à notre reconnoissance, pour avoir songé, dans l'enfance de la littérature françoise, à l'enrichir d'un des beaux monuments historiques de l'antiquité.

Il a fait deux choses, qui m'ont paru bien, et dans lesquelles je me suis piqué de suivre son exemple. Il a remarqué qu'en se terminant à la catastrophe et à la mort du jeune Pompée, le cinquième livre ne complétoit pas le tableau des guerres civiles. Il est probable que dans l'ordonnance générale des vingt-quatre livres dont étoit composé le grand ouvrage d'Appien, celui qui venoit après le cinquième livre en question contenoit la suite des évènements dans l'ordre chronologique, jusqu'à ce qu'on arrivât à celui qui renfermoit les détails de la bataille d'Actium; de-là vient probablement que Photius, dans ce qu'il dit de notre historien, porte jusqu'à neuf le nombre des livres qui traitoient des guerres civiles, ainsi que j'ai eu occasion de le faire observer plus haut, page XI, parcequ'il y comprenoit les livres interposés entre ces deux évènements. Quoi qu'il en soit de cette conjecture, il est constant que le détail des dernières dissensions d'Antoine et d'Octave, ceux de la bataille d'Actium, et de la mort du premier de ces deux chefs en Égypte, appartiennent à l'histoire des guerres civiles ; et Claude de Seyssel a fait preuve de bon sens et de sagacité, lorsqu'il a songé à remplir le cadre, à la faveur d'une partie considérable de la vie d'Antoine, qu'il a empruntée de Plutarque.

En second lieu, « afin, dit-il, que l'histoire fût « plus aisée, et plus agréable à lire, il a divisé et « distribué par chapitres la narration d'Appien, qui « ne présente pas la même commodité dans l'ori- « ginal. » Cette méthode de partager ainsi en plusieurs petits tableaux les divers détails d'une grande, d'une longue scène, paroît avoir l'avantage de ménager plus particulièrement l'attention et l'intérêt du lecteur. La fin de chaque chapitre est comme un point de repos, où l'esprit peut s'arrêter pour prendre du relâche, ou pour méditer, selon que l'un ou l'autre lui convient. Cette variété de cadre offre de plus la facilité de trouver sans peine telle ou telle partie de la narration de l'historien, qu'on a besoin de consulter, ou sur

PRÉFACE.

laquelle on est bien aise de revenir : elle n'est d'ailleurs d'aucun inconvénient pour ceux qui aiment à embrasser un grand ensemble, et à contempler des masses.

La première édition de cette version française d'Appien, par Seyssel, parut à Lyon, in-folio, en 1544, long-temps après son décès, car il mourut le 31 mai 1520. On en publia une seconde à Paris, huit ans après, en 1552. Fabricius prétend qu'elle étoit in-fol. comme la première ; c'est une erreur de sa part. Je ne peux rien dire de la première ; parceque je n'en ai point vu d'exemplaire, même dans la bibliothèque impériale. Quant à la seconde, je ne la connois qu'en petit in-8° ou en grand in-12, de 447 feuillets, sans compter ceux de l'épitre dédicatoire, et de la table des chapitres, imprimée par René Avril, en 1552. Mais il en fut fait une troisième, imprimée à Paris, in-folio, en 1569, chez Pierre Dupré, imprimeur de l'université. Dans celle-ci l'on publia, à la suite des ouvrages d'Appien traduits par Seyssel, la version de deux morceaux de cet historien, dont Seyssel n'avoit point eu connoissance, savoir l'*Histoire des guerres des Romains en Ibérie*, et celle des *guerres des Romains contre Annibal*. Philippe des Avennelles, auteur de cette traduction, nous apprend dans son épitre dédicatoire à d'Andelot, que ces deux morceaux, qui sont ceux que Henri Étienne publia à

Genève, en 1557, n'étoient connus que depuis deux ans. Nous ferons remarquer, en passant, une faute énorme de typographie, dans le premier mot de cette traduction. Au lieu de ces mots conformes au texte grec : *le Pyrénée est une montagne*, etc., on a imprimé *le Prinée est une montagne*, etc. A moins que du temps de ce traducteur, il ne fût reçu de dire *Prinée* au lieu de *Pyrénée*, de quoi je doute; car dans le style de Seyssel, liv. Ier, chap. XIV, on lit : « Au commencement de la primevère sortirent Métellus et Pompée des monts Pyrénées. »

Sorel, dans sa *Bibliothèque française*, imprimée à Paris, en 1667, chap. XI, parle de cette traduction de Claude de Seyssel, et de celles des autres historiens grecs sur lesquels il travailla. Il ne dissimule pas que plusieurs critiques réprochoient à Seyssel beaucoup d'inexactitudes, beaucoup d'obscurités dans ses traductions. Mais il s'efforce de l'excuser par la considération de l'état d'enfance où étoit encore la langue française à l'époque où Seyssel écrivoit. Il ajoute que Seyssel étant d'ailleurs un homme de cour, il a dû faire le mieux possible pour ce temps-là. Sorel nous apprend en effet que Seyssel avoit été fait maître des requêtes dans un temps où le nombre de ces officiers étoit fort petit. De là il fut employé dans les ambassades. Il devint ensuite évêque de Marseille, et depuis archevêque de Turin.

Baillet l'a traité avec moins d'indulgence, dans le troisième volume de ses *Jugements des savants*, chapitre des traducteurs français, p. 107. Il lui reproche de n'avoir fait ses traductions d'auteurs grecs que sur de mauvaises versions latines ; de manière, dit-il, « qu'au lieu de rectifier ces écrivains, il a multiplié leurs « fautes, et rendu les auteurs plus obscurs et plus « malades qu'ils n'étoient auparavant, de sorte qu'on « ne peut point retirer beaucoup d'utilité de son « travail. » Ce jugement, dans lequel Baillet paroît n'avoir fait que répéter celui de Huet, dans son livre *de Claris interpretibus*, est exagéré ; et certes on ne peut trop raisonnablement imputer à Seyssel d'avoir écrit avec moins de pureté et d'élégance qu'on ne le faisoit du temps de Baillet, et d'avoir laissé dans ses versions des historiens grecs qu'il a traduits, beaucoup de taches qui étoient l'effet nécessaire de la défectuosité des manuscrits.

Fabricius fait mention d'une traduction française du livre des *Guerres des Romains contre Annibal*, qu'il attribue à un homme de Lettres assez obscur, contemporain à peu près de Seyssel et de Philippe des Avennelles, nommé Louis Tagaut, qui la fit imprimer à Lyon, en 1559, in-12. Quelques soins que j'aie pu me donner pour découvrir cette traduction, j'avoue que je n'yai pu réussir. Qui sait d'ailleurs si ce n'est point ici une erreur de Fabricius, qui a confondu le nom de Tagaut avec celui de Philippe des Avennelles.

Un siècle entier s'étoit écoulé sans qu'il eût été fait en français d'autres versions d'Appien que celles dont nous venons de donner une légère notice, lorsqu'un libraire de Paris, Antoine de Sommaville, instruit du mérite de cet historien par le grand nombre d'éditions qui en avoient été déjà faites, s'avisa de le faire traduire à neuf, et d'en donner une édition nouvelle. Il s'adressa pour exécuter la nouvelle traduction à un homme de Lettres que Fabricius nomme en latin *Meresius*, et que l'on sait être Odet Philippe, sieur Desmares. Cette nouvelle traduction fut publiée à Paris, en 1659, *in-folio*, cent ans tout juste après la dernière édition de la traduction de Seyssel. S'il faut en croire ce qu'on lit dans le privilège du roi, imprimé à la fin du volume, cet ouvrage fut pour Desmares un travail de commande, témoin ces mots : « Antoine de Som-
« maville, marchand libraire, nous a fait remonstrer
« qu'il a fait traduire en français l'Appien Alexandrin
« par le sieur Desmares. » En jetant les yeux sur cette traduction, j'ai soupçonné, en effet, que Desmares traduisit comme on prétend que le faisoit Du Ryer, un de nos plus féconds traducteurs ; et j'ai regardé comme constant que, sans avoir sous les yeux le texte grec d'Appien, imprimé par les Etienne, il n'avoit fait que ravauder, si je peux m'exprimer ainsi,

la version française de Seyssel, à l'aide de la version latine de Geslen (44).

Il est de la justice de remarquer que, dans son avis au lecteur, Desmares donne un démenti formel au libraire Sommaville, qui s'annonce dans le privilège comme ayant *fait traduire Appien par Desmares.* Le traducteur déclare, au contraire, que c'est de son pur mouvement qu'il a entrepris ce travail : « qu'il « a toujours eu du respect pour ceux qui ont écrit « l'histoire, escole, où sans contention de voix et sans « préceptes, on apprend la morale et la politique. « Or, comme il n'y a point de doute qu'Appien ne soit « un des grands docteurs de cette université muette, « et qu'il ne mérite d'être mis au nombre de ceux qu'on « appelle de la première classe, soit pour le sujet, soit « pour l'ordre, soit pour le style, c'est ce qui l'a obligé « d'en entreprendre la traduction. » Il est singulier qu'après ce langage du traducteur, dans l'avis au lecteur à la tête du livre, on trouve, dans le privilège placé à la fin, le langage du libraire qui dit avoir fait faire la nouvelle traduction d'Appien, comme s'il eût pris le traducteur à ses gages.

Quoi qu'il en soit de cette singularité, il suffit de lire les premières lignes de la traduction de Desmares, pour juger, à son style, combien la langue française étoit encore, à l'époque où il écrivoit, éloignée de la pureté, de la grace, de l'élégance, où les écrivains qui ont immortalisé le siècle de Louis XIV, la portèrent peu d'années après. D'un autre côté, pour peu qu'on prenne la peine de comparer sa version, soit avec le texte grec de l'édition de Schweighæuser, soit avec le texte de la version latine que ce savant éditeur a singulièrement perfectionnée, on verra combien Desmares laisse à désirer, soit sous le rapport de la fidélité du texte, soit sous le rapport de l'exactitude de l'interprétation.

Un défaut que je regarde comme capital dans la version de Desmares, ainsi que dans celle de Seyssel, c'est l'absence totale de notes. Quand on lit l'histoire, à une époque si éloignée de celle des évènements, il est une infinité de faits qui ne peuvent être clairement entendus qu'à l'aide de quelques légers commentaires, de quelques rapprochements historiques. C'est un besoin que le commun des lecteurs éprouve dans une mesure proportionnée à celle de ses connoissances et de ses lumières. C'est souvent aussi un besoin pour le traducteur lui-même, qui ne peut pénétrer le vrai sens d'un passage de son auteur, qu'en appelant à son secours des éclaircissements puisés dans une autre source. Voyez, entre autres exemples que je pourrois citer, la note du cinquième livre, chap. VIII, n. 29, qui commence par ces mots, « ni Seyssel, ni Desmares.

D'un autre côté, comment ne pas sentir qu'un ouvrage aussi étendu que celui d'Appien, aussi plein de faits, où tant d'illustres personnages jouent un rôle plus ou moins long, plus ou moins varié, ne sauroit se passer d'une table de matières? Comment s'y prendre, par exemple, pour trouver dans la traduction de Seyssel, le nom d'un lieu, celui d'un des acteurs de l'histoire, les détails d'un fait quelconque, sur lesquels on est bien aise de recueillir quelque particularité? Les petits sommaires qu'il a placés à la tête de chacun de ses chapitres ne peuvent que très imparfaitement suppléer à l'absence d'une table de matières, parcequ'il s'en faut bien qu'ils présentent la notice de tout ce que le chapitre peut contenir d'important *.

J'aurois été bien aise de faire connoître un peu plus particulièrement le second traducteur d'Appien, Odet-Philippe Desmares. Mais je suis réduit à dire que j'ai vainement consulté, à son sujet, ceux de nos auteurs biographes qui ont le plus de réputation. Je ne l'ai trouvé, ni dans le nombre des traducteurs français d'ouvrages grecs, mentionnés par Sorel dans sa

---

* Ce second défaut n'existe pas dans la traduction de Desmares. Elle a une table des matières, peut-être un peu trop succincte, mais qui ne laisse pas d'être très utile, sur-tout dans un *in-folio*. On y a joint de plus une carte géographique qui embrasse tout l'empire romain, et à la suite de cette carte, l'imprimeur a placé un *parallèle de la géographie ancienne et nouvelle pour la carte de l'empire romain, dressée sur Appien d'Alexandrie, par Duval d'Abbeville, géographe ordinaire du roi.* Ce parallèle est commode pour ceux qui désirent, en lisant l'histoire, d'appliquer les dénominations de la géographie des anciens aux dénominations de la géographie des modernes.

Bibliothèque française (45), ni parmi les traducteurs du même ordre que Baillet passe en revue dans ses *Jugements des Savants*, ni dans les suppléments de la *Bibliothèque de Lacroix du Maine*, et de *du Verdier*, par Rigoley de Juvigny, ni dans l'*Histoire de la Littérature française*, de l'abbé Goujet, ni dans le *Dictionnaire historique des hommes illustres*. Je ne peux donc dire de lui rien de plus que ce que m'a appris le frontispice de l'exemplaire de sa traduction, qui existe dans la bibliothèque du conseil d'état, c'est qu'il étoit conseiller du roi au siège de Falaise; que d'ailleurs il dédia son Appien à Pierre Séguier, prévôt de Paris, et que son épître dédicatoire est, par exemple, un de ces monuments de cette époque digne d'être distingué par la profusion avec laquelle il prodigue les éloges à son Mécène, tout en lui disant qu'il n'ignore pas que sa modestie lui fait refuser l'encens. Au reste, Desmares n'a pas traduit les deux livres d'Appien, publiés en français, par Philippe des Avennelles, dans la dernière édition de Seyssel, celle de 1569, et l'on ne sait pour quelle raison il les a laissés de côté. Il est probable qu'il n'a pas eu connoissance de ces deux morceaux.

Voilà ce que j'avois à dire sur les deux traductions françaises d'Appien, que notre littérature possède jusqu'à ce moment.

Pendant que je traduisois cet historien, j'eus occasion de parler de lui en présence d'une Anglaise passablement versée dans les Lettres anciennes; cette dame m'assura qu'il existoit une traduction d'Appien, en anglais. Je la priai de tâcher, dès son retour à Londres, de me procurer un exemplaire de cette traduction. Elle prit, en effet, la peine de la faire chercher dans l'immense librairie de Lackington, qui déclara connoître cette traduction, et ajouta qu'elle avoit été publiée sous le nom du célèbre Dryden, qui n'y avoit pris dans le fait aucune part, mais qui avoit souffert que l'auteur obscur de cette version se servît de son nom pour donner à son travail quelque recommandation et quelque lustre. Lackington avoit promis de procurer un exemplaire de cette traduction : mais la guerre qui est survenue m'a empêché de recueillir le fruit de cette promesse. Il faut, au surplus, que cet ouvrage soit assez rare, même en Angleterre, puisque Fabricius ni Harles n'en ont point eu connoissance.

Ce dernier, dans la nouvelle édition de la bibliothèque grecque de Fabricius, a annoncé une traduction allemande d'Appien, en ces termes : *Germanicè vertit notisque illustravit, Fr. W. Jonath. Dillenius; Francof. ad Mœnum,* 1793. Cette annonce n'étoit pas exacte. Il n'y avoit alors de publié que le premier volume. On en va trouver la preuve dans l'annonce suivante que j'ai extraite du Journal général de la Littérature étrangère, troisième année, cinquième cahier,

tom. 5. « *Appians Roemische geschichte :* Histoire ro-
« maine d'Appien, traduite pour la première fois (en
« allemand s'entend) du grec, et accompagnée de notes
« explicatives et comparatives, par G. W. G. Dille-
« nius, tom. II, 312 pag. *in-8°*, Francfort, Hermann.
« Ce volume forme, en même temps, la seconde par-
« tie du huitième tome de la collection des auteurs
« prosaïques grecs publiés par M. Seybold. Le pre-
« mier volume d'Appien avoit paru en 1793 ; et de-
« puis, la continuation a été empêchée par la guerre.
« Le second, qui vient de paroître, contient le huitième
« livre d'Appien, ou les cent trente-six chapitres de
« l'Histoire Punique, les extraits de l'Histoire de la
« Numidie et de l'Histoire de la Macédoine. » L'auteur de cet article ajoute, par conjecture, que le tout
formera à peu près six volumes ; et jugeant de la pièce
par l'échantillon, il déclare que la traduction n'est pas
toujours correcte. Je ne peux rien dire de ce jugement,
pour deux bonnes raisons. La première, parceque je
n'ai point l'ouvrage de Dillenius sous la main ; la seconde plus péremptoire encore que l'autre, parceque,
l'eussé-je en mon pouvoir, je n'entends pas l'allemand.

Il résulte de tous les détails bibliographiques que je
viens de parcourir, que les ouvrages d'Appien ont joué
un très beau rôle dans la république des Lettres. Il
est peu, sans doute, de ces précieux monuments
de l'antiquité échappés aux vicissitudes du temps

PRÉFACE.

qui aient joui d'une plus haute recommandation aux yeux des amateurs de l'histoire, et qui aient été l'objet des élucubrations d'un plus grand nombre de littérateurs et d'érudits. Je n'ai pas besoin, comme on voit, de m'aider ici de cet échafaudage de lieux communs, sur lequel on n'a que trop souvent vu les traducteurs obligés de se guinder pour rendre recommandable l'auteur qu'ils ont entrepris de traduire. Appien avoit une réputation déjà faite, et une réputation brillante, avant que je songeasse à le traduire encore une fois en français. Je viens de mettre ses titres sous les yeux du lecteur. Il ne me reste plus qu'à dire un mot de mon travail.

Je l'ai déjà dit : Appien avoit tracé son ouvrage sur un plan unique. Au lieu de suivre rigoureusement l'ordre chronologique dans sa marche, à l'exemple de Tite-Live, et de Denys d'Halicarnasse, et d'entremêler par conséquent dans sa narration les évènements divers qui composent la série des Annales de l'Histoire romaine, il aima mieux renfermer dans des cadres séparés les parties de ces évènements, selon qu'ils avoient eu lieu relativement à telle ou telle contrée, à tel ou tel peuple, à telle ou telle suite d'opérations militaires. Ce plan présentoit cet avantage, que l'on parcouroit rapidement, et comme d'un coup-d'œil, ce que l'histoire de tel pays, de tel peuple avoit eu de commun avec l'histoire du peuple romain. Mais il avoit aussi cet inconvénient notable, que ces cadres, à part, isolés, hors de leur ensemble, perdoient une partie de leur intérêt et de leur prix.

Parmi les vingt-quatre livres dont se composa l'ouvrage total de notre historien, chacun, ayant sur ce pied-là son plan et son objet partculier, n'avoit, à très peu de chose près, rien de commun avec son voisin, et pouvoit en être facilement séparé. Telle étoit, en effet, la condition de chacun de ces vingt-quatre livres, à l'exception seulement de ceux qui traitoient de l'histoire des Guerres civiles de la république. Ils étoient au nombre de cinq. Ils se suivoient immédiatement dans l'ordre numérique réglé par Appien, et ils avoient un titre commun περὶ ἐμφυλίων, ὥστε; et à cet égard j'aime mieux suivre l'opinion de l'anonyme dont Schweighæuser a imprimé le fragment, dans les premières pages de son troisième volume, que celle de Photius, qui prétend que les livres des Guerres civiles se suivoient au nombre de neuf depuis le treizième jusqu'au vingt-unième inclusivement. Ces cinq livres des Guerres civiles formoient à eux seuls un tout complet, entier et indivisible. Les gens de Lettres durent en avoir la même opinion, depuis que l'ouvrage de notre historien eut vu le jour, puisque c'est la partie de son travail qui s'est le mieux conservée, et qui nous est parvenue dans toute son intégrité.

Je peux ajouter que ces cinq livres en sont la partie la plus précieuse. Fabricius a judicieusement conjecturé qu'il falloit attribuer la perte de plusieurs des livres qui formoient l'ensemble de l'Histoire d'Appien à cette circonstance, savoir que Denys d'Halicarnasse et Dion Cassius étoient entrés sur certaines parties de l'Histoire romaine dans des détails, dans des développements plus amples que ceux d'Appien, et que d'après cela l'on avoit attaché moins de prix aux livres de cet historien, relatifs à cette partie de l'Histoire (46). Or, c'est la même raison qui a fait conserver avec tant de soin les cinq livres des Guerres civiles. Denys d'Halicarnasse n'avoit point poussé son travail jusque-là. Il est douteux que Tite-Live eût traité cette partie de l'Histoire romaine d'une manière plus étendue et plus détaillée que ne l'a fait Appien. Dion Cassius n'est pas, à beaucoup près, comparable à notre historien, sous ce rapport. Je ne parle pas de Velléius Paterculus, ni de Florus, qui n'ont fait guère que des extraits. Par une suite donc de la conjecture de Fabricius, il faut penser que si les cinq livres des Guerres civiles de la république romaine nous sont parvenus en entier, c'est qu'ils ont été de tout temps considérés comme le monument le plus précieux de cette partie de l'Histoire romaine; considération qui en avoit fait multiplier les copies en plus grand nombre que celles des autres ouvrages du même auteur.

On ne s'attend pas sans doute que j'entre ici dans un long exposé des objets relatifs à cette importante période de l'Histoire romaine, dont on ne trouve des vestiges que dans Appien. Je ne ferai mention que du plus remarquable de tous ; je veux parler du préambule des fameuses tables de proscription, sous le triumvirat d'Antoine, de Lépidus et d'Octave. Ces trois monstres ne se contentèrent pas de faire inscrire sur de grands tableaux les noms de leurs ennemis personnels qu'ils dévouoient à la mort ; ils crurent devoir colorer de quelques prétextes hypocrites cette épouvantable mesure, et c'est ce qu'ils firent dans une espèce de prologue placé à la tête des tables de proscription, et dont Appien est le seul des historiens romains qui nous ait transmis le propre texte. Appien a pris d'ailleurs la précaution nécessaire, afin que dans les siècles à venir on ne révoquât pas en doute l'authenticité de ce morceau : après l'avoir copié en entier, il a en effet ajouté ces paroles : « Tel étoit le préambule des tables « de proscription, autant que la langue grecque peut « rendre la langue latine (47). »

C'est donc la considération de l'importance de cette Histoire des Guerres civiles d'Appien qui m'a engagé d'en entreprendre une nouvelle traduction. Si Appien nous étoit parvenu dans sa totalité, je me serois bien gardé de le tronquer ainsi. Mais dans l'état de mutilation où nous l'avons aujourd'hui, j'ai cru pouvoir, sans inconvénient quelconque, me borner à cette partie de son ouvrage, qui forme d'ailleurs, ainsi que je l'ai déjà dit, un tout complet en elle-même, et la séparer du reste de ses ouvrages qui peuvent n'être considérés que comme de véritables fragments. Je suis bien aise, d'un autre côté, de pressentir ainsi le goût du public. Si l'Histoire des Guerres civiles réussit, il est possible que j'entreprenne alors de compléter la traduction de tout ce que nous avons de cet historien.

Mais ces cinq livres des Guerres civiles se terminant à la fin tragique de Sextus Pompée à Milet, laissent à désirer les détails et les résultats de la bataille d'Actium qui furent le dernier acte et le dénouement de ce drame. C'étoit vraiment une lacune qu'il importoit de fermer. Je l'ai senti comme Seyssel, et je me suis aidé, comme lui, de la dernière partie de la vie d'Antoine par Plutarque, que j'ai regardée comme le morceau de l'antiquité le plus authentique et le plus détaillé. A cet égard, j'aurois pu tout bonnement mettre à contribution la version de Plutarque par Amyot. Mais, outre que je ne professe pas pour la traduction de cet évêque d'Auxerre la superstitieuse opinion de beaucoup de gens du monde, et même de quelques gens de Lettres, sans manquer néanmoins d'avoir pour elle beaucoup d'estime, je n'ai pas cru devoir présenter la disparate du style de nos jours avec le style de deux siècles. Je suis sûr que ce contraste auroit choqué même les partisans de la traduction d'Amyot. D'un autre côté, je n'ai pas été fâché d'avoir cette occasion de m'exercer sur le texte de l'immortel auteur des Vies des Hommes illustres, et de lui rendre par cet essai un foible hommage de la vénération profonde dont je fais profession pour sa mémoire (48).

Schweighæuser a suivi, dans son édition, la sage méthode introduite depuis quelque temps par les littérateurs spécialement dévoués à la culture des Lettres anciennes. Il a coupé le texte d'Appien en assez petites sections, ce qui joint à l'avantage de soulager la contention d'esprit pendant l'étude ou la lecture, celui de rendre les passages très faciles à trouver. J'ai donc suivi moi-même cette méthode de Schweighæuser. Mais pour la plus grande commodité du lecteur, j'ai distribué ces sections elles-mêmes par chapitres, selon le plan adopté par Claude de Seyssel. J'ai déjà fait remarquer le mérite de cette idée de mon prédécesseur; et comme lui, à la tête de chaque chapitre, j'ai placé un *sommaire* qui avertit le lecteur de ce que chaque chapitre contient.

Quant au genre de style auquel je me suis attaché, j'ai fait de mon mieux pour saisir et pour exprimer le caractère de l'historien que j'avois à faire parler en français. Photius, beaucoup meilleur juge que moi, sans comparaison, du genre de style d'Appien, m'avoit fixé sur ce point. Il m'avoit appris que la diction de cet historien étoit marquée au coin de cette noble simplicité, de ce naturel, de cette modération qui est le vrai ton de l'histoire. J'ai tâché de copier mon modèle. Mais dans les discours directs qu'Appien fait prononcer aux divers personnages qu'il met en scène, j'ai senti qu'il s'élevoit un peu quelquefois, et alors je me suis fait un devoir de m'élever avec lui.

J'ai déjà eu occasion de remarquer que je regardois comme un défaut du premier ordre dans les traductions de mes deux prédécesseurs, de n'y trouver aucun genre de notes. Cette omission, de leur part, est d'autant plus répréhensible, qu'en un certain nombre d'endroits Appien a besoin de redressement ou de commentaire pour le fonds des faits. D'un autre côté, dans les détails historiques, la scène passe tour à tour dans les divers pays soumis à la domination du peuple romain : de là une nombreuse nomenclature géographique dans laquelle le lecteur désire souvent, et presque toujours est bien aise qu'on lui épargne des recherches dans les géographes de l'antiquité qu'il n'a pas toujours sous la main. Quoiqu'on doive laisser aux lecteurs le champ libre pour tirer des récits de l'historien les conséquences politiques et morales qui en découlent, il en est dans le nombre qui ne sont pas fâchés que de temps en temps on les mette un peu sur la voie. Enfin, lorsqu'on traduit sur le texte grec, on rencontre de fréquentes occasions de faire des observations critiques, soit sur le texte grec lui-même, soit sur les versions en latin, ou en langue vulgaire, qui en ont été faites, ne fût-ce que pour rendre raison de la différence du sens qu'on a donnée à une expression ou à une phrase.

Tels sont les motifs, je ne dirai pas qui m'ont engagé, je dirai qui m'ont obligé à répandre un assez grand nombre de notes historiques, géographiques et critiques dans ma traduction. Pour les notes historiques, j'ai mis à contribution tous les auteurs de l'antiquité où j'ai cru pouvoir trouver des matériaux propres à remplir mon but. Ce sont principalement les lettres et les Philippiques de Cicéron, Tite-Live, et son Épitome, les Commentaires de César sur la guerre civile, Velléius Paterculus, Florus, Valère Maxime, Dion Cassius, Suétone, et Plutarque dans ses Vies des Hommes illustres. J'espère que l'on sera content du soin que j'ai pris, et de la peine que je me suis donnée pour extraire de ces divers auteurs tout ce qui pouvoit rendre la narration de mon historien plus exacte, plus détaillée ou plus piquante.

Pour les notes géographiques, j'ai consulté habituellement Strabon, Étienne de Byzance, et quelquefois Pomponius Méla, Pline l'ancien et Ptolémée. J'ai eu pour guide dans cette matière les deux ouvrages modernes les plus étendus et les plus estimés que je connoisse; la *Geographia antiqua*, de Cellarius, et *l'Italia et Sicilia antiqua*, de Cluvérius.

PRÉFACE.

Quant aux notes critiques, j'en dois une partie au savant Schweighæuser. Toutes les fois qu'il m'a fourni quelques matériaux à cet égard, j'ai eu soin de lui en faire honneur en le nommant. Si, contre mon intention, il m'étoit échappé quelque omission sur ce point, j'espère que ni lui, ni les lecteurs équitables, n'en prendront occasion de me reprocher d'avoir voulu m'enrichir de ses dépouilles. Car si je n'ai point fait entrer dans mes notes critiques toutes celles dont ce docte helléniste a orné son troisième volume, je ne m'en suis abstenu que pour ne rien ôter à cet illustre éditeur, et à son édition, du mérite et du prix de son travail.

Les autres, celles spécialement qui ont pour objet les deux versions françaises qui ont précédé la mienne, sont de mon crû. Je ne les ai pas multipliées autant que j'aurois pu le faire, si j'avois entrepris de relever Seyssel et Desmares dans tous les endroits où ils m'ont paru inexacts et infidèles; je me serois imposé une trop longue tâche. J'ai donc été singulièrement sobre sur ce point. C'auroit été d'ailleurs blesser, jusqu'à certains égards, les bienséances, que de paroître trop avide de faire valoir mon travail aux dépens du leur. La plupart de leurs inexactitudes et de leurs infidélités, je dois le répéter ici, ne sont point de leur fait. La cause tient à l'état de défectuosité où étoit encore le texte d'Appien lorsqu'ils ont entrepris de le traduire. Je leur rends à l'un et à l'autre cette justice, d'autant plus

PRÉFACE.

volontiers, que, je dois l'avouer franchement, par cela même qu'ils avoient bronché, ils m'ont quelquefois empêché de broncher moi-même.

Je me flatte enfin que les lecteurs qui se piquent d'impartialité daigneront me savoir quelque gré de mon travail. Je compte sur l'indulgence de tout le monde. Au surplus, je n'ai eu d'autre ambition que de faire un peu mieux que les deux traducteurs qui m'ont précédé. Je ne prétends pas, à Dieu ne plaise, qu'on ne puisse mieux faire que je n'ai fait. Les traducteurs d'Appien, qui me succèderont, instruits par mes fautes, feront un pas de plus vers la perfection. En attendant, j'adresse à tous mes lecteurs ces judicieuses paroles d'Horace, dont on a si souvent fait en pareil cas une heureuse application,

........Si quid novisti rectius istis,
Candidus imperti; si non his utere mecum.

NOTES.

(1) Plutarque, *Des dits notables des anciens rois, princes, et grands capitaines.*

(2) Γηράσκω δ' αἰεὶ πολλὰ διδασκόμενος.

(3) Ἁρμόζει δὲ ἀπὸ τοῦ γένους ἄρξασθαι τὸν περὶ τῆς ἀρετῆς αὐτῶν συγγράφοντα. τίς δὲ ὢν ταῦτα συνέγραψα, πολλοὶ μὲν ἴσασι, καὶ αὐτὸς προέφηνα· σαφέστερον δ' εἰπεῖν. Ἀππιανὸς Ἀλεξανδρεὺς, ἐς τὰ πρῶτα ἥκων ἐν τῇ πατρίδι, καὶ δίκαις ἐν Ῥώμῃ συναγορεύσας ἐπὶ τῶν βασιλέων μέχρι με σφῶν ἐπιτροπεύειν ἠξίωσαν.

(4) Καὶ ἔστι καὶ τοῖσδε τοῖς αὐτοκράτορσιν ἐς τὸν παρόντα χρόνον, ἐγγυτάτω διακοσίων ἐτῶν ἄλλων.

(5) ... Συνῴκισε τοὺς τραυματίας ἐς πόλιν ἣν ἀπὸ τῆς Ἰταλίας Ἰταλικὴν ἐκάλεσε. καὶ πατρίς ἐστι Τραϊανοῦ τε καὶ Ἀδριανοῦ, τῶν ὕστερον Ῥωμαίοις ἀρξάντων τὴν αὐτοκράτορα ἀρχήν.

(6) Appien passe en revue les Romains qui ont pris et saccagé la ville de Jérusalem, et il nomme le dernier, l'empereur Adrien, dont il se fait le contemporain, καὶ Ἀδριανὸς αὖθις ἐπ' ἐμοῦ.

(7) Voyez ces passages dans ma traduction.

(8) Schweighæuser lui fait pousser sa carrière jusque sous le règne de l'empereur Antoninus Pius, sans nous dire surquel fondement. Il prétend même que ce fut sous ce dernier règne qu'il publia son ouvrage, *Antonini Pii ætate, et imperante hoc Antonino has historias edidisse. Præf. init.* Cet éditeur paroît n'avoir fait en cela qu'adopter l'opinion de Fabricius, dans sa Bibliothèque grecque, article *Appien*, §. I. *Historiam verò suam edidisse demùm videtur sub Antonino Pio, qui anno Christi 138, urbis 891, Adriano successit; testatur enim in præfatione Appianus, tempore quo scripsit nondùm quidem per ducentos annos locum fuisse imperatoribus, at urbem per nongentos stetisse.* Le passage de la préface d'Appien, sur lequel Fabricius s'appuie, est celui que nous avons

cité note 5. Si ce passage n'est pas altéré, et qu'il faille croire qu'Appien a vécu *très près de deux cents ans après Jules César, le premier des empereurs*, il faut croire qu'il a vécu à l'époque du règne d'Antonin le Pieux. Quoi qu'il en soit, Vossius, Hanckius et Tillemont ont eu la même opinion. Voyez les Tables chronologiques de Chantreau, qui ne font que de paroître.

(9) Καὶ εἰ τῷ σπουδῇ καὶ τὰ λοιπὰ μαθεῖν, ἔστι μοι καὶ περὶ τούτων συγγραφή. Ce sont les derniers mots de sa Préface.

(10) Τελευταῖον δὲ ἃ ἐς ἀλλήλους συνέπεσον Ἀντώνιόν τέ φημι καὶ Αὔγουστον, οἳ πολέμοις κρατεροῖς ἀλλήλους διεπολέμησαν, καὶ πολλῶν στρατοπέδων φθορὰν ἐνειργάσαντο.

(11) Tom. III, p. 892 et suiv.

(12) Harles, le dernier éditeur de la Bibliothèque grecque de Fabricius, parle d'une traduction latine faite par Basile Chalcondyle, fils de Démétrius Chalcondyle. *Basilii Chalcedonensis (Chalcondylii) translationem librorum Appiani ineditam memorat Gaddius de scriptoribus non ecclesiast.* tom. I, p. 8. Cette version, si elle a réellement été faite, doit avoir été postérieure à celle de Candidus; car le père de ce traducteur, grec d'origine, ne passa en Italie qu'après la prise de Constantinople par Mahomet II, en 1453; il mourut à Rome en 1513. (Voy. le Dict. des hom. ill.) Il étoit donc encore assez jeune à l'époque de son arrivée en Italie. Il n'est donc guère probable que son fils ait pu traduire Appien avant Candidus.

(13) *Quod cum demirarer, animadversum à me utriusque lectione, in eam veni cogitationem primam ac majorem partem ejus libri qui fuit de Rebus Parthicis ab Appiano conditus, intercidisse, ac à quodam alio ex Plutarcho, quantùm ejus potuit fieri, suppletum fuisse. Nam profectò etiam hæc quæ post finem verborum Plutarchi Appiano intertextorum sequuntur, minimè cum prioribus cohærent; deest enim omnis Parthica historia à morte Crassi usquè ad*

Ventidii contra Labienum bellum, quam haud dubiè diligenter Appianus persecutus fuerat, sed cum antecedentibus libus periit.

(14) *Ut ostenderet qualis foret ista quæ Appiano peculiaris esse existimatur alienorum scriptorum usurpatio.*

(15) *Fortassè autem si, ut historica Plutarchi scripta ad nos pervenerunt, ita et quorumdam aliorum historiæ ad nos pervenissent, Appianum non in Plutarchi tantùm, verùm et alia quædam scripta, in aliis suis historiis, id sibi permisisse videremus.*

(16) *Hoc quò magis suspicabuntur, eò magis et cæteras ejus historias in pretio habere debebunt, tanquam varios historicos sub nomine unius legentes.*

(17) Ἔστι δὲ τὴν φράσιν ἀπέριττος, καὶ ἰσχυρός. Et certes Photius s'y connoissoit.

(18) *Quid de tot dicam locis, in quibus, alia Appiani, alia Plutarchi, verba sunt, eodem interim sensu manente? Et quidem interdùm verba ita diversa, id est, ita diversam elegantiam habentia, ut magno ad deligendum elegantiora judicio sit opus.*

(19) « Le siècle d'Arrien fut celui des imitateurs, et un « petit nombre d'écrivains seulement, tels que Plutarque, « Lucien, Appien et Galien eurent un style caractéristique, « et qu'on peut dire à eux. » Telle est la justice que rend à Appien un des critiques les plus éclairés et les plus sages de la république des Lettres, M. de Sainte-Croix, que la France a le droit de compter parmi les érudits dont elle peut s'honorer. Voyez son *Examen critique des historiens d'Alexandre*, p. 91, lig. 18.

(20) *In animadversionibus ad Eusebium*, n. 2021, p. 177. Il appeloit Appien, *alienorum laborum fucum.*

(21) *Verè omninò hæc Xylander : nec dubito illum alium qui hæc Plutarchi mutilo Appiani Parthico infersit fuisse*

librarium, qui, ut vendere magis integrum Appianum posset carius, ex furto lucrum captârit. Præf. p. 22, §. 14.

(22) Voyez ci-dessus, note 12.

(23) Voy. la préface de la dernière traduction de Maxime de Tyr, p. 24.

(24) Il paroît que ce fut par son ordre que Candidus, un de ses secrétaires, se livra à ce travail. *Latinè Appianum vertit Petrus Candidus December è codice græco parùm emendato, jussu Nicolai V, pontificis maximi cujus tùm, fuit minister ab epistolis.* Fabr. Biblioth. Gr. tom. V, p. 251.

(25) Ce prince mourut en effet cette année-là. Dans la Bibliothèque grecque de Fabricius, on fait mourir Alphonse en 1558, ce qui n'est qu'une erreur de typographie, au lieu de 1458. Au reste, cet Alphonse est celui auquel la postérité, toujours juste, a donné le surnom de *magnanime*, en considération de ces grandes qualités. On auroit dû lui donner également le titre de *père des Lettres*, car il fut le premier qui ouvrit un asile aux muses fugitives de Constantinople, après l'évènement qui fit tomber cette métropole de l'Empire grec au pouvoir de Mahomet II. On cite un trait bien remarquable de la part de cet Alphonse. Il aimoit à aller seul et à pied dans les rues de sa capitale. Quelques courtisans lui représentèrent les dangers de cette familiarité vraiment populaire. Alphonse répondit à ses courtisans : « Un père qui se promène au milieu « de ses enfants n'a rien à craindre. » Heureux le prince qui sent dans son cœur qu'il peut tenir ce langage avec confiance !

(26) *In præfatione, ad editionem suam Appiani*, p. 2.

(27) *Scilicet tametsi ex eis quæ in epistolâ ad Alphonsum his verbis Candidus de Appiano scripsit :* « *Ego, Medius fi-* « *dius, hæc lego, non audire Romanorum gesta dùm, ut hacte-* « *nùs consueveram, verùm intelligere, nec intelligere tantùm* « *sed adesse mihi videor, ita suo ordine singula apposita et* « *descripta sunt* », *tametsi, inquam, ex his Candidi verbis*

longè meliora de interpretatione ejus augurareris, tamen infinitis in locis, non solùm toto cœlo ab auctoris sententiâ aberrantem, sed et per se ita obscuram, et mirè contortam hanc versionem deprehendes, ut nihil aliud nisi hoc planum esse videatur, interpretem ipsum sæpè, cùm quid dixerit, tùm quid dicere ex mente Appiani debuerit, juxtà nescivisse. Præf. edit. p. 3.

(28) *Si fides est N. Angelo Venusino, qui, in vitâ Philelphi, opera hujus viri recensens, ita scribit :* « *Libri quos è* « *græcis latinos fecit quotidiè nostris versantur in manibus ;* « *nam Appianus historicus, Dion Nicensis, Diodorus Siculus, per ipsum Philelphum in latinum egregiè sunt conversi.* » Schw. præf. p. 4. Il est singulier que les auteurs du Dictionnaire des hommes illustres n'aient rien dit de ces ouvrages de Philelphe, dans la notice qu'ils ont donnée de ses travaux littéraires.

(29) *Cùm Candidi versio tantam celebritatem sit consecuta, ut, postquàm calamo primùm studiosè multiplicata essent ejus exemplaria,* etc. Schweig. præf. p. 4. Il existe même encore dans certaines bibliothèques, de ces exemplaires manuscrits de la version latine de Candidus : *Quod eò volui monere,* dit Schweighæuser à ce sujet, *ne quis in catalogo manuscriptorum aliquod ex illis exemplaribus memoratum legens, persuadeat sibi fortassè græcum Appiani codicem indicari.*

(30) Ce fut à Venise, ainsi que je l'ai déjà dit, que parut cette première édition, et non à Rome, ainsi que Fabricius l'a écrit par erreur dans sa *Bibliothèque grecque.*

(31) *Tandem magnifico adparatu typis excuderetur, et novies ad minimum, quoad equidem sciam, in Italiâ, in Galliâ, in Germaniâ, repetita fuerit ejusdem versionis editio.* Schweigh. *ibid.* On trouvera dans la Bibliothèque grecque de Fabricius, tom. V, p. 251, les détails les plus amples sur ces diverses éditions.

I.

(32) C'étoit le temps où les opinions de la Réforme, introduites par Luther et Calvin, faisoient en France le plus de progrès. Robert Étienne embrassa ces nouvelles opinions, et poussé par ce zèle peu circonspect qui anime souvent les néophytes, il donna une édition de la Bible, avec des notes favorables à ce qu'on appeloit l'*hérésie*. La Sorbonne prit la chose au tragique, et par un décret solennel frappa l'édition de Robert Étienne d'anathème. Alarmé sur les suites de cette affaire, Robert Étienne prit le bon parti de sortir de France, et de se retirer à Genève, où il mourut peu d'années après.

(33) *Librum sextum et septimum, sive Iberica et Hannibalica primus ex Italiâ secum attulit, et cum Ctesiæ, Agatharchidis, Memnonisque eclogis græcè edidit, ex Arnoldi Arlenii Codice,* Biblioth. græc. Fabric. tom. V, p. 247.

(34) Ce François Berauld étoit d'Orléans. C'est Fabricius qui me l'apprend, *Bib. Gr. tom. 5, p. 247.*

(35) Fabricius nous apprend que ce livre d'Appien avoit été depuis traduit en latin par *Stephanus Gradius*, patricien de Raguse, et bibliothécaire du Vatican, sur un des manuscrits de cette bibliothèque. Harles, son dernier éditeur, nous apprend également que *Joseph Spalletti* avoit fait sur ce livre des commentaires, et tracé des cartes géographiques que la mort l'empêcha de publier.

(36) Mais il compara le texte des fragments déjà imprimés avec celui du manuscrit de Peiresc, et il en marqua les différentes leçons. Voyez *Fabric. Bibl. Gr. tom V. p.* 253.

(37) Il paroît que Fabricius ne faisoit pas grand cas de cette édition de Tollius. *Parùm laudis,* dit-il, *tulit Tollius apud posteros, quanquam hodiè incipit ejus editio rarescere.*

(38) C'étoit tout simple ; Joseph Spalletti, dont nous venons de parler, travailloit sur le livre d'Appien qui contenoit les guerres des Romains en Illyrie. Il étoit en train d'illustrer cet ouvrage par des commentaires et des cartes géographiques.

Il n'étoit donc pas bien aise que l'on vînt chasser sur ses terres.

(39) Je fais cette déclaration afin de prévenir le reproche qu'on a fait à Tollius, d'avoir voulu *gloriari alienis bonis*, en dissimulant les sources dans lesquelles il avoit puisé, et les noms des écrivains dont il avoit mis les matériaux en œuvre.

(40) *Versiones Italicæ, præcipuè ejus, quam è latinâ versione Candidi Braccius confecit, editiones sunt satis numerosæ.* Bibl. Græc. Fabr, tom. V, p. 253.

(41) Elle est intitulée *Historia de todas las Guerras civiles que huro entre los Romanos, per Appiano Alexandrino. Alcala, de Henares,* 1536. Voy. la Bibliothèque curieuse, historique et critique de David Clément.

(42) On se rappelle ce que nous avons dit ci-dessus, qu'à l'époque où la version latine de Candidus fut publiée, l'imprimerie n'existoit pas encore, et que cette version se répandit en manuscrits.

(43) Ce manuscrit est celui dont Schweighæuser fait mention et qu'il appelle *Codex Fonteblandensis*. Voyez sa préface, pag. 6 et 9, ainsi que la note *prior codex*, etc.

(44) C'est sous le nom latin de *Geslenius* que ce traducteur est connu dans la république des Lettres. J'ignore sur quel fondement Desmares le nomme *Gallenius* dans son *Avis au lecteur*.

(45) Desmares devoit néanmoins être connu à cette époque, puisque ce fut en 1667 que l'ouvrage de Sorel fut imprimé, et que la traduction d'Appien par Desmares fut imprimée huit ans auparavant, en 1659, sans compter que Desmares nous apprend lui-même, à la fin de son avis au lecteur, qu'à cette époque, en 1659, il étoit déjà connu dans la république des Lettres *par des ouvrages de cette nature qu'il avoit donnés au public, et qui avoient reçu plus d'applaudissements qu'il n'eût osé l'espérer.*

(46) *Ex his libris quòd plures interciderint ratio est quia pleraque videbatur exactiùs tradidisse Dionysius Halicarnassœus, et qui post Appianum scripsit, Dio Cassius.* Bibl. Græc. tom. V, p. 246.

(47) Voyez liv. IV, sect. XI.

(48) Claude de Seyssel annonce dans le préambule de ce qu'il appelle son sixième livre, feuillet 431 de l'édition in-8° de 1552, qu'il a mis aussi Suétone à contribution pour les faits relatifs à Octave. Quant à moi, j'ai cru devoir me borner à prendre pour supplément le fragment de Plutarque par lequel j'ai complété le tableau des Guerres civiles.

FIN DE LA PRÉFACE.

HISTOIRE
DES GUERRES CIVILES
DE LA
RÉPUBLIQUE ROMAINE.

LIVRE PREMIER.

INTRODUCTION.

I. Chez les Romains, le peuple et le sénat eurent de fréquentes altercations au sujet de la confection des lois, de l'abolition des dettes, du partage des terres et des élections aux magistratures. Mais ces altercations ne dégénéroient point en guerre civile. On n'en venoit point aux mains. Ce n'étoient que de simples dissentimens, des contentions autorisées par les lois, où l'on avoit soin de conserver les égards et le respect que l'on se devoit les uns aux autres. Dans une circonstance où l'on avoit fait prendre les armes au peuple pour marcher contre l'ennemi de la république, il profita de l'occasion, non pas pour tourner ses armes contre ses oppresseurs, mais pour se retirer les armes à la main sur le mont qui prit

Ans de Rome.

260.

de là le nom de *Sacré*. Là, sans se livrer à aucun acte de violence (1), il créa des magistrats spécialement destinés à veiller à la conservation de ses droits. Ces magistrats furent appelés *tribuns du peuple*. Leur principale attribution fut de mettre un frein à l'autorité des *consuls*, qui étoient alors nommés par le sénat seul, et d'empêcher qu'ils n'exerçassent un pouvoir absolu dans la république. Dès-lors le sénat et le peuple se partagèrent entre les consuls et les tribuns. Cette division enfanta des rivalités, des animosités, des haines. Selon que ces magistrats prenoient le dessus les uns sur les autres (2), la prépondérance passoit ou du côté du sénat, ou du côté du peuple. Au milieu de ces dissensions, Coriolan fut injustement chassé de Rome. Il se retira chez les Volsques, et prit les armes contre sa patrie.

II. C'est le seul exemple de ce genre qu'offrent les anciennes querelles des Romains; encore fut-il donné par un banni. Jamais d'ailleurs glaive ne fut porté dans les assemblées politiques. Jamais meurtre n'y fut commis. Tibérius Gracchus fut le premier qui, pendant qu'il proposoit des lois, périt dans une sédition. Avec lui furent massacrés, dans le sein même du Capitole, plusieurs de ceux qui s'y trouvèrent enfermés. Après ce tragique événement, les séditions n'eurent plus de terme. L'esprit de discorde s'exalta également des deux côtés. On s'arma fréquemment de poignards, et il y eut dès-lors peu de comices, soit dans les temples (3), soit dans le Champ-de-Mars, soit dans le Forum, qui ne fussent ensanglantés par le meurtre des tribuns, des préteurs, des consuls, des candidats pour ces magistratures, ou de tout autre personnage considérable. Chaque jour on s'insultoit avec plus d'audace ; et le honteux mépris des lois et de la justice alloit en croissant. Le mal fit enfin de si grands progrès, que l'on conspira ouvertement contre la république. De nombreuses, de fortes armées furent dirigées contre la patrie. On vit ceux qui se disputoient ou les magistratures, ou la confiance des légions, s'exiler, se condamner, se proscrire réciproquement. Déjà existoient des hommes puissants, et des chefs de parti avides de la monarchie. Les uns ne déposoient point le commandement des armées qui leur avoient été confiées par le peuple; les autres levoient des troupes sans autorisation légale, dans la vue de se mettre en mesure contre leurs adversaires. C'étoit à qui s'empareroit le premier de Rome, sous le prétexte spécieux de prévenir son antagoniste ; mais, en effet, pour anéantir la république. De là les invasions de Rome à force ouverte ; de là le massacre impitoyable de tout ce qui se présentoit ; de là les proscriptions, les exils, les confiscations ; de là les affreuses tortures que l'on fit souffrir à quelques citoyens.

III. Tous les genres de cruauté furent prodigués jusqu'à ce qu'un des chefs de parti, cinquante ans au plus après la mort des Gracques, Cornélius Sylla, *guérissant le mal par le mal*, s'empara pour long-temps de la monarchie, en envahissant ce qu'on appeloit la dictature, magistrature formidable à laquelle on avoit recours pour six mois dans les circonstances les plus critiques, et dont on n'avoit

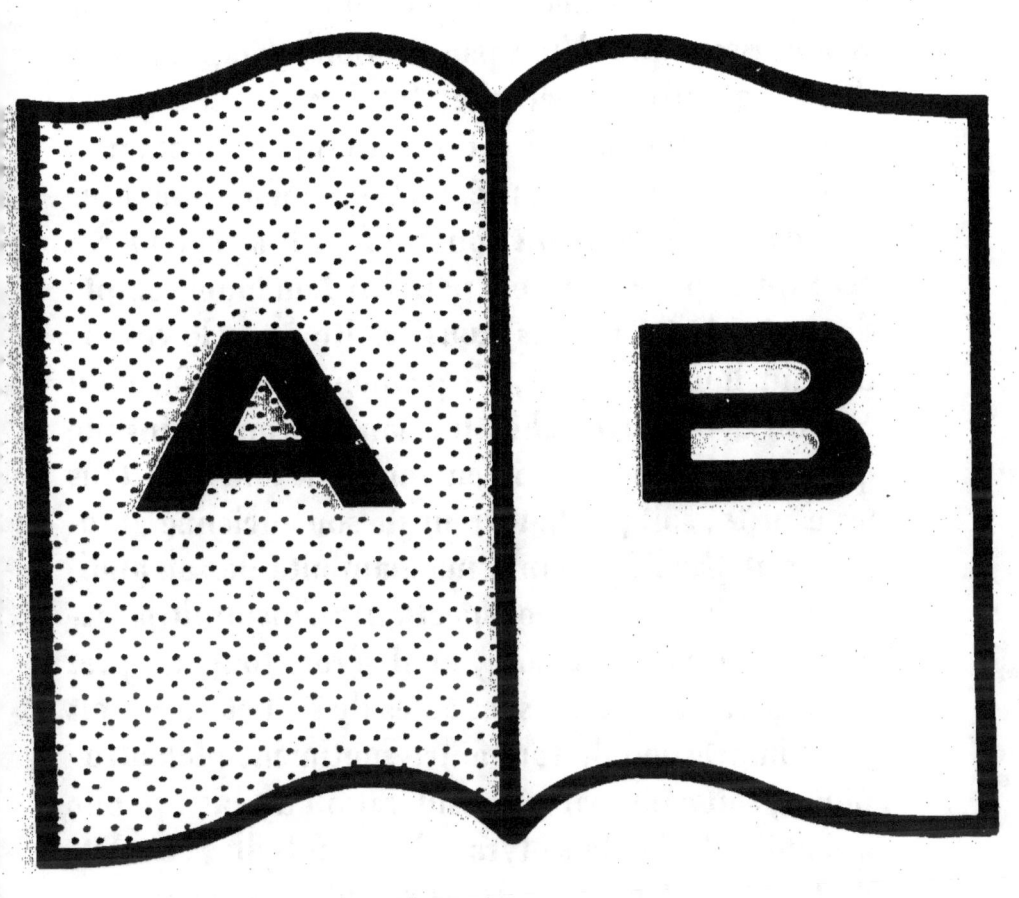

Contraste insuffisant

NF Z 43-120-14

point usé depuis longues années. Sylla donc, moitié violence, moitié nécessité, quoique ses partisans répandissent que c'étoit par élection, s'étant emparé de la dictature perpétuelle, fut le premier, que je sache, des tyrans qui ait osé abdiquer spontanément (4) le pouvoir suprême. Il osa même annoncer hautement qu'il seroit toujours prêt à répondre à ceux qui se présenteroient pour lui demander compte de sa conduite. Depuis, tous les Romains le virent, devenu homme privé, se promener au milieu du Forum, et rentrer chez lui sans éprouver insulte quelconque (5) : tant il en imposoit encore à tous les esprits, soit par la terreur de son ancienne autorité, soit par l'étonnante magnanimité de son abdication, soit par la circonspection qu'inspiroit la déclaration qu'il avoit faite, qu'il seroit toujours prêt à rendre raison de tous les actes de sa dictature, soit par l'impression de tout autre sentiment philantropique, soit enfin par la considération du bien public qui étoit résulté de sa tyrannie. Sous Sylla, en effet, l'activité des factions resta suspendue, et ce relâche compensa les maux de son despotisme.

IV. Après lui les factions s'agitèrent de nouveau, comme elles avoient fait auparavant, jusqu'à ce que Caïus César, investi depuis longues années du commandement des Gaules, sur l'ordre que lui fit notifier le sénat de déposer ce commandement, s'y refusa, en donnant pour raison, « que cet ordre « n'émanoit point du sénat, mais qu'il voyoit que « Pompée, étant son ennemi personnel, visoit à le « dépouiller de son commandement, pendant qu'il

« demeureroit lui-même à la tête de l'armée qu'il
« commandoit en Italie : qu'en conséquence il pro-
« posoit, ou que l'un et l'autre conservât son auto-
« rité militaire, afin de n'avoir rien à redouter de
« son antagoniste, ou que Pompée licenciât ses
« légions, et que rentrant dans la condition d'homme
« privé, ainsi qu'alors il y rentreroit lui-même de
« son côté, il se replaçât, comme lui, sous l'empire
« des lois. » Ni l'une ni l'autre de ces propositions
n'ayant été acceptée, César partit des Gaules et
marcha contre sa patrie pour y combattre Pompée.
Arrivé à Rome enseignes déployées, il résolut de
poursuivre son ennemi qui avoit fait sa retraite en
Thessalie. Après avoir gagné contre lui une grande
bataille, il prit le chemin de l'Égypte, où Pompée
vaincu s'étoit réfugié. L'assassinat commis par les
Égyptiens sur la personne de ce dernier permit à
César de retourner bientôt à Rome. Il ne fit en
Égypte que le séjour nécessaire pour y établir son
autorité, et pour y consolider celle des rois qui la
gouvernoient. César venoit de se montrer supérieur,
par les talents militaires, au plus renommé des chefs
du parti qui lui étoit opposé, à celui auquel les plus
brillants exploits avoient fait donner le surnom de
Grand. Personne ne devoit donc plus oser prétendre
mettre un frein à sa puissance. A l'exemple donc de
Sylla, il s'investit de la dictature perpétuelle. Cet
évènement enchaîna de nouveau toutes les factions,
jusqu'à ce que Brutus et Cassius, soit jalousie de
l'excès de l'autorité de César, soit zèle pour la liberté politique du peuple romain, assassinèrent, en

plein sénat, le dictateur, comblé de la faveur populaire, et devenu très habile dans la science de gouverner. Les plébéiens donnèrent les témoignages des plus grands regrets à sa mort. On fit de tous les côtés des perquisitions contre ses assassins. Ses restes furent inhumés au milieu du Forum. Un temple fut bâti sur le lieu même où avoit été son bûcher, et l'on lui décerna un culte et des sacrifices ainsi qu'à un Dieu.

V. Les factions, encore un coup, réveillées et puissamment accrues, firent d'énormes progrès. On vit reparoître les meurtres, les exils, les proscriptions (6) des sénateurs et de ceux qu'on appeloit chevaliers, horreurs que chacun des partis se prodiguoit réciproquement (7). Les factieux s'abandonnoient leurs ennemis respectifs, sans aucun égard pour les droits du sang ni de l'amitié (8) : tant les affections naturelles et domestiques étoient étouffées par la frénésie de l'esprit de faction! On porta l'audace jusqu'au partage que firent entre eux de l'empire romain, comme d'une propriété particulière (chose épouvantable), les triumvirs, Antoine, Lépidus, et celui qui, d'abord nommé Octave, prit ensuite le nom de César, soit parcequ'il étoit son parent, soit parcequ'il avoit été institué son héritier. Ce partage consommé, ils ne tardèrent pas à s'attaquer l'un l'autre, comme de raison. Octave, plus habile et plus expérimenté que ses deux rivaux, commença par enlever à Lépidus la Libye qui lui étoit échue ; et à peine il l'eut dépouillé de toute autorité, qu'il marcha contre Antoine, le battit à Actium, et lui ôta toutes les

INTRODUCTION.

provinces, depuis la Syrie jusqu'au golfe Adriatique.
Après ces succès, dont l'importance excita l'admiration des uns et la terreur des autres, Octave s'embarqua et alla conquérir l'Égypte, le plus ancien des royaumes alors existants, celui qui avoit été le plus puissant depuis la mort d'Alexandre, et le seul qui manquât aux Romains pour élever leur empire au point où il est aujourd'hui. De si grandes choses lui firent donner le surnom d'*Auguste* de son vivant, phénomène dont les Romains n'avoient point encore eu d'exemple. Elles l'élevèrent aux yeux de Rome, et de toutes les nations auxquelles elle donnoit des lois, à un degré de puissance supérieur même à celui où César étoit parvenu. Il n'eut plus besoin ni d'élection ni de suffrage, pas même de dissimulation ni d'hypocrisie (9). La perpétuité du pouvoir entre ses mains, la consistance qu'il sut lui donner, son bonheur en toutes choses, et le poids imposant de son nom, firent qu'il laissa l'empire à ses descendants comme un patrimoine.

VI. Ce fut ainsi qu'après la tourmente successive de plusieurs factions, la forme du gouvernement de la république ramena la concorde par la monarchie. J'entreprends d'écrire l'histoire de ces évènements mémorables. Elle doit intéresser ceux qui se plaisent à contempler, d'un côté, le tableau de l'amour démesuré de la domination, du désir effréné de la puissance; de l'autre, celui de la plus patiente inertie, et des maux sans nombre qui résultent de toutes ces causes. Je me livre à ce travail d'autant plus volontiers, que plusieurs de ces évènements ayant précédé ceux qui changèrent le sort de l'Égypte, et finissant ensuite par se mêler avec eux, il étoit dans l'ordre de les faire marcher les premiers. Car l'Égypte fut conquise pendant la querelle d'Antoine et d'Octave. L'appui que Cléopatre prêtoit à Antoine en fut le motif. Je diviserai les matières, à cause de leur abondance. Je renfermerai dans la première partie les choses qui se passèrent depuis Sempronius (10) Gracchus jusqu'à la mort de Sylla. J'embrasserai dans la seconde celles qui eurent lieu depuis la mort de Sylla jusqu'à la mort de César. Les trois autres parties embrasseront tout ce que firent les triumvirs l'un contre l'autre, et contre le peuple romain, jusqu'au dénouement de toutes les séditions qui en fut l'acte le plus important, c'est-à-dire jusqu'à la bataille d'Actium, gagnée par Octave contre Antoine et Cléopatre, et qui nous servira de début pour l'histoire d'Égypte (11).

NOTES.

(1) Il en fit autant à l'époque de la mort de la célèbre Virginie. L'armée qui étoit dans le voisinage de Rome leva son camp, entra dans la ville en eignes déployées, abolit le décemvirat, rétablit les anciennes magistratures, fit traduire Appius Claudius le décemvir devant les tribunaux ; et ce qu'il y eut de plus remarquable dans ce mémorable évènement, c'est que, lorsqu'Appius eut été condamné, on lui permit de porter l'appel de son jugement devant l'assemblée du peuple, quoique l'abolition de cette faculté judiciaire eût été un des actes de sa tyrannie.

(2) Schweighæuser a rectifié sur ce passage la version latine de Geslen : *Utrique (tàm senatus quàm populus) studiis suis divisi erant, initio utrumque genus magistratûs : quippè utraque pars tantò superiorem se fore alterâ putabat, quò plus potestatis magistratibus suis accederet.* Le dernier traducteur latin est bien plus concis : *Et quidquid alteri partium accederet, id altera sibi existimante decedere.*

(3) Ce n'est pas en effet dans le Forum exclusivement que se tenoient les assemblées du peuple. On les convoquoit tantôt dans un temple, tantôt dans le Champ-de-Mars, tantôt dans la place de la tribune aux harangues, selon les circonstances. On verra plus bas, section XV, que Tibérius Gracchus, résolu d'employer la force ouverte pour se faire proroger dans le tribunat, convoqua les comices dans le Capitole. Il en étoit de même du sénat. Il s'assembloit tantôt dans un lieu, tantôt dans un autre. On lira ci-dessous, à la fin du second livre, que celle de ces assemblées où César fut assassiné avoit été convoquée dans un édifice public où étoit la statue de Pompée, dans le voisinage du théâtre qui portoit son nom ; et tout à l'heure, section XVI, on va voir que le sénat fut convoqué dans le temple de la Foi, pour aviser aux moyens de réprimer les attentats commis par Tibérius Gracchus et

ses adhérents dans le Capitole. Au reste, Desmares paroit ne s'être pas douté, dans ce passage, que les mots du texte, ἢ τῶν ἐς ταῦτα παραγγελλόντων, désignoient les *candidats*.

(4) Le texte porte ἔχων, participe, que le judicieux Musgrave a été d'avis de remplacer par l'adjectif ἑκών. J'ai adopté cette conjecture.

(5) On verra plus bas, dans les notes, qu'il y eut une exception à ceci. On verra en même temps quel fut le pronostic de Sylla contre la république à cette occasion.

(6) Appien fait allusion ici aux proscriptions qui signalèrent l'épouvantable triumvirat d'Antoine, de Lépidus et d'Octave, au milieu desquelles Rome perdit le peu qui lui restoit à peu près d'hommes de bien et de citoyens illustres. Plus bas, au commencement du livre quatrième, on trouvera et l'on lira, je crois avec intérêt, le préambule que ces trois monstres mirent à la tête de leurs tables de proscription. Appien est le seul des historiens romains qui nous ait conservé le texte précis de cet acte, qui doit paroitre d'ailleurs d'autant plus authentique, qu'en le terminant l'historien s'exprime en ces termes : « Telle étoit la teneur littérale de ce préambule, « autant que la langue grecque peut rendre la langue latine. »

(7) Ceci n'est pas trop exact de la part de notre historien. Cassius et Brutus ne se conduisirent pas à l'égard des triumvirs comme Marius l'avoit fait à l'égard de Sylla. Le vainqueur des Cimbres, rentré dans Rome les armes à la main, rendit à Sylla, dans la personne de ses partisans, massacre pour massacre, et proscription pour proscription. Brutus et Cassius ne firent rien de semblable. Car on ne peut pas regarder comme une atrocité de cette nature la représaille qu'exerça Brutus contre un frère d'Antoine, pour venger la mort de Décimus Brutus, dont le triumvir s'étoit fait apporter la tête, ni celle que Cassius exerça à Laodicée contre Dolabella qui avoit fait égorger le préteur Trébonius, et avoit abandonné sa tête à toutes sortes d'outrages. Brutus et Cassius ne trempèrent d'ailleurs leurs mains dans le sang d'aucun des partisans des triumvirs.

(8) Ceci doit s'entendre des triumvirs eux-mêmes. Car les

trois premiers noms inscrits sur les tables fatales furent celui d'un oncle d'Antoine, celui du frère de Lépidus, et celui du tuteur d'Octave.

(9) Le substantif προστοίημα, qui signifie *id quod nobis vindicamus*, sens qui pouvoit convenir ici, en a un autre, *id quod simulamus*, que j'ai préféré.

(10) L'aîné des Gracques dont il est ici question est plus connu par le prénom de Tibérius que par celui de Sempronius. Voyez ci-dessous, section IX.

(11) Malheureusement le livre d'Appien qui contenoit l'histoire d'Égypte, et qui débutoit par la bataille d'Actium, n'est point venu jusqu'à nous. J'y ai suppléé, en traduisant dans Plutarque la dernière moitié de la vie d'Antoine.

CHAPITRE I.

De la nature et des causes des lois agraires. Tibérius Gracchus, tribun du peuple, propose une de ces lois, et la fait adopter nonobstant l'opposition de Marius Octavius son collègue.

Ans de Rome.

VII. EN subjuguant partiellement l'Italie par la force des armes, les Romains étoient dans l'usage ou de s'approprier une partie du territoire du peuple vaincu pour y bâtir une ville, ou de fonder, dans les villes déjà existantes, une colonie composée de citoyens romains (1). Ils imaginèrent de substituer cette méthode à celle des garnisons. La portion de territoire dont le droit de conquête les avoient rendus propriétaires, ils la distribuoient sur-le-champ, si elle étoit en valeur, à ceux qui venoient s'y établir; sinon ils la vendoient ou la bailloient à ferme : si, au contraire, elle avoit été ravagée par la guerre (2), ce qui arrivoit assez souvent, sans remettre à un autre temps à la distribuer par la voie du sort, ils la mettoient à l'enchère telle qu'elle étoit, et se chargeoit de l'exploiter qui vouloit, moyennant une redevance annuelle en fruits; savoir, du dixième, pour les terres qui étoient susceptibles d'être ensemencées, et du cinquième pour les terres à plantations. Celles qui n'étoient bonnes que pour le pâturage, ils en retiroient un tribut de gros et menu bétail. Leur vue en cela étoit de multiplier la population de cette partie de leurs concitoyens épars chez les peuples de l'Italie, qui leur paroissoit la plus propre à supporter des travaux pénibles, afin d'avoir pour leurs armées des auxiliaires de leur nation. Mais le contraire leur arriva. Les citoyens riches accaparèrent la plus grande partie de ces terres incultes, et, à la longue, ils s'en regardèrent comme les propriétaires incommutables. Ils acquirent par la voie de la persuasion, ils envahirent par la violence les petites propriétés des pauvres citoyens qui les avoisinoient. De vastes domaines succédèrent à de minces héritages. Les terres et les troupeaux furent mis entre les mains d'agriculteurs et de pasteurs de condition serve, afin d'éviter l'inconvénient que la conscription militaire eût fait redouter envers des hommes de condition libre. Cette ruse des propriétaires produisit l'avantage d'accroître considérablement la population des esclaves, qui, n'étant pas appelés à porter les armes, multiplioient à leur aise. Il résulta de toutes ces circonstances que les grands devinrent très riches, et que la population des esclaves fit dans les campagnes beaucoup de progrès, tandis que celle des hommes de condition libre alloit en décadence, par l'effet du malaise, des contributions et du service militaire qui les accabloient ; et lors même qu'ils jouissoient, à ce dernier égard, de quelque relâche, ils ne pouvoient que perdre leur temps dans l'inertie, parceque, d'un côté, les terres n'étoient qu'entre les mains des riches, et que, de l'autre, ceux-ci employoient pour les cultiver des esclaves préférablement à des hommes libres.

VIII. Cet état de choses excitoit le mécontentement

du peuple romain. Car il voyoit que les auxiliaires pour le service des armes alloient lui manquer, et que le maintien de sa puissance seroit compromis au milieu d'une si grande multitude d'esclaves. On n'imaginoit pas néanmoins de remède à ce mal, parcequ'il n'étoit ni facile, ni absolument juste de dépouiller de leurs possessions, de leurs propriétés agrandies, améliorées, agencées en édifices, tant de citoyens qui en jouissoient depuis si longues années. Les tribuns du peuple avoient en effet anciennement éprouvé de grandes difficultés pour faire passer une loi (3), qui portoit que nul citoyen ne pourroit posséder de ces terres au-delà de cinq cents arpents, ni avoir en troupeaux au-dessus de cent têtes de gros et de cinquante têtes de menu bétail. La même loi avoit enjoint aux propriétaires de prendre à leur service un nombre déterminé d'hommes libres, pour être les surveillants et les inspecteurs de leurs propriétés. Ces dispositions de la loi furent consacrées par la religion du serment. Une amende fut établie contre ceux qui refuseroient de s'y conformer ; et les portions de terres déguerpies en conséquence, l'on devoit en disposer sur-le-champ en faveur des citoyens pauvres et les leur aliéner à vil prix. Mais ni la loi ni les serments ne furent respectés. Quelques citoyens, afin de sauver les apparences, firent, par des transactions frauduleuses, passer leur excédant de propriété sur la tête de leurs parents ; le plus grand nombre bravèrent la loi complétement.

IX. Tel étoit l'état des choses, lorsque Tibérius

Sempronius Gracchus, citoyen illustre, animé de la plus noble ambition, singulièrement distingué par son éloquence, et, à tous ces titres, le plus renommé de tous les Romains (4), étant arrivé au tribunat (5), fit un discours solennel touchant la situation de ceux des citoyens romains qui étoient répandus chez les peuples de l'Italie. Il représenta que c'étoient eux qui rendoient le plus de services dans les armées ; qu'ils tenoient aux habitants de Rome par les liens du sang ; que néanmoins ils étoient sur le point de périr de misère et d'être anéantis par la dépopulation, sans que leur sort parût avoir nulle amélioration à attendre. D'un autre côté, il jeta des regards d'animadversion sur les esclaves ; il parla de leur réprobation militaire, de leur perpétuelle infidélité envers leurs maîtres : il exposa ce que venoient d'éprouver tout récemment, en Sicile, les propriétaires de cette contrée de la part de leurs esclaves, dont le nombre s'étoit grandement accru à l'ombre des travaux rustiques ; il rappela que la guerre que les Romains avoient été obligés de porter dans cette île contre ces rebelles n'avoit été ni facile, ni expéditive, mais qu'elle avoit traîné en longueur, et même que les succès y avoient été mêlés de beaucoup de revers (6) A la faveur de ce discours, il proposa le renouvellement de la loi qui régloit que nul citoyen ne pourroit posséder au-delà de cinq cents arpents de terre. Il ajouta à ses anciennes dispositions, que les enfants des propriétaires pourroient posséder la moitié de cette mesure, et que trois citoyens, qu'on rééliroit chaque année, seroient

Ans de Rome. 621.

Ans de Rome. 621.

nommés pour distribuer aux citoyens pauvres les terres dont le déguerpissement seroit opéré par la loi.

X. Ce fut ce dernier article de la loi qui excita principalement le mécontentement et l'animosité des riches. Ils ne pouvoient plus espérer de mépriser la loi comme auparavant, puisque l'exécution en étoit confiée à trois commissaires, et que, d'un autre côté, il leur étoit défendu d'acquérir; car Gracchus y avoit pourvu par la prohibition de toute espèce de vente. Aussi les voyoit-on de toutes parts se réunir en particulier, se répandre en doléances, représenter aux citoyens pauvres qu'ils avoient arrosé leurs propriétés de leurs propres sueurs; qu'ils en avoient planté les arbres, construit les édifices; qu'ils avoient payé à quelques uns de leurs voisins des prix d'acquisition qu'on leur alloit enlever avec la terre achetée. Les uns disoient que leurs pères étoient inhumés dans leurs domaines; les autres, que leurs propriétés toutes patrimoniales n'étoient qu'un lot de succession entre leurs mains. Ceux-ci alléguoient que leurs fonds de terre avoient été payés des deniers dotaux de leurs femmes, et que l'hypothèque dotale de leurs enfants reposoit dessus. Ceux-là montroient les dettes qu'ils avoient contractées en devenant propriétaires. De tous les côtés on n'entendoit que plaintes de cette nature, que clameurs mêlées d'indignation. Les citoyens pauvres répondoient à toutes ces doléances, que de leur ancienne aisance ils étoient tombés dans une extrême misère; que cette détresse les empêchoit de faire des enfants (7), faute d'avoir de quoi les nourrir; ils alléguoient que les terres conquises avoient été le fruit de leurs expéditions militaires; ils s'indignoient de se trouver privés de leur portion dans ces propriétés (8); en même temps ils reprochoient aux riches d'avoir préféré à des hommes de condition libre, à leurs concitoyens, à ceux qui avoient l'honneur de porter les armes, des esclaves, engeance toujours infidèle, toujours ennemie de ses maîtres, et par cette raison frappée d'anathème à l'égard du service militaire. Tandis qu'à Rome tout retentissoit ainsi de plaintes et de reproches, les mêmes scènes s'offroient dans toutes les colonies romaines, dans toutes les villes, qui jouissoient du droit de cité. Par-tout la multitude, qui prétendoit avoir un droit de communauté sur les terres conquises, étoit en scission ouverte avec les propriétaires, qui craignoient d'être spoliés. Les uns et les autres, forts de leur nombre, s'exaspéroient, provoquoient des séditions continuelles, en attendant le jour où la loi devoit être présentée; bien disposés, les uns à ne consentir d'aucune manière qu'elle fût sanctionnée, les autres à tout mettre en œuvre pour la faire passer. Ils s'évertuèrent et se piquèrent réciproquement d'émulation dans leurs intérêts respectifs (9), et chacun se mit en mesure des deux côtés pour le jour des comices.

XI. Quant à Gracchus, il avoit principalement en vue d'augmenter, non l'aisance, mais la population des citoyens romains. C'étoit là le point d'utilité le plus important de son entreprise; et comme rien

Ans de Rome. 621.

ne pouvoit plus hautement ni plus puissamment intéresser l'Italie, il ne pensoit pas qu'il y rencontreroit des obstacles. Le jour donc où la loi devoit être soumise aux suffrages étant arrivé, il prononça, avant toute œuvre, un long discours où étoient développés plusieurs motifs en faveur de la loi. Il demanda aux uns s'il n'étoit pas juste que des biens communs subissent une répartition commune. Il demanda aux autres s'ils n'avoient pas, dans tous les temps, plus à attendre des liens qui les unissoient à un concitoyen, qu'ils n'avoient à espérer d'un esclave. A ceux-ci il leur demanda si celui qui servoit dans les armées de la république n'étoit pas plus utile que celui qui en étoit exclu (10) : à ceux-là, si celui qui étoit personnellement intéressé au bien public, n'y étoit pas plus affectionné que celui qui n'y avoit point de part. Sans s'arrêter long-temps sur ces comparaisons, comme peu susceptibles de controverse, il entra dans le détail des espérances et des craintes que devoit avoir la patrie ; il exposa que la plus grande partie du territoire de la république étoit le fruit de la guerre, et que la conquête du reste de l'univers étoit promise aux Romains ; que, dans ces circonstances, ils avoient sur toutes choses à réfléchir qu'ils étoient placés entre l'espérance et la crainte, ou de conquérir le reste du monde par l'accroissement de la population des plébéiens, ou de perdre par sa décadence, ainsi que par la jalousie de leurs ennemis, les conquêtes déjà consommées ; il exalta la splendeur et la gloire de la première de ces perspectives ; il exagéra les craintes

et les dangers à l'égard de la seconde ; il invita les
citoyens riches à considérer s'il ne convenoit pas
qu'à l'aspect de ces brillantes espérances de la patrie,
ils consentissent à transmettre l'excédant de leurs
propriétés à ceux qui donneroient des enfants à la
république, et que, dans l'alternative d'un foible
avantage et d'un très grand bien, ils donnassent la
préférence à ce dernier. Il leur fit en même temps
envisager qu'ils seroient suffisamment récompensés
des soins qu'ils avoient donnés à leurs possessions,
par l'incommutable propriété que la loi leur assuroit
à chacun, à titre gratuit, de cinq cents arpents de
terre, et de la moitié de cette quantité à chacun des
enfants de ceux qui étoient pères de famille. Gracchus ayant par ce discours échauffé l'énergie des
citoyens pauvres, et de tous ceux des autres citoyens
qui étoient plus accessibles à la force de la raison
qu'à l'amour de la propriété, ordonna au greffier de
lire la loi.

XII. Alors un des collègues de Gracchus, le tribun Marius Octavius, qui s'étoit laissé gagner par
les citoyens riches, ordonna, de son côté, au greffier
de garder le silence. Or, chez les Romains, le tribun
qui interposoit son *veto* contre la loi proposée en
arrêtoit absolument l'émission (11). Gracchus, après
avoir éclaté en reproches contre son collègue, ajourna
l'assemblée au lendemain. Il s'entoura d'un appareil
militaire imposant, dans la vue de forcer Octavius
à se contraindre malgré lui. Il ordonna au greffier
d'un ton menaçant de lire la loi à l'assemblée ; et le
greffier se mit à lire. Mais Octavius lui ordonna de

nouveau de se taire, et il obéit. Un combat de propos et d'invectives réciproques s'engagea soudain entre les tribuns. Le tumulte qui s'y mêla ne permettant point de mettre la loi en délibération, les grands insinuèrent aux tribuns de référer de leurs différents au sénat. Gracchus adopta cette proposition. Il ne doutoit pas que les plus sensés d'entre les sénateurs ne fussent disposés en faveur de la loi. Il se rendit donc au sénat; mais dans cette assemblée où l'on étoit moins nombreux que dans le Forum, les riches l'attaquèrent de manière qu'il se retira du sénat, et revint à l'assemblée du peuple, où il annonça que le lendemain on voteroit sur la loi, ainsi que sur la question de savoir si un tribun qui, comme Octavius, se montroit l'ennemi des plébéiens, devoit conserver ses fonctions. Les choses effectivement se passèrent de la sorte.

Octavius, que rien ne pouvoit intimider, renouvela son opposition à la loi; et Gracchus fit alors, avant toute œuvre, délibérer sur son compte. Après qu'on eut recueilli les suffrages de la première tribu (12), qui vota la destitution d'Octavius, Gracchus se tourna de son côté et l'invita à se départir de son opposition. Sur son refus, on continua de recueillir les suffrages. Les tribus étoient alors au nombre de trente-cinq. Les dix-sept premières, dans leur animosité contre Octavius, avoient été unanimes; et les suffrages de la dix-huitième devoient former le décret. Gracchus, encore une fois, se tournant du côté de son collègue, à la vue de l'assemblée, lui représenta l'extrême danger qui le menaçoit ; il le pria avec instance de cesser de mettre obstacle à la loi la plus sacrée, et en même temps la plus importante pour tous les Romains répandus en Italie ; de ne pas contrarier plus long-temps l'intérêt qu'y attachoit le peuple, à la cause duquel sa qualité de tribun lui faisoit d'ailleurs un devoir de céder, et de ne pas braver la condamnation qui alloit le dépouiller de sa magistrature. En terminant ce discours, Gracchus prit les Dieux à témoin que c'étoit à contre-cœur qu'il provoquoit le déshonneur d'un citoyen, son collègue ; mais Octavius demeura inébranlable (13) ; et l'on continua de prendre les voix. A l'instant même, le décret du peuple fit rentrer ce tribun dans la condition d'homme privé ; et il s'échappa clandestinement de l'assemblée (14).

XIII. Quintus Mummius fut élu pour le remplacer, et la loi agraire fut sanctionnée. Afin d'en assurer l'exécution, on nomma d'abord Gracchus de qui elle étoit l'ouvrage, son frère qui portoit le même nom que lui, et Appius Claudius son beau-père ; car le peuple craignoit que la loi ne fût encore un coup éludée, si l'on ne confioit le soin de l'exécuter à Gracchus et à toute sa famille. Ce tribun, triomphant de son succès, et comblé d'éloges par le peuple, non pas comme le fondateur d'une seule cité, non pas comme le père d'un seul peuple, mais comme le père de tous les peuples de l'Italie, fut reconduit en pompe à sa maison. Cela fait, ceux dont les suffrages avoient décidé la victoire en faveur de la loi s'en retournèrent dans leurs foyers rustiques qu'ils avoient quittés pour ce motif. Leurs adversaires, encore mécontents, restèrent à Rome, et divulguèrent qu'aussitôt que l'année du tribunat de Gracchus seroit expirée, ils se garderoient bien de réélire celui qui avoit attenté (15) à une sainte, à une inviolable magistrature, et qui avoit jeté au milieu de l'Italie tant de germes de sédition.

NOTES.

(1) Sigonius compte six causes principales de la politique des Romains dans l'établissement des colonies: la première, pour contenir dans le devoir les peuples vaincus; la seconde, pour réprimer les incursions hostiles des peuples voisins; la troisième, pour augmenter la population romaine; la quatrième, pour affoiblir l'influence des plébéiens; la cinquième, pour faire cesser les agitations séditieuses; la sixième, pour récompenser les vétérans qui quittoient le service militaire.

(2) Les jurisconsultes fondent sur cet usage de la politique des Romains l'origine de l'*emphytéose*. Rien ne prouve mieux en effet la vérité de cette opinion, que la définition qu'on donne de ce contrat. Le savant Godefroi va nous fournir cette définition, dans laquelle on trouvera, sinon les propres termes, du moins le sens d'Appien. *Est ergo emphyteusis contractus quo dominus fundi sui defecti forte et squalidi usum et fructum plenissimum, et quasi dominium, alteri concedit eâ lege ut inserendo, plantando, arando, poliendo, colendo, meliorem faciat, proque eo pendat pretium seu vectigal annuum.* Cod. tit. 66, lib. 4, in not. n. 17, *ad rubricam*.

(3) C'est la fameuse loi Licinia, portée l'an de Rome 390, dont il est ici question. On peut consulter sur cette loi Tite-Live, liv. 6, c. 35 et suiv. Quant à ces mots qu'ajoute notre historien ἐκ τῆσδε τῆς γῆς, *de ces terres*, ils prouvent bien péremptoirement que la loi Licinia n'avoit pour objet que de limiter la quantité *de terres conquises*, *de terres publiques*, que chaque citoyen pourroit posséder, abstraction faite de toutes autres propriétés. Appien est d'accord sur ce point avec l'Epitome de Tite-Live, liv. 58, qui, rappelant les termes de la loi *Sempronia*, celle de Tibérius Gracchus, s'exprime ainsi: *Ne quis ex publico agro plus quàm quin-*

genta jugera possideret. Si Dukérus et d'autres érudits à qui ces mots de l'Epitome *ex publico agro* ont paru suspects, les eussent rapprochés de ceux d'Appien, ἐκ τῆσδε τῆς γῆς, ils auroient renfermé cette prohibition de possession dans ses justes limites.

(4) Tous les historiens font unanimement l'éloge de ce célèbre citoyen de Rome. Florus loue sa naissance, ses formes physiques, ses talents oratoires ; *Tiberius Gracchus genere, formâ, eloquentiâ facilè princeps.* Velléius Paterculus prône sa moralité, sa capacité, la pureté de ses intentions, et le représente comme doué de toutes les bonnes qualités que la nature et l'éducation peuvent réunir dans la même personne. *Vir alioqui vitâ innocentissimus, ingenio florentissimus, proposito sanctissimus, tantis deniquè adornatus virtutibus quantas perfecta et naturâ et industriâ mortalis conditio recipit.* Lib. 11, cap. 2. Sénèque le philosophe, dans son traité *de Consolatione ad Marciam*, dit des deux Gracques, que « qui nieroit qu'ils eussent été de bons citoyens, « ne sauroit disconvenir qu'ils n'eussent été des grands « hommes. » *Quos etiam qui bonos viros negaverit, magnos fatebitur.* L. 6, n. 16. Cornélie, leur illustre mère, avoit d'eux la même opinion que Sénèque, lorsqu'elle répondit à ceux qui venoient la consoler de la fin tragique de ses deux fils, « qu'elle regarderoit toujours comme un bonheur pour « elle de les avoir mis au monde. » *Nunquàm, inquit, non felicem me dicam, quæ Gracchos peperi.* Ibid.

(5) On trouvera dans Plutarque le détail des motifs qui portèrent Tibérius Gracchus à entreprendre l'exécution d'un projet auquel Lælius, l'ami de Scipion, avoit renoncé, dans la crainte d'allumer une guerre civile. On remarquera parmi ces motifs l'orgueil maternel de Cornélie qui s'impatientoit d'être appelée la belle-mère de Scipion, et non la mère des Gracques. Plutarque, *Vies de Tibérius et de Caius*, ch. 11. Voy. Vertot, *Révolutions de la rép. rom.*, liv. 8, tom. 2, pag. 339.

(6) Florus a consacré le chap. 19 de son troisième livre

aux détails de cette guerre, qui prit un caractère si grave et un développement si sérieux, qu'il ne fallut pas moins que le poids d'un commandement consulaire pour en arrêter les progrès et pour en exterminer les auteurs. *Bellum servile in Siciliâ ortum*, dit l'Epitome de Tite-Live, liv. 56; *cùm opprimi à prætoribus non potuisset, C. Fulvio consuli mandatum est.* Dans Florus on trouve le nom de Perpenna. *Tandem Perpennâ imperatore supplicium de eis sumptum est.* Mais les érudits ont réclamé avec raison contre cette erreur, ou de Florus, ou des copistes de ses manuscrits. Cette guerre fut terminée par Marcius Aquilius, qui fut depuis du nombre des victimes égorgées en Asie par ordre de Mithridate. Aquilius obtint les honneurs de l'ovation pour récompense de ses succès.

(7) Desmares n'a pas rendu les mots du texte ἐς ἀγονίαν περιφέρεσθαι; dans la version de Schweighæuser, on les a traduits par *ad orbitatem esse redactos*.

(8) Desmares n'a pas du tout saisi le sens du texte dans ce passage.

(9) Le texte a donné ici de la tablature aux interprètes latins. Dans l'édition de Tollius, ces mots φιλονεικία δὲ ἑκατέροις προσέπιπτεν ἐπὶ τῇ χρείᾳ, ont été rendus par ceux-ci, *sic neutris cedere suo jure paratis*, qui n'y ont aucun rapport. Dans l'édition de Schweighæuser, on les a traduits par, *denique præter utilitatis rationem, æmulatione etiam et ambitiosâ contentione pro suâ quisque factione incitabantur*; sens admissible, sauf le *præter utilitatis rationem*, par lequel on a cru rendre ἐπὶ τῇ χρείᾳ, et qui ne le rend pas exactement. Appien fait un fréquent usage de ce mot χρεία, et il le prend toujours dans un sens d'intérêt ou de besoin relatif à la personne ou à la chose dont il parle.

(10) Ceci rappelle que Maxime de Tyr, philosophe platonicien, a traité *ex professo* la question de savoir, *quels sont, des militaires ou des cultivateurs, les citoyens les plus utiles à la république*. *Voy.* le second volume de ses Dissertations, 29 et 30.

(11) « Le tribun du peuple pouvoit, en vertu du droit
« que lui donnoit la loi sacrée, résister (quoique magistrat
« du second ordre) à tous les autres magistrats, par ce mot
« *veto*, *je l'empêche*, mot qui fait voir qu'un seul tribun arrê-
« toit le sénatus-consulte (ou le plébiscite) quand même tous
« ses collègues l'eussent approuvé. » Jusque-là Gravina dans
son *Esprit des lois romaines*, traduit par Requier, tom. 3,
pag. 70 et suivantes, a raison. Mais lorsqu'il ajoute que « les
« auteurs d'une opposition en l'air, et qui n'alloit pas au
« bien de la république, étoient forcés de s'en départir »,
il a tort. La loi en vertu de laquelle le tribunat fut institué
ne renfermoit, que je sache, aucune modification à cet égard.
La faculté du *veto* étoit pleine et entière. On ne pouvoit
même point en demander raison au tribun du peuple qui
l'interposoit. Le trait de César, que Gravina rapporte pour
prouver que *les tribuns étoient quelquefois punis* de leur
veto, celui de Tibérius Gracchus qu'on va voir tout à l'heure,
et qu'il auroit pu ajouter, ne furent que des attentats à l'inviolabilité de la personne des tribuns du peuple, à raison de
leurs fonctions. C'étoit principalement dans cette attribution
de *veto*, *intercessionibus faciendis*, que consistoit leur autorité, ainsi que le remarque Aulu-Gelle, dans ses *Nuits
attiques*, liv. 13, chap. 12; et c'étoit à cause de l'usage
fréquent et journalier qu'ils étoient appelés à faire de cette
attribution importante, soit au sénat, soit dans les comices,
soit devant les préteurs, qu'il leur étoit défendu de passer
une nuit hors de Rome : *Ac propterea jus abnoctandi ademp-
tum*. Ibid. Au reste, Desmares, soit inadvertance, soit difficulté d'entendre le texte, a laissé cette phrase de côté.

(12) Desmares a traduit *la première lignée*; c'est n'avoir
eu aucune idée nette de la véritable acception du mot grec et
du mot français.

(13) Cette intrépidité, cette fermeté de caractère dont
Appien fait honneur à Octavius, est bien plus recommandable que la lâcheté que Florus lui prête. Ce dernier historien présente d'ailleurs la conduite de Tibérius Gracchus en-

vers son collègue sous un point de vue bien plus odieux. Il l'accuse d'avoir usé de main-mise contre Octavius, de l'avoir jeté à bas de la tribune aux harangues; et il reproche à Octavius de s'être laissé effrayer par la crainte de la mort, et d'avoir en conséquence abdiqué sa magistrature. *Gracchus, injectâ manu, Octavium depulit rostris, adeòque præsenti metu mortis exterruit, ut abdicare se magistratu cogeretur.* Lib. 3; cap. 14.

(14) Plutarque rapporte que Tibérius craignant que sa conduite dans la déposition d'Octavius ne lui fît du tort, dans l'esprit des plébéiens, pour avoir ainsi attenté à une magistrature qui jusqu'alors avoit été regardée comme la plus inviolable, crut important de se justifier en présence du peuple assemblé; et il nous a conservé le sommaire des idées sur lesquelles ce tribun fit rouler sa justification. *Voy.* Plut., vie de Tibérius, chap. 22.

(15) Au lieu de οὐχ αἱρήσειν, comme on lit dans l'édition de Tollius, et comme on doit lire, on a imprimé οὐ χαιρήσειν, dans l'édition de Schweighæuser; ce qui présente un tout autre sens. Au lieu de ἱδρύσαντα, qu'on trouve dans l'édition de Tollius, et qui est un mot grec, on trouve dans celle de Schweighæuser, ἱϛρύσαντα, par un ϛ, ce qui fait un barbarisme. Mais je viens de lire dans les *Annotations*, à la fin du troisième volume que Schweighæuser s'est aperçu de cette faute d'impression, et qu'il a indiqué, ὑϛρίσαντα, comme la vraie leçon; correction que j'avois imaginée lorsque je ne connoissois encore que l'édition de Tollius.

CHAPITRE II.

Tibérius Gracchus intrigue de toutes les manières pour se faire nommer tribun une seconde fois. Dans la crainte qu'il a de ne pas réussir, il prend ses mesures avec ses adhérents pour employer les voies de fait, en cas de nécessité. Il en résulte une sédition. Tibérius Gracchus est tué dans le Capitole par des adhérents de la faction des patriciens, à la tête de laquelle s'est mis Scipion Nasica.

Ans de Rome. 621.

XIV. On étoit déjà en été, et les élections pour le tribunat étoient prochaines. A mesure que l'époque de ces élections s'avançoit, les citoyens riches parurent avoir manifestement agi pour que les suffrages fussent donnés de préférence à ceux qui se montreroient les plus ardents ennemis de Gracchus. Celui-ci, de son côté, à l'aspect du danger qui s'approchoit, craignant pour lui s'il n'étoit pas réélu tribun, fit inviter tous les citoyens des champs à se rendre à Rome pour donner leurs voix; mais ils n'en eurent pas le temps, à cause des travaux de la saison. Pressé par le court intervalle qui devoit s'écouler de là au jour des comices, Gracchus eut recours aux plébéiens de la cité; il s'adressa à chacun d'eux tour à tour, les suppliant de le nommer tribun à la prochaine élection, afin de le mettre à couvert des périls auxquels il s'étoit exposé pour eux. Le jour des comices étant arrivé, les deux premières tribus donnèrent leurs suffrages à Gracchus. Les riches réclamèrent; ils prétendirent que les lois ne permettoient pas que le même citoyen fût élu tribun deux fois de suite.

Ans de Rome. 621.

Cependant le tribun Rubrius, à qui la présidence de ces comices étoit échue par le sort, ne savoit quel parti prendre sur cette question. Mummius, celui qui avoit été nommé tribun en remplacement d'Octavius, invita son collègue Rubrius à lui céder la présidence, et il le fit. Les autres tribuns prétendirent que la présidence devoit être réglée par le sort, et que, puisque Rubrius, à qui elle étoit d'abord échue, la quittoit, le sort devoit être de nouveau tiré entre tous. Une très vive altercation s'étant élevée à ce sujet, et Gracchus voyant qu'il avoit le dessous, il renvoya l'élection au lendemain; et n'ayant plus aucune espérance, il prit les vêtements noirs, quoique encore tribun. Il employa tout le reste de la journée à promener son fils dans le Forum, à le présenter et à le recommander à tous ceux qu'il rencontroit, comme étant près lui-même de périr victime du ressentiment de ses ennemis.

XV. Ce discours excitoit parmi les citoyens pauvres une vive commisération, d'abord pour eux-mêmes, parcequ'ils sentoient que désormais toute égalité de droit seroit anéantie, et qu'ils tomberoient nécessairement dans la dépendance des citoyens riches; ensuite pour Gracchus personnellement, parcequ'il ne s'étoit exposé que pour leur avantage aux dangers qui le menaçoient. Aussi le reconduisirent-ils le soir en foule jusqu'à sa maison, en l'invitant à prendre courage pour le jour suivant. Gracchus reprit courage en effet; il réunit ses partisans de grand matin pendant qu'il étoit nuit encore; et après être convenu avec eux d'un signal, dans le cas où il faudroit en venir aux mains, il alla s'emparer du Capitole où devoit se faire l'élection (1), et il occupa le lieu qui devoit former le centre de l'assemblée (2). Pendant que les tribuns, ses collègues, lui cherchoient querelle d'un côté, et que de l'autre les citoyens riches intriguoient pour lui enlever les suffrages, il donna le signal convenu. Sur-le-champ ceux de son parti répondirent à ce signal par une énorme vocifération, et aussitôt les voies de fait se mirent de la partie. Un certain nombre de ses partisans l'entoura pour lui faire un rempart de leur corps, tandis que les autres, retroussant leurs robes, s'emparant des verges qui étoient entre les mains des licteurs, et les mettant en pièces à force de frapper à tort et à travers, chassèrent les citoyens riches de l'assemblée avec tant de fracas, et chargés de tant de blessures, que les tribuns épouvantés prirent la fuite, et que les prêtres fermèrent les portes du temple. De toutes parts on couroit, on se sauvoit en désordre; on répandoit des bruits vagues, tantôt que Gracchus avoit fait destituer les autres tribuns, (car on n'en voyoit aucun nulle part, c'est pourquoi on le présumoit ainsi), tantôt qu'il s'étoit déclaré lui-même tribun, sans élection.

XVI. Sur ces entrefaites, le sénat s'assembla dans le temple de la Foi (3); et je suis singulièrement étonné qu'on n'ait point songé alors à nommer un dictateur, mesure qui plusieurs fois, dans des circonstances semblables, avoit sauvé la république, à la faveur de la toute-puissance attachée à cette magistrature, et que ce remède, dont on avoit antérieurement éprouvé l'efficace avec tant de succès, ne se soit présenté à la mémoire de personne, parmi un si grand nombre de citoyens, ni à cette époque, ni au milieu des troubles subséquents. Après avoir arrêté ce qu'ils jugèrent convenable, les sénateurs prirent le chemin du Capitole. Ils avoient à leur tête Cornélius Scipion Nasica (4), souverain pontife (5), qui crioit à haute voix, tout en marchant : « Suivez-« nous, citoyens, qui voulez sauver la patrie. » Il avoit relevé sur sa tête le *kraspède* (6) de sa robe sacerdotale, soit afin que l'étrange nouveauté de la chose attirât plus de monde à sa suite, soit afin que ce fût aux yeux des Romains comme une espèce de signal de ralliement et de bataille, soit afin de dérober aux regards des Dieux ce qu'il alloit faire. En entrant dans le Capitole, Scipion Nasica se jeta sur les partisans de Gracchus, qui ne firent nulle résistance, à cause de la vénération qu'inspiroit un si grand personnage (7), et en même temps à cause que le sénat étoit avec lui. Ceux des citoyens qui s'étoient rangés sous l'étendard du souverain pontife leur arrachèrent leurs bâtons, les débris des sièges dont ils s'étoient armés, et toutes les autres espèces d'armes qu'ils avoient apportées avec eux à l'assemblée. Ils assommèrent les partisans de Gracchus ; ils poursuivirent les fuyards, et les jetèrent du haut en bas des précipices qui environnoient le Capitole. Plusieurs de ces malheureux périrent dans cette bataille. Gracchus lui-même, atteint dans l'enceinte sacrée (8), fut égorgé près de la porte, à côté de la statue des rois (9). La nuit suivante, tous les cadavres furent jetés dans le Tibre.

XVII. C'est ainsi que Tibérius Sempronius Gracchus, fils de Gracchus qui avoit été deux fois consul, et de Cornélie, fille de celui des Scipions qui avoit anéanti l'empire de Carthage, fut immolé dans le Capitole (10), pendant qu'il étoit encore tribun ; et cela pour avoir employé la violence dans l'émission d'une excellente loi. Ce crime, le premier de tous qui fut commis dans les assemblées du peuple, ne devoit pas manquer d'être suivi d'autres attentats tout-à-fait semblables (11). La mort de Gracchus partagea Rome entre le deuil et la joie. Les uns déplorèrent leur sort, celui du tribun, et la condition présente de la république, où les lois alloient céder la place aux voies de fait et aux actes de violence. Les autres avoient l'espérance de faire désormais tout ce qu'ils voudroient. Ces évènements correspondent à l'époque où Aristonicus disputoit au peuple romain la domination de l'Asie.

NOTES.

(1) Il y a lieu de s'étonner ici qu'Appien, si soigneux d'ailleurs de rendre compte des présages qui pronostiquoient les fameux évènements, ne nous ait rien dit de ceux qui annoncèrent à Tibérius Gracchus sa catastrophe. Valère-Maxime, dans le chap. 4 de son premier livre, n° 5, nous en a conservé le détail. *Tiberius Gracchus cùm ad res novas pararetur, auspicia domi primâ luce petiit, quæ illi perquàm tristia responderunt; et januâ egressus, ita pedem offendit, ut digitus ei decuteretur, tres deindè corvi in eum adversum occinentes, partem tegulæ decussam ante ipsum protulerunt. Quibus ominibus contemptis, à Scipione Nasicâ, Pont. Max., decussus Capitolio, fragmento subsellii ictus procubuit.* Ces mots de Valère-Maxime sont l'abrégé de ce qu'on lit dans Plutarque, *Vie de Tibérius*, chap. 21.

(2) Appien a dit plus haut, sect. II, « Il y eut dès-lors « peu de comices, soit dans les temples, soit dans le Champ-« de-Mars, soit dans le Forum, etc. »; sur quoi nous avons remarqué que les assemblées du peuple ne se tenoient pas exclusivement dans le Forum. On voit en effet ici que, pour l'élection des tribuns, les comices furent convoqués au Capitole. Dans l'intention où étoit Tibérius Gracchus d'employer les voies de fait pour se faire réélire, il est probable qu'il avoit choisi le Capitole pour la convocation des comices, comme plus favorable à ses desseins par sa situation. Florus n'est pas d'accord ici avec Appien. Il dit que l'assemblée du peuple se forma dans le Forum; que les patriciens et ceux que la loi du tribun dépouilloit, y portèrent le trouble; qu'il y eut du sang répandu; que Tibérius Gracchus prit la fuite, et se sauva dans le Capitole, et que là, ayant appelé les plébéiens à son secours, en portant ses mains à sa tête, il donna lieu de penser par ce mouvement que c'étoit le diadème qu'il demandoit. *Cùm ad perpetranda cœpta die*

comitiorum prorogari sibi vellet imperium, obviâ nobilium manu, eorumque quos agris moverat, cædes à Foro cœpit. Indè cùm in Capitolium profugisset, plebemque ad defensionem salutis suæ, manu caput tangens, hortaretur, præbuit speciem regnum sibi et diadema poscentis. Lib. III, cap. 14.

(3) Voyez ci-dessus sect. II, note 3.

(4) Il étoit cousin de Tibérius Gracchus, mais doué d'une vertu vraiment romaine. Il fit céder, dit Paterculus, à l'amour de la patrie, l'affection des liens du sang. *Cùm esset consobrinus Tiberii Gracchi, patriam cognationi præferens, et quidquid publicè salutare non esset, privatim alienum existimans,* etc. *Lib. II, cap.* 2. Voilà un des premiers secrets de la grandeur du peuple romain ; voilà le nerf principal, le ressort fondamental de toute existence et de toute prospérité politique dans les gouvernements républicains, cela s'entend : car dans les autres, il est si rare, sous certains rapports, que l'intérêt de la patrie et l'intérêt personnel de celui qui tient le pouvoir coincident, que ce ressort y seroit à peu près oisif. Disons plus, il y seroit suspect ; car, comme toutes les vertus politiques se tiennent, *le monarque*, sous quelque nom qu'il existe, ne doit rien aimer de ce qui tend à créer une volonté publique à côté de sa volonté individuelle.

(5) Velléius Paterculus a consigné, à ce sujet un fait bien digne d'être remarqué : c'est que Scipion Nasica s'étoit rendu tellement recommandable par ses vertus publiques et privées qu'il fut le premier, et probablement le seul des Romains qui eût été élevé à cette auguste magistrature, sans être présent à l'élection. *Ob eas virtutes primus omnium, absens, pontifex maximus factus est.* Lib. II, cap. 2.

(6) C'est le nom d'une des parties du vêtement du souverain pontife. Les Latins la désignoient par ces mots, *Lacinium togæ.*

(7) C'est peut-être sur ce trait remarquable des annales de son pays, que Virgile portoit sa pensée, lorsque, dans

sa brillante comparaison, au sujet de Neptune s'élevant sur les flots et ordonnant aux enfants d'Éole de se retirer et de ne plus troubler l'empire des ondes, il a écrit ces beaux vers :

Ac veluti magno in populo cùm sævè coorta est
Seditio, sævitque animis ignobile vulgus,
Jamque faces et saxa volant, furor arma ministrat:
Tum pietate gravem ac meritis si fortè virum quem
Conspexêre, silent, arrectisque auribus adstant.
Ille regit dictis animos et pectora mulcet.
Æneid. lib. I, vers. 148, sqq.

Un personnage d'une haute recommandation a souvent, en effet, un grand ascendant sur l'esprit d'une populace mutinée, et peut empêcher, en se présentant à elle pour la calmer, de très grands malheurs. Cette matière est traitée dans le chap. 54 du premier livre des *Discours politiques* du célèbre *Machiavel*, sur les Decades de Tite-Live. Desmares a étranglé ce passage.

(8) Le texte porte εἰλούμενος περὶ τὸ ἱερὸν, ce qui indique bien exactement l'endroit où Gracchus fut immolé. Les temples des anciens n'étoient pas, comme les basiliques et les églises qui en ont pris la place, des édifices isolés. Outre le temple proprement dit, et distingué par le mot ναὸς, qui étoit le bâtiment spécialement consacré au Dieu, et sa véritable demeure, il y avoit, autour de ce bâtiment, une enceinte de murailles qui renfermoit un espace plus ou moins étendu, dans lequel étoient des cours, des bocages ou bosquets, des fontaines, des pièces d'eau, des logements pour les prêtres ; et cette enceinte s'appeloit proprement τὸ ἱερὸν, c'est-à-dire, *l'enceinte sacrée, le lieu sacré*. Ce mot étoit technique dans ce sens, pour exprimer ce qu'Ammonius appelle τοὺς περιβόλους τῶν ναῶν. Quelquefois les auteurs grecs prennent indifféremment l'une ou l'autre de ces deux expressions, pour désigner un temple en général ; mais lorsqu'ils

veulent être précis, ils les distinguent avec soin. M. Larcher a très judicieusement remarqué qu'Hérodote distingue toujours ces deux choses, et il relève, à ce sujet, une singulière inadvertance de Gédoyn, qui, dans sa traduction de Pausanias, a placé un théâtre dans le temple même d'AEsculape. Voyez sa note 430, tom. I, de sa nouvelle édition.

(9) *De la statue des rois!* Junius Brutus, et les autres républicains de Rome qui le secondèrent, n'avoient donc pas songé, au milieu même de la fièvre révolutionnaire qui expulsa les Tarquins, à faire la guerre à la royauté jusques à exterminer les bois ou les marbres placés dans l'enceinte sacrée du Capitole, qui représentoient Romulus, Numa et leurs successeurs? Quelle différence de nos prétendus républicains de France, qui firent disparoître toutes les statues de nos anciens rois, sans épargner celle du brave, du vertueux, du bon Henri IV, devant laquelle il n'y avoit pas un homme de bien qui passât sans jeter sur elle des regards de vénération! La différence est, en effet, remarquable. C'est qu'à Rome, ce fut le vrai zèle des principes républicains qui chassa les rois, et que Junius Brutus, le Caton de son temps, proclama la république; au lieu que chez nous, elle fut proclamée par un misérable histrion mis en avant par des factieux dont les mains fumoient encore du sang répandu dans les massacres de septembre.

(10) Plutarque dit « que le premier qui le frappa, au moins
« que l'on veist apertement, fut l'un de ses compagnons au
« tribunat, Publius Satureius, qui lui donna d'un pied de
« selle sur la teste, et le second coup qu'il reçeut luy fut
« donné par Lucius Rufus, qui s'en glorifioit comme s'il
« eût fait un beau chef-d'œuvre. » Version d'Amyot, n. 28. Nous relèverons, en passant, une assez étrange bévue de Vertot, qui, dans le second volume de *ses Révolutions de la répub. rom.*, page 338, dit que Tibérius Gracchus « à
« l'âge de trente ans, passoit pour le premier orateur de son
« siècle », tandis que Plutarque, chap. 32, dit en propres

termes, que « Tibérius n'avoit pas encore trente ans quand « il fut tué. » Mais on sait à quoi s'en tenir sur l'exactitude avec laquelle Vertot se piquoit d'écrire l'histoire.

(11) Claude de Seyssel a mal saisi le sens des mots du texte οὐ διέλιπεν ἀεί τινος ὁμοίου γιγνομένου παρὰ μέρος. *Laquelle ne cessa jusqu'à ce qu'il arriva un semblable cas.* Desmares y a été embarrassé, et a trouvé plus expédient de ne pas rendre ce passage.

CHAPITRE III.

Caïus Gracchus devenu tribun du peuple, et Fulvius Flaccus, reproduisent la loi agraire. Les difficultés de son exécution font qu'on s'adresse à Scipion l'Africain, comme seul capable de concilier tous les intérêts. Scipion l'Africain est trouvé mort dans sa maison. Fulvius Flaccus et Caïus Gracchus, aidés de la faveur du peuple, travaillent à diminuer et à détruire l'autorité du sénat. Leurs manœuvres produisent une sédition, au milieu de laquelle ils périssent l'un et l'autre.

Ans de Rome. 622.

XVIII. Après la fin tragique de Tibérius Gracchus, et la mort d'Appius Claudius, on leur substitua Fulvius Flaccus et Papirius Carbon, pour opérer l'exécution de la loi agraire, conjointement avec le jeune Gracchus. Les possesseurs des terres négligèrent de fournir l'état de leurs propriétés. On fit une proclamation pour les traduire devant les tribunaux. De là une multitude de litiges très embarrassants. Par-tout où, dans le voisinage des terres que la loi atteignoit, il s'en trouvoit d'autres qui avoient été, ou vendues, ou distribuées aux alliés, pour avoir la mesure d'une partie, il falloit arpenter la totalité, et examiner ensuite en vertu de quoi les ventes ou les distributions particlles avoient été faites. La plupart n'avoient, ni titre de vente, ni acte de concession; et lorsque ces documents existoient, ils se contrarioient l'un l'autre.

Étoit-on parvenu à débrouiller les dimensions (1) ? Les uns avoient mis à nu des terres antérieurement plantées et agencées ; d'autres avoient laissé des terres en labour dégénérer en friches, en landes, en marécages; car celles qui échurent à des militaires, durent, dès le principe, être assez mal travaillées (2). D'un autre côté, un décret qui avoit ordonné de mettre en valeur certaines terres incultes, avoit fourni occasion à plusieurs de défricher les terres limitrophes de leurs propriétés, et de confondre ainsi l'apparence extérieure des unes et des autres. Le laps du temps avoit d'ailleurs donné à toutes ces terres une face nouvelle; et les usurpations des citoyens riches, quoique considérables, étoient difficiles à déterminer. De tout cela, il ne résultoit qu'un remuement universel, un chaos de mutations et de translations respectives (3) de propriétés.

An de Rome. 622.

XIX. Impatientés de toutes ces entraves, ainsi que de la précipitation avec laquelle les triumvirs, juges de ces affaires, les expédioient, les Romains du dehors furent d'avis, pour se prémunir contre toute injustice, de mettre leurs intérêts entre les mains de Cornélius Scipion, le destructeur de Carthage. Les témoignages de bienveillance qu'il avoit reçus d'eux, durant le cours de sa carrière militaire, ne lui permirent pas de s'y refuser. Il se rendit donc au sénat ; et sans blâmer ouvertement la loi de Gracchus, par égard pour les plébéiens, il ne laissa pas de faire un long tableau des difficultés d'exécution, et de conclure à ce que la connoissance de ces contestations fût ôtée au tribunal spécialement créé pour

Ans de Rome. 622.

cette attribution, comme suspect à ceux qu'il s'agissoit d'évincer, et qu'on la mit en d'autres mains: ce qui fut d'autant plus promptement adopté que cela paroissoit très juste. Le consul Tuditanus fut chargé de cette fonction; mais il n'en eut pas plutôt commencé l'exercice, qu'effrayé des difficultés dont elle étoit hérissée, il se mit en campagne, et marcha contre l'Illyrie, pour avoir un prétexte de ne point se mêler de ces affaires. Cependant personne ne se présentoit devant les triumvirs spécialement institués à cet effet; en conséquence, ils restoient dans l'inaction. Ce résultat commença d'exciter contre Scipion de l'animosité, de l'indignation, de la part des plébéiens. Ils lui avoient donné des témoignages éclatants de leur affection : ils avoient plusieurs fois contrarié les intentions des grands à son sujet, en le nommant deux fois consul malgré eux, et contre la disposition des lois : et ils l'avoient vu actuellement agir contre leurs intérêts. Les ennemis de Scipion, qui entendoient ces reproches, disoient hautement qu'il étoit entièrement décidé à abroger la loi agraire, et qu'il devoit, à cette occasion, prendre les armes, et répandre beaucoup de sang.

XX. Ces bruits étant parvenus aux oreilles du peuple, ils lui inspirèrent des craintes, jusqu'à ce que Scipion, s'étant un soir pourvu de tablettes sur lesquelles il devoit passer la nuit à écrire ce qu'il avoit à dire le lendemain à l'assemblée du peuple, fut trouvé mort, sans nulle blessure; soit que ce fût un attentat de Cornélie, la mère de

Gracchus, pour l'empêcher de provoquer l'abrogation de la loi de son fils, et qu'elle y eût été aidée par sa fille Sempronia, femme de Scipion, qui n'en étoit point aimée à cause de sa laideur et de sa stérilité, et qui ne l'aimoit pas non plus; soit, ainsi que d'autres le crurent probable, qu'il se fût tué lui-même, après avoir réfléchi qu'il n'étoit pas capable d'accomplir les promesses qu'il avoit faites. D'autres ont dit que ses esclaves, mis à la torture, avoient révélé que des inconnus s'étoient nuitamment introduits chez lui, par les derrières de sa maison, et l'avoient étranglé; et que lorsqu'on les avoit d'abord interrogés là-dessus, ils avoient craint de le déclarer, attendu que le peuple étoit irrité contre lui, et qu'il se réjouissoit de sa mort. Scipion fut donc trouvé mort, et quoiqu'il eût rendu de très grands services à la patrie, on ne lui fit point de funérailles aux dépens des deniers publics. Ce fut ainsi que les haineuses affections du moment étouffèrent tout souvenir de la bienveillance antérieure. Un évènement de cette importance devint une sorte d'accessoire aux tragiques résultats de la sédition de Gracchus.

XXI. Au milieu de ces circonstances, les possesseurs des terres, à la faveur de divers prétextes, traînoient le plus qu'ils pouvoient en longueur l'exécution de la loi. Quelques uns d'entre eux proposèrent d'accorder la plénitude des droits de cité à tous les alliés, qui étoient leurs plus ardents antagonistes au sujet de la loi agraire; et cela, dans la vue d'opérer une diversion, par la perspective d'un avantage plus considérable. Cette proposition plaisoit en effet aux alliés, qui préféroient la prérogative en question à de petites propriétés foncières. Elle étoit même puissamment appuyée par Fulvius Flaccus, qui étoit en même temps consul et triumvir pour l'exécution de la loi agraire; mais le sénat trouva très mauvais qu'on voulût élever à son niveau ceux qu'il regardoit comme ses sujets. Cette proposition n'eut donc point de suite; et le peuple, qui jusqu'alors avoit compté sur le partage des terres, commençoit à perdre toute espérance. Pendant qu'il se décourageoit ainsi, Caïus Gracchus, le plus jeune frère de l'auteur de la loi agraire, l'un des triumvirs chargés de son exécution, après s'être tenu long-temps à l'écart depuis la catastrophe de son frère Tibérius, se mit sur les rangs pour le tribunat; et quoique la plupart des sénateurs parussent mépriser ses prétentions (4), il fut élu de la manière la plus brillante. Aussitôt il se mit à tendre des pièges au sénat. Il fit décréter que chaque plébéien de la classe des pauvres recevroit, par mois, aux frais du trésor public, une mesure de froment, genre de libéralité jusqu'alors sans exemple; et cet acte de son administration, dans lequel il fut secondé par Fulvius Flaccus, échauffa en sa faveur l'affection du peuple: en conséquence, il fut élu tribun une seconde fois; car on avoit déjà fait une loi portant que si l'un des tribuns avoit besoin d'être réélu pour accomplir ce qu'il avoit promis d'exécuter, dans l'intérêt des plébéiens, le peuple pourroit lui donner la préférence sur tous les autres concurrents.

XXII. Caïus Gracchus fut donc élu une seconde fois tribun. Sûr de l'affection des plébéiens qu'il s'étoit attachés par des bienfaits, il travailla à se concilier ce qu'on appeloit l'ordre des chevaliers, classe de citoyens d'un rang et d'une dignité intermédiaire entre les sénateurs et les plébéiens. Par un autre décret, il fit passer des sénateurs aux chevaliers les magistratures judiciaires, dans lesquelles les premiers s'étoient couverts d'opprobre à force de vénalité. Il leur reprocha, à cet effet, les exemples récents de ce genre de prévarication, celui de Cornélius Cotta, celui de Salinator, et enfin, celui de Manius Aquilius, le conquérant de l'Asie, qui avoient manifestement acheté les juges par lesquels ils avoient été absous ; si bien que les députés qui étoient venus de cette dernière région poursuivre Manius Aquilius, et qui étoient encore à Rome, témoins de cette iniquité, s'en étoient hautement et amèrement plaints. Le sénat, dans la honte du reproche qu'il venoit d'essuyer, vota la loi, qui reçut ensuite la sanction du peuple. Ce fut ainsi que le pouvoir juridique fut transféré des sénateurs aux chevaliers. L'on prétend qu'immédiatement après que la loi eut été sanctionnée par le peuple, Gracchus dit : « Je viens d'en« terrer tout-à-fait le sénat. » En effet, l'expérience prouva par la suite la vérité de la réflexion de Gracchus. Par la juridiction universelle que les chevaliers acquirent sur tous les citoyens romains, soit de la ville, soit du dehors, et sur les sénateurs eux-mêmes, pour toute somme quelconque en argent, pour tous les cas d'infamie et d'exil, ils de-

An de Rome. 622.

vinrent en quelque façon les magistrats suprêmes de la république; et les sénateurs se trouvèrent descendus, envers eux, au rang de subordonnés. Dèslors, les chevaliers firent cause commune avec les tribuns dans les élections. A leur tour, les tribuns leur accordèrent tout ce qu'ils voulurent; et ce concert jeta les sénateurs dans la plus sérieuse consternation. En peu de temps la prépondérance politique fut déplacée. La considération seule resta du côté du sénat. Tout le pouvoir passa du côté des chevaliers. A la longue même, non seulement ils exercèrent presque toute l'autorité, mais ils poussèrent les choses jusqu'à insulter publiquement les sénateurs du haut de leurs tribunaux. Ils se laissèrent aussi gagner par degrés à la vénalité; et lorsqu'ils eurent une fois tâté de ces gains illicites, ils s'y livrèrent avec plus de turpitude, avec une cupidité plus démesurée que ne faisoient leurs devanciers. Ils apostoient des accusateurs contre les citoyens riches; et tantôt avec circonspection, tantôt sans ménagement, ils violoient dans tous les cas les lois contre la vénalité; de manière que ce genre de responsabilité politique tomba entièrement en désuétude; cette révolution dans l'ordre judiciaire prépara de longs et nouveaux sujets de sédition non moindres que les précédents.

XXIII. Cependant Gracchus fit percer l'Italie par de grandes routes (5), et mit ainsi dans ses intérêts des multitudes d'ouvriers et de travailleurs de tout genre, prêts à faire tout ce qu'il voudroit. Il voulut faire décréter l'établissement de plusieurs colonies, faire admettre les Latins aux mêmes droits politiques que les citoyens de Rome, sans que le sénat pût décemment refuser cette prérogative à des citoyens qui avoient pour eux les liens de la consanguinité. Ceux des autres alliés qui n'avoient pas le droit de suffrage dans les élections aux magistratures, il songeoit à les leur faire accorder pour l'avenir, dans la vue d'augmenter par-là le nombre de ses propres auxiliaires en faveur des lois qu'il présenteroit. Cette dernière mesure excita particulièrement la sollicitude du sénat. Il ordonna aux consuls de faire une proclamation pour empêcher qu'aucun de ceux qui n'avoient pas le droit de suffrage ne se rendit à Rome; et pour leur défendre même de s'en approcher en deçà de quarante stades, les jours des comices qui auroient lieu sur les projets de loi en question. D'un autre côté, il détermina Livius Drusus, l'un des tribuns, à se déclarer contre les projets de loi de Gracchus, sans en rendre d'ailleurs aucune raison au peuple; car, en pareil cas, le tribun qui émettoit son *veto* pouvoit, d'après la loi, se dispenser de rien dire (6). On suggéra au même tribun de proposer l'établissement de douze nouvelles colonies, afin de se concilier le peuple avec d'autant plus de succès : et, en effet, le peuple reçut cette dernière proposition avec tant de joie, qu'il ne prit aucun intérêt aux projets de loi de Gracchus.

XXIV. Déchu de sa popularité, Gracchus s'embarqua pour la Libye avec Fulvius Flaccus, qui, après son consulat, lui avoit été donné à cet effet pour collègue. La réputation de fertilité de cette

An. de Rome. 622.

contrée lui avoit fait assigner une colonie ; et on les avoit chargés l'un et l'autre d'aller organiser cet établissement, tout exprès pour les éloigner de Rome pendant quelque temps, et afin que leur absence, apaisant la fermentation populaire, le sénat eût quelque relâche. Gracchus (7) et Fulvius (8) tracèrent l'enceinte de la ville destinée à la colonie sur le même terrain où étoit autrefois Carthage. Ils n'eurent aucun égard à ce que Scipion, lorsqu'il avoit ruiné cette dernière cité, avoit condamné son sol à ne plus servir que de pâturage. Ils la disposèrent pour six mille colons, au lieu du moindre nombre réglé par la loi (9), afin de s'affectionner le peuple d'autant. De retour à Rome, ils composèrent leurs six mille hommes de citoyens romains de toutes les parties de l'Italie. Cependant les commissaires qui avoient été chargés dans la Libye de continuer la circonscription de la ville, ayant donné pour nouvelle que des loups avoient arraché et dispersé les jalons plantés par Gracchus et par Fulvius, les augures consultés répondirent qu'une colonie ne pouvoit point être fondée dans cette contrée. En conséquence, le sénat convoqua une assemblée du peuple, pour y proposer une loi tendante à abroger celle qui avoit déterminé l'établissement de cette colonie. Gracchus et Fulvius, que cet évènement faisoit déchoir de leurs fonctions, semblables à des énergumènes, répandirent que ce que le sénat avoit annoncé du ravage des loups n'étoit qu'un mensonge. Les plus audacieux des plébéiens se mirent de leur parti ; et, armés de petits glaives, ils se rendirent dans le Capitole, où l'on devoit s'assembler pour prononcer sur le sort de la colonie.

<small>Ans de Rome. 622.</small>

XXV. Les plébéiens y étoient déjà réunis, et Fulvius commençoit à leur adresser la parole, lorsque Gracchus arriva au Capitole, accompagné de ses partisans en armes. Un des siens l'ayant engagé à ne pas entrer, comme pour seconder d'autres vues, il n'entra pas en effet dans le lieu de l'assemblée, et il se mit à se promener sous le portique, en attendant les évènements (10).

Cependant un homme du peuple (11), nommé Attilius, qui faisoit un sacrifice dans ce lieu-là, voyant Gracchus dans un état de trouble et d'agitation, le saisit de sa main, et, soit qu'il fût instruit de quelque chose, soit qu'il n'eût que des soupçons, ou que tout autre motif le portât à lui adresser la parole, il le supplia *d'épargner la patrie.* Gracchus, dont ce mot augmenta le trouble, et dont la terreur s'empara comme s'il eût été découvert, jeta sur Attilius un coup-d'œil terrible, et sur-le-champ, un des plébéiens qui en fut témoin, sans que d'ailleurs aucun signal eût été fait, sans que nul ordre eût été donné, jugeant au seul regard que Gracchus avoit lancé sur Attilius que c'étoit le moment d'agir, et se flattant peut-être de faire sa cour à Gracchus, s'il étoit le premier à engager l'action, dégaina, et étendit Attilius roide mort. Une grande clameur s'étant élevée, et le cadavre d'Attilius frappant tous les yeux, chacun se sauva du Capitole, dans la crainte de périr ainsi. Gracchus courut au Forum; il vouloit rendre compte de ce qui s'étoit passé; mais personne ne resta pour l'entendre. Tout le monde s'éloigna de lui comme d'un assassin. Fulvius et lui, ne sachant alors quel parti prendre, après avoir manqué l'occasion de faire réussir leurs projets, se retirèrent chacun dans sa maison, où ils furent accompagnés par leurs adhérents. Le reste des plébéiens, dans l'appréhension de quelque évènement sinistre, se hâta, dès le milieu de la nuit, de s'emparer du Forum. Le consul Opimius, qui n'avoit pas bougé de Rome, ordonna à quelques troupes d'occuper le Capitole, dès le point du jour, et il fit convoquer le sénat à cri public. Il se plaça, lui, entre le Forum et le Capitole dans le temple de Castor et Pollux, pour agir selon les occurrences.

XXVI. Or, voici ce qui se passa. Le sénat manda Gracchus et Fulvius, pour rendre compte de leur conduite. Mais ils étoient accourus l'un et l'autre en armes sur le Mont Aventin, dans l'espérance que, s'ils s'en emparoient les premiers, ils forceroient le sénat à traiter avec eux. En s'y rendant, ils avoient appelé à eux les esclaves, en leur promettant la liberté; mais aucun esclave ne les avoit écoutés. Ils se jetèrent dans le temple de Diane avec ceux de leurs adhérents qui étoient avec eux, et ils s'y fortifièrent. Alors ils envoyèrent Quintus, le fils de Fulvius, vers le sénat, pour demander que l'on se réconciliât, et que l'on vécût en bonne intelligence. Le sénat ordonna qu'ils missent bas les armes, qu'ils se rendissent dans le lieu de ses séances, où ils pourroient dire tout ce qu'ils voudroient, et qu'autrement ils n'envoyassent plus personne. Ils envoyèrent Quintus une seconde fois. Mais le consul Opimius, qui ne le regarda plus comme un parlementaire, après ce que le sénat lui avoit notifié à lui-même, le fit arrêter; et en même temps il donna ordre aux troupes qu'il commandoit de marcher contre Gracchus. Celui-ci s'échappa par le pont de bois au-delà du Tibre (12), accompagné d'un seul esclave (13) auquel, lorsqu'il fut parvenu dans un bois sacré, se voyant près d'être arrêté, il présenta la gorge avec ordre de lui donner la mort. Fulvius se réfugia dans la boutique de quelqu'un de sa connoissance. Ceux qui eurent ordre de le poursuivre ne sachant point distinguer la maison où il s'étoit caché, menacèrent de mettre le feu à tout le quartier. Celui qui lui avoit donné asile se fit scrupule de le déceler, mais il chargea quelqu'un de le déceler à sa place. Fulvius fut donc saisi et égorgé. Les deux têtes de Gracchus et de Fulvius furent portées au consul, qui en fit donner le poids en or à ceux, qui les lui présentèrent (14). Leurs maisons furent saccagées par le peuple. Opimius fit arrêter, jeter en prison, et étrangler leurs complices (15). Quant à Quintus, le fils de Fulvius, le choix du supplice lui fut laissé. Rome fut ensuite solennellement purifiée de cette effusion de sang, et le sénat fit élever, dans le Forum, un temple en l'honneur de la Concorde.

Ans de Rome. 622.

NOTES.

(1) Il est évident que Desmares n'a pas entendu ici son original, et qu'il a fait un peu de gâchis.

(2) « Car dès le commencement on n'avoit pas fait un par-« tage bien exact des terres conquises sur les ennemis. » Vrai contre-sens de la part de Desmares. Il n'a pas senti la véritable acception du participe πεποιημένοι dans ce passage. Voyez la version latine de Schweighæuser.

(3) « Enfin, tout s'en alloit en confusion, et en désordre « par tant de changements de demeures. » Voilà la version de Desmares.

(4) Le sens de cette phrase a été diversement rendu par les interprètes latins. Dans l'édition de Tollius, on lit, *Cùmque inter patres autoritatem suam parùm tueretur;* ce qui s'écarte totalement du sens du texte. Dans celle de Schweighæuser, on lit, *Sed nunc, cùm multorum ex senatorio ordine contemptionem esset expertus;* ce qui seroit le vrai sens du passage, si le participe καταφρονούντων eût été rendu par le temps présent, comme il devoit l'être, au lieu d'être traduit par le temps passé. Desmares n'a pas traduit avec fidélité, « méprisé des pères contre lesquels il n'eût pas pu « défendre son autorité. » Quelle idée, d'ailleurs, d'employer en français le mot de *pères*, pour rendre le mot latin *patres* c'est-à-dire, *les sénateurs*, *les membres du sénat*.

(5) On peut voir dans Plutarque, chap. 40, avec quelle magnificence et quelle perfection il fit exécuter ces importants travaux. Il poussa l'attention jusqu'à faire placer de distance en distance, sur les côtés des routes, des pierres destinées à aider aux cavaliers à monter à cheval; ce qui pourroit faire penser qu'à cette époque l'usage des étriers étoit encore inconnu, ou du moins peu pratiqué.

(6) Voilà bien qui prouve ce que nous avons dit plus haut, sect. XII, note 11, qu'on ne pouvoit point demander au tribun du peuple, qui interposoit son *veto*, raison de son *inter-*

cession. S'il expliquoit publiquement ses motifs, c'étoit d'une manière purement facultative ; car nous avons vu tout à l'heure qu'en s'opposant à la loi agraire de Tibérius Gracchus, son collègue Octavius n'avoit rien dit pour justifier sa conduite, et ici le sénat n'auroit point invité Livius Drusus au silence, si la loi lui eût commandé le contraire. Au reste, à quoi pensoit Desmares, lorsqu'il a traduit que le sénat *donna le même droit à quelque opposant que ce fût.*

(7) Lorsque Gracchus fut envoyé en Afrique pour fonder la colonie dont il est ici question, son second tribunat étoit expiré ; car cette commission auroit été incompatible avec celle de tribun du peuple, et l'on sait que ces magistrats, durant le cours de leur magistrature, ne pouvoient pas s'absenter de Rome un jour entier. L'un des annotateurs de la première édition du Plutarque de Cussac, dit dans l'observation qui termine le tome 7, « Si le premier tribunat « de Gracchus a concouru avec le consulat de Métellus, et « son second tribunat avec le consulat de Fannius, comment « étoit-il encore tribun lorsqu'il fut tué par Opimius l'année « suivante ? » Ce critique n'auroit point fait cette question s'il eût fait attention que Plutarque dit formellement le contraire, au commencement du chap. 17, « Mais bien est-il « vray qu'il fut fort marry de ce rebut (d'être débouté d'un « troisième tribunat), et treuve bon qu'il dit un peu trop « arrogamment à ses ennemis qui s'en rioyent et s'en moc- « quoyent de luy, qu'ils rioyent un ris sardonien, ne co- « gnoissant point de quelles ténèbres ses actions les avoyent « enveloppés. Au reste, ses contraires ayant installé Opimius « au consulat, ils commencèrent incontinent à effacer plu- « sieurs des lois de Caïus. » *Version d'Amyot.* A la vérité, Florus, en parlant de la mort de Caïus, a dit ; *Illud sacrosanctum caput tribuni plebis percussoribus auro pensatum est.* Mais Stadius a remarqué sur ce passage, *errat in eo Florus, jam enim tribunatu abierat Gracchus, quare abdicato magistratu sacrosanctus esse desierat.* L. A. *Flori accur. Freinshemio, Argen.* 1632.

(8) Rollin, dans son Histoire romaine, tom. 9, pag. 149, note (*a*), dit que c'étoit l'usage des Romains, quand ils fondoient une colonie, de nommer trois personnes de marque pour présider à cet établissement, et qu'on les appeloit *Triumviri coloniæ deducendæ*. Plutarque et Appien n'en nomment ici que deux, Gracchus, et Fulvius. Si l'usage dont parle Rollin étoit la règle commune, on voit qu'elle n'étoit pas du moins sans exception.

(9) Desmares a traduit, « Six mille habitants plus que le « nombre porté par l'ordonnance du sénat. » Contre-sens vraiment remarquable; car la phrase suivante devoit l'éclairer sur le sens précis du passage.

(10) Le traducteur latin ne me paroît pas avoir saisi le vrai sens de ces mots du texte ἐφεδρεύων παρεχομένοις. Il a cru qu'il falloit sous-entendre ἄνδρασι ou πολίταις, et je crois qu'il s'est trompé. C'est évidemment le mot πράγμασι, ou tout autre substantif analogue qui est ici dans l'ellipse. Appien a employé ici ἐφεδρεύων dans le même sens que Polybe, lorsqu'il a dit ἐφεδρεύειν τοῖς τόποις καὶ καιροῖς, mots que le savant Budé a rendus par *captare occasiones ex locis et temporibus*. Notre historien a fait usage de ce même verbe dans le même sens, un peu plus bas, lorsqu'en parlant d'Opimius, campé dans le temple de Castor et Pollux, il a dit ἐφεδρεύε τοῖς ἐσομένοις. A présent que j'ai achevé de le traduire, je puis ajouter que cette expression lui est très familière, et qu'il la prend toujours dans l'acception que je lui donne ici. On la retrouve entre autres à la fin de cette même section; on la retrouve liv. II, sect. III, etc.

(11) Selon Plutarque, cet Attilius étoit un des licteurs du consul Opimius, et cet historien fait ici un récit tout différent de celui d'Appien. « Quand vint donc le jour assigné « auquel on devoit procéder à la rescision de ses lois (de « Gracchus), l'un et l'autre de grand matin se saisit du « Capitole, et après que le consul y eut sacrifié, l'un des « sergents du consul, nommé Quintus Antyllius, por- « tant les entrailles des hosties immolées, dit à Fulvius

« et aux autres de sa ligue qui étoient autour de lui : Faites
« place aux gens de bien, mauvais citoyens que vous êtes ;
« et y en a qui disent davantage, qu'avec ces paroles inju-
« rieuses-là, il leur tendit encore le bras nu en une façon
« deshoneste pour leur faire honte, à raison de quoy il fut
« par eulx occis sur-le-champ à coups de grands poinçons
« à écrire qu'ils avoient expressément fait faire à ceste inten-
« tion. » Chap. 47.

(12) Plutarque, dans la vie de Tibérius et de Caïus, chap. 52, s'étend plus qu'Appien sur les détails de la catastrophe de C. Gracchus. Il dit que deux de ses amis s'arrêtèrent sur le pont pour faire tête aux soldats d'Opimius qui étoient près de l'atteindre. Velléius Paterculus nomme le chevalier romain auteur de cet acte d'intrépidité, et qui, *nouveau Coclès*, soutint le choc des satellites d'Opimius jusqu'à ce que, succombant sous le nombre, il se tua lui-même. *Quo die singularis Pomponi, equitis Romani in Gracchum fides fuit, qui more Coclitis, sustentatis in ponte hostibus ejus, gladio se transfixit*, lib. 2, cap. 6.

(13) Paterculus donne à cet esclave le nom d'Euporus. *Cervicem Euporo servo præbuit*. Plutarque, chap. 52, le nomme Philocrate. Mais l'un et l'autre de ces historiens s'accordent d'ailleurs sur ce point, que l'esclave de C. Gracchus se tua lui-même sur le corps de son maître après lui avoir donné la mort. Je ne sais où L. Vivès a puisé ce qu'il dit à ce sujet dans une note sur le 24ᵉ chap. du troisième livre de la cité de Dieu, de Saint-Augustin. *Ita Septimuleius Anagninus familiaris Graccho, cùm placidè in lucum venisset, multa priùs familiariter, ut solebat, collocutus cum Graccho, ipsum nihil suspicantem confodit, caputque abscidit, et ut esset gravius, pro cerebro quod eruerat plumbum infudit*; à moins que sa narration ne soit une paraphrase de ce passage du 33. livre de Pline l'ancien, *Septimuleius, C. Gracchi familiaris, auro repensum caput ejus excisum ad Opimium tulit*. A la vérité, Valère-Maxime, lib. 9, cap. 4, fait, ainsi que Pline, de Septimuléius un des

familiers de Gracchus. Mais ni l'un ni l'autre, ils ne disent que Septimuléius lui ait donné la mort. Si L. Vivès avoit consulté Plutarque, vie de Gracchus, chap. 53, il ne seroit pas tombé dans cette erreur.

(14) Ce fut Septimuléius, dont nous avons parlé dans la note précédente, qui présenta au consul la tête de Gracchus. On voit dans Plutarque que ce Septimuléius, ami d'Opimius, instruit que le consul avoit fait proclamer qu'il donneroit en or le poids des têtes de Gracchus et de Fulvius à quiconque les lui apporteroit, arracha la tête de Gracchus des mains du soldat qui l'avoit coupée, et qui ignoroit la proclamation, et qu'avant que de la présenter au consul, il mit adroitement du plomb à la place de la cervelle, afin qu'elle pesât davantage. Valère-Maxime a chargé la mémoire de Septimuléius de cet horrible trait de cupidité dans son chapitre *de avaritiâ*, lib. 9. Quant à ceux qui apportèrent au consul la tête de Fulvius, comme c'étoient des gueux et des misérables, ils n'eurent rien.

(15) Plutarque observe, à ce sujet, que cet Opimius fut le premier des consuls de Rome qui, usurpant les fonctions de la dictature, condamna à périr du dernier supplice trois mille citoyens, sans aucune forme de procès, outre Fulvius Flaccus, qui avoit été consul, et qui avoit joui des honneurs du triomphe, outre Caïus Gracchus, jeune homme qui surpassa en vertu et en réputation tous les Romains de son âge, chap. 54. Le même historien rapporte, chap. 52, que Gracchus, témoin de la fureur avec laquelle les satellites du consul se jetèrent sur Fulvius, et de la lâcheté avec laquelle les plébéiens abandonnèrent ce dernier, entra dans le temple de Diane où il voulut se donner la mort, et que ses amis l'en ayant empêché, il se mit à genoux devant la statue de la déesse, et la supplia, en lui tendant les bras, de punir cette ingratitude, cette infamie du peuple romain, en le plongeant pour jamais dans l'esclavage. Les évènements qui suivirent ne justifièrent que trop cette épouvantable imprécation. Au reste, il est singulier que Plutarque ait accusé

Opimius d'avoir usurpé la puissance absolue de dictateur, chap. 54; car un peu plus haut, chap. 49, il avoit parlé d'un décret en vertu duquel le sénat avoit investi ce consul d'une « puissance extraordinaire afin qu'il pourvût, par main sou-« veraine, au salut de la chose publique, qu'il préservât la « ville, et qu'il exterminât les tyrans. »

CHAPITRE IV.

Après la mort de Caïus Gracchus, le tribun Apuléius et Glaucias le préteur, fomentent une nouvelle sédition. Ils dirigent leurs intrigues contre Cécilius Métellus. Ils obtiennent le tribunat à force ouverte. Secondés par C. Marius, consul, ils font condamner à l'exil Métellus, qui refuse de prêter serment d'obéissance à une loi qui est leur ouvrage. Le feu de la sédition s'allume. Apuléius et Glaucias sont lapidés par ordre du sénat. Cécilius Métellus est rappelé.

Ans de Rome. 622.

XXVII. Ce fut ainsi que se termina la sédition du second des Gracques. Peu de temps après on fit une loi pour autoriser les propriétaires des terres à vendre l'excédant de la mesure réglée par la loi agraire; chose qui avoit été prohibée par une disposition formelle de la loi dont Tibérius Gracchus avoit été le provocateur. Après avoir vendu cet excédant, les riches acquirent de nouveau de la part des pauvres, ou les dépouillèrent avec violence, sous divers prétextes. Par l'effet de ces subterfuges la condition de ces derniers fut empirée (1), jusqu'à ce que le tribun Spurius Thorius fit passer une loi qui révoquoit absolument la loi agraire, qui consolidoit les propriétés entre les mains des possesseurs même, mais qui établissoit sur ces terres, au profit du fisc, une contribution pécuniaire qui devoit être distribuée aux citoyens pauvres. Par cette distribution la détresse de ces malheureux se trouva bien un peu soulagée; mais ils n'en recueillirent aucun fruit sous le rapport de la population. La loi de Gracchus, si utile et si avantageuse à la république, si son exécution avoit été praticable (2), ayant été une fois anéantie par toutes ces astucieuses dérogations, un autre tribun ne tarda pas à supprimer la contribution pécuniaire elle-même; si bien que le peuple fut complètement frustré de toutes ses espérances. Il résulta de tout cela que les ressources militaires de la république, du côté de la population, furent affoiblies encore davantage; que le produit des terres en litige fut diminué; que le peuple vit disparoître la contribution imaginée pour servir de supplément aux bienfaits de la loi agraire, et enfin, la loi elle-même, dans l'espace de quinze ans au plus, qui s'écoulèrent depuis sa promulgation: et cela, par une suite de l'inertie où les mesures judiciaires (3) d'exécution furent laissées (4).

XXVIII. A cette même époque le consul Scipion fit démolir le théâtre dont Lucius Cassius avoit jeté les fondements, et qui étoit près d'être achevé; soit qu'il regardât ce monument comme propre à fournir matière à de nouvelles séditions, soit qu'il crût dangereux pour le peuple romain de s'accoutumer aux voluptés de la Grèce. Le censeur Quintus Cécilius Métellus (5) entreprit de faire chasser du sénat Glaucias, sénateur et Apuléius Saturninus, qui avoit déjà été tribun, pour cause de déréglement de mœurs; mais il ne put point en venir à bout, parcequ'il ne fut point secondé par son collègue. Peu de temps après, Apuléius, qui vouloit se venger de Métellus, se mit de nouveau sur les rangs pour le tribunat, saisissant l'occasion où Glaucias étoit préteur, et chargé en même temps de présider les comices pour l'élection des tribuns (6). D'un autre côté, Nonius, citoyen très recommandable, et qui s'étoit exprimé avec beaucoup de liberté sur les mœurs désordonnées d'Apuléius et de Glaucias, fut désigné (7) pour le tribunat. Apuléius et Glaucias, craignant donc que si Nonius étoit élu, il ne les mulctât, apostèrent (8) des coupe-jarrets pour se jeter sur lui, en tumulte, au moment qu'il se retireroit de l'assemblée ; et, en effet, en exécutant ce complot, ces coupe-jarrets l'assassinèrent comme il se sauvoit dans une hôtellerie. Le lendemain de cet horrible et déplorable attentat, Glaucias, dès le point du jour, avant que le peuple se fût rendu dans le lieu de l'assemblée, fit proclamer l'élection d'Apuléius en qualité de tribun. Pendant le cours de l'année du tribunat d'Apuléius, le silence fut gardé sur l'assassinat de Nonius. On auroit craint d'attaquer ce tribun sur ce délit. Apuléius et Glaucias parvinrent en outre, par leurs intrigues, à faire condamner Métellus à l'exil ; iniquité pour le succès de laquelle ils furent servis par Marius, qui faisoit alors son sixième consulat, et qui avoit contre Métellus de secrets motifs de ressentiment (9). C'est ainsi qu'ils se secondèrent réciproquement.

XXIX. Cependant Apuléius présenta une loi qui avoit pour objet de faire distribuer les terres dont les

Cimbres, nation originaire de la Celtique, s'étoient
emparés dans le pays que les Romains appellent
maintenant la Gaule, et dont Marius, en expulsant
ces barbares, venoit de conquérir la propriété au
profit du peuple romain. La loi portoit de plus que
lorsqu'elle auroit été votée par le peuple, le sénat
en jureroit l'exécution dans l'espace de cinq jours,
et que celui des sénateurs qui ne prêteroit pas son
serment seroit exclu du sénat, et condamné à une
amende de vingt talents au profit du peuple (10).
Apuléius se flattoit que, par cette disposition, il
forceroit la main aux adversaires de la loi, et que,
d'un autre côté, Métellus, pour montrer du caractère, refuseroit son serment. Telles étoient les dispositions de cette loi. Ce tribun, après avoir fixé le
jour des comices, fit prévenir par ses émissaires
les citoyens des tribus rustiques, ceux principalement sur lesquels il comptoit le plus, parcequ'ils
avoient porté les armes sous Marius; mais comme
cette loi étoit toute à l'avantage des citoyens des
tribus rustiques, elle déplaisoit à ceux des tribus
urbaines.

XXX. Aussi, une sédition éclata-t-elle le jour
des comices. Tous ceux qui parlèrent contre la loi
furent insultés par Apuléius au moment qu'ils descendoient de la tribune. Alors les plébéiens des tribus urbaines s'écrièrent que le tonnerre venoit de
se faire entendre au-dessus de l'assemblée, phénomène qui interdisoit au peuple romain de rien décréter ce jour-là. Les partisans d'Apuléius répondirent par des voies de fait. À l'instant, les plébéiens

des tribus urbaines retroussèrent leurs robes, s'armèrent de tous les instruments de bois qui leur tombèrent sous la main, et dispersèrent les plébéiens des tribus rustiques. Ceux-ci se rallièrent à la voix d'Apuléius : armés aussi de bâtons, ils se jetèrent sur les plébéiens des tribus urbaines; et, demeurés les plus forts, ils firent passer la loi. Aussitôt qu'elle eut été votée, Marius se hâta de la présenter au sénat pour délibérer sur le serment. Instruit que Métellus avoit de la ténacité dans son opinion, et qu'il ne démordoit point de son avis lorsqu'il l'avoit une fois donné, Marius mit le premier son sentiment en avant, et tendit un piège au sénat, en disant que, quant à lui, il ne jureroit jamais une loi semblable (11). Métellus tint le même langage; et, après les éloges que tous les autres membres du sénat leur donnèrent à l'un et à l'autre, Marius leva la séance. Mais le cinquième jour, terme fatal réglé par la loi pour l'émission du serment, étant arrivé, Marius convoqua de nouveau le sénat avec précipitation vers la dixième heure : il dit qu'il craignoit les suites de l'intérêt que le peuple avoit montré pour cette loi, mais qu'il avoit imaginé un subterfuge pour se tirer d'affaire; qu'il falloit prêter serment à cette loi en, tant qu'elle étoit régulière ; qu'à la faveur de cet artifice l'on renverroit, chacun chez eux, les citoyens des tribus rustiques qui attendoient le résultat; mais qu'ultérieurement il ne seroit pas difficile de démontrer qu'on ne devoit point regarder comme loi, celle pour le succès de laquelle la violence avoit été employée, et qui avoit été votée, malgré le bruit du tonnerre, au mépris des lois de la patrie.

XXXI. Immédiatement après ce discours, pendant que tous les membres du sénat, encore stupéfaits du piège qu'il leur avoit tendu, gardoient un profond silence, et au moment où le délai porté par la loi étoit entièrement expiré, Marius, sans leur donner le temps d'imaginer aucun expédient, se mit en marche pour se rendre au temple de Saturne, où les questeurs devoient prêter leur serment, et il le prêta lui-même le premier avec ses amis. Les autres membres du sénat, craignant chacun pour soi, le prêtèrent ensuite, à l'exception de Métellus seul, qui le refusa, et qui eut le courage de persévérer dans son opinion (12). En conséquence, dès le lendemain, Apuléius envoya son appariteur (13), pour le faire rayer de la liste du sénat; et comme les autres tribuns s'ingérèrent de parler en sa faveur, Apuléius et Glaucias intriguèrent auprès des citoyens des tribus rustiques, leur insinuant que les terres mentionnées dans la loi ne leur appartiendroient jamais, et que la loi ne seroit point exécutée, si Métellus n'étoit exilé. Ils préparèrent donc un décret d'exil contre Métellus : ils y insérèrent que les consuls feroient proclamer contre lui l'interdiction du toit (14), du feu, et de l'eau, et ils assignèrent le jour où ce décret seroit présenté aux comices. Les citoyens des tribus urbaines étoient indignés. Ils escortoient par-tout Métellus, armés de glaives. Métellus, après les avoir honnêtement remerciés (15), après avoir loué leur bonne intention envers sa per-

Ans de Rome. 622.

sonne, leur dit qu'il ne souffriroit point qu'à cause de lui on fît courir aucun danger à la patrie, et, à ces mots, il sortit de Rome (16). Apuléius fit voter le décret qui le condamnoit à l'exil, et Marius le fit proclamer.

XXXII. C'est ainsi que fut exilé Métellus, un des citoyens les plus recommandables. Sur ces entrefaites, Apuléius fut nommé tribun pour la troisième fois, et on lui donna pour collègue un individu qui passoit pour un fugitif, et qui se disoit fils de l'aîné des Gracques. Ce fut même à la faveur de ce nom que les plébéiens lui accordèrent leurs suffrages. L'élection des consuls ayant eu lieu immédiatement, Marcus Antonius fut élu, tout d'une voix, pour une des deux places. Quant à l'autre, Glaucias et Memmius se la disputoient; mais Memmius, étant un citoyen bien plus recommandable que son concurrent, Glaucias et Apuléius craignirent qu'il ne l'emportât. En conséquence, ils apostèrent quelques scélérats armés de bâtons (17), lesquels, en pleine assemblée, se jetèrent sur Memmius aux yeux de tout le monde, et l'assommèrent. Le tumulte se répandit dans l'assemblée; elle fut dissoute. Il ne restoit plus aucun respect pour les lois, aucune crainte des tribunaux. Toute pudeur étoit anéantie (18). Les plébéiens des tribus urbaines, pleins d'indignation, se rendirent au Forum le lendemain, écumant de colère, et comme décidés à massacrer Apuléius. Celui-ci s'étant entouré de l'autre partie des plébéiens qui appartenoient aux tribus rustiques, s'empara du Capitole (19), de concert avec Glaucias et le questeur Caïus Saféius. Le sénat ordonna qu'on les mît à mort (20). Marius, quoiqu'à contre-cœur, fit prendre les armes à quelques troupes, mais avec assez de lenteur; et comme il n'agissoit qu'à demi, d'autres détournèrent les courants d'eau qui se rendoient dans l'enceinte sacrée du Capitole. Les chefs de la sédition étoient près de périr de soif, lorsque Saféius proposa de mettre le feu au temple (21); mais Glaucias et Apuléius espérèrent que Marius feroit quelque chose pour eux. Ils se livrèrent donc les premiers, et Saféius suivit leur exemple. Sur-le-champ on demanda leurs têtes de toutes parts. Mais Marius, pour avoir l'air de procéder plus légalement, fit enfermer ces trois séditieux dans le lieu même où le sénat tenoit ses séances (22). Quelques citoyens, qui ne virent qu'un stratagème dans cette mesure, ouvrirent la toiture de l'édifice, et lapidèrent Apuléius le tribun, Saféius le questeur, et Glaucias le préteur, jusqu'à ce qu'ils les eurent étendus sur le carreau, tout revêtus qu'ils étoient encore des signes extérieurs de leurs dignités.

XXXIII. Beaucoup d'autres personnes périrent dans cette sédition, et notamment l'autre tribun qui se donnoit pour le fils de Tibérius Gracchus, et pour lequel le premier jour de sa magistrature fut le jour de sa mort (23). Tous les privilèges des hommes libres furent méconnus. Toutes les formes démocratiques furent violées; il n'y eut plus d'obéissance pour les lois, plus d'égard pour les dignités, plus de respect pour les magistrats, du moment

Ans
de
Rome.
622.

que les tribuns, institués pour mettre un frein à ces désordres, pour protéger et défendre les droits des plébéiens, et qui, d'ailleurs, étoient sacrés et inviolables dans leurs personnes, donnèrent le branle à ces attentats, et en devinrent eux-mêmes les victimes (24). Après la catastrophe d'Apuléius (25), il n'y eut qu'un cri dans le sénat et parmi les plébéiens des tribus urbaines pour le rappel de Métellus; mais le tribun Publius Furius, issu, non d'un homme libre, mais d'un affranchi, s'y opposa hardiment; et ce fut en vain que Métellus, le fils de l'exilé, se jeta à ses genoux, les larmes aux yeux, en présence du peuple, pour le supplier de lui rendre son père. Furius demeura inexorable. Ce trait public de piété filiale valut, pour l'avenir, au jeune Métellus, le surnom de *Pius*. L'année suivante, le tribun Caïus Canuléius cita Furius en jugement, à ce sujet, devant l'assemblé du peuple, et le peuple, sans attendre sa défense, se jeta sur lui, et le mit en pièces. C'étoit ainsi que, chaque année, chaque assemblée des comices étoit ensanglantée par quelque nouvel attentat. Métellus fut rappelé (26), et l'on prétend qu'il n'eut pas assez de toute une journée pour répondre aux civilités de tous les citoyens qui étoient venus à sa rencontre aux portes de Rome. Cette sédition d'Apuléius fut la troisième. Telles furent après celles des Gracques, les dissensions instestines qui agitèrent les Romains (27).

NOTES.

(1) DESMARES a laissé de côté ce membre de cette phrase. Claude de Seyssel en a fait autant. Ces deux traducteurs doivent avoir été mis en défaut par le texte, qui est néanmoins assez facile à entendre, καὶ περιῆν ἐς χεῖρον ἔτι τοῖς πένησι.

(2) Si son exécution avoit été praticable? Rien n'étoit plus aisé, si la voix de l'intérêt public avoit pu prévaloir sur celle de l'intérêt privé, dans l'ame de la plus petite partie des citoyens romains; car il faut croire qu'à Rome, comme par-tout ailleurs, ceux qu'on appeloit proprement *les riches*, et qui se trouvoient atteints par la loi des Gracques, n'avoient pas de leur côté la majorité numérique. C'est ainsi que l'on a toujours vu les passions ambitieuses et l'esprit de cupidité et d'avarice d'une poignée d'individus, s'opposer à toute amélioration politique qui ne pouvoit s'opérer qu'aux dépens d'un sacrifice assez léger de leur part.

(3) Desmares a traduit, *et que l'on cessa de rendre justice?* Il n'est sûrement pas possible qu'il ait entendu qu'il n'y eût plus à Rome de justice distributive. Je crains, néanmoins, que, dans la construction de sa phrase, ces mots ne présentent ce sens.

(4) Le texte a paru à Schweghæuser tellement corrompu en cet endroit, qu'il a laissé une lacune dans la version latine. Après avoir commencé la phrase par *Indè major etiam secuta simul est civium militumque raritas*, il s'est arrêté tout court, et ne l'a point terminée. *Quarè*, dit-il, *nec latinè exprimere extremam hujus capitis partem ausus sum.* J'ai été un peu plus hardi, j'ai tâché de tirer du texte, tel qu'il est imprimé, le sens qui m'a paru le plus raisonnable.

(5) C'est celui qui, consul l'an de Rome 643, fut chargé de la guerre contre Jugurtha, de qui Salluste fait ce bel éloge en peu de mots, *bell. Jugurth. cap. 43 in fine: In Numi-*

diam proficiscitur magnâ spe civium, cùm propter arte bonas, tùm maximè quòd adversùm divitias invictum animum gerebat; et avaritiâ magistratuum ante id tempus, in Numidiâ nostræ opes contusæ, hostiumque auctæ erant. Quoique le soin de terminer cette guerre fût ultérieurement confié à Marius devenu consul, Métellus n'en reçut pas moins le surnom de *Numidique*.

(6) Nous avons vu plus haut, sect. XIV, que c'étoit le tribun Rubrius qui présidoit les comices pour l'élection des nouveaux tribuns, et que, sur sa démission des fonctions de président, tous les autres tribuns, Memmius excepté, prétendirent que la présidence devoit être de nouveau réglée par la voie du sort. Ici nous voyons que c'est le préteur Glaucias qui préside les comices pour cette élection. Les préteurs concouroient donc avec les tribuns pour cette présidence. Mais dans les suppléments de Freinshémius à l'histoire de Tite-Live, on remarque que c'est ici une erreur d'Appien, et je crois qu'on a raison. Plus haut, sect. XIV, il n'a point été question de préteurs pour concourir avec les tribuns au tirage au sort de la présidence, et il n'y a nulle apparence que les préteurs y eussent aucune part.

(7) Tout citoyen romain qui réunissoit en sa personne les qualités requises par les lois pouvoit se mettre sur les rangs, de son chef, pour les magistratures; mais ce n'étoit pas la seule manière d'être présenté au peuple comme candidat. Le sénat avoit le droit de *désigner* comme tels les citoyens qu'il jugeoit dignes de la confiance du peuple, pour remplir les fonctions de tribun, et c'est de cette prérogative qu'il fit usage dans cette occasion. Il avoit également le droit de présenter des candidats pour le consulat. C'est probablement à cette faculté de mettre en évidence le mérite obscur et modeste, et à le désigner aux suffrages, que Rome fut redevable de cette multitude de personnages vertueux qui illustrèrent ses premières magistratures dans les beaux jours de la république.

(8) Les historiens latins varient beaucoup sur le nom de

ce candidat. Florus, lib. 3, cap. 16, le nomme *Annius*. Dans l'épitome de Tite-Live, art. 69, on le nomme A. Nummius. Valère Maxime, lib. 9, cap. 7, n. 1, le nomme Mumius, *populus enim Mumium competitorem Saturnini*. Oros. s. 17, l'appelle, ainsi qu'Appien, *Nonius*.

(9) L'inimitié de Marius contre Métellus datoit de l'époque où, lieutenant de ce dernier dans la guerre de Jugurtha, au lieu de rapporter à son chef l'honneur de toutes les actions d'éclat par lesquelles il se signala dans cette campagne, il affecta de s'en faire des titres d'une gloire personnelle, pour arriver plutôt au consulat, objet de son ambition. Lorsqu'il crut avoir assez fait pour aller se mettre à Rome au rang des candidats, il demanda deux fois un congé à Métellus, qui, avec le ton d'orgueil et le mépris naturel aux patriciens, le lui refusa en lui répondant avec une insolente hauteur : « Vous n'avez pas à vous tant presser pour vous « rendre à Rome. Ce sera bien assez pour un homme comme « vous de demander le consulat lorsque mon fils le deman- « dera. » Marius avoit d'ailleurs contre Métellus une dent de lait au sujet de l'acte de vigueur auquel il avoit été forcé de se porter à son égard en plein sénat, lorsqu'il fit entrer, dans cette auguste assemblée, son appariteur pour saisir Métellus, tout consul qu'il étoit, parcequ'il avoit injurieusement déclamé contre lui et contre la loi qu'il proposa pendant son tribunat, sur une nouvelle manière de recueillir les suffrages. *Voy*. Plutarq. Vie de Marius, chap. 4.

(10) Selon Florus, la peine prononcée contre ceux qui refuseroient le serment étoit bien plus grave, c'étoit celle de l'interdiction de l'eau et du feu. *Ut senatum quoque cogeret in verba jurare ; cùm abnuentibus aquâ et igni interdicturum se minaretur*. Lib. 3, cap. 16.

(11) Plutarque observe, à ce sujet, que Marius, « estimant « que savoir bien mentir fust une partie de vertu et de bon « esprit, il avoit très bien résolu en soy-même, de ne se « soucier ni souvenir aucunement de chose qu'il eust ditte au « sénat.» *Version d'Amyot*.

(12) *Unus tamen extitit*, dit Florus, *qui mallet exilium*. Velléius Paterculus rend le même hommage à Métellus, d'avoir été le seul qui refusât de jurer la loi du tribun, *quòd solus in leges Saturnini jurare noluerat*. Lib. 2, cap. 15, *in fine*. Valère Maxime lui paye le même tribut d'éloges, liv. 3, chap. 8, n. 4.

(13) Dans l'édition de Schweighæuser, le mot grec ὑπερέτην est rendu par *viatorem*, mot latin spécialement approprié à l'appariteur des tribuns du peuple; témoin ce passage d'Aulu-Gelle, où, à propos de ce Labéon, qui ne regardoit les lois d'Octave comme des lois proprement dites, qu'autant qu'elles étoient conformes aux anciens principes du droit romain, il raconte la réponse que fit ce Labéon aux tribuns du peuple qui l'avoient mandé : *Quid idem Labeo per viatorem à tribunis plebis vocatus responderit*. Noct. Att. lib. 1, cap. 12. Dans l'édition de Tollius, le même mot est rendu par *apparitorem*; expression générique qui s'entendoit de tous ceux qui étoient attachés au service des magistrats, soit consuls, soit tribuns du peuple, soit préteurs, pour exécuter leurs ordres, et qui avoient des noms divers selon la nature de leurs fonctions : tels étoient *scribæ*, *accensi*, *interpretes*, *præcones*, *viatores*, *lictores*, *carnifices*.

(14) Le grec porte littéralement ἡ στέγης, *du toit*. J'ignore pourquoi l'interprète latin n'a eu aucun égard à cette expression ; c'est probablement parcequ'elle ne figuroit pas dans le style ordinaire de cette formule. On a vu en effet plus haut, dans un passage de Florus, qu'il n'étoit question que de l'eau et du feu, *aquâ et igni*. Mais Plutarque dit, chap. 53, vie de Marius, « avec défense de luy donner ne feu ne « eau, ne le loger et recevoir à couvert. » *Version d'Amyot*.

(15) Le texte porte littéralement *les ayant reçus avec amitié*. Les interprètes latins n'ont pas rendu le participe ἀσπασάμενοι.

(16) Desmares a laissé ce peu de mots de côté.

(17) Ce fut exactement le second volume de ce qui s'étoit

passé au sujet de Nonius, concurrent d'Apuléius pour le tribunat. *Voyez* Florus, lib. 3, cap. 16.

(18) Desmares a ajouté ici au texte. Il a mis dans sa version *les Dieux*, qui ne sont pas dans le grec.

(19) Florus prétend que, dans le tumulte populaire qui eut lieu à cette occasion, Apuléius reçut le nom de roi de la part de ses satellites, et qu'il en accepta l'augure avec joie. *In eo tumultu regem ex satellitibus suis se appellatum lœtus accepit;* ce qui étoit le plus grand des crimes chez les Romains, qui avoient le titre de roi en exécration. De là vient que Cicéron dans une de ses Philippiques, reproche à Antoine d'avoir été le premier assassin de César en lui donnant le titre de roi au milieu des Lupercales, *tu, tu, Cæsarem occidisti Lupercalibus.*

(20) C'étoit, comme on voit, à la lettre, *une mise hors de la loi*, que beaucoup de gens ont cru de nos jours avoir été une création de notre convention nationale. Ce fut avec le même oubli des lois, le même mépris de toutes formalités judiciaires, que les partis continuèrent dès-lors à s'attaquer et à se combattre depuis la mort des Gracques.

(21) On voit ici qu'Appien a bien distingué l'un de l'autre le mot τὸ ἱηρὸν, où se rendoit l'eau des fontaines dont le cours fut détourné, et le τὸν νεὼν, où il s'agissoit de mettre le feu. *Voyez* plus haut, sect. XVI, note 8.

(22) Quoique les assemblées du sénat pussent être convoquées, tantôt dans un lieu, tantôt dans un autre, il est constant qu'il y avoit à Rome un lieu où il s'assembloit communément et de droit, et que c'est ce lieu qu'Appien désigne ici par le mot βουλευτήριον. Paterculus a nommé ce lieu *Hostilia curia*, le palais d'Hostilius. On verra plus bas dans Appien, liv. II, sect. 126, que ce palais où s'assembloit communément le sénat, étoit voisin du Capitole. Suivant Paterculus, ce fut Marius qui provoqua la mort d'Apuléius et de Glaucias : *Hominesque exitiabiles in Hostiliâ curiâ morte multavit.* Vell. Paterc. cap. 12, *in fine.* Le contraire paroît résulter de la narration d'Appien ;

mais Florus, lib. 3, cap. 16, Velléius Paterculus, lib. 2, cap. 12, *in fine;* Valère Maxime, lib. 8, cap. 6, disent formellement qu'il employa pour les perdre l'autorité consulaire dont il étoit armé. Dans l'épitome de Tite-Live, n°. 69, on lit ce passage que Freinshémius a corrigé, et qui donne une idée de la déloyale versatilité du caractère de Marius : *Quibus rebus concitato senatu, in cujus causam C. Marius, homo mutabilis et varii consilii ingeniique semper secundùm fortunam transierat, cùm eum tueri minimè posset, oppressus armis,* etc.

(23) Ce fait semble indiquer qu'au moins à cette époque, l'élection des consuls se fit le lendemain de celle des tribuns, et voilà pourquoi, un peu plus haut, j'ai inséré dans ma version le mot *immédiatement* qui n'existe point dans le grec.

(24) Le texte grec porte ἀναιρεθέντων δὲ τῶν δημάρχων τὸν Ἀπουλήιον. Or, il est évident qu'il est corrompu dans cette leçon, et qu'il faut lire, ou bien ἀναιρεθέντος δὲ τοῦ δημάρχου τοῦ Ἀπουλήιου, ou bien ἀναιρεθέντων δὲ τῶν περὶ δημάρχου τὸν Ἀπουλήιον. J'avois fait cette note avant que de connoître l'édition de Schweighæuser, et j'ai vu avec plaisir que ma leçon étoit celle du manuscrit de la bibliothèque impériale. Au surplus, si l'on s'en rapportoit à l'épitome de Tite-Live, n. 69, ce seroit à ce Rabirius pour qui Cicéron eut occasion de plaider dans la suite, qu'il faudroit attribuer la mort d'Apuléius ; mais Rollin a mieux aimé, sur la foi de Cicéron, la mettre sur le compte d'un esclave nommé Scéva, à qui l'on donna la liberté en récompense. *Hist. Rom.* tom. 9, pag. 387. La mémoire d'Apuléius eut un sort bien différent de celle des Gracques. Autant le peuple honora de ses regrets la mort de ceux-ci, autant l'exécration publique s'attacha au souvenir de celui-là. Cette exécration fut poussée au point, qu'un Sextus Titius fut condamné à l'exil parcequ'il avoit chez lui un portrait de ce tribun. Cicéron, qui nous a conservé ce fait dans son oraison *pro Rabirio,* n°. 24, donne la raison de ce rigoureux jugement. Valère Maxime atteste le même fait. *Sextum quoque Tilium similis casus*

prostravit. Erat innocens, agrariâ lege latâ gratiosus apud populum, tamen quia Saturnini imaginem domi habuerat, suffragiis cum tota concio oppressit. Lib. 8, cap. 1. Le même historien rapporte que C. Décianus, homme distingué d'ailleurs par sa probité, *spectatæ integritatis viro*, fut puni pour avoir, dans une invective contre Furius, témoigné des regrets de la mort de Saturninus, et avoir osé ne pas le regarder comme criminel : *Quia quâdam in parte actionis de morte Saturnini queri ausus fuerat*, ibid.

(25) Malgré les efforts que fit Marius pour s'y opposer. « Les hommages rendus à la vertu, dit Rollin à ce sujet, « sont le véritable tourment de l'envie ». Marius ne put pas soutenir le spectacle des honneurs qui seroient rendus à Métellus le jour qu'il rentreroit à Rome. Il en sortit donc, et alla s'embarquer pour la Cappadoce et la Galatie, sous prétexte d'aller s'acquitter dans ces régions asiatiques d'un vœu qu'il prétendoit avoir fait à la mère des Dieux.

(26) Cette sédition d'Apuléius Saturninus est assez importante pour qu'on s'étonne que Vertot, dans son Histoire des Révolutions de la république romaine, n'en ait rien dit. Le chap. 16 du troisième livre de Florus l'avertissoit assez de ne pas passer ces évènements sous silence.

CHAPITRE V.

Causes et origine de la guerre sociale. Chefs des deux partis dans cette guerre. Leurs forces respectives. Divers succès qu'ils obtiennent alternativement les uns contre les autres. Évènements qui décident la victoire en faveur des Romains, et qui mettent fin à la guerre.

Ans de Rome. 655.

XXXIV. Ce fut au milieu de cet état de choses, que la guerre appelée sociale (1), entre les Romains et plusieurs peuples leurs alliés, éclata. Allumée à l'improviste, elle fit de rapides progrès; et la terreur qu'elle inspira aux Romains, assoupit profondément leurs agitations intestines. En se terminant elle-même, elle engendra des séditions nouvelles; car elle rendit les chefs de parti plus puissants. Ce ne fut plus avec des propositions de loi et des intrigues populaires qu'ils s'attaquèrent ; ce fut avec de grandes armées. Si je parle de cette guerre dans cet ouvrage, c'est qu'elle eut sa source dans les séditions de Rome, et qu'elle servit comme de passage à une sédition pire que les précédentes. Voici quelle fut son origine.

Fulvius Flaccus, étant consul, fut le premier qui invita ouvertement (2) les alliés du peuple romains répandus en Italie à aspirer aux mêmes droits de cité que les autres citoyens de Rome, et à sortir de la condition de sujets, pour prendre part au gouvernement (3). Non seulement il mit cette propo-

sition en avant, mais encore il y persévéra avec
obstination : ce qui obligea le sénat de lui déléguer
quelque expédition militaire. Fulvius y consuma
tout le temps de son consulat. De retour à Rome,
il se mit sur les rangs pour le tribunat, avec le
jeune Gracchus; et il fut élu. Ils périrent l'un
et l'autre, comme je l'ai dit ci-dessus, à l'occasion
des divers avantages que ce même Gracchus vouloit
procurer aux alliés; évènement qui ajouta d'autant
plus à l'exaspération de ces derniers; car ils ne pouvoient pas supporter la pensée d'être sujets, au lieu
d'être égaux en droits (4), ni que Gracchus et Fulvius eussent été les victimes du zèle qu'ils avoient
déployé pour eux.

XXXV. Sur ces entrefaites, le tribun Livius
Drusus (5), citoyen très distingué par sa naissance,
sollicité par les alliés de reproduire le projet de loi
qui avoit pour objet de leur accorder la plénitude
des droits de cité, le leur promit. Ils désiroient, sur
toutes choses, d'obtenir cette prérogative, parcequ'elle seule, en les faisant sortir du rang de sujets,
devoit leur rendre accessibles toutes les hautes magistratures (6). Cependant Livius Drusus, qui se
ménageoit ainsi d'avance la bienveillance des plébéiens, sous ce rapport, s'occupoit à organiser, pour
l'Italie et la Sicile, plusieurs colonies décrétées depuis long-temps (7), mais non encore établies. D'un
autre côté, il se proposoit, par un projet de loi où
les intérêts communs des sénateurs et des chevaliers
seroient conciliés, de rapprocher ces deux ordres
qui étoient alors très aliénés l'un de l'autre, au sujet

des magistratures judiciaires. Il ne pouvoit pas rendre ouvertement aux sénateurs ces fonctions qui leur avoient été enlevées (8) ; mais il avoit imaginé, pour expédient, attendu que les membres du sénat avoient été, au milieu des troubles et des séditions, à peu près réduits à trois cents, de désigner parmi les chevaliers un semblable nombre d'individus, préalablement choisis parmi les plus recommandables, de le faire entrer au sénat (9), et de prendre à l'avenir, entre eux tous, les officiers pour les tribunaux. Il étoit également question de remettre en vigueur les lois contre la vénalité ; genre de prévarication qui n'étoit plus regardé comme un délit, tant l'habitude l'avoit répandu, tant il étoit devenu familier. Tel étoit le plan de Livius Drusus, au sujet des sénateurs et des chevaliers.

Mais ce plan éprouva de la contradiction. Le sénat trouva mauvais qu'on voulût accroître tout d'un coup le nombre de ses membres d'une si grande quantité, et que de simples chevaliers fussent élevés au plus haut rang. Il regarda comme probable que, devenus sénateurs, ils n'en auroient que plus de moyens pour agir contre les anciens membres de cet ordre. De leur côté, les chevaliers craignirent que, par cet arrangement, les magistratures judiciaires ne redevinssent l'apanage exclusif des sénateurs. Accoutumés aux gros émoluments qu'ils retiroient des tribunaux, et à l'influence que les fonctions judiciaires leur procuroient d'ailleurs, ils n'aimèrent pas de se voir atteints par le soupçon de vénalité. Leur grand nombre les mettoit dans une incertitude et une défiance respective au sujet des trois cents qui seroient jugés les plus dignes pour devenir sénateurs, et ces derniers devoient être l'objet de la jalousie de tous les autres. Ils étoient sur-tout indignés qu'on renouvelât les accusations de vénalité, crime qu'ils vouloient paroître avoir entièrement déraciné, depuis que les fonctions judiciaires étoient entre leurs mains (10).

Ans de Rome: 663.

XXXVI. L'effet de ces diverses considérations fut que l'ordre équestre et le sénat, quoique d'ailleurs en dissension, se déclarèrent d'un commun accord contre Drusus (11), tandis que le peuple seul trouvoit un sujet de satisfaction dans l'établissement des colonies. Cependant les alliés, vers l'intérêt desquels les vues de Drusus étoient principalement dirigées, redoutoient beaucoup, de leur côté, cette organisation. Plusieurs d'entre eux s'étoient en effet emparés des terres publiques des Romains, pendant qu'elles étoient encore incultes; et, les uns à découvert, les autres clandestinement, ils les cultivoient à leur profit. Ils virent qu'ils alloient en être évincés, et perdre beaucoup sous le rapport de leur intérêt particulier. Les peuples de l'Etrurie et de l'Ombrie partageoient les mêmes craintes; de sorte qu'appelés à Rome de la part des consuls, sous prétexte, à ce qu'il paroît, de parler contre la loi (12), mais, en effet, pour massacrer le tribun Drusus (13), ils déclamèrent hautement contre son projet, en attendant le jour des comices. Drusus ayant pénétré ces projets, cessa de paroître fréquemment en public. Il se mit à donner audience habituellement chez lui, dans une pièce de sa maison, qui n'étoit que foiblement éclairée; et un soir, pendant qu'il reconduisoit son monde, il poussa un grand cri. Il avoit en effet été frappé, et tout en poussant son cri il tomba mort. On lui trouva dans le flanc un tranchet de cordonnier (14). Telle fut la fin tragique de ce tribun.

XXXVII. Les chevaliers ne laissèrent pas de tirer parti de son projet de loi, pour traduire leurs propres ennemis en jugement. Ils persuadèrent au tribun Quintus Varius de présenter une loi pour qu'on fît le procès à tous ceux qui favorisoient, soit manifestement, soit clandestinement, l'ambition qu'avoient les alliés d'obtenir les droits de cité. Ils se flattoient de mettre aussitôt en jugement les personnages les plus considérables, de les juger eux-mêmes, et après s'en être débarrassés, de donner un plus grand essor à leur autorité. Les autres tribuns s'opposèrent à cette loi ; mais les chevaliers qui étoient présents aux comices, armés de glaives nus, la firent passer. Incontinent, les accusateurs se jetèrent avec impétuosité sur les plus illustres des sénateurs. Vestias, pour ne pas comparoître et se livrer lui-même à ses ennemis, se condamna à un exil volontaire. Cotta, après lui, se présenta devant le tribunal, parla avec éloge de ce qu'il avoit fait dans les fonctions publiques qu'il avoit remplies, se livra hardiment à l'invective contre les chevaliers; et, cela fait, il s'exila lui-même avant que ses juges eussent prononcé. Memmius, le conquérant de la

Grèce, ignominieusement joué par les chevaliers qui lui avoient promis de l'absoudre, fut condamné à l'exil (15), et il finit ses jours à Délos.

XXXVIII. A mesure que ce genre de conspiration contre les premiers citoyens de Rome alloit en croissant, le peuple montra de l'indignation de se voir enlever un si grand nombre de personnages aussi distingués. D'un autre côté, les alliés instruits de l'assassinat de Drusus, et du prétexte qui faisoit exiler de Rome tant de citoyens illustres, sentirent qu'ils ne pouvoient pas supporter plus long-temps que l'on traitât ainsi ceux qui montroient de l'intérêt à leur cause. Ils virent qu'il ne leur restoit plus aucune espérance d'obtenir les droits de cité. Ils se décidèrent à lever l'étendard contre les Romains (16), et à les combattre à force ouverte. Ils se liguèrent clandestinement dans cette vue, et se donnèrent respectivement des otages. Les Romains, absorbés dans leurs séditions intestines et dans leurs proscriptions judiciaires, ignorèrent long-temps ces pratiques. Aussitôt qu'ils en furent informés, ils envoyèrent dans les différentes villes ceux des citoyens qui parurent convenir le mieux à chaque localité, avec ordre de prendre adroitement des instructions sur ce qui se passoit ; et quelqu'un de ces explorateurs ayant vu un jeune homme que l'on conduisoit en otage de la ville d'Asculum (17) à une autre ville, en donna connoissance à Servilius (18), proconsul du lieu ; car il paroît qu'à cette époque des proconsuls étoient répandus sur divers points en Italie : mesure qui fut ultérieurement long-temps négligée, que l'empereur Adrien renouvela, et qui disparut de nouveau bientôt après lui.

Servilius, d'un caractère beaucoup trop ardent, courut à Asculum. Il en fit convoquer les citoyens. Il prit avec eux le ton de l'aigreur et de la menace. Il fut égorgé; car les citoyens d'Asculum se crurent déjà découverts. On égorgea avec lui Fontéius, son lieutenant; c'étoit le nom que l'on donnoit à ceux que le sénat nommoit pour seconder les chefs chargés d'un commandement (19). Après ces deux meurtres, nul autre des Romains ne fut épargné. Les habitants d'Asculum se hâtèrent de massacrer tous ceux qui se trouvoient parmi eux, et ils se partagèrent leurs dépouilles.

XXXIX. L'insurrection n'eut pas plutôt éclaté à Asculum, que tous les peuples de son voisinage déployèrent en même temps l'étendard : les Marses, les Pélignes, les Vestins, les Marucins, et après eux les Picentins, les Férentins, les Hirpins, les Pompéiens, les Vénusiens, les Lucaniens et les Samnites, peuples dont la défaite et l'asservissement avoient jadis coûté beaucoup aux Romains. La révolte embrassa toutes les nations qui occupoient l'Italie dans le circuit qui s'étend depuis le fleuve Liris, qu'on croit aujourd'hui être le Literne (20) jusqu'au fond de la mer d'Ionie (21). Des ambassadeurs furent envoyés à Rome pour y exposer leurs griefs (22), qui étoient que, quoiqu'ils concourussent en toutes choses avec les Romains pour accroître leur empire, on ne daignoit pas les admettre à partager les droits politiques de ceux dont ils étoient les auxiliaires. Le sénat répondit très durement, qu'on ne devoit lui envoyer des ambassadeurs que pour témoigner du repentir du passé; qu'autrement, il n'en vouloit point admettre. Les alliés, n'ayant donc plus aucune espérance, se disposèrent à la guerre. Des contingents de chaque cité (23) ils formèrent, en infanterie ou cavalerie, une armée de cent mille hommes. Les Romains en mirent sur pied une autre de pareille force, composée de Romains et d'auxiliaires fournis par les autres peuples d'Italie.

Ans. de Rome. 664.

XL. Elle fut commandée par les consuls Sextus Julius César, et Publius Rutilius Lupus. Ils se mirent tous les deux en campagne pour cette guerre importante, tandis que le reste des Romains gardoit les murs et les portes de Rome, fonction plus à leur portée, et qui les intéressoit de plus près (24). La diversité d'opérations auxquelles cette guerre devoit donner lieu, et la différence des localités, firent penser au sénat qu'il falloit donner ou associer aux consuls des lieutenants choisis parmi les plus distingués d'entre les citoyens. Il associa donc à Rutilius, Cnéius Pompée, le père de celui qui fut depuis surnommé le Grand, Quintus Cépion, Caïus Perpenna, Caïus Marius, et Valérius Messala. A Sextus Julius César, il lui associa Publius Lentulus, son frère, Titus Didius, Licinius Crassus, Cornélius Sylla, et Marcellus. Tous ces chefs, entre lesquels les divers corps d'armée étoient distribués, agissoient sous les ordres des consuls, qui se transportoient, tantôt d'un côté, tantôt de l'autre; et les Romains jugèrent cette

Ans de Rome. 664. guerre si importante, qu'ils envoyèrent quelquefois des adjoints aux lieutenants mêmes. Quant aux alliés, les corps de chaque cité avoient des commandants particuliers; mais le commandement en chef de toute l'armée étoit entre les mains de Titus Afranius, de Caïus Rutilius, de Marius Egnatius, de Quintus Pompédius, de Caïus Papius, de Marcus Lamponius, de Caïus Judacilius, d'Erius Asinius, et de Vétius Caton (25). Ils distribuèrent leurs forces de manière à se trouver, sur tous les points, en mesure contre les Romains. Beaucoup de succès se mêlèrent à beaucoup de revers. Voici l'abrégé de ce qui se passa de plus remarquable des deux côtés.

XLI. Vétius Caton mit en déroute le consul Sextus Julius, après lui avoir tué deux mille hommes, et le força de se sauver dans Esernie (26), ville qui étoit restée fidèle aux Romains. Lucius Scipion et Lucius Acilius, qui avoient mis cette ville en mesure de résister, s'échappèrent en habits d'esclaves. Pressés par la famine, les Romains finirent par capituler. Marius Egnatius s'empara de Vénafre (27) par trahison, et passa au fil de l'épée deux cohortes romaines qu'il y trouva. Publius Présentéius battit Perpenna qui commandoit dix mille hommes, lui en tua autour de quatre mille, et fit mettre bas les armes à la plus grande partie des autres; échec qui fut cause que Rutilius ôta tout commandement à Perpenna, et fit passer les débris de son corps de troupes sous les ordres de Marius. Lamponius tua huit cents hommes à Licinius Crassus, et poursuivit le reste de ses forces jusqu'à la ville de Grumente (28).

XLII. Caïus Papius se rendit maître par trahison de la ville de Nole (29), et proposa à deux mille Romains qui l'occupoient de passer sous ses drapeaux ; ce qu'ils acceptèrent, à l'exception de leurs chefs, qui, n'ayant pas voulu en faire autant, furent traités en prisonniers de guerre, et condamnés par Papius à mourir de faim. Papius prit en outre Minturne (30), Stabie (31) et Salerne (32) colonie romaine, et grossit son armée de tous les prisonniers de guerre qu'il y fit, et de tous les esclaves qu'il y trouva. Il ravagea ensuite tous les environs de Nucérie (33). La terreur qu'il inspira à toutes les villes de ce voisinage leur fit embrasser son parti, et, sur sa demande, elles lui fournirent à peu près dix mille hommes de pied et mille hommes de cavalerie. Avec ce renfort, Papius vint mettre le siége devant Acerrie (34). Sextus César accourut avec dix mille Gaulois d'infanterie et quelque cavalerie numide au secours de cette place. Papius fit mettre en liberté, à Vénuse (35), Oxyntas, le fils de Jugurtha, roi de Numidie, que les Romains y tenoient prisonnier. Il le fit revêtir de la pourpre royale, et le montra souvent aux Numides qui étoient sous les ordres de César ; et comme plusieurs d'entre eux alloient d'eux-mêmes se ranger sous les drapeaux de leur roi, César renvoya les autres en Afrique comme suspects. Papius attaqua le consul dans ses retranchements avec beaucoup de confiance. Il avoit même déjà forcé sur un point ses lignes de circonvallation, lorsque la cavalerie du consul, qui étoit sortie par d'autres issues, vint tomber sur Papius, et lui tua environ six mille hommes. Après ce succès, le consul s'éloigna d'Acerrie ; cependant, Judacilius, dans la Pouille, entraînoit les Canusiens, les Vénusiens et d'autres cités dans le parti des alliés. Il s'emparoit de vive force de celles qui ne suivoient pas cet exemple ; et lorsqu'il y trouvoit des Romains, il faisoit mettre à mort les patriciens, et incorporoit dans son armée les plébéiens et les esclaves.

XLIII. D'un autre côté, le consul Rutilius et Caïus Marius jetèrent sur le fleuve Liris deux ponts à une petite distance l'un de l'autre, pour le passer. Vétius Caton vint camper auprès d'eux, du côté, du pont le plus voisin de Marius ; et, la nuit, il plaça dans quelques vallées des troupes en embuscade, du côté du pont de Rutilius. Au point du jour, après que Caton eut laissé passer le fleuve à Rutilius, il découvrit son embuscade, massacra plusieurs de ceux qui étoient déjà passés (36), et culbuta les autres dans le fleuve. Au milieu de cet échec, Rutilius lui-même fut blessé d'un coup de flèche à la tête, et mourut de sa blessure bientôt après. Marius, qui étoit près de l'autre pont, jugeant de ce qui s'étoit passé par les cadavres qu'emportoient les eaux du Liris, fit marcher ce qu'il avoit de troupes, passa le fleuve, et s'empara du camp de Caton, qui n'étoit gardé que par peu de monde : de manière que Caton fut obligé de coucher sur le champ de bataille où il avoit vaincu, et de se retirer dès le point du jour, faute de vivres.

Le corps de Rutilius et celui de plusieurs autres patriciens furent apportés à Rome pour y recevoir les honneurs funèbres. Le spectacle de tant de morts répandit beaucoup de tristesse, et plongea Rome dans un deuil de plusieurs jours. Le sénat en prit occasion de faire un sénatus-consulte, portant qu'à l'avenir ceux qui périroient dans les expéditions militaires (37) seroient inhumés dans les lieux où ils se trouveroient, pour éviter que l'aspect de leurs funérailles ne dégoûtât les autres citoyens du métier des armes. Aussitôt que les alliés eurent connoissance de cette mesure, ils l'adoptèrent.

XLIV. On ne donna point à Rutilius de successeur pour le reste de l'année, parcequ'il ne fut pas permis à Sextus César de se rendre à Rome pour la nouvelle élection des consuls. Le sénat déféra le commandement des troupes de Rutilius à Caïus Marius et à Quintus Cépion. Quintus Pompédius, l'un des chefs des alliés, chargé de faire tête à Cépion, se donna l'air d'un transfuge qui venoit embrasser le parti des Romains. Il envoya pour otages à Cépion, comme s'ils eussent été ses propres enfants (38), deux enfants d'esclave qu'il avoit fait habiller de pourpre; et pour lui inspirer plus de confiance, il fit remettre en son pouvoir des masses de plomb couvertes de plaques d'or et d'argent. Cela fait, il invita Cépion à le suivre sur-le-champ avec son armée, pour surprendre ses propres troupes, pendant qu'elles étoient encore dépourvues de chef. Cépion se mit en effet en marche. Aussitôt que Pompédius fut proche de l'embuscade qu'il avoit préparée, il se détacha sous prétexte de monter sur une éminence pour observer les ennemis, et il donna aux siens le signal convenu. Ceux-ci se montrèrent à découvert, tombèrent sur Cépion qui fut tué, et qui perdit beaucoup de monde. Le reste de ses troupes passa, par ordre du sénat, sous le commandement de Marius.

XLV. D'un autre côté, Sextus César, à la tête de trente mille hommes d'infanterie et de cinq mille hommes de cavalerie, filoit au travers de quelques gorges escarpées, lorsque Marius Ignatius se jeta sur lui à l'improviste. Battu dans ses gorges, Sextus César se sauva en litière (car il étoit malade) vers une rivière qui n'avoit qu'un pont. Il perdit dans cette défaite la plupart de ses troupes; le reste fut désarmé. Il eut de la peine à se réfugier dans Téanum (39), où il réarma comme il put le peu de monde qu'il avoit encore. Il rassembla à la hâte de nouvelles forces pour marcher au secours d'Acerrie, devant laquelle Papius venoit de mettre encore une fois le siège. Ils campèrent l'un en face de l'autre, et craignirent respectivement de s'attaquer.

XLVI. Ailleurs les Marses, ayant en tête Cornélius Sylla et Caïus Marius, furent vigoureusement battus, et forcés de se jeter dans des vignobles. Ils se trouvèrent fort embarrassés dans cette position. Mais Marius ne fut pas d'avis de les poursuivre plus avant (40). Sylla, qui avoit son camp du côté des vignobles, instruit du succès de Marius, se mit aux trousses des fuyards et en fit un grand carnage. Il tua à l'ennemi plus de six mille hommes dans cette journée, et ramassa sur le champ de bataille les armes d'un bien plus grand nombre. Les Marses, semblables à des bêtes féroces, écumants de rage de leur échec, s'armèrent de nouveau, et se disposèrent à attaquer de nouveau les Romains, qui n'osèrent rien entreprendre de leur côté, ni engager l'action les premiers : car les Marses étoient extrêmement belliqueux. On dit que c'est la seule et unique fois qu'ils furent battus; et qu'auparavant c'étoit un proverbe, qu'on n'avoit jamais triomphé ni des Marses, ni sans les Marses.

Ans de Rome. 664.

XLVII. Du côté du mont Falerin (41), Judacilius, Titus Afranius et Publius Ventidius s'étant réunis, battirent Cn. Pompée, et le forcèrent de chercher un asile dans la ville de Firmum (42). Après ce succès, ils se dirigèrent sur divers points. Afranius tint Pompée bloqué dans Firmum. Pompée arma de nouveau les troupes qui lui restoient, et s'abstint d'en venir aux mains. Lorsqu'un corps d'armée se fut avancé pour le dégager, il ordonna à Sulpitius, qui le commandoit, de se placer sur les derrières d'Afranius, et il se mit lui-même en mouvement pour l'attaquer de front. L'action étant engagée, et pendant que Pompée et Afranius étoient aux prises, Sulpitius pénétra dans le camp ennemi et y mit le feu. A cet aspect les alliés prirent la fuite, et sans combattre davantage ils se sauvèrent dans Asculum (43). Afranius périt sur le champ de bataille. Pompée accourut, sans perte de temps, et mit le siège devant Asculum.

XLVIII. Cette ville étoit la patrie de Judacilius,

qui, craignant pour elle, vola à son secours à la tête de huit cohortes. Il fit entrer quelqu'un des siens dans la place, pour y donner l'ordre de faire une sortie contre les assiégeants aussitôt qu'on le verroit paroître de loin, afin que l'ennemi se trouvât attaqué en queue et de front en même temps. Mais les assiégés ne bougèrent pas. Alors Judacilius se fit jour au travers de l'ennemi, et pénétra dans la place avec ceux qui purent le suivre. Il reprocha à ses concitoyens leur lâcheté et leur désobéissance. Quand il ne vit plus d'espoir de sauver sa patrie, il fit égorger tous ceux de ses concitoyens qui étoient ses ennemis personnels, qui jusqu'alors avoient contrarié ses vues, et qui avoient empêché, par jalousie (44), que les citoyens d'Asculum n'exécutassent l'attaque dont il leur avoit envoyé l'ordre. Il fit ensuite préparer un bûcher dans l'enceinte sacrée d'un temple (45), et placer un lit sur ce bûcher. Il donna un festin à ses amis. Après avoir bu jusqu'à un certain point, il avala un poison, et s'étant allé étendre dans le lit placé sur le bûcher, il ordonna à ses amis d'y mettre le feu (46). Ce fut ainsi que périt Judacilius pour éviter de survivre à la catastrophe de sa patrie. Cependant le consulat de Sextus César étant expiré, le sénat l'avoit nommé proconsul. Il attaqua quelque part vingt mille ennemis pendant qu'ils levoient leur camp. Il en tua environ huit mille et recueillit les boucliers d'un bien plus grand nombre. Pendant que le siège d'Asculum traînoit en longueur, il mourut de maladie, après avoir nommé Caïus Bébius pour le remplacer.

XLIX. Tandis que ces évènements se passoient dans cette partie de l'Italie, du côté de la mer Ionienne, les peuples qui étoient de l'autre côté de Rome, les Hétrusques, les Ombriens, et tous les autres peuples de leur voisinage, se préparoient tous aussi à la défection. Le sénat commença de craindre que, cerné d'ennemis sur tous les points, il ne demeurât sans défense. Il garnit les rivages de la mer, depuis Cumes (47) jusqu'à Rome, de troupes dans lesquelles on fit entrer pour la première fois des affranchis, à cause de la pénurie des citoyens. Il accorda les droits de cité à tous ceux de ses alliés qui lui étoient jusqu'alors restés fidèles : prérogative unique qui faisoit l'objet de l'ambition de tous. Il se hâta d'en faire donner la nouvelle aux Hétrusques qui la reçurent avec beaucoup de satisfaction. Par cet acte de politique, le sénat resserra les liens de ceux qui lui étoient affectionnés, se rattacha ceux qui se préparoient à les rompre, et diminua, par l'espérance d'une semblable admission, l'exaspération de ceux qui, après les avoir rompus, avoient eu le courage de prendre les armes. Mais les Romains ne distribuèrent point ces nouveaux citoyens dans les trente-cinq tribus qui existoient déjà, de peur que par la supériorité du nombre ils ne se rendissent les maîtres des élections. Après les avoir classés par décuries, ils formèrent des tribus nouvelles. Il fut réglé qu'elles ne voteroient que les dernières, de manière à rendre leur suffrage nul la plupart du temps, parceque les trente-cinq anciennes tribus devant voter avant les autres, formoient, à elles seules, plus que la majo-

An de Rome. 664.

rité : artifice qui ne fut pas d'abord aperçu, ou que les alliés, satisfaits d'ailleurs pour le moment, dissimulèrent, mais qui, dévoilé par la suite, devint la cause de nouvelles séditions.

L. Les autres alliés qui habitoient les bords de la mer Ionienne n'étant pas encore informés du changement opéré dans les intentions des Hétrusques, leur envoyèrent, par des chemins longs et non frayés, quinze mille auxiliaires. Cn. Pompée, déjà consul, les attaqua, en tua environ cinq mille, et la moitié du reste périt en regagnant ses foyers au travers des régions inconnues, au milieu des rigueurs de l'hiver, et n'ayant que le gland des forêts pour nourriture. Ce même hiver Cornélius Caton, le collègue de Pompée, fut tué dans un combat contre les Marses. Lucius Cluentius eut la hardiesse de venir camper seulement à trois stades de distance de Sylla, qui lui-même étoit campé sur les monts Pompéiens (48). Sylla ne put tolérer cette insolence; et sans attendre celles de ses troupes qu'il avoit envoyées fourrager, il marcha contre Cluentius; mais il fut obligé de se replier. Après le retour de ses fourrageurs, il força Cluentius à quitter la place. Pour le moment donc, Cluentius campa plus loin. Mais il n'eut pas plutôt reçu un renfort de Gaulois, qu'il s'approcha de nouveau de Sylla. Au moment où les deux armées alloient en venir aux mains, un Gaulois d'une énorme taille s'avança, et provoqua à un combat singulier le plus hardi des Romains. Un Numide de petite stature se présenta. Il tua ce Gaulois; et la terreur s'étant emparée de tous les autres sur-le-champ, ils prirent la fuite. Cet évènement rompit l'ordre de bataille de Cluentius : ses autres troupes se débandèrent également, et se sauvèrent en désordre dans la ville de Nole (49). Sylla se mit à leurs trousses. Il en tua environ trente mille en courant; et comme les habitants de Nole ne laissoient entrer les fuyards que par une seule porte, de peur que l'ennemi n'entrât avec eux, il en tua vingt mille de plus autour des murailles, du nombre desquels se trouva Cluentius, qui périt en combattant (50).

LI. Sylla se dirigea alors vers les Hirpins, autre peuple confédéré, et bloqua Æqulanum (51). Les habitants, qui attendoient ce jour-là même un renfort de Lucaniens, demandèrent à Sylla quelque temps pour délibérer. Mais Sylla se doutant de la ruse, ne voulut donner qu'une heure, et dans l'intervalle ayant fait apporter des fascines au pied des murailles qui n'étoient que de bois, il ordonna qu'on y mît le feu aussitôt que l'heure fût écoulée. Alors les citoyens effrayés capitulèrent. Mais Sylla livra la ville au pillage, parcequ'elle s'étoit rendue moins par bienveillance que par nécessité. Il épargna toutes les autres villes des Hirpins, et tout ce peuple vint à résipiscence. Dès-lors Sylla marcha contre les Samnites, mais non pas par la route le long de laquelle Mulitus leur chef gardoit les passages. Il fit un détour pour en prendre une autre, par où Mulitus ne l'attendoit pas. Tombant ainsi sur les Samnites à l'improviste, il tua beaucoup d'ennemis. Le reste prit la fuite avec précipitation, et Mutilus blessé se réfugia avec peu de monde dans Ésernie. Sylla

Ans
de
Rome.
665.

n'eut pas plutôt forcé Mutilus dans son camp, qu'il prit le chemin de Bovianum (52), où se tenoit le conseil des insurgés. Cette ville avoit trois forteresses, et pendant que les habitants de Bovianum lui résistoient d'un côté, Sylla détacha quelques cohortes avec ordre de s'emparer de celle des trois forteresses dont il seroit le plus facile de se rendre maître, et d'annoncer le succès en faisant de la fumée. A l'aspect de ce signal, Sylla attaqua la ville de front, et, après un rude combat de trois heures, il y entra en vainqueur.

Tels furent les exploits de Sylla pendant l'été. A l'approche de l'hiver il se rendit à Rome pour demander le consulat (53).

LII. Cn. Pompéé, de son côté, avoit réduit les Marses, les Marucins et les Vestins. Ailleurs, Caïus Cosconius, autre chef des Romains, avoit pris et incendié Salapie (54), fait rentrer Cannes (55) dans l'obéissance, mis le siège devant Canuse (56), et livré une sanglante bataille aux Samnites qui étoient accourus au secours de cette place. Dans cette action il y eut beaucoup de morts de part et d'autre, et Cosconius vaincu fit sa retraite sur Cannes (57). Un fleuve le séparoit de Trébatius (58), général des Samnites. Celui-ci lui fit dire, ou de passer le fleuve pour en venir aux mains avec lui, ou de s'éloigner pour le laisser passer lui-même. Cosconius prit ce dernier parti : mais pendant que Trébatius passoit, il lui tomba dessus, le battit, lui fit perdre quinze mille hommes, et Trébatius se réfugia à Canuse avec les restes de son armée. Cosconius, après avoir ravagé les terres des Larinates, des Vénusiens et d'Asculum, entra dans le pays des Pédicles, et dans deux jours il les eut soumis.

Ans de Rome. 666.

LIII. Cécilius Métellus, qui lui succéda dans le commandement, entra dans la Pouille, et en vainquit les habitants dans une bataille où Pompédius, un autre des chefs des insurgés, perdit la vie. Le reste des vaincus passa en foule sous les drapeaux du vainqueur.

Tels furent les principaux évènements de la guerre sociale qu'on poussa des deux côtés avec une grande vigueur (59), jusqu'au moment où le droit de cité fut enfin accordé à tous les alliés, à l'exception des Lucaniens et des Samnites, qui pour lors furent laissés de côté : car je crois que ceux-là même les obtinrent également dans la suite. On les distribua, ainsi que ceux qui avoient les premiers obtenu cette prérogative, dans les tribus de dernière création, de peur que, confondus dans les anciennes, ils n'acquissent, par leur majorité numérique, la prépondérance dans les élections.

NOTES.

(1) La réflexion de Florus, touchant la dénomination de cette guerre, est très judicieuse. *Sociale bellum vocetur licet, ut extenuemus invidiam : si verumtamen volumus, illud civile bellum fuit, quippè cùm populus Romanus Etruscos, Latinos, Sabinosque miscuerit, et unum ex omnibus sanguinem ducat, corpus fecit ex membris, et ex omnibus unus est.* Lib. III, cap. 18. On peut consulter au sujet de cette guerre, *Epitom. Livian*, cap. 71 et seqq. *Auctor. de viris illustrib.* cap. 63 et 75. *D. Augustin. de Civitate Dei*, lib. III, cap. 17 et 26. *Plin.* lib. XXXIII, cap. 1. *Eutrop.* 5, 1. *Oros.* 5, 18. *Solin.*, cap. 2; *Plutarq. vie de Sylla.* Ce dernier historien nous apprend dans la vie de Lucullus, chap. 2, que, par l'effet d'une gageure entre cet illustre Romain et deux de ses concitoyens, l'orateur Hortensius et l'historiographe Sisenna, il écrivit en grec une histoire abrégée de cette guerre sociale que Plutarque appelle la guerre marsique, ou des Marses ; et que ce petit ouvrage existoit encore de son temps.

(2) Tibérius Gracchus en avoit eu le projet, mais sa mort prématurée ne lui donna pas le temps de l'entreprendre. Depuis très longues années les alliés des Romains aspiroient à obtenir la plénitude des droits de cité. La guerre des Latins, plus de 240 ans auparavant, n'avoit point eu d'autre cause; et les habitants de la Campanie, qui offrirent leur secours aux Romains après la bataille de Cannes à cette condition, se révoltèrent parceque cette condition fut refusée.

(3) C'est ce qu'Appien a dit plus haut, sect. XXI.

(4) Rien n'étoit en effet plus légitime et plus juste que cette prétention. Florus est bien de ce sentiment : *Itaque cùm jus civitatis quam viribus auxerant socii justissimè postularent.* Velléius Paterculus en a la même opinion: *Quorum (sociorum) ut fortuna atrox, ita causa fuit justissima.* Lib. II, cap. 14.

(5) On ne peut rien ajouter à l'éloge que Paterculus fait de ce tribun. *M. Livius Drusus, vir nobilissimus, eloquentissimus, sanctissimus, meliore in omnia ingenio animoque quàm fortunâ usus.* Lib. II, cap. 13. Mais Rollin prétend que ce n'est qu'une vile adulation de la part de cet historien, pour faire sa cour à Livie et à Tibère, qui descendoient de ce tribun.

(6) Le mot ἡγημόνες ne pouvoit pas être rendu ici littéralement. Les interprètes latins l'ont bien senti ; ils l'ont judicieusement traduit par *imperii participes*.

(7) Ces colonies étoient celles que le sénat avoit fait décréter par l'organe de Livius Drusus, père du tribun actuel, sous le second tribunat de Caïus Gracchus.

(8) Cette innovation, introduite par le second des Gracques, avoit tiré aux plus importantes conséquences. Florus pensoit que c'étoit avoir partagé la république romaine en deux républiques. *Judiciariâ lege Gracchi diviserant populum Romanum, et bicipitem ex unâ fecerant civitatem.* Le docte Varron, sur le mot *biceps*, prononce le même jugement, de manière à faire croire que Florus n'a fait que le copier. *Gracchus senatui iniquus equestri ordini judicia tradidit, ac bicipitem civitatem fecit, discordiarum civilium fontem.* Le pouvoir judiciaire en effet, lorsqu'il n'est pas sous le joug de la puissance des armes, est le premier et le plus important de tous les pouvoirs publics. Il est donc d'un très grand intérêt pour les peuples que ce pouvoir soit en bonnes mains.

(9) Il y auroit eu, sur ce pied-là, six cents membres dans le sénat, et l'on ne voit point qu'aucune loi autorisât alors cette mesure. L'ancienne loi, qui en avoit fixé le nombre à trois cents, étoit encore en vigueur. C'est en effet à ce nombre que Junius Brutus, après l'expulsion des Tarquins, porta le sénat, en prenant, ainsi que Drusus le proposoit ici, dans l'ordre des chevaliers. Tel est le témoignage de Tite-Live. Mais *Festus* met ce fait sur le compte de *Valérius Publicola*, et il dit formellement que ce consul choisit

cent soixante-quatre plébéiens pour porter le sénat à trois cents. *Quo tempore regibus pulsis, P. Valerius consul, propter inopiam patriciorum, ex plebe adlegit in numerum senatorum centum sexaginta et quatuor, ut expleret numerum senatorum trecentorum.* Plutarque en dit autant dans la vie de Romulus, et ce qu'il y a de remarquable, c'est qu'il s'établit dès-lors une sorte de ligne de démarcation entre les anciens sénateurs et les nouveaux venus; de manière que les premiers furent distingués par le mot de *Patres*, et les derniers par celui de *Conscripti. Traditumque*, dit Tite-Live, *indè fertur ut in senatum vocarentur qui patres, quique conscripti; conscriptos videlicet in novum senatum appellabant lectos.* Mais dans la suite cette distinction disparut, et l'on appela les sénateurs, sans distinction, *Patres conscripti*, Pères conscrits.

(10) J'ai traduit ici, autrement que l'interprète latin, de l'édition de Tollius. Schweighæuser a donné dans la sienne le vrai sens de cette phrase.

(11) Il fallut en effet pour cela que les lois dont Drusus préparoit la sanction fussent bien redoutables aux yeux du sénat. Car il devoit en vouloir cruellement aux chevaliers, depuis que, joignant à l'influence que leur donnoit la manutention des revenus publics celle qui résultoit des fonctions judiciaires, ils étoient devenus les arbitres, ainsi que l'observe Florus, de la vie et de la fortune des grands; et que par la condamnation de Rutilius à l'exil, ils avoient répandu l'alarme et la consternation dans toutes les familles patriciennes.

(12) Le récit d'Appien semble annoncer que Drusus fut assassiné avant que ses lois agraires eussent été votées. L'épitome de Tite-Live et Florus disent formellement le contraire. *Ut majoribus viribus senatûs causam susceptam tueretur, socios et Italicos populos, spe civitatis Romanæ sollicitavit, iisque adjuvantibus, per vim legibus agrariis frumentariisque latis, judiciariam quoque pertulit.* Epit. Liv. cap. 7. Florus tient le même langage : *Sic per vim latœ,*

jussæque leges; et il rapporte à ce sujet l'acte de violence du tribun contre le consul Philippus, qui avoit osé se déclarer contre ses lois. Il le fit saisir à la gorge par un de ses appariteurs (*viator*), qui ne lâcha prise que lorsqu'il vit le sang du consul ruisseler par la bouche et par les narines. *Lib. II, cap. 17.*

(13) Le traducteur latin de l'édition de Tollius a confondu ici. Il a pris le prétexte pour la réalité, et la réalité pour le prétexte. Cependant le texte n'est pas équivoque ; ἔργῳ μὲν ἐς ἀναίρεσιν Δρύσου, λόγῳ δὲ ἐς κατηγορίαν τοῦ νόμου. Schweighæuser ne s'y est pas trompé. *Reverá quidem ad interficiendum Drusum, specie veró ad legem ejus accusandam.*

(14) Sénèque, dans son traité *de Brevitate vitæ*, 6, 3, parle de la mort de ce Drusus, et, selon lui, *Subito vulnere per inguen accepto collapsus est, aliquo dubitante an mors voluntaria esset, nullo an tempestiva.* Il est étonnant que Sénèque n'ait pas connu le passage du traité de Cicéron *de Naturá Deorum*, 3.33, où il nomme l'assassin de Drusus. *Summo cruciatu supplicioque C. Varius homo importunissimus periit, quia Drusum ferro, Metellum veneno sustulerat ; illos conservari meliùs fuit quàm pœnas sceleris Varium pendere.* Appien dit que Drusus tomba mort ; selon Paterculus, il vécut encore quelques heures, *intra paucas horas decessit ;* et cet historien rapporte que ce tribun, au moment de rendre le dernier soupir, dit à ses parents et à ses amis qui l'entouroient : « La république aura-t-elle jamais « un citoyen qui me ressemble ? » *Sed cùm ultimum redderet spiritum, intuens circumstantium mærentiumque frequentiam, effudit vocem convenientissimam conscientiæ suæ : Ecquandòne, inquit, propinqui, amicique, similem meî civem habebit respublica?* Paterculus a l'air de se complaire à faire l'éloge de ce tribun ; et il en rapporte le trait suivant qui prouve en effet la grande pureté de son ame. Il avoit une maison exposée aux regards importuns d'un nombreux voisinage. Un architecte offrit de la rebâtir de manière à

dérober entièrement aux yeux de ses voisins l'intérieur de sa maison. « Non, lui dit Drusus; au contraire: si vous en « avez le talent, bâtissez-la-moi de façon que tout le monde « puisse voir ma conduite et ma manière de vivre. » Plutarque nous a conservé ce même trait dans celle de ses morales, ayant pour titre : *Instruction pour ceux qui manient les affaires d'État.*

(15) Varius, auteur de cette loi, par un sort à peu près semblable à celui de ce statuaire (Pérille), qui fut brûlé dans le taureau d'airain qu'il avoit fabriqué pour Phalaris, subit la peine prononcée par la loi qu'il avoit fait rendre lui-même ; et, soit qu'il ait été réduit à se pendre dans sa maison, comme le prétend Valère Maxime, *sua lex cum domesticis laqueis constrictum absumpsit*, lib. VIII, cap. 6 ; soit qu'obligé de fuir la vengeance du peuple, ainsi que le conjecture Freinshémius, et de mener en Italie une vie errante et vagabonde, il soit tombé entre les mains des alliés qui le mirent à mort, il ne fit que recevoir le juste châtiment de sa conduite.

(16) Le texte porte littéralement d'*abandonner le parti des Romains*, c'est-à-dire, ainsi que l'a traduit Schweighæuser, *à populo Romano palàm deficere*. S'il faut en croire Florus, les alliés avoient, quelque temps auparavant, formé le complot de commencer la guerre par assassiner, le jour même des Féries Latines, le consul Martius Philippus, et Julius César, son collègue, au pied des autels, et pendant qu'ils seroient occupés à célébrer leurs sacrifices. Mais il paroit que Drusus, quoique ennemi personnel du consul Philippus, lui révéla le secret de la conspiration que le consul déjoua.

(17) C'étoit une ville du pays des Picènes, située sur le fleuve Truentus. Strabon, Plutarque, Étienne de Bysance la nomment Ἄσκλον. Le premier de ces auteurs dit dans son livre V que cette ville étoit forte par son assiette, par ses murailles, et que les montagnes qui l'environnoient n'étoient guère praticables pour une armée. On croit qu'elle existe encore

sous le nom d'*Ascoli*. Il ne faut pas la confondre avec une ville de même nom, située dans la Pouille, sur la rive gauche du fleuve Aufidus.

(18) Les auteurs ne sont d'accord, ni sur le nom, ni sur le titre de ce personnage. L'Epitome de Tite-Live, 72, le nomme comme Appien, et lui donne le même titre de proconsul. *Quintus Servilius, proconsul in oppido Asculo, cum omnibus civibus Romanis qui in eo oppido erant occisus est.* Mais Orose, liv. V. 17, et Velléius Paterculus, lib. II, cap. 15, le nomment *Servius*, et lui donnent le titre de *préteur*.

(19) Velléius Paterculus confirme là-dessus le témoignage d'Appien : *Quippe Servium prætorem, Fonteïumque legatum occiderant.* Ibid. Desmares a omis cette phrase dans son entier.

(20) Isaac Casaubon avertit, sur un passage de Strabon, liv. 5, pag. 243, de ne pas confondre le Liris avec le Literne. C'est une erreur d'Appien, dans laquelle ont été induits beaucoup de savants. Voyez *Cluverius, Ital. Antiq.* pag. 1076. On croit que cette erreur d'Appien est venue de ce que le Liris et le Literne, ou le Linterne, ont porté le nom de Glanis ou de Glanius. Voyez *Cellarius, Geogr. Antiq.* pag. 827 et 832. Sur les bords du Liris étoit la colonie de Minturne; sur les bords du Literne ou du Linterne, étoit une ville de ce nom. *Note de Schweighæuser.*

(21) C'est presque toujours sous le nom de mer d'Ionie qu'Appien désigne la mer ou le golfe Adriatique.

(22) Velléius Paterculus nous a conservé l'exposé de la demande formée par les alliés, et des motifs sur lesquels elle étoit fondée. *Petebant enim*, dit-il, *eam civitatem cujus imperium armis tuebantur : per omnes annos atque omnia bella duplici numero se militum equitumque fungi, neque in ejus civitatis jus recipi, quæ per eos in id ipsum pervenisset fastigium, per quod homines ejusdem et gentis et sanguinis, ut externos alienosque, fastidire posset.* Il résulte de ce passage que les alliés fournissoient en temps

de paix comme en temps de guerre, un contingent, soit en infanterie, soit en cavalerie, double de celui que fournissoient les Romains dans l'organisation de leurs légions.

(23) Le texte porte ἐπὶ τῷ κατὰ πόλιν στρατῷ, que Schweighæuser a rendu par *præter copias quæ singulis civitatibus præsidio erant*, etc. Ce sens ne m'a point paru admissible; car je crois que si telle eût été la pensée d'Appien, il auroit écrit κατὰ πόλεις, au pluriel, au lieu de κατὰ πόλιν au singulier. J'avoue que cette réflexion m'a déterminé. Geslen a eu la même opinion que moi, car il ne parle point dans sa version des forces spéciales des alliés destinées à garder leurs villes. On voit en effet que plus bas, dans la section suivante, où Appien distingue les chefs des forces communes des alliés de ceux qui étoient chargés du commandement des corps de leur cités respectives, il se sert de l'accusatif pluriel Ἰταλοῖς δ' ἦσαν μὲν στρατηγοὶ καὶ κατὰ πόλεις ἕτεροι.

(24) Desmares a traduit, *l'on commença de faire garde aux portes pour la sûreté de la ville, et même des voisins, parceque depuis qu'on avoit proposé des nouveautés, on ne savoit plus à qui se fier, et il y avoit apparence de division dans la ville même.* Il est évident qu'il n'a pas entendu le texte, et qu'il y a suppléé en le paraphrasant à tort et à travers.

(25) Les historiens varient sur les noms des divers généraux qui jouèrent de part et d'autre le premier rôle dans cette guerre. A en croire Florus, ce fut Pompédius, qu'il nomme Popédius, qui eut le commandement en chef du côté des alliés. *Indè jam passim ab omni parte Italiæ, duce et auctore belli Popedio*, etc. Paterculus en nomme plusieurs, lib. II, cap. 16. Mais l'Epitome de Tite-Live, 76, d'accord avec Florus, attribue à Silo Popædius, général des Marses, la cause de cette guerre; ce qui peut conduire à faire penser qu'il en eut le commandement en chef, *Silo Popædius, dux Marsorum, auctor hujus rei, in prælio occidit*, avec d'autant plus de raison qu'il paroît que la

mort de Popædius termina la guerre sociale, à peu de chose près.

(26) Cette ville étoit dans le milieu des terres, parmi les montagnes, auprès de la source du Vulturne, sur le territoire des Samnites.

(27) Ville de la Campanie sur le Vulturne, non loin d'Esernie. Strabon la loue pour la bonté de son huile : ὅθεν τὸ κάλλιστον ἔλαιον. Horace dans son Ode 6, liv. II, lui donne à peu près le même éloge.
Viridisque certat.
Bacca Venafro.

(28) C'étoit une ville des Lucaniens, située, comme l'observe Ptolémée, dans l'intérieur des terres, μεσογείοις. Tite-Live parle dans son XXIII° livre, d'une bataille que T. Sempronius gagna auprès de Grumente contre Hannon, chef des Carthaginois. *Iisdem diebus in Lucanis ad Grumentum T. Sempronius cum Hannone, Pœno, prosperè pugnavit.* Le même historien dit plus bas, liv. XXVII, qu'Annibal vint dans cette ville, *Annibal in Lucanos ad Grumentum venit.*

(29) Nole, ville de la Campanie, située dans la plaine auprès du Vésuve. Cette ville étoit très ancienne : on croyoit qu'elle avoit été fondée par une colonie venue de Chalcis. Ce fut à Nole qu'Annibal reçut le premier échec de la part des Romains, commandés par Marcellus. Elle étoit très fortifiée, s'il en faut croire Silius Italicus, lib. XII, v. 161.

Hinc ad Chalcidicam transfert citus agmina Nolam,
Campo Nola sedet, crebris circumdata in orbem
Turribus, et celso facilem tutatur adiri
Planitiem vallo.

(30) C'étoit une grande cité de la Campanie, que le fleuve Liris traversoit non loin de son embouchure, et qui, peu de temps après l'époque dont parle ici Appien, acquit de la célébrité par l'asile que Marius vint chercher dans les marais de son voisinage.

(31) Ville assez considérable de la Campanie, qui, dans le cours de cette guerre, fut détruite de fond en comble, par L. Sylla. Témoin ce passage de Pline l'ancien, lib. III, cap. 5. *In Campano agro Stabiæ oppidum fuere usque ad Cn. Pompeium et L. Catonem, consules, pridie calend. Maii, quo die L. Sulla legatus bello sociali id delevit.* Elle avoit de la réputation pour ses eaux.

Fontibus et Stabiæ celebres.
Columell. lib. X, vers. 135.

(32) Elle étoit située dans le pays des Picènes, au midi de la Campanie. Les géographes ne sont pas d'accord sur la question de savoir si, anciennement, elle étoit comme aujourd'hui sur le bord de la mer. Pline nous apprend dans le chap. 3, liv. XIII de son Histoire naturelle, qu'un Plotius, proscrit par les triumvirs, qui étoit venu se cacher dans les environs de Salerne, fut découvert par la *fragrance* de ses parfums.

(33) Du temps d'Appien, il y avoit plusieurs villes de ce nom en Italie. Celle dont il s'agit ici étoit dans la Campanie, sur les bords du Sarnum. Diodore de Sicile et Tite-Live la distinguent par le surnom d'Alphaterne. Elle porte aujourd'hui le nom de Nocère.

(34) Cette Acerrie étoit sur les bords du Clanium, autrement nommé le Literne, dont nous avons déjà parlé. Il ne faut pas la confondre avec une autre ville du même nom, auprès des rives du Pô. Virgile, dans le second chant de ses Géorgiques, vers 225, nous apprend qu'elle étoit souvent maltraitée par les inondations du Clanium,

.... *Vacuis Clanius non æquus Acerris,*

et Silius Italicus, dans le vers 536 de son huitième chant, confirme le témoignage de Virgile,

.... *Clanio contemptæ semper Acerræ.*

(35) Elle étoit au milieu des terres sur la rive droite du fleuve Aufidus, entre la Pouille et la Lucanie. A laquelle

des deux contrées appartenoit-elle ? C'est une question sur laquelle les géographes ne sont pas d'accord ; et Horace, de qui elle eut l'honneur d'être la patrie, n'aide pas à décider la controverse dans ce qu'il en dit, sat. 1, vers. 34.

... *Sequor hunc, Lucanus an Appulus, anceps,*
Nam Venusinus arat finem sub utrumque colonus.

(36) L'original porte à la lettre ce que l'interprète latin a rendu par ce mots, *Interfecit multos in sicco*.

(37) Desmares a traduit, *Que désormais les corps de ceux qui mourroient dans l'occasion seroient inhumés,* etc. Qu'est-ce donc que *mourir dans l'occasion ?* Pour être trop littéral, Desmares s'est rendu inintelligible. Il ne connoissoit donc pas la règle,

Nec verbum verbo curabis reddere fidus
Interpres. Horat. Art. poet.

(38) Desmares n'a pas rendu cette circonstance.

(39) Il y avoit en Italie deux villes de ce nom ; l'une dans la Campanie, distinguée par l'épithète de *Sidicinum*, sur la côte de la mer Tyrrhénienne ; l'autre, dans la Pouille, sur les bords du fleuve Trenton, à seize milles au-dessus de son embouchure dans le golfe Adriatique, et distinguée de l'autre par l'épithète d'*Apulum*. Appien ne dit point ici avec précision dans laquelle des deux Sextus César alla s'enfermer. Toutefois il est probable que ce fut dans la première, où il se trouva tout à portée pour venir au secours d'Acerrie, qui n'en étoit éloignée que de quelques milles.

(40) La phrase parle ici de Marius et de Sylla ; mais il est évident qu'il y a ici une altération quelconque, ainsi que l'a fort bien remarqué Schweighæuser, *Mario jungitur Sylla. Menda utique latere videtur.* Comment concilier en effet ce texte avec celui de la phrase suivante ?

(41) Ce mont étoit dans le pays des Picènes, au nord-est des Apennins.

(42) Colonie romaine sur une petite rivière qui se jette dans le golfe Adriatique. Tout auprès de cette ville étoit,

sur le bord de la mer, un port et une forteresse du même nom. Strabon la compte parmi les villes maritimes de cette région. Cette ville existe encore sous le nom de Fermo.

(43) Voyez ci-dessus, note 17.

(44) Il y a ici, dans le texte de l'édition de Tollius, une petite lacune que Schweighæuser a très heureusement remplie *ex ingenio*, car il ne s'appuie d'aucun manuscrit.

(45) Le grec porte ἐν δὲ ἱερῷ et les interprètes latins ont traduit *rogo extructo in templo*. Quelle apparence que ce fût dans un temple que Judacilius fit placer le bûcher dans les flammes duquel il vouloit périr ? C'est évidemment dans *l'enceinte sacrée*, et non dans *le temple* même que le bûcher fut préparé. Nous avons vu plus haut, sect. XVI, quelle étoit la signification propre du mot ἱερὸν, et nous avons remarqué, sect. XXXII, qu'Appien savoit distinguer, quand il le falloit, les deux mots ἱερὸν et ναὸς.

(46) Ce fut avec cette même intrépidité que se dévouèrent à la mort Virius Vibius et vingt-sept sénateurs de la ville de Capoue, lorsqu'ils se virent dans l'impuissance de défendre plus long-temps la place contre les Romains. Ceux qui aiment les beaux morceaux d'éloquence doivent lire le discours que Tite-Live met à cette occasion dans la bouche de Vibius, liv. XXXI. Quoique la sévérité de la morale chrétienne ne permette pas à Rollin de rien approuver de ce qui tend au suicide, il ne peut s'empêcher d'admirer la beauté de ce discours. Josephe, dans le 34°. chap. de ce qu'il a écrit de la guerre contre les Romains, nous a laissé un exemple encore plus mémorable de cette intrépidité qui fait prendre le parti de se livrer à la mort pour échapper à l'ennemi, et le modèle d'un discours encore plus éloquent, s'il est possible, que celui de Tite-Live. C'est le discours qu'adresse Eléazar aux habitants de Massada, lorsqu'il voit cette place prête à succomber sous l'effort des armes romaines.

(47) Très ancienne ville d'Italie, fondée, suivant Strabon, par des Grecs originaires, les uns de Cumes dans l'Æolie, et les autres de Chalcis dans l'Eubée. Elle est fameuse, priu-

ripalement par cette sibylle dont les poëtes latins, ainsi que les pères de l'Eglise, ont fait tant de bruit. Il paroît que c'étoit aux Grecs de l'Eubée que les Romains faisoient honneur de sa fondation : témoin le second vers du sixième chant de l'Énéide,

Et tandem Euboïcis Cumarum adlabitur oris ;

témoin encore le 257ᵉ vers du quatrième chant des Fastes d'Ovide.

Carminis Euboïci fatalia verba.

(48) Ils tiroient leur nom d'une ville voisine que les auteurs latins appellent *Pompeii*, et que Strabon nomme *Pompeia*. Elle étoit voisine d'Herculanum, et fut engloutie avec elle par l'éruption du Vésuve, s'il en faut croire ce que dit Sénèque, au commencement du premier chapitre du sixième livre de ses *Questions naturelles*. Servius, sur le 662ᵉ vers du septième chant de l'Énéide, a fait, touchant la fondation de cette ville, un récit qui ne peut passer que pour une fable. Elle étoit sur les bords du Sarnum, aujourd'hui le Sarno. Silius Italicus le dit formellement.

Nunc Pompeiani placeant magis otia Sarni.

(49) Voyez ci-dessus note 29.

(50) Le texte de l'édition de Tollius porte ἔτες, mais il est évident que c'est une inadvertance, ou du copiste, ou de l'imprimeur, et qu'il faut lire ἔπεσι, comme dans l'édition de Schweighæuser.

(51) Cette ville, du pays des Hirpins, étoit dans le milieu des terres, sur les rives du Calor, qui se jette dans le Vulturne. Elle avoit dans son voisinage le lac Amsanctus ou Amsancti, célèbre par l'épouvantable description que Virgile a faite au septième chant de l'Énéide, vers 563 et suivants, d'une grotte de son voisinage. Le poëte Claudien en parle aussi sur la fin du second chant de son poëme sur l'enlèvement de Proserpine.

(52) Elle étoit située au pied de l'Apennin, à peu de dis-

tance d'Esernie; elle existe encore aujourd'hui sous le nom de *Boiano.* S'il falloit s'en rapporter à Florus, ce ne seroit point à Bovianum qu'il faudroit croire qu'étoit établi le conseil suprême de la confédération, mais à Corfinium, ville du pays des Pélignes. Voici les paroles de cet historien. *Cùm regnum et gentium arbitro populus se regere non posset, ut victrix Asiæ Europæque à Corfinio Roma peteretur.* Lib. III, cap. 16. Paterculus confirme ce même fait. *Caput imperii sui Corfinium legerant, quod appellarent Italicum.* Lib. II, cap. 16.

(53) L'Epitome de Tite-Live, liv. 75, remarque qu'il étoit rarement arrivé qu'on eût vu se présenter pour cette magistrature des candidats qui eussent fait de plus grandes choses que lui. *Quantisque raró quisquam alius ante consulatum rebus gestis, ad petitionem consulatûs Romam est profectus.* Dans les derniers temps de la république, c'étoit principalement la gloire des armes qui ouvroit la porte du consulat. Sur ce pied-là, il n'étoit pas malaisé de prévoir ce que deviendroit incessamment la liberté du peuple romain, et son gouvernement populaire.

(54) *Salapia, urbs Apuliæ Dauniorum, meretricio Annibalis amore nobilitata, ut scribit Plinius.* Lib. III, cap. 2.

(55) Ville célèbre par la bataille qu'Annibal gagna dans son voisinage contre les Romains.

(56) *Urbs Apuliæ, ad flumen Aufidum.* Elle existe encore sous le nom de Canosa.

(57) Desmares a pris ici Cumes pour Cannes, ce qui est un peu différent.

(58) Perizonius et Dukérus ont pensé qu'il falloit lire ici *Egnatius,* au lieu de *Trebatius.* Cette conjecture a de la vraisemblance; car plus haut, sect. XL, on trouve le nom d'Egnatius dans la nomenclature des chefs du parti des alliés, et l'on n'y trouve point l'autre.

(59) Ecoutons Paterculus à ce sujet. *Tàm varia atque atrox fortuna Italici belli fuit, ut per biennium continuum duo Romani consules, Rutilius, ac deindè Cato Porcius*

ab hostibus occiderentur, exercitus P. R. multis in locis funderentur, utque ad Saga iretur, diùque in eo habitu maneretur. Lib. II, cap. 16. Un peu plus haut, il dit que cette guerre dévora plus de trois cent mille hommes. Selon Florus, la guerre de Pyrrhus et celle d'Annibal furent moins sanglantes et moins désastreuses. *Nec Annibalis, nec Pyrrhi fuit tanta vastatio.* Lib. III, cap. 18.

CHAPITRE VI.

Nouvelle sédition au sujet de l'usure, entre ceux qui étoient créanciers et ceux qui étoient débiteurs. Le préteur Asellius est assassiné, à cette occasion, en plein Forum, pendant qu'il fait un sacrifice.

LIV. A cette époque (1), une nouvelle sédition éclata à Rome entre ceux qui étoient créanciers et ceux qui étoient débiteurs (2). Ceux-là ne prêtoient leur argent qu'avec intérêt, tandis qu'une ancienne loi prohiboit l'usure sous peine d'une amende (3). Il paroît, en effet, que les anciens Romains, de même que les Grecs, avoient proscrit (4) l'usure; qu'ils l'avoient regardée comme un profit illicite, comme une chose onéreuse aux pauvres, et féconde en querelles et en inimitiés. C'étoit ainsi que les Perses avoient proscrit le prêt, comme une source de fraude et de mensonge. Cependant l'usage de l'usure reposoit sur une possession immémoriale. Les créanciers demandoient donc ce qui leur étoit dû, sur le fondement de cette possession. De leur côté, les débiteurs différoient de payer, sous prétexte des calamités de la guerre et des séditions. Quelques uns même menaçoient leurs créanciers de les faire condamner à l'amende. Le préteur Asellius, à qui toutes ces contestations étoient dévolues, renvoya les parties, faute de pouvoir les concilier, à se pourvoir respectivement par-devant les tribunaux; et il laissa aux juges à prononcer entre la loi et l'usage. Les créanciers, furieux de ce qu'il avoit ressuscité une loi tombée en désuétude, conjurèrent sa mort; et voici comment ils exécutèrent leur complot. Asellius faisoit un sacrifice public en l'honneur de Castor et Pollux. Il étoit environné, comme on l'est d'ordinaire en pareil cas, de beaucoup de monde. On n'eut pas plutôt commencé par lui lancer une pierre, qu'il jeta sa fiole, prit la fuite à toutes jambes, pour se sauver dans le temple de Vesta. On le poursuivit; on le devança; on l'empêcha d'entrer dans le temple, et l'on l'égorgea dans une hôtellerie où il s'étoit réfugié. Plusieurs de ceux qui s'étoient mis à ses trousses, pensant qu'il avoit gagné en fuyant l'enceinte même des Vestales, pénétrèrent jusqu'où il n'étoit point permis aux hommes de pénétrer. Ce fut au milieu du tumulte élevé à cette occasion qu'Asellius, pendant sa préture, au milieu d'un acte religieux, revêtu de sa robe d'or et du costume sacerdotal, comme l'exigeoit la cérémonie, fut égorgé en public, vers la deuxième heure, au pied des autels. Le sénat fit, à ce sujet, une proclamation portant que ceux qui feroient connoître les auteurs du meurtre seroient récompensés, savoir, les hommes libres avec de l'argent, les esclaves par le don de la liberté, et les complices par l'impunité. Mais il fut impossible de rien découvrir, à cause des efforts que firent les coupables pour que ce crime demeurât enveloppé de ténèbres (5).

NOTES.

(1) L'an de Rome 665.

(2) Ni Florus ni Paterculus ne parlent de cet évènement. Mais l'Epitome de Tite-Live en fait mention en ces termes, liv. LXXIV : *Cùm ære alieno oppressa esset civitas, A. Sempronius Asellio, prætor, quoniam secundùm debitores jus dicebat, ab iis qui fœnerabantur in Foro occisus est.* Rollin paroît avoir emprunté d'Appien ce qu'il en raconte; si cela est, il n'a pas fidèlement suivi la narration de son auteur.

(3) Desmares s'est grandement écarté ici de la lettre du texte. *A cause que quelques uns exigeoient les intérêts avec plus de rigueur qu'il n'étoit permis par les lois anciennes.* Qu'on en juge par la version latine. *Dùm quidam acerbiùs usuras exigunt, contrà quàm cautum esset antiquis legibus, quibus vetitum erat pecuniam in fœnore ponere, additâ pœnâ si quis stipulatâ sibi usurâ pecuniam mutuò daret.*

(4) Desmares a dit *abhorroient.* Ce mot ne dit pas assez et ne dit pas juste.

(5) Ce fut à cette époque, et peut-être pour prévenir de si horribles attentats, que le tribun du peuple, M. Plautius Sylvanus, présenta et fit voter la loi qui porta son nom, *de vi publicâ.* Mais que pouvoient produire ces foibles et vains palliatifs, dans l'état de gangrène morale où étoit alors la république ? Il me semble voir le propriétaire d'un grand et magnifique édifice, qui s'occupe à tendre des pièges et des souricières, tandis que le feu est déjà aux quatre coins de sa maison et commence à la dévorer. Au reste, ce fut le même tribun qui fit passer une loi qui, abrogeant celle de Caïus Gracchus, en vertu de laquelle les fonctions judiciaires étoient exclusivement appropriées à l'ordre des chevaliers, appela à ces fonctions toutes les classes de citoyens indistinctement, patriciens, plébéiens et chevaliers; ordre de choses qui exista jusqu'à la dictature de Sylla.

CHAPITRE VII.

Commencement des divisions entre Marius et Sylla, au sujet du commandement de la guerre contre Mithridate, qui avoit été donné à ce dernier. Marius, secondé par le tribun du peuple Sulpicius, fait ôter ce commandement à Sylla. Suivi de Quintus Pompéius, son collègue, Sylla marche contre Rome; il y entre à force ouverte, et oblige Marius et Sulpicius à prendre la fuite. Sulpicius est tué; Marius se sauve. Sylla fait adopter quelques lois. Quintus Pompéius est égorgé à l'issue de son consulat. Sylla quitte l'Italie pour aller faire la guerre à Mithridate.

LV. Tels étoient les meurtres et les attentats séditieux dont Rome offroit encore le spectacle de temps en temps. Les chefs de parti ne tardèrent point à s'attaquer les uns les autres militairement avec de fortes armées (1), et la patrie étoit entre eux la palme de la victoire. Voici ce qui conduisit, et ce qui servit comme de passage à ce nouvel ordre de choses, après que la guerre sociale eut été terminée. Lorsque Mithridate (2), roi du Pont et de plusieurs autres pays, eut fait une irruption dans la Bithynie, dans la Phrygie, et dans les régions de l'Asie qui en sont voisines (évènements dont j'ai raconté l'histoire dans le livre précédent), le commandement de l'Asie et de la guerre contre ce prince échut

Ans de Rome. ccc.

Ans de Rome. 666.

à Sylla, qui étoit alors consul, et encore à Rome. D'un autre côté, Marius, qui pensoit que cette guerre seroit aussi facile que lucrative, et qui, par ces deux raisons, désiroit d'en être chargé (3), engagea par de grandes promesses le tribun Publius Sulpicius (4) à le servir dans ce dessein. En même temps, il fit espérer aux alliés, à qui l'on venoit d'accorder les droits de cité, et qui ne formoient que la minorité dans les élections, qu'il les feroit distribuer dans les anciennes tribus; et afin d'être secondé par eux dans toutes ses vues, il s'abstint de faire rien pressentir touchant son intérêt personnel. Sulpicius présenta sur-le-champ une loi à ce sujet; et si cette loi eût été votée, tout devoit tourner au gré de Marius et de Sulpicius, parceque les nouveaux citoyens étoient en bien plus grand nombre que les anciens. Ceux-ci, qui prévoyoient qu'ils auroient le dessous dans les assemblées publiques, conçurent une vive inimitié contre les autres. Ils se harceloient réciproquement à coups de bâton, à coups de pierre. Le mal empiroit chaque jour; de manière que les consuls, craignant quelques sinistres évènements pour le jour de l'assemblée du peuple, proclamèrent des féries pour plusieurs jours, ainsi qu'on étoit dans l'usage de le faire à l'occasion des grandes solennités; et cela, dans la vue de reculer le jour des comices, et de ménager quelque relâche à la fermentation des esprits.

LVI. Sulpicius, impatient de cette mesure, ordonna à ceux de son parti de se rendre dans le Forum, armés de glaives sous leurs habits, et d'exécuter tout ce qu'exigeroient les circonstances, sans même respecter les consuls, s'il falloit aller jusqu'aux actes de violence. Après qu'il eut fait toutes ses dispositions, il attaqua en pleine assemblée la proclamation des féries, comme contraire aux lois; et il enjoignit aux consuls Cornélius Sylla et Quintus Pompée (5) de les révoquer sur-le-champ, afin qu'il pût mettre ses projets de loi en délibération. Un tumulte s'étant élevé, ceux qui étoient pourvus de glaives s'en armèrent, et menacèrent de faire main basse sur les consuls, qui contrarioient les intentions de Sulpicius. Là-dessus, Pompée s'échappa clandestinement; Sylla, de son côté, se retira comme pour délibérer sur ce qu'il avoit à faire (6). Cependant les séditieux égorgèrent le fils de Pompée, gendre de Sylla, qui osa s'ingérer de parler avec trop de liberté et d'énergie. Un moment après, Sylla reparut, révoqua les féries, et partit pour Capoue, croyant y aller prendre le commandement de l'armée qui l'y attendoit pour marcher en Asie contre Mithridate; car il ne se doutoit pas le moins du monde de ce que l'on machinoit contre lui. Mais Sulpicius, aussitôt qu'il eut obtenu la révocation des féries, et qu'il se vit favorisé d'ailleurs par l'absence de Sylla, fit passer sa loi, et donner incontinent à Marius le commandement de la guerre contre Mithridate, à la place de Sylla; ce qui étoit l'objet de toutes ses manœuvres.

LVII. Lorsque Sylla en fut informé, il jugea qu'il n'avoit plus d'autre ressource que celle des armes (7). Il réunit son armée pour la haranguer. Les troupes qui la composoient étoient avides de l'expédition contre Mithridate, qu'elles regardoient comme lucrative; et

Ans
de
Rome.
666.

elles craignoient que Marius, s'il partoit en effet pour l'Asie, ne prît avec lui de préférence d'autres légions. Dans sa harangue à son armée, Sylla ne parla que de l'injure qu'il recevoit de la part de Sulpicius et de Marius. Il ne s'expliqua ouvertement sur rien de plus, car il n'osa point proposer la guerre contre ses ennemis. Il se contenta d'inviter son armée à être prête à marcher au premier ordre. Ses soldats, pénétrant sa pensée, craignant d'ailleurs pour eux-mêmes que l'expédition en Asie ne leur échappât (8), mirent hautement à découvert l'intention de Sylla, et lui commandèrent de les mener hardiment à Rome. Joyeux de ces dispositions, Sylla se mit incontinent en marche à la tête de six légions. Tous les officiers supérieurs de l'armée, à l'exception d'un seul questeur, l'abandonnèrent. Ils s'enfuirent à Rome, révoltés de l'idée de conduire une armée contre la patrie (9). Des députés vinrent à sa rencontre sur sa route, lui demander pourquoi il marchoit enseignes déployées contre Rome. Il répondit que c'étoit pour la délivrer de ses tyrans. Après avoir fait jusqu'à trois fois la même réponse à d'autres députations, il déclara néanmoins que, si le sénat, Marius et Sulpicius vouloient se réunir avec lui dans le Champ-de-Mars, il se soumettroit à ce qui seroit déterminé. Comme il ne cessoit de s'avancer, Pompée, son collègue, vint le joindre, le loua du parti qu'il avoit pris, et le seconda dans toutes ses opérations. Marius et Sulpicius, qui avoient besoin de quelque délai pour se mettre pleinement en mesure, lui envoyèrent une autre députation, comme de la part du sénat, pour l'inviter à ne pas s'approcher de Rome en-deçà de quarante stades (10), jusqu'à ce qu'on eût délibéré sur l'état actuel des choses. Sylla et Pompée, qui pénétrèrent l'intention de cette démarche, promirent qu'ils n'avanceroient pas davantage ; mais lorsque la députation eut tourné le dos, ils continuèrent d'aller en avant.

LVIII. Sylla plaça une légion à la porte Célie, et le long des murs qui l'avoisinent. Pompée, avec une autre légion, s'empara de la porte Colline (11). Une troisième légion occupa le pont de bois, et une quatrième fut postée en réserve auprès des murailles. Sylla entra dans la ville à la tête des deux autres, décidé à agir avec hostilité. Les citoyens l'assaillirent sur son passage du haut de leurs maisons, jusqu'à ce qu'il les eût menacés de les incendier (12). Marius et Sulpicius marchèrent contre lui avec le peu de monde qu'ils avoient armé à la hâte. Ils le rencontrèrent au marché Esquilien. Ce fut là que s'engagea le premier combat de citoyen à citoyen, dans le sein de Rome (13). Ce n'étoit plus s'attaquer sous des formes séditieuses ; c'étoit ouvertement, au bruit des trompettes et enseignes déployées, comme en plein champ de bataille. C'est à cet excès que furent portés les maux de la république, faute d'avoir mis bon ordre aux séditions antérieures. Les troupes de Sylla furent d'abord repoussées. Alors il prit de sa propre main une enseigne, et affronta le péril, afin que la honte d'abandonner leur chef, et l'opprobre attaché à la perte de leur enseigne, si elle leur étoit enlevée, ramenât les fuyards à la charge. En même temps

Sylla fit avancer des troupes fraîches, et envoya ordre à une autre légion d'entrer par la porte Suburre, pour attaquer les derrières de l'ennemi. Les adhérents de Marius, pressés par les renforts de Sylla, commencèrent à fléchir. Ils craignirent, d'un autre côté, d'être cernés par ceux qui venoient les prendre en queue. Ils appelèrent à leur secours les citoyens, qui jusqu'alors avoient combattu du haut de leurs maisons. Ils promirent la liberté à tous les esclaves qui viendroient prendre part au danger. Quand ils virent que personne ne bougeoit, ayant perdu toute espérance, ils s'échappèrent de la ville en fuyant, et avec eux tous ceux des patriciens qui avoient combattu pour la même cause.

LIX. Instruit que l'on pilloit dans la rue Sacrée, Sylla s'y rendit, fit saisir et mettre à mort sur-le-champ les pillards, en présence de tout le monde. Il plaça des postes dans les différents quartiers de la ville. Pompée et lui passèrent la nuit, pour veiller à ce que l'ordre ne fût troublé ni par ceux des citoyens dont la terreur s'étoit emparée, ni par les vainqueurs. Dès le point du jour, ils convoquèrent une assemblée du peuple. Ils déplorèrent la condition de la république, qui, depuis long-temps, étoit livrée à l'influence des factieux; et ils s'excusèrent de ce qu'ils venoient de faire, sur l'empire de la nécessité. Ils firent régler qu'à l'avenir nul projet de loi ne seroit présenté au peuple avant que d'avoir été agréé par le sénat, règlement qui avoit anciennement existé, et qu'on avoit depuis long-temps laissé tomber en désuétude. Ils firent statuer également que, dans les élections, on voteroit, non point par tribus, mais par centuries, ainsi que le roi Tullus Hostilius l'avoit établi. Ils s'imaginèrent que, de ces deux mesures, il résulteroit que nulle loi ne seroit présentée au peuple qu'elle n'eût préalablement été admise par le sénat ; et que, dans les élections, l'influence étant transférée des citoyens les plus pauvres et les plus audacieux à ceux qui avoient de la prudence et de la fortune, il n'y auroit plus de ferment de sédition. Après avoir ainsi atténué la puissance des tribuns, laquelle étoit vraiment dégénérée en une sorte de despotisme, ils recrutèrent le sénat, réduit à un très petit nombre, et, par cette raison, beaucoup déchu de sa considération. Ils y firent entrer à la fois trois cents des citoyens le plus gens de bien ; et tout ce que Sulpicius avoit fait passer depuis la révocation des féries ordonnées par les consuls, fut déclaré nul, comme fait au mépris des lois (14).

An de Rome. 666.

LX. Ce fut ainsi qu'au milieu de ces séditions, des rixes et des querelles, on en vint aux meurtres, et des meurtres à une guerre proprement dite. Cette armée de citoyens fut la première qui entra dans Rome comme dans une ville ennemie. Depuis cet événement, on ne cessa point de voir intervenir les légions dans les débats des séditieux. Rome fut désormais continuellement livrée à des invasions, à des sièges, à toutes les autres calamités de la guerre (15), sans que nulle pudeur, nul respect pour les lois, pour la république, pour la patrie, en imposassent aux chefs de parti. Cependant on fit, par décret public (16), déclarer ennemis du peuple romain Sulpicius, qui étoit encore tribun, Marius, qui avoit été six fois consul, le fils de Marius, Publius Céthégus, Junius Brutus, Cnéius et Quintus Granius (17), Publius Albinovanus (18), Marcus Lectorius, et quelques autres, au nombre de douze en tout, qui s'étoient sauvés avec Marius. Ce décret fut motivé sur ce qu'ils avoient provoqué la sédition, porté les armes contre les consuls, et appelé les esclaves à la révolte par la promesse de la liberté. Il fut permis à qui les rencontreroit de les tuer impunément, à quiconque les saisiroit de les traduire devant les consuls. Leurs biens furent confisqués. Des perquisiteurs furent mis à leurs trousses, et Sulpicius, ayant été découvert (19), fut égorgé.

LXI. Quant à Marius, il se déroba à toute perquisition en allant chercher un asile à Minturne, seul, n'ayant personne à sa suite, ni appariteur, ni esclave (20). Les magistrats de cette ville, instruits qu'il étoit caché dans une maison obscure, redoutant le décret du peuple romain, sans pouvoir se défendre en même temps de quelques égards pour un citoyen qui avoit été six fois consul, et qui avoit fait beaucoup de grandes choses, n'osèrent point agir à découvert, et chargèrent un Gaulois qui se trouvoit là en passant (21) de prendre un glaive et de l'aller égorger. On dit que ce Gaulois, en s'approchant, au milieu des ténèbres, de Marius étendu sur de la litière, vit sortir de ses yeux comme des rayons de lumière ou des éclairs, pendant que Marius, se mettant sur son séant, lui cria d'une voix de tonnerre : « Barbare ! oses-tu venir égorger Caïus

« Marius ? » Le Gaulois recula d'effroi, et sortit de la maison en fuyant, semblable à un furieux, s'écriant « qu'il n'avoit pas pu égorger Caïus Marius. » Les magistrats, qui d'ailleurs n'avoient ordonné ce meurtre qu'avec répugnance, furent saisis d'une sorte de terreur religieuse. Ils se rappelèrent en même temps d'un pronostic qui avoit promis à Marius sept consulats, pendant qu'il étoit encore enfant; car à cette époque, en effet, sept poussins d'aigle (22) tombèrent, dit-on, dans son giron, et les devins prédirent, en conséquence, qu'il arriveroit sept fois à la suprême magistrature.

LXII. En réfléchissant là-dessus, et pensant, d'un autre côté, que c'étoit quelque Dieu qui avoit épouvanté le Gaulois, les magistrats de Minturne firent dire à Marius de sortir sur-le-champ de leur ville, et de chercher un autre asile où il pourroit. Marius, qui savoit que Sylla le faisoit poursuivre, et qu'il avoit mis de la cavalerie à ses trousses, gagna (23) du côté de la mer, par des chemins infréquentés. Il rencontra une espèce de grotte, où il se reposa, en se couvrant tout le corps de feuillage. Il entendit quelque bruit, et se couvrit en entier de feuilles. Sentant que ce bruit se renforçoit, il alla se jeter dans la petite barque d'un vieux pêcheur, qui se trouva par hasard auprès du rivage, malgré la résistance de ce dernier ; et, quoique la mer fût houleuse (24), il coupa l'amarre, hissa la voile, et s'abandonna à la merci de la fortune. Il fut porté dans une île, d'où il fut retiré par un vaisseau qui portoit plusieurs de ses amis, et qui l'emmena en Libye. Repoussé de la Libye, comme ennemi, par Sextius (25) qui y commandoit, il passa l'hiver sur les flots, à la hauteur des montagnes de la Numidie, un peu au-dessus de la Libye. Dans cette station maritime, vinrent le joindre; aussitôt qu'ils eurent de ses nouvelles, plusieurs de ceux qui avoient été enveloppés dans sa proscription ; savoir, Céthégus, Granius, Albinovanus, Lectorius, ainsi que son fils, lesquels étoient parvenus à se sauver de Rome dans les états d'Eiempsal, roi de Numidie, et qui, craignant d'être livrés par lui aux Romains, se hâtèrent d'en sortir (26). Ainsi réunis, ils méditèrent sur les moyens de s'emparer de Rome à force ouverte, comme l'avoit fait Sylla; mais faute d'armée, ils restèrent à l'affût des événements.

LXIII. Cependant Sylla, le premier des Romains qui se fût rendu maître de Rome par la force des armes, et qui pouvoit peut-être, après avoir vaincu ses ennemis, se faire déclarer monarque (27), s'abstint spontanément de pousser les choses à ce point. Il renvoya son armée à Capoue, et continua ses fonctions en qualité de consul. D'un autre côté, les partisans des proscrits, ceux sur-tout qui avoient le plus de fortune, plusieurs femmes riches (28), commencèrent à respirer par l'éloignement des troupes, et à se remuer avec beacoup de zèle pour le retour de ces citoyens. Ils n'épargnoient pour cela ni soins ni dépenses. Ils environnoient d'embûches la personne des consuls, parcequ'ils sentoient que, tant qu'ils seroient revêtus de l'autorité, le retour des proscrits seroit impossible. A l'expiration de son consulat, Sylla eut pour sauvegarde le commandement de l'armée destinée contre Mithridate; et, à la même époque, le peuple, pour le même motif, décerna à l'autre consul, Quintus Pompée, le commandement de l'Italie, ainsi que de l'autre armée qui y étoit alors, sous les ordres de Cnéius Pompée. Ce dernier apprit cette nouvelle avec déplaisir, et néanmoins il fit un bon accueil à son successeur lorsqu'il arriva dans son camp. Le lendemain, au moment où il entroit en fonction, Cnéius se tint éloigné de lui, comme un homme privé; là-dessus plusieurs soldats cernèrent leur nouveau chef, comme ayant l'air de vouloir entendre de plus près ce qu'il alloit dire, et ils le massacrèrent (29). Chacun alors prenant la fuite, Cnéius Pompée vint à la rencontre des assassins de Quintus; il leur reprocha d'avoir violé les lois en massacrant le proconsul; et, tout en faisant éclater son indignation, il reprit (30) de suite le commandement.

Ans du Rome. 666.

NOTES.

(1) *Avec de justes armées*, dit Desmares. Il a cru rendre par-là le πολέμου νόμῳ du texte. Il ne s'est pas douté que ces mots signifioient, ainsi que les a traduits l'interprète latin, *ut in bello mos est*. On trouve ces mêmes mots, πολέμου νόμῳ, *inf.* s. 58, l. 60 du texte grec.

(2) Citons ici, comme un modèle de justesse et de laconisme, le portrait en miniature que Velléius Paterculus a tracé des qualités et du caractère de ce célèbre ennemi du peuple romain. *Mithridates, Ponticus, vir neque silendus neque dicendus sine curâ, bello acerrimus, virtute eximius, aliquandò fortunâ semper animo maximus, consiliis dux, miles manu, odio in Romanos Annibal*. Tacite n'auroit pas mieux fait.

(3) C'est en effet à Marius et à son insatiable ambition que Florus impute l'origine et les causes de la guerre civile entre Sylla et lui. *Initium et caussa belli inexplebilis honorum Marii fames*, etc. Jusque-là il ne s'agit que de la soif des honneurs. Mais Plutarque, dans sa vie, ch. 2, lui reproche aussi la soif des richesses. Il ajoute au chap. 61, « que les « gens de bien avoient compassion de son avarice et de son « ambition, attendu mesmement qu'étant devenu de pauvre « très riche, et de petit très grand, il ne sçavoit pas ficher « un but au cours de sa prospérité, et ne se contentoit pas « d'estre estimé et honoré, jouissant en paix et en repos de « ce qu'il avoit jà tout acquis. » *Vers. d'Amyot*. Combien d'hommes, comme Marius, qui, faute de savoir s'arrêter au point culminant de leur gloire, ont eu le malheur de vivre quelques jours ou quelques années de trop !

(4) Ce tribun du peuple étoit beaucoup plus audacieux et beaucoup plus entreprenant qu'Apuléius Saturninus, qu'il accusoit d'avoir été lâche et pusillanime. Il s'étoit entouré d'une bande de coupe-jarrets, au nombre de six cents, pris dans l'ordre des chevaliers, qu'il nommoit le *contre-sénat*,

au rapport de Plutarque. *Vie de Mar.*, c. 62; et dont il faisoit les instruments de ses violences et de ses attentats. Voici le portrait que Paterculus nous a laissé de ce tribun. *P. Sulpicius, trib. pleb. disertus, acer, opibus, gratiâ, amicitiis, vigore ingenii atque animi celeberrimus.* Lib. II, c. 18. Le portrait qu'on a fait Plutarque, au chap. 17 de la vie de Sylla, est un peu différent. Il ajoute au nombre de ses satellites dont il avoit parlé dans la vie de Marius. Il les porte à trois mille, outre les chevaliers.

(5) Les annotateurs de Plutarque le nomment Pompéius Rufus. Dans les fastes consulaires de Rollin, il porte le même nom, avec le prénom que lui donne Appien.

(6) Selon Plutarque, Sylla avoit écrit, dans les mémoires qu'il avoit laissés, que les satellites de Sulpicius le conduisirent dans la maison de Marius, l'épée sur la gorge, pour délibérer sur ce qu'il y avoit à faire. *Vie de Marius*, 62.

(7) Plutarque dit qu'aussitôt que Sulpicius eut fait voter la loi qui donnoit à Marius la conduite de la guerre contre Mithridate, il se hâta d'envoyer deux officiers pour prendre, au nom de Marius, le commandement des six légions qui étoient à Nole; mais que Sylla, étant arrivé à l'armée avant les émissaires de Sulpicius, eut le temps de tourner de son côté les troupes, qui massacrèrent les agents du tribun. Marius, instruit à Rome de cet évènement, fit massacrer dans la ville plusieurs des amis de Sylla, de manière, dit cet historien, qu'on ne voyoit autre chose que gens fuyant de Rome au camp de Sylla, ou du camp de Sylla à Rome. *Vie de Sylla*, c. 18.

(8) L'interprète latin a traduit ici *veriti ne expeditio parùm succederet.* Il s'est évidemment trompé. Il n'a pas vu que les mots du texte μὴ τῆς στρατείας ἀποτύχοιεν, se rapportent à ce que vient de dire Appien, que les soldats de Sylla avoient à craindre que Marius ne leur donnât pas la préférence pour aller combattre Mithridate.

(9) Il existoit donc encore quelques Romains vraiment dignes de ce nom. Ces Romains avoient de cette guerre la

même opinion que Florus, qui l'appelle une guerre parricide. *Hoc deerat unum populi Romani malis, jam ut ipse intra se parricidiale bellum domi stringeret.* Lib. III, cap. 21.

(10) Le texte porte, τεσσαράκοντα σταδίων. Desmares a suivi le traducteur latin, qui a rendu ces mots par *quintum lapidem.*

(11) Au lieu de lire la porte Colline, ainsi que le dit la version latine, *portam Collinam,* Desmares a traduit : *Pompée, en commandant une autre, s'empare de la Colline.*

(12) Selon Florus, il fit plus que les menacer. Ce fut réellement la flamme à la main qu'il se fraya le passage pour se rendre au Capitole : *Ipse quoque jaculatus incendio viam fecit, arcemque Capitolii......victor incedit.* Lib. III, c. 21.

(13) *In urbe mediâ,* dit Florus, *ac foro, quasi arenâ, cives cum civibus suis, gladiatorio more, concurrerent.* Ibid.

(14) Ces lois de Sulpicius, selon Paterculus, étoient des lois pernicieuses et funestes, des lois qu'on ne pouvoit point tolérer dans un gouvernement libre. *Leges perniciosas et exitiabiles, neque tolerandas liberæ civitati.* Lib. II, cap. 18.

(15) Desmares est tombé ici dans un rude contre-sens ; « ce qui n'empêchoit pas, dit-il, qu'on n'assiégeât d'autres « places, qu'on ne les saccageât et qu'on ne sentît par-tout « ailleurs les calamités que la guerre porte ordinairement « à sa suite. » Il est étonnant qu'il n'ait pas pris pour guide Seyssel qui ne s'y est pas trompé.

(16) Florus dit en propres termes que ce fut par un sénatus-consulte. *Tùm ex consulto senatûs adversariis hostibus judicatis.*

(17) C'étoit le fils de la femme de Marius, selon Plutarque.

(18) Florus parle de cet *Albinovanus,* comme ayant secondé les efforts militaires de Sulpicius, pour repousser l'invasion de Sylla.

(19) Paterculus indique le lieu où il fut égorgé, et parle en même temps de ce qu'on fit de sa tête. *Sulpicium etiam adsecuti equites in Laurentinis paludibus jugulavére, caputque ejus erectum et ostentatum pro rostris, velut omen imminentis proscriptionis fuit.* Lib. II, cap. 19.

(20) Il prit la fuite, selon Florus, en habit d'esclave, *Marium servilis fuga exemit;* et la fortune le réserva pour une nouvelle guerre, *imò fortuna alteri bello reservavit.* Plutarque entre dans des détails beaucoup plus étendus sur la fuite de Marius, que ceux dans lesquels Appien est entré. *Voyez* vie de Marius, chap. 65 et suivants. Sur quoi je remarquerai qu'il n'est guère probable que les choses se soient passées comme le dit Plutarque, qui fait retirer Marius des marais de Minturne par les satellites de Sylla, lesquels le conduisent dans cette ville, et le remettent entre les mains de ses magistrats. Marius étoit proscrit, sa tête étoit mise à prix. Plutarque le rapporte lui-même, chap. 23, de la vie de Sylla. Il est donc évident que si Marius étoit tombé entre les mains des satellites de Sylla à Minturne, ces satellites lui auroient coupé la tête sans nulle forme de procès, et auroient apporté cette tête à Sylla, pour recevoir de lui la grosse somme d'argent qu'il avoit promise à qui occiroit Marius. Voyez l'Epitome de Tite-Live, lib. LXXVII. *Extractus est ab oppidanis.*

(21) Selon Paterculus, ce Gaulois ou ce Germain étoit comme l'exécuteur des ordres des magistrats de Minturne, attaché à leur service: *Ad quem interficiendum missus cum gladio servus publicus, natione Germanus.* Valère Maxime appuie le témoignage de Paterculus, lib. II, cap. 5.

(22) Plutarque prétend que c'étoit un conte fabriqué, et accrédité par Marius lui-même; et il s'appuie sur l'opinion des naturalistes de son temps, qui prétendoient que l'aigle ne pondoit jamais que deux petits. Les annotateurs de Plutarque, citent Pline, X. 3, et M. de Buffon, qui attestent qu'on a trouvé des nids d'aigle où il y avoit trois aiglons; mais, de trois à sept, la différence seroit encore considérable.

(23) Plutarque, chap. 69, et Valère Maxime, liv. I, chap. 5, parlent à ce sujet d'un singulier pronostic qui décida de son salut. Comme il sortoit de la maison de Faunia, où l'on l'avoit mis en charte privée, il vit un âne qui, ayant à choisir entre le boire et le manger, se tourna du côté de l'eau. Marius étoit, dit Valère Maxime, fort habile dans l'art d'interpréter les pronostics. *Interpretandarum religionum peritissimus* Il comprit que l'âne lui indiquoit que ce n'étoit que par mer qu'il pouvoit se sauver, et il se détermina en conséquence. N'y a-t-il pas de quoi gémir quand on voit de graves historiens, comme Plutarque et Valère Maxime, nous débiter sérieusement de pareilles balivernes?....

(24) Le texte de Tollius porte χειμῶνος ὄντες. Ce qui est une faute évidente, ou des manuscrits, ou des typographes. Il est clair qu'il faut χειμῶνος ὄντος. Cette faute n'existe point dans l'édition de Schweighæuser.

(25) Schweighæuser conjecture, et il a peut-être raison, qu'il faut lire ici Sextilius, au lieu de Sextius. Plutarque nomme en effet de ce dernier nom, le préteur romain qui commandoit dans cette partie de l'Afrique; et il rapporte à ce sujet ce beau trait de la vie de Marius, qui a donné lieu à un des mots les plus sublimes de l'antiquité. Sextilius fit dire à Marius de ne point mettre pied à terre, parcequ'il seroit forcé de le traiter en ennemi du peuple romain. Cette déclaration du licteur de Sextilius pétrifia d'abord Marius, et lui coupa la parole. Mais ayant bientôt recouvré ses esprits, et le licteur lui demandant ce qu'il vouloit qu'il répondît de sa part au préteur : « Dis à Sextilius, lui répondit-il, que tu « as vu Caïus Marius fugitif et banni de son pays, assis au « milieu des ruines de Carthage. » Vie de Mar. chap. 73.

(26) Il n'y avoit pas en effet un moment à perdre; car Plutarque dit qu'à peine ils eurent levé l'ancre, qu'ils virent arriver un détachement de cavalerie numide, qui venoit les arrêter; « et fut celuy-là, dit Plutarque, l'un des plus « grands dangers auquel il eust échappé. » Chap. 74.

NOTES.

(27) Desmares n'a pas rendu cette idée, qui est néanmoins dans le texte, καὶ δυνηθεὶς ἂν ἴσως ἤδη μοναρχεῖν.

(28) Γύναια πολλὰ πολυχρήματα.

(29) Ce fut pour la première fois, dit Paterculus, que les légions romaines teignirent leurs mains du sang d'un consul. *Hoc primùm anno sanguine consulis, Romani militis imbutæ manus sunt.* Lib. II, cap. 20.

(30) Le texte porte εὐθὺς ἦρχον αὐτῶν. Il me paroît évident qu'il faut lire ἦρχεν à la troisième personne du singulier.

CHAPITRE VIII.

Cinna devenu consul, s'efforce, à l'instigation des partisans de Marius, de reproduire la loi de ce dernier, au sujet du droit de suffrage des alliés. Son collègue Octavius s'y oppose et le chasse de Rome. Le pontife Lucius Mérula est nommé consul à sa place. Cinna est accueilli par l'armée qui étoit dans la Campanie. Il lève de nouvelles troupes. Marius, que ces évènements ont ramené en Italie, vient se joindre à lui. Cinna et Marius marchent contre Rome. Ils y entrent les armes à la main. Ils y commettent toute sorte de cruautés contre Octavius, contre Mérula et beaucoup d'autres grands personnages. Cinna et Marius sont élus consuls. Marius meurt dans les premiers jours de son septième consulat. Valérius Flaccus le remplace d'abord, et Carbon ensuite.

Ans de Rome. 667.

LXIV. Aussitôt que l'on sut à Rome la fin tragique de Pompée, Sylla, commençant à craindre pour lui, ne se montra plus nulle part qu'escorté par ses amis. Il se fit garder par eux pendant la nuit, et, sans tarder long-temps, il partit pour Capoue, alla se mettre à la tête de son armée, et s'embarqua de là pour l'Asie. Après le départ de Sylla, les amis des proscrits reprirent courage sous le consulat de Cinna, qui lui succédoit (1). Ils réchauffèrent le zèle des nouveaux citoyens pour les projets de Marius, qui consistoient à les distribuer également dans les tribus anciennes, pour éviter qu'en votant les derniers, leur droit de suffrage ne fût réduit à n'être en effet qu'une chimère (2). Tel fut le prélude du retour de Marius et de ses compagnons d'infortune. Les citoyens des anciennes tribus s'y opposoient de toutes leurs forces; et tandis que Cinna, gagné, à ce qu'on croit, moyennant trois cents talents, servoit la cause des premiers, les intérêts des autres étoient soutenus par Octavius, l'autre consul. Les adhérents de Cinna s'emparèrent les premiers du Forum, ayant des glaives cachés sous leurs robes, demandant à grands cris d'être également répartis dans toutes les tribus. Les plus décents d'entre les plébéiens (3) se rendirent auprès d'Octavius, armés de glaives comme les autres. Pendant qu'Octavius attendoit les évènements sans bouger de sa maison, on vint lui annoncer que la plupart des tribuns se prononçoient contre ses adversaires; que les nouveaux citoyens faisoient un grand tumulte; qu'ils s'élançoient vers la tribune aux harangues, et qu'en même temps, le glaive à la main, ils en alloient chasser les tribuns qui parloient contre la loi (4). Octavius, informé de tous ces détails, se mit en mouvement lui-même. Il prit par la rue Sacrée, accompagné d'une multitude de citoyens extrêmement pressés l'un contre l'autre; et, se précipitant comme un torrent dans le Forum, il se fit jour au milieu de ceux qui l'occupoient, et les sépara les uns des autres. Après avoir ainsi culbuté et terrifié Cinna et ses adhérents, il poussa jusque vers le temple de Castor et Pollux. Alors les adhérents d'Octavius firent main-basse, sans ordre préalable, sur ceux de Cinna, en tuèrent plusieurs, et poursuivirent les fuyards jusqu'aux portes de Rome.

LXV. Cependant Cinna, fort du nombre des nouveaux citoyens et espérant d'avoir le dessus, ayant vu que, contre toute attente, le plus petit nombre l'avoit emporté à force d'audace, se répandit dans la ville, appelant à lui les esclaves par l'appât de la liberté. Mais personne ne répondit à son appel. Alors il sortit de Rome et parcourut les villes qui en étoient voisines, et qui avoient été récemment admises au droit de suffrage, telles que Tibur, Préneste, et toutes celles qui se trouvèrent sur son chemin, jusqu'à Nole, les provoquant à l'insurrection, et se faisant fournir de l'argent pour faire la guerre. Tandis qu'il agissoit ainsi, et qu'il faisoit ses dispositions, ceux des membres du sénat qui abondoient dans son sens accoururent auprès de lui, savoir, Caïus Milonius, Quintus Sertorius, et un autre Caïus Marius. De son côté, le sénat sévit contre Cinna; et, sous prétexte qu'étant consul il avoit déserté la ville au milieu du danger, et que d'ailleurs il avoit provoqué les esclaves à la liberté, il lui enleva, par un décret, et l'autorité consulaire et le titre de citoyen (5). On le fit remplacer par Lucius Mérula, grand-prêtre de Jupiter, pontife connu sous le nom de Flamen - Dial (6), et qui avoit le privilège unique d'être continuellement couvert de son chapeau, tandis que les autres prêtres ne pouvoient le porter que pendant la durée des cérémonies. Cinna se rendit à Capoue, où étoit une autre armée des Romains. Il s'en concilia les chefs, ainsi que les membres du sénat qui étoient venus se joindre à lui. Il parut au milieu d'eux, d'abord avec l'appareil consulaire; mais ayant fait briser ses faisceaux en leur présence, comme s'il n'étoit plus qu'un homme privé, il leur dit, les larmes aux yeux : « C'étoit de vous, citoyens, que j'avois reçu « cette magistrature, car je la tenois de l'élection « du peuple; et le sénat vient de me l'enlever sans « votre concours. Mais, quel que soit le traitement « personnel que j'éprouve, c'est encore plus ce qui « vous intéresse qui est l'objet de mon indignation. « Car, quel besoin aura-t-on désormais de se con- « cilier les tribus pour les élections ? Qu'aura-t-on « affaire de vos suffrages ? Quelle influence aurez- « vous dans les assemblées publiques, dans la con- « fection des lois, dans les élections aux magistra- « tures, si vous ne pouvez point maintenir votre « ouvrage, et si l'on peut vous enlever ainsi les « magistrats que vous vous êtes donnés vous- « mêmes (7)? »

Ans de Rome. 667.

LXVI. Il échauffa les esprits avec ce discours. Il entra dans plusieurs détails, pour déplorer sa condition personnelle. Il déchira sa robe. Il se précipita de la tribune où il venoit de haranguer. Il se jeta contre terre au milieu des assistants, et resta assez long-temps dans cette situation, jusqu'à ce qu'on vint le relever à grands cris et le replacer sur son siège consulaire. On fit reporter des faisceaux devant lui. On lui dit de reprendre courage, d'agir encore en qualité de consul, et de faire marcher l'armée où il le jugeroit nécessaire ; et à l'instant les tribuns militaires s'approchèrent de lui, et prêtèrent entre ses mains le serment d'usage pour eux, et chacun le prêta au nom des troupes qui étoient sous ses ordres. Après s'être bien assuré de l'armée, Cinna parcourut toutes les villes des alliés, les excitant tour à tour à s'intéresser à lui dans un malheur où son zèle pour eux l'avoit conduit. Ces villes lui fournirent de l'argent (8). Beaucoup d'autres grands personnages, ennemis de la tranquillité de la république, quittèrent Rome pour se ranger de son côté. Pendant que les choses prenoient cette tournure à l'égard de Cinna, les consuls Octavius et Mérula entourèrent Rome de retranchements, fortifièrent ses murailles, dressèrent leurs machines de guerre, et envoyèrent demander des auxiliaires aux villes encore fidèles, jusque sur les frontières des Gaules. Ils firent en même temps donner ordre à Cnéius Pompée, proconsul, qui étoit à la tête d'une armée le long de la mer Ionienne, de venir en diligence au secours de la patrie.

LXVII. Pompée se mit en effet en marche, et vint camper auprès de la porte Colline. Cinna le suivit de près, et campa vis-à-vis de lui (9). Cependant Marius, informé de ces évènements, étoit débarqué en Toscane avec ses compagnons d'exil. Il eut bientôt autour de lui cinq cents esclaves, qui étoient accourus de Rome pour joindre leurs maîtres (10). Il parcourut les villes qu'il trouva sur son chemin dans cet extérieur hideux et difforme qu'il avoit en mettant pied en terre, afin d'exciter d'autant plus l'intérêt de ceux dont il attireroit les regards, rappelant ses combats, ses victoires contre les Cimbres, et ses six consulats ; promettant, d'un air qui annonçoit qu'il tiendroit parole, qu'il feroit jouir les nouveaux citoyens du droit de suffrage, avantage qu'ils avoient à cœur sur toutes choses : ce qui réunit sous ses ordres six mille Toscans, à la tête desquels il vint se joindre à Cinna, qui le vit avec plaisir venir seconder ses mesures. Après leur jonction, ils vinrent camper sur les bords du Tibre, distribués en trois corps ; Cinna et Carbon avec lui en face de la ville; Sertorius au-dessus de la ville de l'autre côté ; et Marius du côté de la mer. Ils jetèrent des ponts sur le Tibre pour établir leurs communications et pour couper les vivres. Marius prit Ostie et la saccagea; il fit marcher contre Ariminum Cinna qui s'en rendit maître, afin d'empêcher que Rome pût recevoir aucun renfort du côté des Gaules.

LXVIII. La terreur s'empara des consuls, dont les forces étoient très insuffisantes, et qui ne pouvoient pas rappeler Sylla, déjà arrivé en Asie ; mais ils ordonnèrent à Cécilius Métellus, qu'un reste de rebelles de la guerre sociale occupoit encore dans le pays des Samnites, de traiter comme il pourroit avec eux, et de venir en diligence au secours de la patrie assiégée. Mais Métellus n'ayant point voulu accéder à ce que demandoient les Samnites, Marius traita avec eux aux mêmes conditions qu'ils avoient proposées à Métellus, ce qui les rendit ses auxiliaires. D'un autre côté, Marius fit rappeler à Claudius Appius, tribun militaire, qui gardoit le long des murailles les hauteurs du Janicule, le souvenir des services qu'il lui avoit anciennement rendus. Celui-ci le laissa pénétrer dans la ville, en lui en ouvrant la porte dès le point du jour. Cinna entra aussi par le même endroit. Mais ils furent sur-le-champ repoussés par Octavius et Pompée (11), qui marchèrent contre eux. Un orage ayant ensuite éclaté sur le camp de Pompée, plusieurs patriciens, et Pompée entre autres, périrent par le feu du ciel (12).

LXIX. Marius, après avoir coupé les vivres sur tous les points, tant au-dessus qu'au-dessous du Tibre, attaqua toutes les villes voisines de Rome, où elle avoit ses magasins. Il se jeta incontinent sur les garnisons de ces villes, et il se rendit maître d'Antium, d'Aricie, de Lavinie, et de quelques autres, parmi lesquelles il y en eut qui lui furent livrées par trahison. Aussitôt qu'il eut aussi coupé les vivres du côté du continent, il marcha hardiment contre Rome par la voie Appienne, avant qu'elle eût le temps d'en recevoir de nul autre côté. Ils campèrent, Cinna, Carbon, Sertorius et lui, à cent stades de la ville. Octavius (13), Crassus et Métellus avoient pris poste sur le mont Alban, où ils attendoient les événements ultérieurs, se flattant d'être supérieurs par le nombre et par le courage, mais répugnant à faire dépendre le sort entier de la patrie du résultat d'une seule bataille. Cependant Cinna envoya des hérauts autour de

la ville, pour promettre la liberté aux esclaves qui
viendroient d'eux-mêmes se joindre à lui. Cette
proclamation lui en attira sur-le-champ un grand
nombre (14). Le sénat effrayé, redoutant d'ailleurs
les fureurs du peuple, si la pénurie des subsistances
se prolongeoit davantage, renonça à ses projets de
résistance, et envoya des députés à Cinna pour négocier. Cinna commença par leur demander s'ils
venoient vers lui comme vers un consul, ou comme
vers un homme privé. Ne sachant que répondre,
les députés s'en retournèrent vers le sénat. Dans cet
intervalle, une foule de citoyens sortirent de Rome
et passèrent du côté de Cinna, les uns par la crainte
de la famine, les autres par l'impulsion d'une affection antérieure pour son parti, et qui n'attendoit
qu'une occasion pour se déclarer.

LXX. Alors Cinna s'approcha des murailles d'un
air de mépris, et lorsqu'il n'en fut qu'à la distance
d'un trait de flèche, il forma son camp, pendant
que les troupes qui étoient sous les ordres d'Octavius flottoient entre l'incertitude, la crainte et la
répugnance de rien entreprendre, après avoir vu
la défection des transfuges et la démarche du sénat.
Cependant celui-ci étoit dans un très grand embarras. Il trouvoit très dur de dépouiller du consulat Lucius Mérula, le grand-prêtre de Jupiter,
qui avoit remplacé Cinna, et qui n'avoit encouru
aucun reproche durant sa magistrature. Mais, épouvanté d'ailleurs par les maux qui le menaçoient, il
envoya une nouvelle députation à Cinna, chargée
de reconnoître son titre de consul ; et, sans s'at-

Ans
de
Rome.
667.

tendre à aucune condition avantageuse, il se contenta d'exiger de Cinna le serment qu'il n'y auroit point de sang répandu. Cinna refusa le serment qu'on lui demandoit; mais il promit qu'il ne seroit volontairement la cause de la mort de personne. Il envoya ordre en même temps à Octavius, qui avoit fait un détour pour entrer dans la ville par d'autres portes, de s'éloigner, de peur que, contre son intention, quelque malheur ne lui arrivât. Telle fut la réponse que fit Cinna aux députés du sénat, du haut de son siège consulaire ; mais Marius, qui étoit auprès de ce siège, et qui gardoit un profond silence, laissoit lire dans la férocité de son visage qu'il feroit répandre beaucoup de sang. Le sénat, satisfait de la parole de Cinna, lui ouvrit les portes de Rome, ainsi qu'à Marius (car on sentoit bien que tout ce qui se passoit étoit l'œuvre de ce dernier, et que Cinna ne faisoit que prêter son nom.) Mais Marius, souriant avec une très remarquable ironie, observa qu'il n'étoit pas permis à des bannis d'entrer dans la ville (15) ; et sur-le-champ les tribuns du peuple révoquèrent la condamnation à l'exil prononcée contre lui, et contre tous ceux qui avoient subi le même sort sous le consulat de Sylla.

LXXI. Cela fait, Marius et Cinna entrèrent dans Rome au milieu d'une terreur universelle (16). Ils laissèrent piller impunément les maisons de ceux qui s'étoient ouvertement déclarés leurs ennemis. Ils avoient l'un et l'autre promis sûreté à Octavius sur la foi du serment. Les devins et les aruspices avoient prédit qu'il ne lui arriveroit aucun mal ; mais ses amis lui conseilloient de prendre la fuite. Octavius leur répondit qu'il n'abandonneroit jamais Rome pendant qu'il seroit consul. Néanmoins, afin de se mettre un peu de côté, il prit le chemin du Janicule, accompagné de quelques uns des plus illustres patriciens, escorté de quelques troupes, porté sur son siège consulaire, revêtu du costume de sa magistrature, précédé de ses licteurs armés de haches et de faisceaux. Là-dessus on vit courir après lui Censorinus, suivi d'un peloton de cavalerie. Ses amis, les soldats même qui l'entouroient le pressèrent de nouveau de se sauver en fuyant, et ils lui présentèrent à cet effet un cheval. Il ne daigna pas même bouger ; il attendit le coup de la mort. Censorinus lui ayant fait trancher la tête, la porta à Cinna, qui la fit accrocher aux rostres, dans le Forum, ce qui étoit sans exemple envers un consul (17). Après Octavius, furent décolés beaucoup d'autres, dont les têtes subirent le même sort que la sienne, genre d'horreur qui se perpétua, et qu'on vit se réitérer, dans les séditions subséquentes, de la part des vainqueurs contre les vaincus. Marius et Cinna firent faire des perquisitions contre chacun de leurs ennemis, soit sénateurs, soit chevaliers. On ne faisoit aucune attention à ceux qui appartenoient à l'ordre des chevaliers après qu'on les avoit égorgés ; mais tous ceux qui étoient membres du sénat, leurs têtes étoient exposées aux rostres. On ne redoutoit plus ni la vengeance des Dieux, ni la justice des hommes. On s'abandonnoit au

Ans. de Rome. 667.

Ans
de
Rome.
667.
meurtre sans aucune crainte. On se livroit aux plus atroces attentats ; et, de ces attentats, on passoit à des horreurs plus atroces encore. On égorgeoit sans nulle pitié. On coupoit les têtes des cadavres mêmes, et l'on en formoit un spectacle horrible, pour inspirer la terreur et l'effroi, ou pour assouvir les regards de la fureur.

LXXII. Caïus Julius, Lucius Julius, Atilius Serranus, frère de ce dernier, Publius Lentulus, Caïus Numitorius et Marcus Bebius furent arrêtés et égorgés sur les grands chemins. Crassus, qui se sauvoit avec son fils, voyant des assassins qui le poursuivoient, se hâta de donner la mort à son enfant, et lui-même fut immolé par les satellites de Marius. Le rhéteur Marcus Antonius s'étoit réfugié dans un village. Le villageois qui lui donnoit l'hospitalité envoya son esclave chercher du vin à la taverne plus fréquemment que de coutume (18). Le tavernier demanda à l'esclave pour quelle raison il venoit aussi souvent depuis quelques jours. L'esclave le lui dit à l'oreille, prit son vin et se retira. Le tavernier courut sur-le-champ instruire Marius de ce qu'il venoit d'apprendre. Marius n'en fut pas plutôt informé, que, plein de joie, il voulut marcher lui-même et se charger de l'expédition. Mais ses amis l'ayant retenu, un tribun, qui en reçut l'ordre (19), conduisit quelques soldats à la maison désignée. Antonius eut recours à son grand talent pour la parole. Il entretint et amusa long-temps les soldats, s'efforçant par divers détails de leur inspirer de la commisération, jusqu'à ce que le tribun, qui étoit demeuré à la porte, impatient de savoir le résultat, monta lui-même, et trouvant ses soldats occupés à écouter Antonius (20), il l'égorgea de sa propre main pendant qu'il parloit encore, et il envoya sa tête à Marius.

LXXIII. Les esclaves de Cornutus le sauvèrent habilement, en le cachant dans une sorte de tanière. Ils avoient rencontré un cadavre tout auprès; ils arrangèrent un bûcher, et voyant survenir les sicaires, ils mirent le feu au bûcher, et dirent à ceux qui cherchoient leur maître qu'on l'avoit étranglé, et qu'ils alloient le réduire en cendres (21). Tel fut l'artifice de ces esclaves, auxquels leur maître fut redevable de son salut (22). Quintus Ancharius épia le moment où Marius se rendroit au Capitole pour y faire un sacrifice. Il espéroit que la sainteté du lieu lui feroit accorder sa grace. Mais Marius, après avoir commencé son sacrifice, voyant Ancharius (23) venir à lui et le saluer, il ordonna sur-le-champ à ceux qui l'entouroient de l'immoler. Sa tête, celle d'Antonius le rhéteur, et de beaucoup d'autres qui avoient été ou préteurs ou consuls, furent du nombre de celles qui furent exposées dans le Forum. Il ne fut permis à personne de payer les tributs funéraires à aucune de ces victimes. Les oiseaux et les chiens s'en disputèrent les dépouilles. Il y eut beaucoup d'autres proscrits qui tombèrent impunément sous le fer des divers chefs du parti vainqueur. Plusieurs des autres furent condamnés à l'exil; plusieurs eurent leurs biens confisqués; plusieurs furent dépouillés de leurs charges. Les lois provoquées par Sylla furent abrogées. Tous ses amis recevoient la mort. Sa maison fut rasée. Tous ses biens furent confisqués. Il fut lui-même déclaré ennemi de la république. Sa femme et ses enfants, que l'on fit chercher, prirent la fuite. En un mot, dans ce chaos de calamités, nul attentat ne fut omis.

LXXIV. Après tous ces meurtres impunis, on voulut avoir l'air de laisser reprendre aux lois leur empire. Des accusateurs furent apostés contre Mérula, le grand-prêtre de Jupiter, à qui on en vouloit, parcequ'il avoit remplacé Cinna, quoiqu'on n'eût d'ailleurs aucun reproche à lui faire, de même que contre Lutatius Catulus, ancien collègue de Marius dans la guerre contre les Cimbres, à qui Marius avoit précédemment sauvé la vie, et qui, dans ces dernières circonstances, oubliant ce que Marius avoit fait pour lui, s'étoit montré un des plus ardents provocateurs de son exil. On les fit garder de près, sans qu'ils s'en doutassent. Le jour où ils devoient être jugés étant arrivé, et la sommation de comparoître ayant été proclamée (car après quatre sommations réitérées à des heures dont les intervalles étoient réglés, on pouvoit user de main-mise) (24); Mérula s'ouvrit lui-même les veines (25), et son testament de mort apprit qu'avant que de le faire il avoit quitté son chapeau; car il étoit défendu par la loi de mourir dans ce sacerdoce avec le chapeau sur la tête. Catulus fit allumer du charbon dans une chambre nouvellement crépie et encore humide, et se laissa étouffer (26). C'est ainsi que périrent Catulus et Mérula. D'un autre côté, les esclaves (27) qui, pour avoir répondu à la proclamation que Cinna avoit fait faire autour des murs de Rome, étoient devenus libres, ou qui avoient reçu la liberté antérieurement, en marchant sous ses enseignes, se jetoient dans les maisons, les pilloient, égorgeant tous les malheureux qui leur tomboient sous la main. C'étoit de préférence contre leurs anciens maîtres qu'ils exerçoient ces brigandages. Cinna leur ayant plusieurs fois défendu de récidiver sans rien obtenir, les fit cerner une nuit, et les fit égorger jusqu'au dernier par un corps de Gaulois. Tel fut le juste châtiment que ces esclaves reçurent de leur infidélité envers leurs maîtres.

LXXV. L'année suivante, Cinna fut élu consul pour la seconde fois, et Marius pour la septième (28); car, malgré son exil, malgré la proclamation qui avoit mis sa vie à la merci de quiconque le rencontreroit, le pronostic des sept aiglons prévalut (29). Pendant qu'il méditoit de nombreuses et de grandes mesures contre Sylla, il mourut dans le premier mois de son consulat (30). Cinna fit choix, pour le remplacer, de Valérius Flaccus, qu'il envoya en Asie; mais Valérius Flaccus étant mort, il prit Carbon pour collègue, à la place du défunt.

NOTES.

(1) Paterculus a peint le caractère de Cinna d'un seul trait. *Non erat Mario Sulpicioque Cinna temperantior.* Ibid.

(2) C'est en effet ce qui est confirmé par le témoignage de Paterculus. *Itaque, cùm ita civitas Italiæ data esset, ut in octo tribus contribuerentur novi cives, ne potentia eorum et multitudo veterum civium dignitatem frangeret, plusque possent recepti in beneficium quàm auctores beneficii, Cinna in omnibus tribubus eos se distributurum pollicitus est.* Lib. II, chap. 20.

(3) *Cinctâ quidem gladiis concione, sed vincentibus quibus pax et quies potior, profugus patriâ suâ Cinna confugit ad partes.* Tel est le langage de Florus. Lib. III, cap. 21.

(4) Si le texte de cette phrase n'est pas altéré, l'ordre des mots me paroît avoir été dérangé, car ἀναπηδώντων ne peut se rapporter qu'à νεοπολιτῶν, et il en est très éloigné. Il ne faut pas reprocher ici à Desmares d'avoir laissé de côté les mots du texte dans lesquels il a aperçu de l'altération. Mais il faut ne pas lui pardonner d'avoir dit que *les rostres avoient donné leur nom au Forum, parceque ce lieu avoit été bâti d'éperons ou de becs de navires gagnés sur les ennemis.* Quelle idée que le Forum fût bâti d'éperons ou de becs de navires ! Il fut ainsi nommé parceque, en mémoire de la première bataille navale gagnée par les Romains, sous les ordres de Duellius, des *rostres*, des *éperons* ou *becs de navires* furent attachés aux murs du Forum; ce qui est un peu différent que d'avoir servi à le bâtir.

(5) Nous avons vu plus haut Tibérius Gracchus faisant destituer un tribun du peuple par les comices. Voici un exemple du sénat qui destitue un consul. *Ex auctoritate senatûs consulatus ei abrogatus est.* Paterculus. Ibid.

(6) On trouvera dans le chap. 12, liv. 6, d'*Alexander ab*

Alexandro, *Genial. Dier.*, les détails les plus curieux et les plus amples sur la nature et les fonctions de ce sacerdoce. C'est celui auquel César avoit été destiné dès sa première jeunesse, ainsi que Suétone nous l'apprend, et auquel Sylla le força de renoncer. *Sueton. Jul. Cæs.* n. 1.

(7) Desmares a fait ici un contre-sens ; « *et que vous-mêmes vous changez si facilement d'opinion.* » Il n'y a pas un seul mot de cela dans le texte. C'auroit été d'ailleurs un singulier moyen, de la part de Cinna, *de se concilier la bonne grace des officiers, des tribuns militaires et des sénateurs*, que de leur faire un pareil reproche.

(8) Elles lui fournirent aussi beaucoup d'hommes, selon Paterculus, qui prétend que de l'élite du monde qu'on lui envoya il forma plus de trois cents cohortes. *E quorum delectu ccc ampliùs cohortes conscripserat.* Ibid.

(9) Ce Pompée étoit le père de celui qui fut depuis surnommé le Grand. Selon Paterculus, ses succès signalés dans la guerre sociale, et la prise d'Asculum, qui en fut un des plus remarquables, furent une des principales causes qui contribuèrent à faire cesser cette guerre. Paterculus le peint ici comme un de ces ambitieux qui, au milieu des dissensions civiles, ne travaillent que pour eux, et qui, flottants entre les partis, ne se décident que pour celui qui leur promet le plus de prépondérance. *Ita se dubium mediumque partibus præstitit, ut omnia ex proprio usu ageret, tempor.' usque insidiari videretur, et huc atque illuc undè spes major potentiæ affulsisset se exercitumque deflecteret.*

(10) Ecoutons Florus. *Redit ab Africâ Marius, clade major. Siquidem carcer, catenæ, fuga, exilium horrificaverant dignitatem. Itaque ad nomen tanti viri latè concurritur ; servitia, pro nefas, et ergastula armantur ; et facilè invenit exercitum miser imperator.* Lib. III, cap. 21. *Voyez* Plutarque, chap. 75. Desmares a pris ici les esclaves des amis de Marius pour ses amis mêmes.

(11) Ce fut probablement dans cette action qu'eut lieu l'événement tragique qu'on trouve dans l'Epitome de Tite-

Live. Deux frères se trouvèrent, l'un du côté de Pompée, l'autre du côté de Cinna. L'un des deux tua l'autre, et pendant que le vainqueur dépouilloit le vaincu, il reconnut que c'étoit dans le sang de son frère qu'il avoit trempé ses mains. Après s'être livré à toutes les lamentations de la douleur, il construisit un bûcher, il y plaça le corps de son frère, il se tua dessus, et fut consumé par le même feu. *In quo bello duo fratres, alter ex Pompeii exercitu, alter ex Cinnæ, ignorantes concurrerunt; et cùm victor spoliaret occisum, agnito* FRATRE, *ingenti lamentatione editâ, rogo ei exstructo, ipse supra rogum se transfodit, et eodem igne consumptus est.*

(12) S'il faut en croire Paterculus, ce fut par la peste. *Cùm utrumque exercitum, velut parùm bello exhaustum laceraret pestilentia, Cn. Pompeius decessit.* Il paroît de plus que Cn. Pompéius n'emporta point les regrets du peuple. *Populusque R. quam vivo iracundiam debuerat, in corpus mortui contulit. Ibid.*

(13) Plutarque rapporte qu'Octavius, dont il dit d'ailleurs beaucoup de bien, chap. 78, ne voulut pas suivre le conseil qu'on lui donnoit, de promettre la liberté aux esclaves qui prendroient les armes pour le salut de la patrie, chap. 77; et que, fort des prédictions de quelques jongleurs chaldéens, il avoit espéré conjurer l'orage, et repousser les factieux avec ses propres forces. Plutarque observe que, quand il fut tué, on lui trouva sur le corps une figure de divination chaldaïque. On verra ci-dessous que Sylla portoit sur son sein une petite image d'Apollon.

(14) Ce fut la première fois que les esclaves répondirent à une semblable proclamation; car on a vu plus haut que, provoqués par Apuléius d'abord, et par Marius ensuite, ils étoient restés fidèles à leur devoir. Cela prouve qu'Octavius eut grand tort de ne pas suivre le conseil qu'on lui donna à cet égard. Il étoit consul; il défendoit la patrie; il avoit pour lui la justice et l'autorité des lois. L'appas de la liberté lui auroit donc fait donner la préférence. Il est des circons-

tances extrêmes où l'on ne doit prendre conseil que de la nécessité ; et Marius avoit eu raison de répondre antérieurement à ceux qui lui reprochoient d'avoir récompensé par le don des droits de cité certain peuple qui lui avoit aidé à battre les Cimbres, *que le tumulte des armes avoit étouffé le cri de la loi.* Chap. 48.

(15) *Voyez* Plutarque, chap. 79. Selon lui, Marius n'attendit pas le plébiscite pour entrer dans Rome, suivi de sa bande de brigands nommés les *Bardiniens*, qui n'avoient besoin que d'un mot de sa bouche, ou d'un clin-d'œil de sa part, pour immoler tous ceux qui venoient à sa rencontre.

(16) *Mox C. Marius pestifero civibus suis reditu Intravit mœnia. Nihil illâ victoriâ fuisset crudelius, nisi mox Syllana esset secuta.* Paterculus, lib. II, cap. 22. Voici le tableau de Florus : *Ilic postquàm manus omnis Octavii depulsa Janiculo est, statim ad principum cædem signo dato aliquantò sæviùs quàm aut in Punicâ, aut in Cimbricâ urbe, sævitur.*

(17) Florus atteste ce fait. *Octavii consulis caput pro rostris exponitur.* Valère Maxime rapporte à ce sujet un présage qui avoit annoncé son sort à Octavius. La tête de la statue d'Apollon s'étoit jetée à terre, et s'étoit si fortement attachée au sol, qu'il ne fut possible de la relever qu'après la fin tragique d'Octavius. *Credat Judæus apella.* Val. Max. lib. I, cap. 6. . .

(18) Je crois que j'aurois dû traduire *du vin meilleur que de coutume*, en faisant rapporter l'adjectif σπευδαιότερον au substantif οἶνον. *Voyez* Plutarque, vie de Marius, chap. 21.

(19) Ce tribun se nommoit Anius, selon Plutarque. *Ibid.* Florus prétend qu'on apporta la tête d'Antonius à Marius pendant qu'il étoit à table. *Antonii consularis in Marii ipsius mensis (caput exponitur),* lib. III, cap. 21 ; et Valère Maxime ajoute que Marius tint cette tête pendant quelque temps entre ses mains, et qu'il vomit contre elle des invectives. *Idem. (Marius) caput Antonii abscissum suis*

*manibus inter epulas per summam animi ac verborum in-
solentiam aliquandiù tenuit.* Lib. IX, cap. 2. On verra
Fulvie en faire autant au sujet de la tête de Cicéron.

(20) Cet Antonius est le célèbre orateur de ce temps-là,
dont Cicéron, *in Bruto*, n. 139, fait ce bel éloge, *Erat memoria summa, nulla meditationis suspicio. Imparatus semper ad dicendum ingredi videbatur, sed ita erat paratus
ut judices, illo dicente, nonnunquàm viderentur non satis
parati ad cavendum fuisse.* Il étoit le père d'Antoine le
triumvir. Plutarque, dans la vie d'Antoine, chap. 1, dit
qu'il ne fut que son aïeul. C'est ce même Antonius dont
parle Quintilien dans le préambule de son huitième livre
des *Institutions oratoires*, et qui avoit de la partie de l'é-
locution une si haute idée, qu'il disoit avoir vu beaucoup
d'*hommes diserts*, mais n'avoir pas vu un *homme éloquent:
sed eloquentem neminem*. Cicéron, dans la cinquième de ses
Tusculanes, l'appelle le plus éloquent des orateurs qu'il ait
jamais entendus : *M. Antonii, omnium eloquentissimi quos
ego audierim*.

(21) *Voyez* Plutarque, vie de Marius, chap. 90.

(22) Desmares a laissé cette phrase au bout de sa plume.

(23) *Voyez* Plutarque, vie de Marius, chap. 79.

(24) L'interprète latin que Desmares a suivi a rendu
le verbe grec ἁλῶναι, par *accusari*. J'ai cru devoir préférer le
sens propre et littéral du verbe ἁλίσκω d'où il dérive, et
l'entendre dans le sens de l'*appréhension corporelle*, pour
parler le langage du barreau. Il m'a paru que c'étoit le but
des précautions prises par Marius pour faire garder à vue
ces deux individus.

(25) Florus confirme ce récit; *Merula Flamen-Dialis in
Capitolio Jovis ipsius oculos venarum cruore respersit.*
Ibid. Paterculus y ajoute quelques circonstances, *Merula
autem, qui se sub adventum Cinnæ consulatu abdicaverat,
incisis venis, superfusoque altaribus sanguine, quos sæpè
pro salute reip. Flamen-Dialis precatus erat Deos, eos in
execrationem Cinnæ partiumque ejus tùm precatus, optimè*

de rep. meritum spiritum reddidit. Ibid. Selon Valère Maxime, Mérula s'ouvrit les veines dans le sanctuaire du Capitole, *in Jovis sacrario.*

(26) Il eut beau faire solliciter plusieurs fois Marius de se contenter de son exil, ce féroce vainqueur répondit constamment: *Qu'il meure.* Voyez Plutarque, vie de Marius, chap. 82. Citons à ce sujet un des beaux passages de Cicéron, dans la cinquième de ses Tusculanes, n° 19. *Utrùm tandem beatior C. Marius, tùm cùm Cimbricæ victoriæ gloriam cum collegâ Catulo communicavit, penè altero Lælio,* (voilà, en passant, un assez bel éloge de Catulus de la part de Cicéron) *nam huic illum dico simillimum, an cùm civili bello victore, iratus, necessariis Catuli deprecantibus non semel respondit, sed sæpè, Moriatur? In quo beatior ille qui huic nefariæ voci paruit, quàm is qui tàm sceleratè imperavit?* On peut voir dans Paterculus, liv. II, chap. 22, à quel point son récit sur la mort de Catulus s'accorde avec celui d'Appien.

(27) C'étoit cette bande de brigands, satellites de Marius, sanguinaires exécuteurs de ses ordres, auxquels, sur la foi de Plutarque, nous avons donné plus haut le surnom de *Bardiniens;* expression qui a paru suspecte à quelques érudits. Ils ont pensé, avec quelque apparence de raison, que le texte avoit été altéré dans cette expression, et qu'il falloit lire, Μαριᾶιοι, au lieu de Βαρδιᾶιοι. Ils ont remarqué que dans les mœurs du peuple romain les esclaves prenoient, par une espèce de surnom, la dénomination du citoyen qui les avoit affranchis. C'est ainsi que nous verrons plus bas que l'on désigna, par le nom de *Cornéliens,* dix mille esclaves auxquels Sylla *donna la liberté.* On peut ajouter que les historiens latins, en parlant de ceux qui étoient attachés aux différents chefs de parti, les ont désignés par une sorte d'onomatopée, en employant une expression dérivée du nom même des chefs de parti. De là les dénominations de *Mariani, Syllani, Pompeiani, Cesariani, Antoniani* et autres, pour signifier les partisans de Marius, de Sylla, de

Pompée, de César et d'Antoine. Plutarque aura trouvé le mot *Mariani* dans les mémoires latins qui lui ont fourni les détails au sujet desquels il a employé cette expression, et il l'aura tout bonnement fondue dans son texte, ainsi qu'on pourroit en citer un grand nombre d'exemples. Contentons-nous d'un seul, de celui que nous offre un passage de Florus, dans le chapitre de la guerre de Marius et de Sylla. *Et sanè cùm tàm ferus in Syllanos Marius fuisset, quantâ sævitiâ opus erat ut Sylla de Mario vindicaretur?* Voy. Plutarq. vie de Sertorius, chap. 7.

(28) S'il faut en croire l'Epitome de Tite-Live, Cinna et Marius se proclamèrent eux-mêmes consuls, sans élection, sans l'intervention des comices. *Et citra ulla comitia consules in sequentem annum seipsos renunciaverunt.* Le même jour qu'ils entrèrent en fonction, Marius fit précipiter le sénateur Sex. Licinius du haut de la roche tarpéienne. *Ibid.* lib. LXXX. C'étoit le moyen de fermer la bouche à ceux qui auroient pu ne pas trouver régulière son élévation à son septième consulat. Voy. Plutarq. chap. 83.

(29) Voyez ci-dessus note 21, chap. 8.

(30) L'Epitome de Tite-Live dit qu'il mourut le jour même des ides de janvier. Plutarque fixe sa mort au dix-septième jour de son septième consulat, Chap. 89. Florus le fait mourir entre les calendes et les ides de janvier, liv. III, chap. 21.

CHAPITRE IX.

Après plusieurs succès obtenus contre Mithridate, Sylla, informé de ce que Marius et ses partisans avoient fait contre lui et les siens, reprend le chemin de Rome. Message de Sylla au sénat. Cinna le consul meurt. Préparatifs que font pour résister à Sylla Carbon, l'autre consul, et après lui Norbanus et Scipion, ses successeurs. Sylla arrive en Italie. Plusieurs grands personnages accourent auprès de lui. Prodiges qui annoncent ses succès et sa tyrannie.

LXXVI. SYLLA, pressé de s'en retourner à Rome pour en imposer à ses ennemis, se hâta, ainsi que je l'ai dit ailleurs, d'en finir avec Mithridate. Dans l'espace de moins de trois ans, il avoit fait mordre la poussière à cent soixante mille hommes; il avoit réuni à l'Empire romain la Grèce, la Macédoine, l'Ionie, l'Asie, et beaucoup d'autres régions dont Mithridate s'étoit antérieurement emparé. Il avoit enlevé à ce prince tous ses vaisseaux, et l'avoit confiné, après tant de conquêtes, dans les anciennes limites de ses États. Sylla donc reprit le chemin de Rome, à la tête d'une armée nombreuse qui lui étoit dévouée, qui étoit à l'épreuve des fatigues de la guerre, et qui s'enorgueillissoit des grandes choses qu'elle avoit faites. Il avoit beaucoup de vaisseaux à ses ordres. Il étoit pourvu d'argent et de toutes les autres munitions militaires. Ses ennemis en furent épouvantés. Carbon et Cinna, redoutant son approche, envoyèrent des émissaires par toute l'Italie, pour amasser de l'argent, pour lever des troupes, et pour préparer des vivres. Ils firent embrasser leur parti aux citoyens puissans par leur fortune. Ils échauffèrent le zèle des villes alliées, de celles principalement dont les citoyens venoient d'obtenir le droit de cité, en leur représentant que c'étoit à cause d'elles qu'ils étoient en danger. Ils firent armer des vaisseaux. Ils donnèrent ordre à ceux qui étoient en Sicile de revenir. Ils mirent les rivages de la mer en état de défense. Ils ne négligèrent aucune des dispositions de sûreté que la terreur put leur inspirer dans ces circonstances critiques.

LXXVII. Cependant Sylla adressa au sénat un message écrit d'un ton de fierté et d'assurance, où il ne parla que de lui. Il y rappela ce qu'il avoit fait, et dans la guerre contre Jugurtha, roi de Numidie, lorsqu'il n'étoit encore que questeur, et dans son ambassade auprès des Cimbres, et durant sa préture en Cilicie, et dans le cours de la guerre sociale, et pendant son consulat. Il fit ensuite le tableau de ce qu'il venoit d'exécuter contre Mithridate. Il en fit sonner haut les résultats, au milieu de la nomenclature des nations diverses qu'il avoit fait passer de la domination de ce prince sous celle du peuple romain. Il fit valoir sur-tout que son camp avoit servi de refuge aux malheureux que Cinna avoit exilés, et qu'il avoit allégé le poids de leur infortune. Il ajouta qu'en récompense de toutes ces choses, ses ennemis l'avoient proscrit ; qu'ils avoient fait raser sa maison et donner la mort à tous ceux qui lui étoient attachés ; que sa femme même et ses enfants avoient eu beaucoup de peine à venir chercher leur salut auprès de lui. Il termina en disant qu'incessamment il arriveroit pour venger les victimes individuelles, ainsi que la république entière, des auteurs de tant d'attentats, et en promettant d'avance que nul ressentiment ne seroit d'ailleurs exercé ni contre les anciens, ni contre les nouveaux citoyens. Une terreur universelle suivit la lecture de ce message. Le sénat envoya à Sylla des députés chargés de négocier un raccommodement avec ses ennemis, et de lui dire que, s'il croyoit avoir besoin de l'intervention du sénat pour quelque mesure de sûreté personnelle, il pouvoit la lui faire demander au plutôt. Il fit dire en même temps à Cinna et à Carbon de cesser de lever des troupes, jusqu'à la réponse de Sylla. Ils promirent de cesser en effet. Mais, après le retour des députés, ils se désignèrent eux-mêmes pour la prochaine élection du consulat (1), afin de se dispenser de se rendre à Rome à ce sujet ; et cependant, en parcourant l'Italie, ils levèrent une armée qu'ils embarquèrent partiellement pour la Liburnie, d'où ils devoient se mettre en marche pour aller à la rencontre de Sylla.

LXXVIII. La première division de leurs troupes fit le trajet avec succès. La seconde fut arrêtée par une tempête, et tous ceux des soldats déjà embarqués qui retournèrent à terre s'enfuirent chacun

Ans de Rome. 670.

dans son pays, sous prétexte qu'ils répugnoient à aller combattre contre leurs concitoyens. Les autres divisions, ayant appris cette défection, refusèrent également de s'embarquer pour la Liburnie. Cinna, indigné, assembla les troupes pour les haranguer avec le ton de la menace. Les troupes, irritées de leur côté, obéirent à la convocation, avec l'intention de montrer de la résistance. Un des licteurs de Cinna, qui marchoit au-devant de lui pour lui ouvrir le passage, frappa un individu qui se trouvoit sur son chemin. Un des soldats de l'armée frappa de son côté le licteur. Cinna ordonna que le soldat fût saisi; une clameur universelle répondit à cet ordre, et Cinna se vit assaillir à coups de pierres. Alors les soldats qui l'entouroient mirent le glaive à la main, et le massacrèrent. Ce fut ainsi que périt Cinna, au milieu de son consulat (2). Carbon se hâta de rappeler les troupes qui étoient passées en Liburnie; et, craignant les suites de ce qui s'étoit passé, il ne vouloit pas retourner à Rome, quoique les tribuns du peuple l'y invitassent, pour faire nommer un autre consul en remplacement de Cinna. Sur la menace qu'ils lui firent de le destituer, il se rendit, et convoqua les comices pour l'élection d'un consul. Les auspices ne s'étant pas trouvés favorables au jour marqué pour l'élection, il en assigna un autre. Mais cet autre jour-là, le feu du ciel étant tombé dans les enceintes sacrées du temple de la Lune et de celui de Cérès, les augures reculèrent l'élection jusqu'après le solstice d'été, et Carbon demeura seul (3).

LXXIX. Cependant Sylla avoit répondu aux députés du sénat, que, quant à lui, il ne seroit jamais l'ami de ceux qui avoient commis tant d'attentats ; qu'il ne trouveroit pas mauvais que la république leur fît grace de la vie, mais que ceux qui prendroient le parti de se réfugier auprès de lui seroient ceux qui pourroient le plus compter sur une sécurité perpétuelle, parceque son armée lui étoit singulièrement affectionnée: donnant clairement à entendre, par ce seul mot, qu'il n'étoit point dans l'intention de la licencier, et que déjà il rouloit dans sa tête des projets de tyrannie (4). Il demanda que son titre de citoyen, que ses biens, que son sacerdoce lui fussent rendus, ainsi que tous les autres anciens honneurs dont il pouvoit avoir été revêtu, tels qu'il les possédoit auparavant; et il fit partir avec les députés du sénat quelques uns de ses officiers, pour faire cette demande en son nom. A leur arrivée à Brindes, ces officiers apprirent la mort de Cinna. Ils apprirent aussi que l'autre consul, son collègue, n'étoit point à Rome. En conséquence, ils rebroussèrent, sans aller remplir leur commission. Sylla, instruit de ces circonstances, se mit en marche à la tête de cinq légions de troupes romaines, de six mille hommes de cavalerie, de quelques troupes du Péloponnèse et de Macédoine, au nombre total de quarante mille hommes (5); et, avec une flotte de seize cents vaisseaux, il se rendit du Pirée (6) à Patra (7), et de Patra à Brindes. En reconnoissance de ce que les citoyens de cette ville le laissèrent débarquer sans coup férir, il leur accorda, dans la suite, une exemption de tout impôt, prérogative dont ils jouissent encore. Il ne tarda pas à pousser en avant avec son armée.

LXXX. Cécilius Métellus, surnommé le Pieux, qui depuis long-temps avoit été délégué pour étouffer les derniers mouvements de la guerre sociale, et qui n'étoit point venu à Rome du temps de Cinna et de Marius, attendant les évènements dans la Ligurie, vint de lui-même se mettre sous les ordres de Sylla avec le corps dont il avoit le commandement. Il avoit encore le titre de proconsul; car ceux qui en étoient revêtus le gardoient jusqu'à leur retour à Rome. Après Métellus, vint Pompée, celui qui, peu de temps après, fut surnommé le Grand. Il étoit fils du Pompée qui avoit été écrasé par la foudre, et qui ne passoit pas pour être l'ami de Sylla (8). Malgré cela, son fils, écartant toute défiance, vint se réunir à Sylla avec une légion qu'il avoit levée dans le Picentin, pays où la gloire de son père le faisoit jouir d'un grand crédit. Peu de temps après, il en leva deux autres (9); et, de tous les partisans de Sylla, ce fut lui qui lui rendit le plus de services. Aussi, quoiqu'il fût jeune encore, Sylla le distingua au point qu'on dit que, dans ses audiences, il ne se levoit que pour lui lorsqu'il se présentoit. Sur la fin de la guerre, il l'envoya en Afrique, pour y donner la chasse aux amis de Carbon qui s'y étoient réfugiés, et pour rétablir dans son royaume de Numidie Hyempsal, que les Numides avoient expulsé.

Sylla lui fit décerner, à cette occasion, les honneurs du triomphe, tout jeune qu'il étoit, et quoiqu'il ne fût pas encore sorti de l'ordre des chevaliers. Dès cette époque, Pompée prit un grand essor. Il fut chargé d'aller combattre Sertorius en Espagne, et ensuite Mithridate en Asie. Céthégus aussi vint rendre hommage à Sylla, quoiqu'il eût été, avec Cinna et Marius, un de ses plus violents antagonistes, et qu'il eût été condamné à l'exil avec eux. Il se présenta d'un air de suppliant, et s'offrit à le servir en tout ce qu'il jugeroit à propos.

Ans de Rome. 671.

LXXXI. Mais Sylla, voyant déjà autour de lui une armée nombreuse et beaucoup d'illustres amis (10), attacha plusieurs de ces derniers à son service en qualité de lieutenants; et, de concert avec Métellus, proconsul comme lui, il se porta en avant. Car Sylla paroissoit encore revêtu du titre de proconsul, qu'il avoit lors de son départ pour la guerre contre Mithridate, quoique Cinna l'eût fait déclarer ennemi de la république. Cependant Sylla dissimuloit la haine profonde dont il étoit secrètement animé contre ses ennemis. D'un autre côté, ceux des citoyens de Rome qui connoissoient bien le fond de son caractère, qui avoient encore devant les yeux le tableau de sa première entrée à Rome à la tête des légions, qui se souvenoient des lois qu'il avoit provoquées, qui songeoient à sa maison renversée de fond en comble, à ses biens confisqués, à ses amis égorgés, à sa famille qui avoit eu tant de peine à se sauver, étoient pleins de terreur; et, sentant qu'il n'y avoit point de milieu pour eux entre la victoire ou la mort, ils appuyoient en tremblant les mesures que les consuls préparoient contre Sylla. On parcouroit l'Italie, ramassant des troupes, des vivres et de l'argent avec la plus grande activité et le plus grand zèle, comme dans le plus critique danger.

LXXXII. Caïus Norbanus et Lucius Scipion, alors consuls, et avec eux Carbon, qui l'étoit l'année précédente, unis par leur commune haine contre Sylla, et le haïssant encore plus que les autres, à cause de la part qu'ils avoient prise aux événements passés, levèrent dans Rome une armée aussi nombreuse qu'il leur fût possible; et, après l'avoir réunie à celle que fournirent les villes alliées de l'Italie, ils marchèrent contre Sylla sur divers points, ayant d'abord sous leurs ordres deux cents cohortes de cinq cents hommes (11). Ils ne tardèrent pas à en avoir un plus grand nombre; car la bienveillance des citoyens envers les consuls y faisoit beaucoup. Sylla, en effet, avoit l'air d'un ennemi qui venoit attaquer la patrie, au lieu que les consuls sembloient ne défendre que la cause publique, tandis qu'ils ne défendoient que leur propre cause. Ils avoient d'ailleurs pour auxiliaires tous ceux qui, ayant coopéré avec eux aux maux précédents, croyoient en devoir comme eux redouter les suites. Ils connoissoient assez bien Sylla pour savoir qu'il ne se contenteroit pas d'infliger quelques châtiments, de remettre les choses dans l'état où il les avoit laissées, d'en imposer à ses antagonistes, mais qu'il lui faudroit des ruines, des supplices, des confiscations, des massacres ; et cette opinion ne les trompoit pas. Car, après toutes les calamités d'une guerre où, souvent, dans une seule action, tantôt dix mille hommes, tantôt vingt mille hommes restèrent sur le champ de bataille, sans compter les cinquante mille qui périrent, tant d'un côté que de l'autre, autour des murailles de Rome, il n'y eut point d'horreurs auxquelles Sylla ne se livrât contre les individus qui survécurent à tant de désastres, et contre les villes qui l'avoient desservi, jusqu'à ce que, s'étant exclusivement emparé de l'autorité suprême dans l'Empire romain, il la garda aussi long-temps qu'il voulut.

Ans de Rome. 671.

LXXXIII. Au surplus, les Dieux parurent annoncer d'avance ces funestes évènements. Plusieurs accidents extraordinaires, soit publics, soit particuliers (12), qui eurent lieu en divers endroits de l'Italie, en furent les sinistres avant-coureurs. Ces présages en firent rappeler d'anciens, et la terreur en fut augmentée. Entre autres prodiges, une mule devint féconde ; une femme accoucha d'un serpent au lieu d'un enfant ; un violent tremblement de terre se fit ressentir, quelques temples en furent écrasés à Rome (évènements qui étoient en possession d'inspirer une profonde terreur au peuple romain) ; le Capitole, qui avoit été bâti quatre cents ans auparavant par les rois, fut incendié, sans qu'il fût possible d'en savoir la cause. Tels furent les signes qui pronostiquèrent le carnage d'un si grand nombre de citoyens, les saccagements de l'Italie, la servitude des Romains, la prise de Rome même, et l'anéantissement de la république (13).

LXXXIV. Or, cette guerre commença à compter du débarquement de Sylla à Brindes, la cent soixante-quatorzième olympiade. Quant à sa durée, elle ne fut pas proportionnée à l'importance des évènements; car l'intérêt personnel la fit pousser avec une grande activité : ce qui en rendit les calamités, accumulées dans un court intervalle, plus considérables et plus cruelles. Il y en eut pour trois ans en Italie, jusqu'au moment où Sylla se rendit entièrement maître du pouvoir. Car, en Ibérie, elle continua même après lui. Des batailles rangées, des escarmouches, des sièges, tous les genres d'opérations militaires eurent lieu en Italie, soit par les armées en corps, soit par divisions particulières, et toujours avec des actions d'éclat. Je ne parlerai que des plus importantes et des plus mémorables. En voici l'abrégé.

NOTES.

(1) Ils firent mieux, selon l'Epitome de Tite-Live, livre LXXXIII. Ils se nommèrent eux-mêmes consuls, et cela pour deux ans. *Cùm L. Cinna, et Cn. Papirius Carbo, à seipsis consules per biennium creati, bellum contra Sullam pararent.*

(2) Voilà le second exemple d'un consul égorgé par ses propres troupes. Voy. l'Epitome de Tite-Live, liv. LXXXIII. Paterculus, en rendant compte de ce fait, répand quelques fleurs sur la tombe de Cinna. *Vir dignior qui arbitrio victorum moreretur quàm iracundiâ militum, de quo verè dici potest, ausum eum quæ nemo auderet bonus, perfecisse quæ à nullo nisi fortissimo perfici possent; et fuisse eum in consultando temerarium, in exequendo virum,* lib. II, cap. 21.

(3) Patercul. *Ibid.*

(4) Paterculus prête à Sylla de meilleures intentions. *Tentavit justis legibus et æquis conditionibus bellum componere; sed iis quibus et pessima et immodica cupiditas erat, non poterat pax placere.* L'Epitome de Tite-Live, liv. LXXXIV, lui rend à peu près le même témoignage. *Sulla legatis qui à senatu missi erant futurum se in potestate senatûs respondit, si cives qui à Cinnâ pulsi ad se fugerant restituerentur.* Ibid. lib. LXXXV.

(5) Il y a, dans le grec, ἐς μυριάδας ἀνδρῶν τέσσαρας. Or, on sait que quatre myriades ne font que quarante mille. Sur quel fondement Desmares a-t-il donc grossi ce nombre d'un tiers, en le portant à *environ soixante mille hommes?*

(6) On sait que le Pirée étoit le port principal de la ville d'Athènes. Thémistocle, mécontent du port de Phalère, dont les Athéniens s'étoient servis jusqu'alors, fit construire celui-ci avec une magnificence digne de la première république de la Grèce. *Voyez* Cornélius Nepos, vie de Thémist., chap. 8. Pausanias, dans ses attiques, chap. 1.

(7) Patra est une des villes de l'Achaie. Polybe la compte parmi les douze cités de cette contrée de la Grèce qui composèrent la fameuse ligue Achéenne. Liv. II, chap. 41.

(8) Il est évident, d'après les règles de la syntaxe, que c'est à Pompée, celui qui fut écrasé par la foudre, que se rapportent ces paroles: *Il ne passoit pas pour être l'ami de Sylla.* L'interprète latin a entendu le texte dans ce sens-là: *Qui fulmine periit, et non visus erat Sylla esse amicus.* C'est donc une grave inadvertance, de la part de Desmares, d'avoir mis sur le compte de Pompée le fils ce qu'Appien a mis sur le compte de son père.

(9) Cela s'accorde parfaitement avec l'Epitome de Tite-Live. *Cn. Pompeius, Cneii filius ejus qui Asculum ceperat, conscripto voluntariorum exercitu, cum tribus legionibus ad Sullam venerat.*

(10) Selon Paterculus, tout ce qu'il y avoit de meilleurs citoyens et de bonnes têtes se rendoient chaque jour auprès de Sylla. *Crescebat interim in dies Sullæ exercitus, confluentibus ad eum optimo quoque et sanissimo.* Lib. II, cap. 25.

(11) Seyssel et Desmares ont fait le même contre-sens sur ce passage. Ils ont supposé, faute de bien entendre le texte, que les cohortes de l'armée des consuls n'étoient composées que de deux cents hommes. La version latine de Schweighæuser est exempte de cette bévue. *Habueruntque cohortes quingenarias ducentas tunc primùm, nam posteà pluribus etiam usi sunt.*

(12) Demares a traduit, « Car des fantômes se présentèrent « à une infinité de personnes, et *seules et en compagnie*, « par toute l'Italie »; pour rendre les mots grecs qui correspondent aux mots latins *privatìm, publicèque.*

(13) On peut joindre à ce tableau celui que présente Plutarque, dans le chap. 16 de la vie de Sylla.

CHAPITRE X.

Victoires de Sylla et de ses lieutenants contre Marius le jeune, et la faction dont il est le chef. Cruautés commises de part et d'autre. Marius est assiégé dans Préneste, et quand il se voit réduit à la dernière extrémité, il se tue. Prise de la ville de Préneste. Égorgement de ceux qui y sont faits prisonniers. Prise et saccagement de la ville de Norbe.

LXXXV. La première bataille fut donnée auprès de Canuse (1), entre Sylla et Métellus d'une part, et Norbanus de l'autre. Norbanus perdit six mille hommes, et Sylla n'en perdit que soixante et dix; mais le nombre de ses blessés fut considérable. Norbanus fit sa retraite sur Capoue. Lucius Scipion marcha contre les deux proconsuls, qui étoient dans les environs de Téanum. L'armée qu'il commandoit répugnoit à la guerre, et désiroit que l'on fît la paix. Instruit de cette disposition, Sylla envoya des députés à Scipion pour avoir l'air de négocier, non qu'il espérât ou qu'il désirât de se rapprocher; mais il comptoit que cette démarche jetteroit la sédition dans l'armée du consul : ce qui arriva (2). Scipion ayant reçu des otages, se rendit dans un lieu en pleine campagne, où l'on s'aboucha trois d'un côté et trois de l'autre; mais rien de ce qui fut dit à cette occasion ne transpira. Il paroît que Scipion demanda le délai nécessaire pour communiquer le

Ans de Rome. 671.

plan de conciliation proposé à Norbanus, son collègue, auquel Sertorius fut envoyé à cet effet. En attendant la réponse de Norbanus, les deux armées restèrent dans l'inaction. Mais Sertorius s'étant, chemin faisant, emparé de Suesse (3), qui avoit embrassé le parti de Sylla, celui-ci députa vers Scipion pour se plaindre de ce procédé. Mais, soit que le consul ne fût point étranger à ce que Sertorius avoit fait, soit qu'il ne sût quoi répondre à Sylla, il lui renvoya ses otages. Incontinent l'armée qu'il avoit sous ses ordres lui fit (4) un crime d'avoir violé le droit des gens en s'emparant de Suesse pendant la trêve, ainsi que d'avoir renvoyé les otages qu'on n'avoit pas demandés; et elle s'engagea clandestinement avec Sylla à passer de son côté, s'il s'approchoit. Il s'approcha en effet, et toute l'armée du consul passa en entier dans le camp de Sylla ; si bien que Scipion et Lucius, son fils, demeurés seuls de toute l'armée dans leur tente, sans savoir quel parti prendre, furent faits prisonniers par Sylla : chose inconcevable dans le chef d'une armée, que Scipion ait ignoré les projets de défection de celle qu'il commandoit (5) !

LXXXVI. Sylla fit de vains efforts pour retenir auprès de lui le consul et son fils, et il les laissa aller sans leur faire éprouver aucun mauvais traitement. Il envoya une autre députation à Norbanus, à Capoue, pour traiter également avec lui, soit qu'il craignît que les villes de l'Italie, en se décidant successivement pour le parti des consuls, ne leur donnassent la prépondérance, soit qu'il voulût seulement pratiquer l'armée de Norbanus comme il avoit pratiqué celle de Scipion. Ne voyant revenir personne pour lui rendre une réponse quelconque (car Norbanus, à ce qu'il paroît, avoit craint pour son armée les mêmes manœuvres de la part de ses envoyés) (6), Sylla se mit en campagne, ravageant tout ce qui étoit ennemi. Norbanus en fit autant de son côté. Là-dessus, Carbon accourut à Rome, et fit déclarer ennemis de la république Métellus et tous les autres membres du sénat qui avoient embrassé le parti de Sylla. Ce fut à cette époque que le Capitole fut incendié. Les uns dirent que Carbon en étoit l'auteur; d'autres que c'étoient les consuls qui en avoient donné l'ordre; d'autres que c'étoient les partisans de Sylla qui avoient fait le coup : mais la vérité du fait ne fut point constatée, et je ne sache point à qui attribuer la vraie cause de cet événement. Cependant Sertorius, à qui le commandement de l'Ibérie avoit été depuis long-temps déféré, se mit en route pour ce pays après son expédition contre Suesse; et les préteurs qui y commandoient ayant refusé de le reconnoître, les Romains eurent encore là beaucoup de nouvelles fatigues à supporter. D'un autre côté, l'armée des consuls se renforçoit chaque jour davantage, parceque le nombre des villes d'Italie qui se prononçoient en leur faveur alloit toujours en croissant, et qu'il leur venoit des secours même de la Gaule Transpadane. Sylla, de son côté, agissoit également avec beaucoup d'activité; il envoyoit des émissaires sur tous les points de l'Italie où il pouvoit, s'attachant

Ans de Rome. 671.

les uns par l'affection, les autres par la crainte, ceux-ci par des largesses, ceux-là par des espérances. La fin de l'été arriva sur ces entrefaites.

LXXXVII. L'année suivante, Papirius Carbon fut nommé consul pour la seconde fois. Il eut pour collègue Marius, le neveu du célèbre Romain de ce nom (7). Ce Marius n'étoit encore âgé que de vingt-sept ans (8). La rigueur de l'hiver suspendit toutes hostilités. Au commencement du printemps, une sanglante bataille, qui dura depuis le point du jour jusqu'à midi, eut lieu sur les bords de l'Æsis (9) entre Métellus, et Carinas le lieutenant de Carbon. Carinas prit la fuite après avoir perdu beaucoup de monde, et tout le pays des environs abandonna le parti des consuls pour celui de Métellus. Carbon se mit à la poursuite de Métellus, et le tint bloqué jusqu'à ce qu'ayant appris que Marius, son collègue, avoit été battu dans une grande bataille auprès de Préneste, il vint camper à Ariminum, où Pompée vint lui donner de l'inquiétude sur ses derrières.

Voici les détails de la défaite de Marius à Préneste. Sylla s'étant emparé de Sétia (10), Marius, qui campoit auprès, battit en retraite à petites journées. Lorsqu'il fut arrivé à Sacriportum (11), il se disposa à livrer bataille. On commença par se battre avec chaleur. Au moment où l'aile gauche alloit donner, cinq cohortes d'infanterie et deux de cavalerie, qui ne crurent pas devoir attendre le moment de la déroute, jetèrent leurs enseignes et se tournèrent du côté de Sylla. Cette défection fut la première cause de la défaite de Marius. Les vaincus se sauvèrent à Préneste (12), où Sylla les poursuivit en grande hâte. Les habitants de Préneste laissèrent entrer les premiers des fuyards qui se présentèrent; mais, voyant arriver Sylla, ils fermèrent les portes et introduisirent Marius avec des cordes. Il y eut un grand carnage autour des murailles. Sylla fit beaucoup de prisonniers, et ordonna qu'on passât au fil de l'épée tous les Samnites qui furent du nombre, comme imperturbables ennemis des Romains.

<small>Ans de Rome, 672.</small>

LXXXVIII. A la même époque, Métellus battit l'armée de Carbon, et cinq cohortes se tournèrent également de son côté au milieu de l'action. Pompée eut un succès contre Marcius auprès de la ville de Séna (13), et la saccagéa. Sylla, après avoir enfermé Marius dans Préneste, bloqua cette ville avec des lignes de circonvallation placées à une assez grande distance, et il chargea Lucrétius Ofella de la suite des opérations, qui n'exigeoient plus de bataille contre un ennemi que la famine devoit réduire. Marius, se voyant perdu sans ressource (14), se hâta de faire périr avant lui ses ennemis personnels. Il envoya ordre à Brutus, préteur de Rome (15), de convoquer le sénat sous un prétexte quelconque, et de faire égorger Publius Antistius, un autre Papirius Carbon (16), Lucius Domitius, et Mutius Scœvola (17), qui étoit alors souverain pontife. Deux de ces victimes furent immolées, conformément à l'ordre de Marius, en plein sénat. Domitius, comme il se sauvoit, fut massacré auprès de la porte; et Scœvola, qui étoit déjà sorti, n'alla pas loin. Leurs corps furent jetés dans le Tibre; car déjà on s'étoit mis sur le pied de ne pas laisser rendre, en pareil cas, les honneurs funèbres. Sur ces entrefaites Sylla fit marcher des corps de troupes contre Rome par divers chemins, avec ordre de s'emparer des portes; et, si l'on étoit repoussé, de faire la retraite sur Ostie. La terreur leur fit ouvrir les villes qui se trouvèrent sur leur route; et Rome même, déjà assaillie par la famine, et accoutumée au milieu de ses calamités à tomber de mal en pis, ouvrit ses portes.

LXXXIX. Sylla n'en fut pas plutôt informé, qu'il accourut sur-le-champ. Il fit poster son armée tout près de Rome, dans le Champ-de-Mars; et tandis qu'il entroit, tous les adhérents du parti contraire prirent la fuite. Incontinent il confisqua leurs biens et en fit la vente. Ensuite il convoqua le peuple; il rejeta sur la nécessité les malheurs publics; il invita à prendre courage; il fit espérer qu'aussitôt que la guerre seroit terminée, la république seroit rétablie sur un pied convenable. Après avoir réglé quelques rapides dispositions pour l'intérieur de Rome, qu'il laissa sous les ordres de quelques uns de ses chefs, il se rendit à Clusium (18), où la guerre étoit encore poussée avec vigueur. Ce fut là que les consuls reçurent un renfort de cavalerie celtibérienne, que leur envoyèrent les généraux qui commandoient en Ibérie. Un combat s'étant engagé contre ces auxiliaires auprès du fleuve Glanis (19), Sylla en tua autour de cinquante (20), et deux cent soixante et dix d'entre eux se tournèrent d'eux-mêmes de son côté. Carbon fit égorger le reste, soit ressentiment de la défection de leurs camarades, soit crainte qu'ils n'imitassent leur exemple. Dans le même temps, Sylla battit l'ennemi d'un autre côté, auprès de Saturnia (21), et Métellus, rendu par mer à Ravenne (22), commença par se rendre maître de la campagne Uritaine, très féconde en froment. Une autre division de l'armée de Sylla entra la nuit par trahison dans Néapolis (23), y tua tous ceux des ennemis qui y étoient renfermés, sauf un petit nombre qui se sauva par la fuite, et s'empara de tous les vaisseaux que cette ville avoit dans son port. Sylla et Carbon se donnèrent auprès de Clusium une grande bataille qui dura depuis le point du jour jusqu'au soir, avec un avantage égal des deux côtés, jusqu'au moment où la nuit les sépara.

XC. Dans la plaine de Spolète (24), Pompée et Crassus, tous deux lieutenants de Sylla, tuèrent environ trois mille hommes à Carinas, et l'assiégèrent dans la ville, où il fit sa retraite. Carbon fit marcher un corps de troupes pour le dégager. Mais Sylla, instruit de ce mouvement, vint se jeter sur ce corps à la faveur d'une embuscade, et tua environ deux mille hommes de ce renfort. Carinas fut réduit à saisir l'occasion d'une nuit profonde et d'une abondante pluie pour échapper à l'ennemi, qui eut connoissance de son projet, mais à qui le mauvais temps ôta l'envie de le contrarier. D'un autre côté, Carbon, instruit que Marius étoit pressé dans Préneste par la famine, envoya Marcius à son secours, à la tête de huit légions. Pompée, qui s'étoit mis en embuscade dans des défilés, tomba sur cette armée, la battit, tua beaucoup de monde, et cerna le reste sur une éminence. Mais Marcius s'échappa, en se retirant sans avoir éteint ses feux. Son armée lui imputa les effets de l'embuscade, comme une faute de sa part. La sédition se mit grièvement de la partie, et une légion entière, avec ses enseignes, prit sans son ordre le chemin d'Ariminum. Les autres soldats se retirèrent à la débandade, chacun dans sa patrie; de manière qu'il ne resta auprès de Marcius que sept cohortes. Après ces mauvais succès, Marcius retourna vers Carbon. Marcus Lamponius, de la Lucanie, Pontius Télésinus, du pays des Samnites, Gutta, de Capoue, s'étoient mis en marche avec soixante et dix mille hommes, pour aller débloquer Préneste, où Marius étoit enfermé. Mais Sylla s'étant emparé du seul défilé par où cette armée pouvoit s'avancer vers la place, leur coupa le passage. Marius, n'espérant plus qu'il pût lui venir du secours de dehors, construisit une espèce de redoute dans le large espace qui étoit entre la place et les assiégeants; il y rassembla toutes ses machines et toutes ses forces, employant toutes ses ressources pour s'ouvrir un passage au travers des lignes de Lucrétius. Mais, après plusieurs jours d'efforts inutiles, il rentra dans la place.

XCI. Dans le même temps, Carbon et Norbanus étant arrivés, à marche forcée, à une petite distance du camp de Métellus, sur le déclin du jour, auprès de Favencia (25), dans un lieu rempli de vignobles,

eurent la haute imprudence, en ne consultant que
leur animosité, de se ranger en bataille, espérant
d'en imposer à Métellus en l'attaquant à l'improviste. Mais ils furent battus, à cause du désavantage
de l'heure et du lieu; et, ayant été forcés de se
jeter dans les vignes, ils y perdirent beaucoup de
monde. On leur tua environ dix mille hommes; six
mille passèrent à l'ennemi; le reste se débanda :
il n'y en eut que mille qui gagnèrent Arrétium (26)
en bon ordre. Une autre légion de Lucaniens, qui
étoit sous les ordres d'Albinovanus, instruite de
cette déconfiture, vint se réunir, malgré son chef,
à l'armée de Métellus. Cette défection, qu'Albinovanus ne put empêcher, n'altéra point, pour le
moment, son attachement à la cause de Norbanus,
et il vint le rejoindre; mais, peu de jours après,
il traita clandestinement avec Sylla pour son impunité, à condition qu'il feroit quelque chose de
remarquable pour son service. En effet, il invita
à un repas Norbanus et les autres généraux qui
étoient auprès de lui, Caïus Antipatrus (27), Flavius Fimbrias, le frère de celui qui s'étoit suicidé
en Asie, et tous les autres chefs du parti de Carbon
qui étoient dans ce voisinage. Aussitôt qu'ils furent
arrivés, à l'exception de Norbanus, car il fut le
seul qui ne se rendit pas, Albinovanus prit les mesures nécessaires pour les faire tous égorger pendant
le repas, et il se sauva auprès de Sylla. Norbanus,
informé qu'après cet horrible événement la ville
d'Ariminum (28) et toutes les troupes des environs
avoient abandonné son parti; sentant d'ailleurs qu'il

n'y avoit plus de sûreté pour lui au milieu de ceux de ses amis qui l'entouroient encore, comme il arrive en pareil cas, il se jeta dans le vaisseau d'un particulier qui faisoit voile pour l'île de Rhodes. Sylla fit demander aux Rhodiens que Norbanus lui fût livré; et, pendant que ces insulaires délibéroient sur son sort, il se poignarda lui-même au milieu de leur place publique.

XCII. Cependant Carbon, singulièrement pressé de débloquer Marius à Préneste, fit marcher pour cette destination deux nouvelles légions, sous les ordres de Damasippus (29). Mais il fut également impossible à ce dernier de pénétrer par les défilés que les troupes de Sylla gardoient. En même temps, toute la partie de la Gaule qui est entre Ravenne et les Alpes se tourna à la fois du côté de Métellus, et Lucullus battit auprès de Plaisance (30) un autre corps de troupes du parti de Carbon. Celui-ci, informé de tous ces événements, quoiqu'il eût encore trente mille hommes aux environs de Clusium, les deux légions qu'il avoit confiées à Damasippus, d'autres corps sous les ordres de Carinas et de Marcius, et beaucoup de Samnites qui faisoient avec courage les plus grands efforts pour percer les défilés de Préneste, perdit toute espérance, et se sauva lâchement avec ses amis en Libye, tout consul qu'il étoit encore (31), ayant le projet de mettre la Libye en mesure de défense contre l'Italie. Les trente mille hommes qui étoient dans le voisinage de Clusium périrent, au nombre de vingt mille, dans une bataille contre Pompée; et, après ce grand échec, le reste de cette armée s'étant débandé, chacun regagna ses foyers. Carinas, Marcius et Damasippus réunirent toutes leurs forces, et vinrent se joindre aux Samnites, pour s'efforcer avec eux de pénétrer par les défilés de Préneste. Mais n'ayant pu en venir à bout, malgré tant d'efforts, ils marchèrent sur Rome, espérant de la trouver dépourvue de soldats et de vivres, et, par conséquent, de s'en emparer sans peine. Ils campèrent à moins de cent stades, sur le territoire des Albins.

Ans de Rome. 672.

XCIII. Sylla, craignant pour Rome, envoya sa cavalerie à grandes journées, pour les empêcher d'aller plus avant. Il accourut lui-même avec une nombreuse armée du côté de la porte Colline, et, vers le milieu du jour, il forma son camp du côté du temple de Vénus, pendant que l'ennemi avoit planté le sien de l'autre côté de Rome. On ne tarda pas à en venir aux mains. L'action s'engagea sur le soir. Sylla fut le plus fort sur la droite; mais ses troupes plièrent sur la gauche (32), et se sauvèrent en gagnant les portes de Rome. C'étoient de vieux soldats. Quand ils virent que l'ennemi les poursuivoit jusque dans l'intérieur de la ville (33), ils fermèrent la porte en lâchant la herse, qui, en tombant, écrasa plusieurs personnes, notamment plusieurs sénateurs. Mais le plus grand nombre, soit crainte, soit nécessité, firent tête de nouveau à l'ennemi. Ils se battirent toute la nuit, et lui firent perdre beaucoup de monde. Ils lui tuèrent, entre autres, deux de ses chefs, Télésinus et Albinus, et s'emparèrent de son camp. Lamponius, de la Lucanie, Marcius, Carinas, et tous les autres chefs du parti de Carbon qui étoient avec eux, prirent la fuite. Il resta sur le champ de bataille environ cinquante mille morts de part ou d'autre, et les vainqueurs firent plus de huit mille prisonniers. Parcequ'ils étoient presque tous Samnites, Sylla les fit passer au fil de l'épée (34). Le lendemain, on lui amena Marcius et Carinas, qui avoient été arrêtés; et, quoiqu'ils fussent Romains, il ne les épargna pas. Il les fit égorger l'un et l'autre, et il envoya leurs têtes à Lucrétius, avec ordre de les faire promener autour des murailles de Préneste (35).

XCIV. Les habitants de cette ville, instruits par ce spectacle que l'armée de Carbon étoit entièrement exterminée, sachant d'ailleurs que Norbanus s'étoit enfui d'Italie, et que Sylla étoit maître enfin de l'Italie entière et de Rome même, ouvrirent leurs portes à Lucrétius, tandis que Marius s'alla cacher dans un souterrain, où bientôt il se donna lui-même la mort (36). Lucrétius fit couper la tête de Marius et l'envoya à Sylla, qui la fit accrocher aux rostres, au milieu du Forum. On dit qu'il tourna en ridicule la jeunesse de ce consul, et qu'il dit, à ce sujet, « qu'il falloit avoir mis la main à la rame, avant « que de la porter au gouvernail. » Lucrétius, dès qu'il fut entré dans Préneste, fit mettre à mort une partie des membres du sénat qui servoient sous Marius, et fit emprisonner les autres. Sylla fit égorger ceux-ci à son arrivée (37) dans cette ville. Il ordonna ensuite que tous les hommes qui étoient dans la ville se rendroient sans armes en plein champ.

Après qu'ils y furent tous rassemblés, il fit mettre de côté le petit nombre de ceux qui avoient fait quelque chose pour son service. Les autres, il les partagea en trois pelotons, savoir, celui des Romains, celui des Samnites, celui des citoyens de Préneste. Cela fait, il déclara aux Romains que, quoique par leur conduite ils eussent mérité la mort, il vouloit bien néanmoins leur faire grace. Tous les autres, il les fit passer au fil de l'épée ; mais il laissa aller impunément les femmes et les enfants, et livra ensuite au pillage cette ville, une des plus riches qui existoient alors. Tel fut le sac de Préneste. La ville de Norbe (38) continua de résister avec intrépidité, jusqu'à ce qu'Émilius Lépidus parvint à s'y introduire de nuit, à la faveur d'une trahison (39). Dans leur indignation contre le succès de cette perfidie, on vit les citoyens de cette ville, les uns s'égorger eux-mêmes, les autres s'entr'égorger spontanément, ceux-ci se pendre, ceux-là se barricader dans leurs maisons et y mettre le feu. Un vent véhément qui survint donna à l'incendie un si grand développement, qu'il fut impossible d'arracher aux flammes aucun butin. Ce fut ainsi qu'ils eurent le courage de se dévouer à la mort. Lorsque après tant d'incendies et tant de torrents de sang répandu (40), la guerre eut été terminée en Italie, les chefs du parti de Sylla en parcoururent les villes l'une après l'autre, établissant des garnisons dans celles qui paroissoient suspectes. Pompée fut envoyé en Libye contre Carbon, et ensuite en Sicile, contre ceux de ses partisans qui s'y étoient réfugiés.

NOTES.

(1) Suivant Florus, ce fut auprès de Capoue, sur les bords du Vulturne. *Primùm apud Capuam sub amne Vulsurno signa concurrunt.* Lib. III, cap. 21. Paterculus dit la même chose. *Felici deindè circa Capuam eventu Scipionem Norbanumque consules superat.* L'Epitome de Tite-Live, liv. V, attribue ce commencement des hostilités à un attentat de Norbanus envers des députés de Sylla. *Sulla in Italiam trajecit, missisque legatis qui de pace agerent, à consule C. Norbano violatis, eumdem Norbanum prœlio vicit.* Au reste, Canuse étoit une ville de l'Apulie, voisine de Salapie et d'Asculum, et située sur la rive droite de l'Aufidus. Ce fut là, selon Tite-Live, liv. XXII, chap. 1, que les Romains allèrent se rallier, après qu'ils eurent perdu la bataille de Cannes.

(2) Voyez Paterculus, liv. II, chap. 25; Plutarque, vie de Sylla, chap. 58.

(3) Elle étoit dans la partie de la Campanie que Cellarius désigne par l'épithète spéciale de *méditerranée*. Voyez cet article dans ce géographe. Liv. II, chap. 9, sect. IV. n. 482.

(4) Le texte porte : *Fit un crime aux consuls*, au pluriel.

(5) Ce fut au sujet de cet évènement, dit Plutarque, que Carbon s'aperçut qu'il avoit à combattre dans la personne de Sylla un renard et un lion tout ensemble, et qu'il témoigna que le renard lui feroit plus de mal que le lion. Vie de Sylla, chap. 58.

(6) J'ai donné ici au texte un sens différent de celui de Desmares, et de la version latine de Schweighæuser. J'ai cru devoir l'entendre dans le même sens que Seyssel l'a entendu.

(7) Appien est le seul des historiens qui dise que ce Marius étoit le neveu de celui qui avoit été sept fois consul. L'Epitome de Tite-Live, Diodore de Sicile, Paterculus,

Plutarque, l'auteur des Hommes illustres, Eutrope, tous le font fils de ce dernier. Peut-être étoit-il réellement son neveu et ne devint-il son fils que par adoption.

(8) S'il faut en croire l'Epitome de Tite-Live, il n'avoit pas vingt ans. *Cùm C. Marius, C. Marii filius, consul ante annos viginti per vim creatus esset.* Lib. LXXXVI. L'auteur des Hommes illustres lui en donne vingt-cinq, et Paterculus aussi.

(9) C'étoit une rivière qui séparoit l'Umbrie du pays des Picènes. Silius Italicus nous donne l'origine de son nom dans ces trois vers, liv. VIII, v. 444.

Ante (ut fama docet) tellus possessa Pelasgis,
Queis Æsis regnator erat : fluvioque relinquit
Nomen et à sese populos tum dixit Asisos.

(10) C'étoit une ville du Latium, située sur le penchant des montagnes où le fleuve Ufens prenoit sa source. Elle étoit au nord des marais Pomptins.

(11) Voyez Paterculus, liv. II, chap. 26; l'Epitome de Tite-Live, liv. XXVII. Sacriportum étoit dans l'intérieur des terres; elle avoit les Volsques au midi, et les Æques au nord. Plutarque, dans la vie de Sylla, place le champ de cette bataille dans le voisinage de Signia, περὶ Σίγνιον.

(12) Elle étoit au nord de Sacriportum, sur sa gauche, sur les frontières du pays des Æques; elle étoit située sur des hauteurs. De là les épithètes d'*altum* et de *frigidum*, que lui donnent Virgile, Énéide, liv. VIII, vers. 682, et Horace, liv. III, od. 4. Son assiette la rendoit très forte. Aussi voit-on qu'elle joue un grand rôle dans les guerres civiles. Après Marius, ce fut Catilina qui eut le projet d'en faire un de ses boulevards. *Cicer. I. Catilin.* cap. 3. Après Catilina, Fulvie se hâta de se saisir de cette place lorsqu'elle leva l'étendard contre Octave, ainsi qu'on le verra plus bas.

(13) Cette ville étoit dans le pays des Picènes, sur les bords de la mer Adriatique, à l'embouchure du fleuve Mysus. Quelques écrivains l'appellent *Sena Gallica*; et de là, par

corruption, elle a été nommée par d'autres Seno-Gallia. Ce fut dans son voisinage que le consul Livius Salinator remporta un grand avantage contre Asdrubal, chef des Carthaginois, qu'il eut l'adresse d'attirer dans une embuscade. *Voy.* Eutrop. liv. III, chap. 10.

(14) *Tùm Marius juvenis et Carbo, consules, quasi desperatâ victoriâ ne inulti perirent, in antecessum sanguine senatûs sibi parentabant, obsessâque curiâ, sic de senatu quasi de carcere qui jugularentur educti. Quid functum in Foro, in Circo, in patentibus templis !* Tel est le langage de Florus, qui atteste qu'on ne se borna pas à quatre victimes. L'Epitome de Tite-Live confirme le témoignage de Florus. *L. Damasippus, prætor, ex voluntate C. Marii, consulis, cùm senatum contraxisset, omnem, quæ in urbe erat, nobilitatem, trucidavit.* Mais Paterculus ne nomme que les quatre dont parle Appien. Il ajoute que Calpurnie, fille de Vestias, et femme d'Antistius, voyant son mari égorgé, se poignarda.

(15) D'après l'Epitome de Tite-Live et Paterculus, ce fut à Damasippus, préteur, et non à Brutus, que cet ordre fut adressé.

(16) Il fut proscrit, quoique frère du consul.

(17) Il eut beau chercher un asile dans le temple des Vestales, il fut égorgé au pied des autels. *Epitom. lib.* LXXXVI; *Florus, lib.* III; *cap.* 21. *Cic. de Orat. lib.* III, 3.

(18) Voyez l'Epitome de Tite-Live, liv. LXXXVIII. Clusium étoit dans l'Etrurie, sur les bords du Glanis. Il paroît qu'elle étoit l'ancienne résidence de Porsenna. Selon Polybe, liv. 2, chap. 25, elle n'étoit qu'à trois journées de Rome. On la nomme aujourd'hui *Chiusi.*

(19) Ce fleuve séparoit l'Etrurie de l'Umbrie, et se jetoit dans le Tibre.

(20) Desmares a pris *cinquante* pour *cinq cents.*

(21) Il est probable qu'il s'agit ici d'une colonie romaine de ce nom, située dans l'Etrurie, entre Caletra et la mer de Tyrrhène.

(22) Grande et forte ville de la Gaule Cispadane, sur les bords de la mer Ionienne.

(23) Ville de la Campanie auprès du Vésuve, sur les bords de la mer. Son ancien nom étoit Parthénope. S'il faut en croire Marcianus Héracléotes, elle dut son origine à un oracle qui fut rendu pour les habitants de Cumes, ville de son voisinage. Il paroit qu'elle devoit son ancien nom de Parthénope à celui d'une des Syrènes qui avoit été enterrée en ce lieu-là, et dont le sépulcre se voyoit encore du temps de Strabon. Voyez ce dernier auteur, liv. V, pag. 170.

(24) C'étoit une colonie romaine, dans la partie de l'Umbrie en deçà des Apennins. Velléius Paterculus, liv. I, chap. 14, et l'Epitome de Tite-Live, chap. 20, parlent de quelques circonstances de sa fondation. Florus en fait mention dans son liv. III, chap. 21, comme d'une des premières villes d'Italie.

(25) Elle étoit située dans la Gaule Cispadane, sur les bords d'une rivière qui, traversant le pays du peuple appelé *Lingones*, alloit se jeter dans le bras du Pô le plus voisin de Ravenne. Paterculus fait mention de ce succès de Métellus, lieutenant de Sylla. Liv. II, chap. 23.

(26) *Arretium*, aujourd'hui *Arrezzo*, ville de l'ancienne Etrurie, sur les bords du Glanis.

(27) Le texte de Schweighæuser porte Ἀντίστατρον, celui de Tollius porte Ἀντίπεστρον. La version latine de Geslen porte *Apustius*. Au milieu de ces variantes, quelle est la vraie leçon? Je répondrai ce que Schweighæuser répond souvent, en pareil cas, *Doctiores viderint*.

(28) Elle étoit sur les bords de la mer Adriatique, non loin d'une rivière qui portoit le même nom.

(29) C'est apparemment ce préteur à qui Marius adressa son ordre de proscription contre les sénateurs et les patriciens, amis de Sylla.

(30) Ville de la Gaule Cispadane, sur la rivière du Pô. Voy. Paterculus, liv. II, n. 28.

(31) Le texte de Tollius porte ὕπεστις, mot barbare, que

les imprimeurs ont mis par inadvertance à la place de ὕπατες, qui est la véritable leçon, et qu'on trouve en effet dans l'édition de Schweighæuser.

(32) C'étoit de ce côté-là qu'il combattoit, et peu de temps avant l'action il avoit failli à être tué. Plutarque rapporte qu'un moment avant que de marcher à l'ennemi, il prit de sa main et baisa une petite image d'Apollon, qu'il portoit attachée à son cou, et qu'il dit à ce Dieu, en l'invoquant: « O Apollon Pythien, as-tu si hautement élevé Cornélius « Sylla, qui a été heureux jusqu'à ce moment dans tant de « batailles, pour renverser aujourd'hui sa fortune tout d'un « coup, et avec tant d'ignominie, aux portes mêmes de Rome, « sous les yeux de ses concitoyens ! » On voit par ce trait, que les plus grands personnages n'ont pas toujours été exempts de superstitions. Il prouve encore que l'usage des amulettes étoit connu des païens. Voyez Plutarque, vie de Sylla, 52.]

(33) Paterculus pense que Sylla et la république n'avoient jamais couru un plus grand danger. Il rapporte que le brave chef des Samnites, Télésinus, se portoit avec rapidité de rang en rang, criant à haute voix, que « le dernier jour de « Rome étoit arrivé ; qu'il falloit la détruire de fond en « comble ; que la liberté des peuples de l'Italie ne seroit « assurée contre les loups qui en étoient les ravisseurs, que « lorsqu'on auroit saccagé la forêt dont ils faisoient leur « repaire. » Liv. II, chap. 27.

(34) C'est à cet évènement que se rapporte ce trait d'une remarquable atrocité, mentionné par Plutarque, dans la vie de Sylla. Il fit renfermer six mille de ces Samnites dans l'Hyppodrome, voisin du temple de Bellone, où il convoqua le sénat ; et pendant qu'il harangua les sénateurs, il fit égorger ces six mille victimes, dont les épouvantables cris venoient retentir jusque dans l'enceinte où le sénat étoit assemblé. Comme les sénateurs s'effrayoient de ces cris, et paroissoient désirer d'en connoître la cause, Sylla leur dit froidement, sans s'émouvoir et sans changer de visage, de faire attention à ce qu'il leur disoit et de ne pas s'occuper de quelques

misérables que l'on châtioit par son ordre. *Plutarq. vie de Sylla*, 73.

(35) Paterculus parle aussi de ce fait ; mais dans son récit il n'est question que de la tête de Télésinus. *Telesinus posterà die semianimis repertus est, victoris magis quàm morientis vultum præferens, cujus abscissum caput ferri gestarique circa Prænesta Sulla jussit.* Ibid.

(36) Selon Paterculus, il n'est pas trop constant de quelle manière périt Marius. Il y eut plusieurs versions à cet égard, et cet historien nous les a transmises. Au surplus, quoique ce Romain fût assez jeune lorsqu'il mourut, Paterculus prétend que, même de son temps, la mémoire de ce jeune guerrier n'étoit point obscurcie par celle de son père ; et l'on peut se faire une idée de l'opinion que Sylla avoit de cet ennemi, en réfléchissant que ce ne fut qu'après sa fin tragique qu'il prit le surnom d'heureux. *Hodieque tantâ patris imagine non obscuratur ejus memoria ; de quo juvene quid existimaverit Sulla in promptu est, occiso enim demùm eo, felicis nomen adsumpsit.* Ibid.

(37) Voyez Plutarque, vie de Sylla, chap. 67.

(38) Ville du Latium. Il paroît qu'elle étoit à peu près au centre du pays des Volsques. Colonie romaine, elle avoit été fondée, selon Tite-Live, pour commander à la campagne voisine des marais Pomptins.

(39) Voyez ce que Polybe dit des Achéens, liv. XIII.

(40) Florus nous a conservé à ce sujet le mot d'un citoyen nommé Furfidius, qui, au milieu des massacres qui ensanglantèrent Rome, fit observer que « il falloit laisser vivre « quelques citoyens, afin d'avoir sur qui l'on pût régner. » *Vivere aliquos debere, ut essent quibus imperarent.*

CHAPITRE XI.

Cruautés de Sylla après ses victoires, et son entrée à Rome. Le consul Carbon est égorgé par ordre de Pompée, lieutenant de Sylla qui se fait nommer dictateur perpétuel. Ses lois, ses proscriptions.

Ans de Rome. 672.

XCV. Cependant Sylla convoqua les comices. Il s'y donna à lui-même de très grands éloges, et dit beaucoup d'autres choses propres à inspirer la terreur. Il annonça qu'il avoit l'intention d'améliorer la condition du peuple, s'il vouloit suivre son impulsion ; mais qu'il ne vouloit pardonner jusqu'à la mort à aucun de ses ennemis, et qu'il déploieroit tout le pouvoir dont il étoit armé contre tous préteurs, questeurs, chefs de corps, ou autres qui avoient servi ses ennemis depuis le jour que le consul Scipion viola le traité qu'il avoit fait avec lui. Après ce discours, il prononça la proscription de quarante sénateurs et de seize cents chevaliers. Il paroît qu'il fut le premier auteur de ce genre de condamnation (1), et le premier aussi qui assura des récompenses à ceux qui égorgeroient les proscrits ou qui révèleroient leurs asiles, et qui prononça des peines contre ceux qui leur aideroient à se dérober à sa vengeance (2). A peu de temps de là, il proscrivit encore quarante sénateurs ; et plusieurs de ces derniers, pris à l'improviste, furent immolés dans les lieux mêmes où ils furent trouvés, dans leurs maisons, dans les rues, dans les temples (3). Les cadavres des uns furent portés en triomphe au bout des piques vers Sylla, et jetés à ses pieds. Les cadavres des autres furent traînés et outragés de toutes les manières, sans qu'aucun de ceux dont les yeux rencontroient ces spectacles épouvantables osât dire un mot, tant la terreur étoit profonde (4). D'autres furent condamnés à l'exil. D'autres eurent leurs biens confisqués. Des perquisiteurs furent mis en campagne, et se répandirent de tous les côtés, pour déterrer ceux qui s'étoient sauvés par la fuite, et ils égorgèrent tous ceux qui leur tombèrent entre les mains.

XCVI. Ces mesures furent étendues sur les villes de l'Italie. On y égorgea, on y bannit, on y dépouilla de leurs biens tous ceux qui avoient agi sous les ordres de Norbanus, de Carbon, de Marius, et des chefs qui leur étoient subordonnés. On jugea rigoureusement, d'un bout de l'Italie à l'autre, ceux à qui on imputa les diverses actions qui furent traitées de crime, comme d'avoir porté les armes, commandé quelque opération, fourni des contributions, rendu tout autre service, ou même de s'être montrés, par leurs sentiments, contraires au parti de Sylla. Avoir donné ou reçu l'hospitalité, avoir eu des liaisons d'amitié, avoir prêté ou emprunté de l'argent, devinrent des titres d'accusation. Il fut quelquefois suffisant pour cela d'avoir témoigné de l'affection, ou d'avoir été compagnon de voyage. C'étoit principalement contre les riches que toutes ces fureurs étoient dirigées (5). Lorsqu'elles cessèrent de frapper

Ans de Rome. 672.

les individus, elles furent dirigées contre les cités. Sylla étendit sur elles le fléau de sa vengeance. Ici, il fit démolir les citadelles; là, il fit raser les murailles. Tantôt il imposa des amendes publiques, tantôt il exigea de très onéreuses contributions. Dans la plupart, il établit, en guise de colonie, ceux qui avoient combattu pour sa cause, comme pour se ménager des points d'appui par toute l'Italie. Il leur distribua les propriétés foncières, les maisons même des proscrits; ce qui les affectionna singulièrement à sa personne, et ensuite à sa mémoire après sa mort. Ils sentirent que la perpétuité de leur possession dépendoit du maintien de tout ce qui étoit l'ouvrage de Sylla; et ce fut pour cette raison qu'ils lui conservèrent leur dévouement au-delà du tombeau. Pendant que les choses se passoient ainsi en Italie, Pompée s'empara, par ses émissaires, de la personne de Carbon, qui s'étoit sauvé de la Libye en Sicile, et de la Sicile dans l'île de Corcyre, avec plusieurs citoyens de marque. D'après l'ordre qu'il en avoit donné, tous les compagnons de Carbon furent égorgés, sans qu'on les lui amenât (6). Quant à Carbon, il le fit traîner devant lui, chargé de chaînes, quoiqu'il eût été trois fois consul; il l'accabla publiquement d'invectives, le fit égorger, et envoya sa tête à Sylla (7).

XCVII. Après avoir obtenu contre tous ses ennemis le succès de tout ce qu'il avoit pu désirer, et lorsqu'il ne lui en resta plus d'autre que Sertorius, qui étoit très éloigné, il chargea Métellus d'aller le combattre en Ibérie. Quant à l'administration intérieure de la république, il la régla pleinement à son gré. Il ne fut plus question, ni de loi, ni d'élection, ni de sort (8). La terreur glaçant tout le monde, la moitié se cachoit, l'autre moitié gardoit le silence. Tout ce que Sylla avoit fait en qualité de consul ou de proconsul fut déclaré permanent et affranchi de toute responsabilité quelconque. On lui décerna une statue équestre en or, qui fut placée en face des rostres. On appliqua à cette statue cette inscription : « A Cornélius Sylla, l'heureux « général (9). » C'étoit le surnom que ses flatteurs lui avoient donné, par allusion à ses succès contre ses ennemis; et l'adulation le perpétua (10). J'ai vu des mémoires grecs qui rapportoient que le sénatus-consulte qui fut rendu à cette occasion l'avoit désigné sous le nom de Sylla *Epaphrodite* (11); ce qui me paroît d'autant plus probable, que, dans des mémoires latins, on lui donne l'épithète de *Faustus* (12), surnom qui se rapproche singulièrement du premier. A l'appui de ces surnoms, j'ai vu quelque part un oracle qui avoit été rendu pour lui, lorsqu'il eut la curiosité de lire dans l'avenir (13). « Romain, ajoute « foi à ce que je vais te dire. Vénus, qui s'intéresse « aux descendants d'Énée, leur a donné une grande « puissance. Mais ne laisse pas d'offrir des sacrifices « à tous les immortels. N'en oublie aucun. Envoie « des offrandes à Delphes. Quand on se dirige vers « les hauteurs du mont Taurus, couvert de neiges, « on rencontre un lieu où est située la longue ville « des Cariens, qui porte le même nom que Vénus; « *consacres-y* une hache, et tu seras rendu (14)

Ans de Rome. 672.

« invincible (15). » Au surplus, quel que soit celui de ces surnoms que les Romains aient donné à Sylla dans l'inscription dont il s'agit, ils me paroissent avoir voulu, ou lui lancer une pointe, ou le flagorner. En conséquence de cet oracle, Sylla envoya en effet une couronne d'or et une hache, avec ces paroles : « Vénus, voici l'offrande que t'adresse Sylla, par« venu au suprême pouvoir, puisqu'il t'a vue en « songe, à la suite de ses légions, revêtue des mêmes « armes que Mars (16). »

XCVIII. Cependant Sylla, vraiment roi ou tyran, non pas par élection, mais par violence et par force, sentit qu'il avoit besoin de mettre les apparences électives de son côté ; et voici ce qu'il imagina. C'étoit la vertu qui donnoit anciennement des rois aux Romains ; et lorsque le roi régnant venoit à mourir, les rênes de l'État passoient successivement, de cinq en cinq jours, entre les mains d'un des membres du sénat, jusqu'à ce que le peuple eût donné un successeur au roi défunt; et celui qui portoit ainsi le sceptre pendant cinq jours, ils l'appeloient l'*entre-roi*. Lorsque le consulat eut pris la place de la royauté, c'étoient les consuls dont la magistrature expiroit qui présidoient aux comices pour l'élection des nouveaux consuls ; et lorsque, par évènement, les consuls en fonction étoient loin de Rome, on nommoit un *entre-roi* pour les remplacer ; et, cela fait, les comices consulaires étoient convoqués. En conséquence de cet usage, et de la circonstance présente qu'il n'y avoit point de consuls, puisque Carbon avoit péri en Sicile, et Marius à Préneste, Sylla étant allé quelque part hors de Rome, envoya ordre au sénat d'élire un *entre-roi*. Le sénat élut Valérius Flaccus, espérant qu'il présideroit en effet les comices consulaires. Mais Sylla adressa un message à Flaccus, pour le charger de dire au peuple qu'il étoit d'avis, et qu'il croyoit utile que, pour le moment, on conférât à Sylla la magistrature connue sous le nom de dictature, chose qu'on n'avoit point vue depuis cent vingt ans (17); et qu'en l'élisant dictateur, ce ne fût point pour le terme ordinaire (18), mais jusqu'à ce que Rome, l'Italie et tout l'Empire romain auroient cessé d'être agités par les séditions, et auroient repris une assiette fixe. On sentit bien que cette opinion de Flaccus n'étoit qu'une suggestion de Sylla. Il n'y avoit pas le moindre doute. Car Sylla, se mettant à découvert sans nulle dissimulation, avoit marqué à Flaccus, à la fin de sa lettre, que si l'on le jugeoit convenable, il offroit, dans cette circonstance, ses services à la république.

XCIX. D'après ce message, les Romains n'ayant plus de voionté politique, ne pouvant plus rien délibérer selon les lois, se regardoient comme absolument dénués de tout intérêt dans les affaires; et, dans cette déconfiture de tous leurs droits, ils embrassèrent ce simulacre d'élection, comme l'image, comme le fantôme de la liberté, et ils investirent Sylla du pouvoir suprême pour tout le temps qu'il voulut. Car l'autorité d'un dictateur étoit une véritable tyrannie. Antérieurement, on ne l'avoit décernée que pour peu de temps. Ce fut la première

Ans de Rome. 672.

fois que, décernée sans terme fixé, elle constitua une tyrannie parfaite. On ajouta, à la vérité, pour colorer les expressions du décret, qu'on élisoit un dictateur pour faire des lois telles qu'il les jugeroit convenables et utiles au bien de la république. Ce fut ainsi que les Romains, qui avoient été gouvernés par des rois durant le cours d'environ soixante olympiades (19), et qui, durant le cours des cent olympiades suivantes, avoient vécu dans la démocratie, sous des consuls qui étoient élus tous les ans, retournèrent à la royauté la cent (20) soixante-quinzième olympiade de l'ère grecque. A cette époque, on ne célébroit plus à Olympie que les jeux des courses. Sylla avoit transporté à Rome les combats des athlètes et tous les autres spectacles de ce genre, pour célébrer la gloire de ses succès (21) contre Mithridate et en Italie. Le prétexte fut le besoin d'amuser le peuple et de le délasser de ses travaux.

C. Afin de paroître conserver quelques restes de l'ancienne forme de gouvernement, Sylla permit au peuple d'élire des consuls. Marcus Tullius et Cornélius Dolabella furent nommés. Mais lui, en sa qualité de dictateur, comme investi de l'autorité suprême, il étoit au-dessus des consuls. On portoit devant lui, comme devant les dictateurs, vingt-quatre haches, le même nombre qu'on portoit anciennement devant les rois, et il étoit escorté par une nombreuse garde. Il fit certaines lois, et il en abrogea d'autres. Il défendit qu'on pût parvenir à la préture avant que d'avoir passé par la questure, et au consulat avant que d'avoir passé par la préture. Il défendit aussi que l'on pût rentrer dans la même magistrature avant dix ans. Il affoiblit l'autorité des tribuns presque au point de l'anéantir (22); et, par une loi formelle, il prohiba toute autre magistrature à celui qui auroit exercé le tribunat. Il en résulta que tout citoyen de bonne maison, avide de faire son chemin, dédaigna dès-lors cette magistrature. D'ailleurs, je ne saurois dire avec certitude si ce fut Sylla qui en fit passer les attributions au sénat, ce qui existe encore aujourd'hui (23). Les séditions et les guerres civiles n'avoient cessé de réduire le nombre des sénateurs. Il fit entrer dans le sénat environ trois cents chevaliers, pris parmi les plus gens de bien, qu'il fit élire séparément dans des comices par tribus. Il recruta l'ordre des plébéiens de plus de dix mille individus, qu'il choisit parmi les plus jeunes et les plus vigoureux esclaves des proscrits, auxquels il donna la liberté, et qu'il rendit citoyens romains. De son nom, il les appela *Cornéliens*, afin d'avoir parmi les plébéiens un corps de dix mille citoyens à ses ordres. Cette mesure, il la généralisa par toute l'Italie. Il distribua, ainsi que je l'ai déjà dit, aux vingt-trois légions qui avoient combattu pour sa cause, une grande partie du territoire des villes, d'abord celle qui jusqu'alors étoit restée inculte, et ensuite celle qu'il leur enleva à titre de châtiment et d'amende.

CI. Il étoit si terrible et si irascible à tous égards, qu'il fit assassiner, en plein Forum, Quintus Lucrétius Ofella (24), celui qui, après avoir tenu le consul Marius long-temps assiégé dans Préneste, s'étoit

enfin emparé de cette place, et avoit mis, par cette victoire, le comble à ses succès. Il le fit égorger sous prétexte qu'il s'étoit mis sur les rangs pour le consulat, en considération de l'importance de ses services, quoiqu'il n'eût encore passé ni par la questure, ni par la préture, ce qui n'étoit pas nécessaire anciennement, et qu'il avoit résisté aux instances que le dictateur lui avoit faites pour l'engager à se départir de ses prétentions. Il convoqua le peuple à ce sujet, et lui dit : « Sachez, citoyens, et ap-
« prenez par ma bouche que j'ai fait donner la mort
« à Lucrétius parcequ'il m'a résisté. » Et, à ce propos, il cita cet apologue (25) : « Un laboureur,
« pendant qu'il poussoit sa charrue, fut mordu par
« des poux. Il interrompit deux fois son travail pour
« éplucher sa chemise. Mais les poux ayant continué
« de le mordre, il jeta sa chemise au feu, afin de
« n'être pas obligé de perdre encore son temps à
« leur donner la chasse. Que les vaincus apprennent
« de moi, par cet exemple, à ne pas s'exposer à se
« faire jeter au feu la troisième fois. » Ce fut en faisant frémir ainsi les Romains de terreur, que Sylla gouverna comme il voulut. Les honneurs du triomphe lui furent décernés, au sujet de la guerre contre Mithridate. On se permit des quolibets au sujet de sa magistrature. Quelques plaisants lui donnèrent le nom de *royauté négative*, parceque le titre de roi fut la seule chose dont il s'abstint. D'autres, au contraire, faisant allusion à son administration, l'appelèrent une *tyrannie avouée*.

CII. Tel fut l'excès des maux de tout genre que

cette guerre répandit sur Rome et sur l'Italie en- | Ans
tière. Outre l'Italie, toutes les autres nations s'en | de
ressentirent également; tantôt ravagées par des bri- | Rome.
gands, par Mithridate, ou par Sylla, tantôt épuisées | 673.
par d'excessives contributions, lorsque, au milieu
de ces désordres, les questeurs ne savoient où donner
de la tête. Tous les peuples, tous les rois alliés,
toutes les villes, non seulement celles qui étoient soumises à des tributs, ou qui s'y étoient spontanément
obligées par des traités, mais encore celles qui, par
leurs services auxiliaires, ou par tout autre honorable motif, avoient conservé leur indépendance
politique et toute immunité d'impôts, eurent ordre,
dans ces circonstances, de fournir des subventions
pécuniaires, et il leur fallut obéir. Quelques uns
furent dépouillés de portions de territoire, de
ports, dont des traités leur assuroient la possession.
Cependant Sylla fit rendre, par un décret, le
royaume d'Égypte à Alexandre, fils d'un roi de ce
nom. Ce prince avoit été envoyé dans l'île de Cos
pour son éducation; et livré à Mithridate par les
habitants de cette île, il s'étoit échappé des mains
de ce prince, et il s'étoit sauvé auprès de Sylla, dont
il avoit obtenu la bienveillance. Ce royaume, en
effet, faute de mâle, étoit tombé en quenouille, et
les femmes qui le gouvernoient avoient besoin qu'un
prince de leur sang vînt s'unir à l'une d'elles. Sylla
espéroit retirer beaucoup d'argent de cette riche
contrée. Mais les Égyptiens (26), mécontents du
début d'Alexandre et de sa dépendance à l'égard
de Sylla, le déposèrent le dix-neuvième jour de

Ans de Rome. 673.

son règne, et l'égorgèrent après l'avoir conduit de son palais au Gymnase. Pleins de confiance dans l'étendue de leur domination, et encore étrangers aux calamités extérieures, ils ne s'en laissoient pas imposer de si loin. L'année suivante, Sylla, quoique dictateur, se laissa nommer consul une seconde fois, pour paroître conserver quelque empire aux formes démocratiques. Il eut Métellus le Pieux pour collègue. C'est peut-être d'après cet exemple que les empereurs romains, en donnant des consuls à la république, prennent eux-mêmes encore aujourd'hui le titre de cette magistrature, et, qu'au faîte du pouvoir, ils s'honorent encore du consulat.

NOTES.

(1) C'est ce que dit Florus. *Proposita est ingens illa tabula, et ex ipso equestris ordinis flore ac senatûs duo millia electi qui morerentur, novi generis edictum.* Lib. III, cap. 21. Paterculus tient le même langage. *Primus ille, et utinam ultimus! exemplum proscriptionis invenit.*

(2) Voyez Plutarque, vie de Sylla, chap. 28.

(3) On trouve le même tableau dans Florus. *Quid funerum in Foro, in Circo, in patentibus templis!* Lib. III, cap. 21.

(4) Plutarque parle néanmoins d'un Caïus Métellus qui eut le courage de demander à Sylla, en plein sénat, « Quand « verrons-nous enfin un terme à tant d'horreurs? Nous ne « voulons pas te demander la vie de ceux dont tu as résolu « la mort, mais de faire cesser l'affreuse perplexité de ceux « que ton intention est de laisser vivre. » *Chap.* 65. Sylla, s'il faut en croire cet historien, avoit permis à ses satellites, aux sanguinaires exécuteurs de ses arrêts de mort, de se livrer à leurs passions personnelles, et de massacrer à leur guise qui bon leur sembleroit. *Ibid.*

(5) Rappelons à ce sujet le trait de Quintus Aurélius, consigné dans Plutarque, vie de Sylla, chap. 66. Cet Aurélius ne s'étoit jamais mêlé d'affaires publiques. Le seul reproche qu'il eût à se faire, c'étoit peut-être d'avoir montré une indiscrète commisération pour quelques proscrits. Etant un jour allé sur la place, il lut son nom sur la liste fatale, et s'écria : « Malheureux que je suis! c'est ma maison d'Albe « qui cause ma mort. » Il possédoit en effet, dans le voisinage de cette ville, une maison de campagne qui avoit tenté la cupidité de quelqu'un des bourreaux de Sylla. A quatre pas de là il fut égorgé.

(6) Desmares n'a pas senti que le pronom relatif du texte, *ii*, se rapportoit à Pompée, et non pas à Cubon, et en con-

séquence il a traduit, « Avec ordre de faire tuer tous les « autres, sans leur permettre qu'ils le vissent. »

(7) S'il faut en croire l'Epitome de Tite-Live, Carbon montra, dans cette occasion, des sentiments bien peu dignes du grand rôle qu'il avoit joué. *Cn. Pompeius in Siciliam cum imperio à senatu missus, Cn. Carbonem, flens muliebriter mortem tulit, captum occidit. Lib. LXXXIX.* Quant à Pompée, si, lorsqu'on lira dans le livre suivant de quelle manière il fut massacré lui-même par l'ordre des conseillers privés de Ptolémée, on se rappelle ce trait de férocité de sa part, on sera tenté de s'écrier :

. . . . *Il est donc des forfaits*
Que le courroux des Dieux ne pardonne jamais.

(8) Ce mot fait évidemment allusion aux commandements de province, qui jusqu'à cette époque avoient été déférés par la voie du sort.

(9) Je n'ai pas traduit *l'heureux empereur*, ainsi que l'ont fait les interprètes latins, parceque j'ai trouvé dans le texte d'Appien ἡγεμόνες et non pas αὐτοκράτορες.

(10) Selon Plutarque, ce fut Sylla lui-même qui se donna ce surnom. Voici le langage de cet historien, « Et finablement « dit qu'il vouloit que pour la faveur que lui avoit fait fortune, « on le surnommât *Félix*, c'est-à-dire *heureux*, ou bien « *fortuné*; et lui-même, quand il écrivoit aux Grecs, ou « qu'il traitoit d'affaires avec eux, se surnommoit *Epa-* « *phroditus*, comme qui diroit *aimé et favorisé de Vénus.* » Vers. d'Amyot, chap. 69. A quoi pensoit Desmares quand il a rendu ce mot par celui d'*agréable* ?

(11) Voyez la note précédente.

(12) C'est un mot latin qui signifie *heureux*.

(13) Desmares n'a pas saisi le vrai sens des mots σκεπτομένῳ τὰ μέλλοντα. Le traducteur latin ne s'y est pas trompé : *De futuris consulenti.*

(14) Cette version est un peu plus correcte, sans vanité, que celle des mauvais vers de Desmares; mais ce traducteur

a suivi l'exemple de ses devanciers, qui s'imaginoient, je ne sais pourquoi, qu'on ne pouvoit rendre qu'en vers français les vers grecs, au risque même de les mutiler.

(15) Le traducteur latin de l'édition de Tollius, a traduit les mots du texte κήψη κράτος ἀμφιλαφές σοι, par *magnas capies vires*. En mettant de l'équivoque dans cette version, il a peut-être eu pour but de conserver le style amphibologique des anciens oracles. Dans l'édition de Schweighæuser, cet helléniste a substitué à la version de Geslen, *summâ vi potieris*, ce qui vaut mieux.

(16) Μαρναμένων, incorrection de l'édition de Tollius, Schweighæuser a judicieusement préféré la leçon du manuscrit d'Augsbourg, qui porte μαρναμένην, en rapportant, ainsi que le sens l'exige, ce participe à Vénus.

(17) Le texte porte depuis quatre cents ans, τετρακοσίων; et quoique cette erreur monstrueuse existe dans tous les manuscrits de notre auteur, Schweighæuser démontre bien évidemment qu'il est impossible de l'imputer à Appien. Dans son livre de la guerre d'Annibal, cap. 2, il parle de Fabius le dictateur, qui florissoit en la 140ᵉ olympiade. D'après ce qu'il a dit plus haut, sect. 84, la dictature de Sylla a dû tomber dans la 175ᵉ olympiade. *V. ci-dessous sect.* XCIX. Or, on ne peut pas supposer qu'Appien ait ignoré qu'il n'y avoit pas quatre cents ans entre ces deux termes. Il faut donc corriger ici le texte d'Appien, par celui de Plutarque, vie de Sylla, chap. 68, qui dit, « car il se déclara lui-même dic- « tateur, lequel magistrat n'avoit esté il y avoit bien six « vingts ans à Rome »; et par celui de Paterculus, liv. II, chap. 28. *Quippè dictator creatus (cujus honoris usurpatio per annos* CXX *intermissa, etc.)*

(18) Il n'étoit que de six mois, et Sylla n'étoit pas homme à se contenter de si peu. Plutarque ajoute qu'il poussa l'audace et l'impudence au dernier excès, « en se faisant dé- « cerner abolition générale de tout le passé, et, pour l'advenir, « licence de faire mourir qui bon lui sembleroit, confisquer

« biens, repeupler villes, en fonder de nouvelles, en sacca-
« ger et destruire d'anciennes, ôter royaumes, et les don-
« ner à qui il lui plairoit. » *Ibid.* La dictature emportoit
tout cela de plein droit ; mais le féroce Sylla attacha sans
doute quelque jouissance à contempler l'avilissement et l'ab-
jection où il faisoit descendre envers lui ce peuple romain
dont le nom faisoit d'ailleurs trembler la terre.

(19) Desmares a commis une grave bévue. Il a traduit la
75ᵉ olympiade, au lieu de la 175ᵉ.

(20) Le traducteur latin de l'édition de Tollius fait dire à
Appien que les Romains avoient été pendant quatre cents ans
gouvernés par des rois. *Sic P. R. imperio regum assuetus
circiter C. olympiadas.* C'est prêter à Appien une grande
erreur ; car cet historien ne pouvoit pas ignorer que la durée
de la monarchie chez les Romains ne fût pas d'*environ* cent
olympiades. Candidus avoit lu dans son manuscrit, ὑπὲρ τὰς
εἴκοσι Ὀλυμπιάδας ; et il avoit traduit en conséquence. Le
judicieux Schweighæuser a corrigé ces deux bévues. *Posui id
quod ab Appiano scriptum putavi.*

(21) Le texte de Tollius porte ἐπιεικείᾳ, qui est évidemment une altération. Schweighæuser, sur la foi du manuscrit
de la bibliothèque d'Augsbourg, a imprimé ἐπὶ δόξῃ ; mais je
pense, comme lui, que la vraie leçon est ἐπ' εὐκλείᾳ, et j'ai
traduit dans ce sens-là.

(22) Cicéron, dans son traité *de Legibus*, III, 9 dit
que Sylla ôta aux tribuns du peuple le pouvoir de faire du
mal, et qu'il leur laissa la faculté de venir au secours des
plébéiens. *Sylla tribunis plebis suâ lege injuriæ faciendæ
potestatem ademit, auxilii ferendi reliquit.* Mais Paterculus, II, 30, confirme le témoignage d'Appien, savoir,
qu'il ne leur laissa que l'ombre de leur ancienne autorité, et
rien de plus. *Tribunitiæ potestatis imaginem, sine re reliquit.*

(23) Le texte n'est pas clair dans cette phrase. *Vide Lipsium. Electorum*, lib. II, 13.

(24) Ce fait est consigné dans l'Epitome de Tite-Live, liv. LXXXIX ; et dans Plutarque, vie de Sylla, chap. 68.

(25) Cet apologue n'est rapporté par aucun des autres historiens. On ne le trouva pas dans Plutarque, qui n'auroit pas dû l'omettre.

(26) Le texte porte littéralement les habitants d'Alexandrie. Mais il est clair que c'est ici une synecdoche.

CHAPITRE XII.

Sylla abdique la dictature, et mène, après son abdication, une vie privée. Particularité à cet égard. L'esprit de sédition commence à fermenter de nouveau. Mort de Sylla. Honneurs funèbres qui lui sont rendus.

Ans de Rome. 673.

CIII. L'ANNÉE suivante, le peuple continua d'aduler Sylla, et le nomma consul encore une fois. Mais il ne voulut point accepter; il désigna pour le consulat Servilius Isauricus et Claudius Pulcher; et bientôt après, de lui-même, sans nul motif de contrainte, il abdiqua la dictature. J'avoue que je regarde comme singulièrement étonnant de sa part, qu'après avoir été le premier jusqu'à cette époque qui eût gardé si long-temps cette redoutable magistrature, il l'ait spontanément abdiquée, non pas en faveur de ses enfants (ainsi que l'on vit abdiquer Ptolémée en Égypte, Ariobarzanes en Cappadoce, et Séleucus en Syrie), mais en faveur de ceux-là même contre lesquels il avoit exercé sa tyrannie. C'étoit sans doute une absurdité, n'étant parvenu à la dictature qu'à force de combats et de dangers, de s'en démettre volontairement; et rien n'étoit moins raisonnable que de n'avoir nul sujet de crainte, après une guerre où il avoit fait périr plus de cent mille jeunes gens de Rome ou de l'Italie, après avoir livré aux horreurs de la proscription quatre-vingt-dix sénateurs, quinze consulaires, et deux mille six cents chevaliers, en y comprenant ceux qui avoient été condamnés à l'exil, sur-tout lorsqu'on réfléchit que les biens de ces proscrits avoient été confisqués, et les cadavres de plusieurs privés des honneurs funèbres. Tranquille chez lui, sans rien redouter ni des exilés, ni des villes dont il avoit rasé les forteresses et les murailles, envahi le territoire, épuisé les finances et violé les immunités, Sylla rentra dans la condition d'homme privé.

CIV. C'est à ce point qu'il porta l'audace et le bonheur. On dit qu'il se rendit au Forum, et qu'il déclara qu'il étoit prêt à rendre compte de tout ce qu'il avoit fait, si l'on avoit à cet égard quelque chose à lui demander. Il déposa les haches et les faisceaux, il licencia sa garde ; et seul, avec ses amis, on le vit plusieurs fois (1) se promener en public, en présence de tous les citoyens, qui trembloient encore devant lui. Il n'y eut qu'un jeune homme qui osa l'insulter un jour comme il se retiroit chez lui, et qui eut l'audace de le poursuivre, sans que personne le retînt, jusque dans sa maison, en le chargeant d'invectives. Mais Sylla, qui s'étoit abandonné à toute son irascibilité (2) à l'égard des plus grands personnages et des plus imposantes cités, supporta les outrages de ce jeune homme sans s'émouvoir ; et en rentrant chez lui, pronostiquant l'avenir, soit sagacité, soit hasard, il se prit à dire que l'insolence de ce jeune homme seroit cause que les dictateurs qui lui succèderoient n'abdiqueroient point. Les Romains ne tardèrent pas en effet à éprouver la vérité de cette prédiction; car Caïus César, une fois investi de la dictature, ne l'abdiqua pas. Au surplus, il paroît que Sylla, d'un caractère véhément et passionné en toutes choses, désira de s'élever de la condition d'homme privé au pouvoir suprême, de descendre ensuite du pouvoir suprême à la condition d'homme privé (3), et, après cela, de couler ses jours dans une solitude champêtre. Il se retira, en effet, dans les terres qu'il avoit du côté de Cumes. Dans cette retraite, il passa son temps à la pêche ou à la chasse, éloigné de l'inertie de la vie privée qu'on menoit à Rome, et entretenant sa vigueur corporelle à tout évènement. Il étoit encore dans un âge robuste, et les forces physiques ne l'avoient pas abandonné. Dans les diverses régions de l'Italie étoient disséminés cent vingt mille hommes qui avoient récemment combattu sous ses ordres, et qui avoient reçu de lui beaucoup de largesses (4) et de grandes possessions. A Rome, il avoit ses dix mille *Corneliens*, sans compter ceux des autres plébéiens ses partisans, tous dévoués à ses intérêts, qui en imposoient encore, et pour lesquels l'impunité de ce qu'ils avoient fait pour sa cause tenoit à sa conservation personnelle. Quant à moi, je pense qu'enfin fatigué de guerre, rassasié de pouvoir, et dégoûté de la ville, ce fut de toutes ces affections que naquit son amour pour la campagne.

CV. Aussitôt qu'il fut éloigné de Rome, on vit cesser l'effusion du sang et les actes de tyrannie. Cependant de nouveaux germes de troubles commencèrent à fermenter (5). On avoit nommé pour consuls Caïus-Catulus du parti de Sylla, et Lépidus-Émilius du parti contraire. Ils étoient ennemis l'un de l'autre; leur dissension ne tarda pas à éclater. Il étoit clair qu'il en résulteroit quelque chose de sinistre. Cependant Sylla rêva, dans sa maison de campagne, que sa dernière heure approchoit (6). Dès qu'il fut jour, il raconta son rêve à ses amis, il se dépêcha de faire son testament, il l'acheva et le scella le jour même. Sur le soir la fièvre le prit, et il mourut, la nuit suivante, à l'âge de soixante ans (7). Il avoit été surnommé le plus heureux des hommes, si toutefois l'on appelle *bonheur*, de réussir dans tout ce qu'on veut; et le comble de ce bonheur parut à sa mort même, comme en tout le reste. Son trépas devint d'ailleurs aussitôt le sujet d'une sédition. Les uns vouloient que ses restes fussent promenés en pompe par toute l'Italie, qu'ils fussent exposés à Rome dans le Forum, et que le trésor public fît les frais de ses funérailles. Lépidus et ceux de son parti s'y opposoient; mais Catulus (8) et les partisans de Sylla l'emportèrent, et le corps de Sylla fut promené par l'Italie et conduit à Rome sur un lit de parade en or, avec une magnificence royale. Le cortège étoit composé de beaucoup de trompettes, d'une nombreuse cavalerie; et d'une grande quantité de troupes à pied. Tous ceux qui avoient fait la guerre sous lui accouroient en armes de tous les côtés pour se joindre au cortège. A mesure qu'ils arrivoient, ils se mettoient en rang. Jamais on ne vit semblable concours. On portoit, en avant de la pompe funèbre, les mêmes signes de dignité, le même nombre de haches que de son vivant, et lorsqu'il étoit dictateur.

CVI. En arrivant à Rome, le cortège fut introduit avec encore plus de magnificence. On y offrit l'étalage de plus de deux mille couronnes d'or qu'on avoit faites à la hâte, offrandes des villes, des légions qui avoient combattu sous ses ordres, et de chacun de ses amis particuliers. Il est impossible de décrire le luxe qui fut déployé à ses funérailles (9). Par précaution contre les diverses affections de la multitude de troupes confondue avec le cortège, le corps de Sylla fut entouré des divers collèges de prêtres et de prêtresses, rangés les uns auprès des autres. Le sénat entier y assista, ainsi que tous les autres corps de magistratnre avec leurs décorations respectives. L'ordre entier des chevaliers suivoit en costume, et après les chevaliers venoit l'armée en totalité, corps par corps, telle qu'elle avoit été réunie sous son commandement; car les militaires s'étoient rendus de toutes parts avec empressement pour assister à cette cérémonie, portant des enseignes d'or et couverts eux-mêmes d'armures d'argent, telles que celles dont on est dans l'usage de se servir aujourd'hui dans de pareilles solennités. Le nombre des trompettes, qui tour à tour faisoient entendre leurs sons lugubres et larmoyants, étoit infini. Le sénat proféroit le premier diverses acclamations, qui, répétées immédiatement par les chevaliers, l'étoient ensuite par l'armée, et ensuite par le peuple, les uns regrettant Sylla sérieusement, les autres le craignant encore, lui, son armée, ses reliques mortelles, comme s'il étoit encore vivant. Car, soit en contemplant le spectacle que l'on avoit alors sous les yeux, soit en rappelant à sa mémoire tout ce que Sylla avoit fait, on étoit saisi d'étonnement; et ses partisans, ainsi que ses adversaires, s'accordoient à dire, qu'autant il avoit fait de son vivant le bonheur de ses amis, autant il en imposoit aux autres, même après sa mort. Lorsque le cortège fut arrivé devant la tribune aux harangues, dans le Forum (10), celui des Romains qui se trouvoit alors avoir la plus haute réputation d'éloquence fut chargé d'y monter et de prononcer son oraison funèbre, car Faustus, son fils, étoit trop jeune encore pour cette fonction. Après cela, les plus robustes d'entre les sénateurs s'emparèrent du corps de Sylla; ils le portèrent jusqu'au Champ-de-Mars, où les rois seuls avoient été inhumés. L'ordre entier des chevaliers et toute l'armée défilèrent devant le bûcher. Ce fut ainsi que finit Sylla.

Ans de Rome. 676.

NOTES.

(1) Je crois que voilà, à peu près, le sens des mots ἐς πολὺ, qui sont dans le texte. Si Desmares y eût fait un peu plus d'attention, il n'auroit pas renfermé dans le cours d'une seule journée des détails qui, dans le sens de l'historien, embrassent beaucoup plus de temps; il ne se seroit pas exposé à ajouter de son cru *sur le soir*, expressions qui n'existent point dans l'original.

(2) Du temps de Sylla, et au milieu des fureurs des guerres civiles, il n'est pas étonnant de voir triompher cette maxime vulgaire, qui faisoit regarder comme un caractère de force et de grandeur d'ame, d'être impitoyable envers ses ennemis. Que peuvent les préceptes de la philosophie contre le délire de l'esprit de parti, et contre la frénésie de l'ambition? Que servit à Cicéron d'avoir combattu cette opinion populaire dans ses Offices, liv. I, chap. 25? Il avoit eu beau dire, *non verò audiendi qui graviter irascendum inimicis putabunt, idque magnanimi et fortis viri esse censebunt. Nihil enim laudabilius, nihil magno et præclaro viro dignius placabilitate atque clementiâ.* Les triumvirs dont il fut lui-même la victime ne furent ni moins sanguinaires, ni moins féroces que ne l'avoit été Sylla. Qu'Ovide vienne nous débiter ensuite avec l'élégance et la grace de ses jolis vers, Trist. lib. III et V.

Quò quisque est major magis est placabilis iræ,
 Et faciles motus mens generosa capit,
Corpora magnanimo satis est prostrasse leoni,
 Pugna suum finem cùm jacet hostis habet.

C'étoit bien à lui de nous dire que la clémence est l'apanage du pouvoir suprême, lui, qui n'ayant à se reprocher qu'une indiscrétion involontaire, s'il faut l'en croire,

Inscia quod crimen viderunt lumina plector,
Peccatumque oculos est habuisse meos,

sollicita son rappel avec une persévérance inutile, et qui ne trouva jamais que l'implacable Octave, dans celui auquel les bassesses de l'adulation avoient déjà donné le surnom d'Auguste. Au surplus, en finissant la vie de Sylla, Plutarque nous apprend qu'il avoit composé lui-même son épitaphe, et qu'il n'avoit rien imaginé de plus propre à le couvrir de gloire, que de dire « que nul homme ne l'avoit « surpassé ni à faire du bien à ses amis, ni à faire du mal « à ses ennemis ». *Voyez* Pindare, Pythiq. II, vers la fin.

(3) Rappelons ici quatre beaux vers du Cinna de Corneille, où ce grand poëte a rendu, avec cette vigueur de trait qui lui est quelquefois si naturelle, cette pensée d'Appien ;

« Et comme notre cœur jusqu'au dernier soupir,
« Toujours vers quelque objet pousse quelque désir,
« Il se ramène en soi n'ayant plus où se prendre,
« Et monté sur le faîte, il aspire à descendre.

(4) Voyez ci-dessus ce que dit Sylla de lui-même dans son épitaphe.

(5) « L'exemple dangereux d'un simple citoyen qui avoit « su s'élever à l'empire, et s'y maintenir, laissa apercevoir « à ceux qui lui succédèrent que le peuple romain pouvoit « souffrir un maître ; ce qui causa de nouvelles révolu- « tions ». Vertot, Hist. des Rév. de la rép. rom. tome 3, p. 139, sixième édition.

(6) Le texte dit littéralement que *le destin l'appeloit.* Plutarque ne parle pas de ce rêve, mais il parle d'une vision qu'il avoit eue en dormant. C'étoit un de ses fils, décédé avant Métella son avant-dernière femme (car il en avoit eu un assez bon nombre), qui étoit venu lui dire de ne pas se tourmenter davantage, et d'aller avec lui vers Métella sa mère, pour vivre désormais en paix et en repos auprès d'elle. Le même historien rapporte que Sylla avoit consi-

gné dans des mémoires en vingt-deux livres, auxquels il travailla encore la veille de sa mort, que des Chaldéens lui avoient prédit, qu'après avoir vécu avec gloire, il mourroit au milieu de ses prospérités. Chap. 75.

(7) Il mourut, selon Plutarque, de la maladie pédiculaire, maladie horrible à n'en juger que par les détails de cet historien, maladie qu'il aggrava et dont il accéléra les progrès par la vie dissolue, par les débauches sans frein dont Plutarque nous a laissé le tableau. Chap. 72. Dans le chap. 74, le même auteur nous a transmis les noms de quelques personnages illustres de l'antiquité, que l'on dit être morts de cette même maladie.

(8) Plutarque nomme Pompée au lieu de Catulus, quoique Pompée eût une bonne raison pour ne pas signaler son zèle envers la mémoire de Sylla, attendu qu'il étoit le seul de ses amis à qui il n'avoit rien laissé par son testament. Chap. 76.

(9) On dit que les dames romaines y contribuèrent en y employant une quantité prodigieuse des parfums les plus exquis et les plus précieux. Plutarque, *ibid.*

(10) C'étoit un usage anciennement établi chez les Romains, de conduire la pompe funèbre des personnages illustres, dans le Forum, de placer le lit de parade en présence de la tribune aux harangues, et de prononcer du haut de cette tribune l'oraison funèbre du mort. Æmilius Portus ne décide point si l'usage de prononcer cette oraison funèbre exista du temps des rois, ou si ce fut Valérius Publicola qui en donna le premier l'exemple à l'occasion de la mort de Junius Brutus. Un passage du quatrième livre des Antiquités romaines, de Denys d'Halicarnasse, relatif à Servius Tullius, atteste bien que sa pompe funèbre devoit être conduite au Forum. Mais il ne parle point d'oraison funèbre; et si l'usage en eût existé alors, je crois que l'historien n'auroit pas manqué d'en faire mention, car Tarquin le Superbe, qui craignoit que l'aspect de ses funérailles n'excitât contre lui une sédition populaire, et qui défendit en consé-

quence que le convoi fût conduit au Forum, auroit eu bien plus à redouter l'impression de l'oraison funèbre sur l'esprit de la multitude. Quoi qu'il en soit, depuis Valérius Publicola, l'usage fut constamment observé; c'étoit ordinairement le plus proche parent du défunt qui prononçoit l'oraison funèbre. On voit dans Tite-Livre, liv. II, et dans Denys d'Halicarnassse, liv. IX, qu'Appius, traduit en justice, s'étant donné la mort en prison, son fils sollicita des tribuns et des consuls la permission de prononcer l'oraison funèbre de son père. Plutarque, dans la vie de Fabius, rapporte que cet illustre Romain ayant perdu son fils, il prononça lui-même son oraison funèbre; et Suétone, dans la vie de Tibère, n°. 6, nous apprend qu'il n'étoit âgé que de neuf ans lorsqu'il prononça l'oraison funèbre de M. Gallius, son père adoptif. Voyez *Kirchman, De funer. Roman. lib. II, cap. 18.*

CHAPITRE XIII.

Dissensions qui éclatent, immédiatement après la mort de Sylla, entre les consuls Lépidus et Catulus. Métellus et Pompée sont envoyés en Ibérie, pour y combattre Sertorius et Perpenna. Détail des opérations militaires des deux partis. Perpenna fait égorger Sertorius. Il est vaincu par Pompée, et mis à mort par son ordre.

Ans de Rome. 676.

CVII. En se retirant du Champ-de-Mars (1), les consuls s'attaquèrent l'un l'autre en propos, et Rome se partagea entre eux deux. Lépidus, pour faire sa cour aux alliés, dit qu'il leur feroit rendre les terres que Sylla leur avoit enlevées (2). Sur-le-champ le sénat prit l'alarme, et fit jurer aux deux consuls qu'ils n'en viendroient point aux mains. Le sort ayant fait échoir à Lépidus le commandement de la Gaule Transalpine, il ne retourna point à Rome à l'époque des comices, dans la vue que, libre de son serment, il pourroit l'année prochaine lever impunément l'étendard contre le parti de Sylla. Catulus et lui paroissoient n'avoir prêté serment que pour la durée de leur consulat. Ses vues secrètes ayant été pénétrées, le sénat lui enjoignit de se rendre à Rome. Lépidus ne se dissimula pas, de son côté, le motif pour lequel il étoit rappelé; il se mit en marche avec toute son armée, comme disposé à entrer dans Rome à la tête de ses légions. On se mit en mesure pour l'arrêter. Il fit une proclamation pour faire courir les citoyens aux armes. Catulus en fit autant de son côté. Ils se livrèrent bataille un peu en avant du Champ-de-Mars. Lépidus fut défait, et sans tenir long-temps après, il se retira en Sardaigne, où il mourut de consomption (3). Son armée, après avoir éprouvé quelques légers échecs, se dispersa en désordre ; et Perpenna en conduisit ce qu'il y avoit de plus brave au secours de Sertorius, en Ibérie.

CVIII. Sertorius étoit le seul des ennemis de Sylla qui se fût maintenu en armes : il y étoit depuis huit ans (4), et il n'étoit pas facile, même aux Romains, de le réduire ; car ce n'étoit pas seulement contre les Ibères qu'ils avoient à combattre, c'étoit contre des Romains comme eux ; c'étoit contre Sertorius, à qui le commandement de l'Ibérie avoit été d'abord décerné ; qui, sous les ordres de Carbon, avoit combattu contre Sylla ; qui s'étoit emparé de Suesse au mépris d'une trêve ; qui, obligé de fuir à cette occasion, étoit venu en Ibérie prendre possession de son commandement ; qui, avec une armée composée des Romains qu'il avoit amenés avec lui et des Celtibériens dont il l'avoit accrue, en arrivant dans ce pays, avoit forcé les proconsuls ses prédécesseurs, qui, par attachement pour Sylla, refusoient de le reconnoître, à évacuer l'Ibérie, et qui avoit battu Métellus que Sylla avoit fait marcher contre lui. Son audace lui ayant acquis de la célébrité, il forma un conseil de trois cents de ses amis; il prétendoit que c'étoit le vrai sénat de Rome, et, en dérision de ce dernier, il en donna le nom à

Ans de Rome.
676. celui qui étoit son ouvrage. Après que Sylla fut mort, ainsi que Lépidus, Perpenna, l'un des préteurs de l'armée de ce dernier, lui ayant amené un renfort de Romains (5), il devint probable qu'il pourroit entreprendre de marcher contre l'Italie. Mais le sénat, qui le craignit, mit une nouvelle armée en campagne sous les ordres de Pompée, jeune encore, mais qui s'étoit déjà fait de la réputation par ses exploits en Libye et en Italie, du temps de Sylla.

677. CIX. Pompée fut chargé de se mettre en marche pour l'Ibérie. Il prit courageusement le chemin des Alpes. Il ne suivit point la route frayée par le célèbre Annibal : il s'en ouvrit une nouvelle, du côté des sources du Rhône et de l'Éridan qui les ont en effet au milieu des Alpes, non loin l'une de l'autre. Le premier de ces fleuves arrose la Gaule Transalpine, et va se jeter dans la mer de Tyrrhène; l'autre se dirige, par la Gaule Cisalpine, vers la mer Ionienne, après avoir changé de nom, et s'appelant *678.* le Pô au lieu de l'Éridan. A peine Pompée fut arrivé en Ibérie, que Sertorius tombant sur une de ses légions qui alloit au fourrage, l'écrasa en entier ainsi que les chariots et les esclaves qui l'accompagnoient. Peu de temps après il livra au pillage la ville de Lauron (6), sous les yeux mêmes de Pompée, et la renversa de fond en comble. Au sac de cette ville, une femme d'un courage au-dessus de son sexe arracha les yeux à un soldat qui l'avoit fait prisonnière, et qui employa la violence pour abuser d'elle. Sertorius, instruit de cet évènement, fit égorger en entier la cohorte à laquelle appartenoit ce soldat, quoiqu'elle fût composée de Romains, parce-qu'on disoit dans son armée que cette atroce impudicité étoit familière à cette cohorte. L'hiver étant survenu, les deux armées se séparèrent.

CX. Dès le retour du printemps elles se cherchèrent de nouveau. Pompée et Métellus descendirent des monts Pyrénées où ils avoient passé leur quartier d'hiver. Sertorius et Perpenna vinrent de la Lusitanie à leur rencontre. Ils se trouvèrent en présence dans le voisinage d'une ville appelée Sucron (7). Des éclairs eurent beau luire, des coups de tonnerre eurent beau se faire entendre par un temps serein, ces deux chefs avoient trop d'expérience pour s'en laisser imposer par cet accident; ils en vinrent aux mains, et se tuèrent l'un à l'autre beaucoup de monde. Métellus (8) culbuta Perpenna et s'empara de son camp. De son côté, Sertorius battit Pompée, qui fut dans l'action dangereusement blessé à la cuisse. Tel fut le résultat de cette bataille. Sertorius avoit une biche blanche (9) apprivoisée, et qu'il laissoit vaguer à son gré. Un certain jour cette biche ne reparut pas. Sertorius prit cela pour un mauvais augure. Il en eut de l'inquiétude. Il se tint dans l'inaction, quoique l'ennemi se permît contre lui de mauvaises plaisanteries au sujet de cette biche. Aussitôt qu'il l'eut aperçue le long des halliers, qui revenoit, il se mit lui-même sur pied sur-le-champ; et comme s'il avoit eu besoin de la présence de cet animal pour sonner la charge, il recommença de harceler son ennemi. A peu de temps de là, il livra une grande bataille dans les environs de Sagonte (10). On se battit depuis midi jusqu'à la nuit ; et Sertorius, à la tête de sa cavalerie, défit Pompée à qui il tua environ six mille hommes, avec perte de la moitié de ce nombre. Métellus en tua cinq mille à Perpenna dans la même action. Le lendemain de cette bataille, Sertorius ayant reçu un nombreux renfort de Barbares, marcha contre le camp de Métellus, qu'il croyoit surprendre et forcer en l'attaquant avec audace. Mais Pompée, instruit de son mouvement, s'étant mis à ses trousses, l'empêcha de rien entreprendre. Après ces opérations, qui remplirent cette campagne, ils regagnèrent, chacun de son côté, leurs quartiers d'hiver.

CXI. L'année suivante, au commencement de la cent soixante-seizième olympiade, les Romains acquirent par testament deux provinces ; la première, la Bithynie, qui leur fut léguée par Nicodème ; la seconde, Cyrène, que leur laissa le roi Ptolémée, fils de Lagus, qui fut surnommé Apion. Cependant la guerre étoit allumée contre eux de toutes parts. D'un côté, par Sertorius en Ibérie ; de l'autre côté, par Mithridate dans l'Orient ; ici, par les pirates sur toutes les mers ; là, par les Crétois prenant les armes pour reconquérir leur indépendance ; enfin, par les gladiateurs armés dans le cœur même de l'Italie, hostilités qui devinrent aussi violentes qu'elles avoient été inopinées. Quoique obligée de faire face à tant d'ennemis, Rome envoya en Ibérie deux nouvelles légions. Avec ce renfort, Pompée et Métellus descendirent encore des Pyrénées, tandis que Sertorius et Perpenna accouroient de la Lusitanie pour les arrêter. Alors plusieurs corps des troupes de Sertorius se tournèrent du côté de Métellus.

CXII. Furieux de cette défection, Sertorius s'arma de férocité et de barbarie ; et il se rendit odieux (11). Son armée lui en vouloit d'un autre côté, de ce qu'il donnoit continuellement la préférence aux Celtibériens pour se tenir à côté de lui, et qu'il leur confioit la garde de sa personne au préjudice de ses concitoyens ; car ils supportoient impatiemment d'être regardés comme suspects, quoiqu'ils combattissent sous les ordres de l'ennemi du peuple romain. Ce qui les irritoit le plus, c'étoit que Sertorius, pour les intérêts duquel ils s'étoient rendus traîtres envers leur patrie, n'eût pas de confiance en eux. Ceux qui lui étoient restés fidèles ne croyoient pas d'ailleurs devoir porter la peine de ceux qui l'avoient abandonné. D'un autre côté, les Celtibériens prenoient souvent prétexte de la prédilection dont ils étoient honorés, pour insulter à leurs camarades qu'ils voyoient traités comme s'ils étoient suspects. Néanmoins ils ne se détachèrent point entièrement de Sertorius, à cause du besoin qu'ils avoient de lui ; car les Romains n'avoient point alors de chef plus expérimenté dans l'art militaire, ni plus favorisé de la fortune. Aussi les Celtibériens l'avoient surnommé Annibal (12) : ils n'avoient jamais vu, en effet, commander une armée avec plus d'audace et plus de prudence à la fois. Telles étoient les dispositions des troupes de Sertorius à son égard. Cependant Métellus faisoit des courses contre les villes de

Sertorius, et en emmenoit les habitants dans celles de son parti. Pompée avoit mis le siège devant Pallante (13). Il commençoit à en ébranler les murailles, lorsque Sertorius arriva au secours de la place. Pompée leva le siège, et, après avoir mis le feu aux remparts, il fit sa retraite du côté de Métellus. Sertorius répara la brèche que Pompée avoit faite aux murs de Pallante; il marcha contre un corps de troupes campé dans un ville nommée Caliguris (14), et tua trois mille hommes. Ce furent les résultats de cette campagne.

CXIII. L'année d'après, les généraux romains, devenus plus entreprenants, attaquèrent les villes de Sertorius avec plus de confiance : ils en envahirent plusieurs, et, enflés de leurs succès, ils poussèrent leurs conquêtes. Il n'y eut point néanmoins de grande bataille ; mais ils reprirent leurs quartiers d'hiver (15) jusqu'à l'année suivante qu'ils retournèrent à la charge avec encore plus de mépris pour les troupes de Sertorius. Le génie de celui-ci commençoit à l'abandonner. Il abandonnoit lui-même le soin des affaires. Il se livroit au luxe, aux femmes, à la mollesse, à la boisson. Il fut donc continuellement battu. Il en devint très colère, très soupçonneux, très cruel dans les châtiments, et si ombrageux envers tout le monde, que Perpenna, qui étoit venu le joindre avec des forces nombreuses, après la défaite de Lépidus Émilius, commença à craindre pour lui-même, et se mit en mesure avec dix complices pour le prévenir. Quelques uns d'entre eux laissèrent transpirer le complot.

Les uns furent mis à mort, les autres prirent la fuite. Perpenna ayant eu le bonheur de n'être point décelé, en accéléra davantage l'exécution de son projet. Comme Sertorius n'étoit jamais sans être entouré de gardes, il l'invita à manger chez lui : il l'enivra, ainsi que ceux de ses gardes qui l'avoient accompagné, et le fit égorger sur la fin du repas (16).

Ans de Rome. 682.

CXIV. Aussitôt l'armée fit éclater, à grand bruit, son indignation contre Perpenna. L'affection envers Sertorius prit sur-le-champ la place de la haine. On voit, en effet, toujours que les ressentiments s'éteignent à la mort de celui qui en étoit l'objet; lorsque l'animosité a perdu son aliment, le souvenir de la vertu excite la commisération. En songeant à leur situation présente, en considérant Perpenna comme homme privé qui n'inspiroit aucune confiance, en réfléchissant que c'étoit dans les talents militaires de Sertorius que reposoit l'espérance du salut commun, les Romains et les Barbares avoient contre Perpenna une égale animosité, et principalement les Lusitaniens, dont Sertorius affectionnoit singulièrement les services. Lorsqu'après l'ouverture de son testament on vit que Perpenna étoit institué son héritier, l'emportement et la haine universelle éclatèrent contre lui avec encore plus d'impétuosité; car ce n'étoit pas seulement son chef, son commandant qu'il avoit assassiné, mais c'étoit encore son ami et son bienfaiteur. Ils en seroient venus aux voies de fait, si Perpenna, les passant en revue tour à tour, ne se fût rattaché les uns par des libéralités, les autres par des promesses, et s'il n'en eût imposé au reste en les menaçant, si même il n'en eût égorgé quelques uns pour épouvanter les autres. Il assembla les peuples dans les cités; il les harangua avec popularité; il rendit la liberté à ceux de leurs concitoyens que Sertorius avoit fait mettre en prison; il renvoya aux Ibères leurs otages. Cette conduite lui concilia les esprits, de manière qu'on lui prêta obéissance comme au successeur de Sertorius, dont il remplissoit les fonctions; mais ce n'étoit pas sans conserver contre lui une animosité personnelle. Il n'eut pas plutôt repris un peu de courage, qu'il se jeta dans les cruautés. Il fit donner la mort à trois Romains de marque (17) qui l'avoient accompagné dans sa fuite. Il n'épargna pas son propre neveu.

CXV. Après que Métellus se fut dirigé d'un autre côté de l'Ibérie (car il n'y avoit plus de danger à laisser Perpenna entre les mains de Pompée seul), ces deux derniers se tâtèrent réciproquement pendant quelques jours par diverses escarmouches, sans en venir aux mains avec toutes leurs forces. Mais enfin, le dixième jour, une action générale fut engagée : ils vouloient décider l'un et l'autre du sort de la guerre par une seule bataille (18). Pompée avoit l'air de mépriser Perpenna. Celui-ci, de son côté, sentant que ses troupes ne lui seroient pas long-temps fidèles, voulut déployer tous ses moyens à la fois. Pompée se hâta de l'attaquer; il savoit qu'il avoit affaire à un chef sans capacité, et à des troupes qui ne lui étoient point affectionnées; en effet, elles se tournèrent toutes de son côté. Perpenna, qui avoit plus à craindre de ses propres troupes que de l'ennemi, se cacha dans des broussailles. Un détachement de cavalerie s'étant saisi de lui l'amenoit à Pompée. Ses propres soldats l'accabloient d'outrages en lui reprochant d'avoir été l'assassin de Sertorius. Il réclamoit à grands cris qu'on le conduisît à Pompée, à qui il prétendoit avoir d'importantes révélations à faire au sujet des séditions de Rome (19), soit que ce fût la vérité, soit que ce ne fût qu'une ruse pour se faire amener à lui sain et sauf : mais Pompée envoya ordre qu'on l'égorgeât sans achever de le lui amener. Il craignit qu'il ne lui révélât des choses auxquelles il ne s'attendoit pas, et qui pourroient devenir la cause de nouveaux malheurs pour Rome. On jugea que Pompée s'étoit conduit à cet égard avec bien de la sagesse, et cet acte de prudence ajouta beaucoup à sa réputation (20). Ce fut ainsi que l'événement qui termina les jours de Sertorius termina en même temps la guerre en Ibérie; car il n'est pas probable qu'elle eût eu un dénoûment aussi rapide et aussi facile, si sa vie se fût prolongée.

NOTES.

(1) Le texte porte littéralement, *en se retirant du bûcher*.

(2) Florus prétend que Lépidus en vouloit principalement à la mémoire de Sylla, et que son projet étoit de faire abroger toutes les lois que Sylla avoit promulguées durant le cours de sa dictature; il le loue même de ce projet, si toutefois il eût été possible de l'exécuter sans bouleverser la république. *Liv. III, chap. 23.*

(3) *M. Lepidus cùm acta Sullæ tentaret rescindere bellum excitavit, et à Q. Catulo collegâ Italiâ pulsus est; et in Sardiniâ, frustrà bellum molitus, periit.* Epitom. Liv. lib. XC. « Un repos quelconque, dit Florus, étoit le premier « besoin de la république malade et couverte de blessures, « de peur qu'on n'aggravât ses maux par les remèdes mêmes « avec lesquels on auroit cherché à la guérir. » *Expediebat ergo quasi ægræ sauciæque reipublicæ, requiescere quomodocumque, ne vulnera curatione ipsâ rescinderentur.* Lib. III, cap. 23.

(4) C'est ainsi qu'il faut entendre l'original, γενόμενον μὲν ὀκταέτες. Témoin la version latine de Schweighæuser, *neque breve illud, per VIII annos continuatum.* Mais ces huit années il faut les compter depuis l'arrivée de Sertorius en Ibérie, et non pas, comme l'a fait Desmares, en traduisant, *fit encore la guerre huit ans entiers aux Romains,* depuis la mort de Sylla.

(5) De la manière dont Plutarque parle des intentions de Perpenna en Ibérie, il paroît qu'il vouloit travailler pour son propre compte, mais que, forcé par ses troupes, qui le menaçoient de l'abandonner, s'il ne les menoit à Sertorius, en qui seul elles avoient confiance pour résister à Pompée qui venoit renforcer Métellus, il lui fallut prendre ce parti,

auquel l'opulence et la noblesse de sa maison le faisoient répugner. Vie de Sertor., chap. 21.

(6) On peut voir les détails curieux de cette opération militaire de Sertorius, dans Plutarque, vie de Sertorius, chap. 26. Ce fut au sujet des imprudentes jactances de Pompée que Sertorius dit qu'il enseigneroit à ce jeune disciple de Sylla (c'étoit ainsi qu'il l'appeloit), qu'un sage capitaine doit porter avec plus d'attention ses regards en arrière qu'en avant *Voy.* Plut., vie de Pompée, chap. 27.

(7) C'étoit le nom d'une ville et d'un fleuve sur la côte méridionale de l'Ibérie, en face des îles Baléares. La ville étoit auprès de la mer, à l'embouchure du fleuve. Ptolémée n'en a point parlé ; mais Strabon en a fait mention dans son troisième livre. Il paroît que cette ville étoit entièrement ruinée du temps de Pline. *Sucron fluvius, et quondam oppidum*, dit-il ; de là vient probablement que Ptolémée l'a passée sous silence. Les annotateurs du Plutarque de Cussac ont décidé dans une de leurs observations sur le chap. 27 de la vie de Sertorius, que cette bataille se donna auprès du fleuve Sucron, et non auprès de la ville de ce nom. Plutarque nomme en effet la rivière et non la ville de Sucron, dans le chap. 27 de la vie de Pompée ; mais dans la vie de Sertorius, même chapitre, il nomma la ville, et Appien la nomme aussi, περὶ πόλιν ᾗ ὄνομα Σούκρων.

(8) S'il faut en croire Plutarque, Métellus n'eut aucune part à la bataille de Sucron. Il n'opéra sa jonction avec Pompée que le lendemain. Sertorius s'étoit hâté de combattre Pompée encore seul, afin d'avoir plus beau jeu ; et Pompée s'étoit pressé de son côté d'en venir aux mains, afin d'avoir seul l'honneur d'une victoire sur laquelle il avoit compté. *Vie de Sertorius*, chap. 27. *Vie de Pompée*, même chap. Selon l'Epitome de Tite-Live, il n'y eut rien de décisif dans cette journée. *Pompeius dubio eventu cum Sertorio pugnavit*, tit. 92.

(9) Cette ville est fameuse par les preuves d'attachement et de fidélité qu'elle donna au peuple romain. Elle étoit voi-

sine de la mer, à une distance sur laquelle Tite-Live et Pline ne sont pas d'accord. Elle étoit si ancienne du temps des Romains, qu'on faisoit honneur de sa fondation à Hercules. Témoin ces deux vers de Silius Italicus, liv. I, v. 505,

Conditor Alcide, cujus vestigia sacra
Incolimus, terræ minitantem averte procellam.

mais Strabon, écartant cette fable, dit qu'elle fut fondée par les Zacynthiens, Σάγουντον κτίσμα Ζακυνθίων. Vid. Cellar. Geog. Ant.

(10) D'après ce que Plutarque raconte de cette biche blanche, il paroît qu'elle joua un grand rôle dans la fortune de Sertorius en Ibérie. Cet historien nous fait connoître tous les détails de l'adroite jonglerie avec laquelle Sertorius persuadoit aux barbares de cette contrée que ce n'étoit pas par un homme qui leur étoit supérieur en lumières et en sagesse, mais réellement par un Dieu qu'ils étoient conduits. Ces détails de Plutarque sont d'autant plus précieux, qu'ils donnent la clef de toutes les jongleries du même genre que des hommes adroits ont, dans tous les temps, su mettre en œuvre chez tous les peuples pour subjuguer l'ignorance par la superstition, et qu'on peut appliquer ici avec beaucoup de justesse l'adage latin *ex uno disce omnes*. Vie de Sertor. chap. 15, 16 et 28.

(11) Plutarque rapporte, chap. 20, que Sertorius réunit dans une ville de la Vescitanie, aujourd'hui l'Aragon, un grand nombre d'enfants des meilleures et plus nobles maisons des peuples de l'Ibérie, sous couleur de les faire instruire dans les lettres grecques et latines, mais dans le fait, pour avoir des otages qui lui répondissent de la fidélité du pays; et que lorsqu'il vit la défection des villes et des provinces que provoquoient, sans qu'il s'en doutât, les manœuvres de Perpenna, il fit égorger une partie de ces enfants, et fit vendre les autres pour être esclaves, « ce qui fut sans « doute, comme dit Plutarque, un acte insigne de cruauté,

« et un trait de violence impardonnable. » *Voy.* chap. 14, 20 et 38.

(12) Ce surnom lui convenoit d'autant mieux, qu'il étoit borgne comme lui, ce qui me rappelle ce que dit Plutarque, au commencement de sa vie, que quatre des plus grands capitaines de l'antiquité, Philippe, Antigone, Annibal et Sertorius, eurent cela de commun, de devenir borgnes en combattant.

(13) Ptolémée fait mention de cette ville d'Ibérie, et il dit que de son temps elle avoit changé de nom. Pomponius Méla en fait une grande ville. *Urbium de mediterraneis in Tarraconensi clarissimæ fuerunt Pallantia et Numantia; nunc est Cæsaraugusta.*

(14) C'est des habitants de cette ville que Valère Maxime rapporte un trait vraiment épouvantable dans son chapitre *De Necessitate*, lib. VII. Pompée les assiégea après la mort de Sertorius. Les habitants de Caliguris, fidèles à la cause de ce dernier, se défendirent jusqu'à supporter toutes les horreurs de la famine. Quand ils n'eurent plus d'animaux à manger, ils mangèrent leurs femmes et leurs enfants. *Voyez* Florus, liv. III, chap. 22. Juvénal rappelle cet horrible évènement dans sa quinzième satire, en répandant tout le feu de sa verve contre ceux qui les premiers ont mangé de la chair humaine sans la faire cuire; et rappelant à ce propos l'exemple des Vascons, il les excuse sur le fondement de cet empire de la nécessité qui ne connoît point de loi.

Vascones, ut fama est, alimentis talibus usi
Produxére animas. Sed res diversa, sed illic
Fortunæ invidia est bellorumque ultima, casus
Extremi, longæ dira obsidionis egestas.
. . . .
Quisnam hominum veniam dare, quisve Deorum,
Viribus abnuerit dira atque immania passis,
Et quibus ipsorum poterant ignoscere manes
Quorum corporibus vescebantur.

(15) Dans l'édition de Tollius, on n'a pas remarqué que

les deux αὖθις qui sont dans cette phrase annoncent évidemment une lacune dans le texte. Schweighæuser s'en est fort bien aperçu. *Post verba ἀλλ' αὖθις intercidisse nonnulla, satis, opinor, apparet. Itaque lacunam nolui dissimulare.*

(16) J'ai admis avec Musgrave et Schweighæuser ἐπὶ τῆς διαίτης, au lieu de ἀπὸ τῆς διαίτης, d'abord parcequ'il est probable que ce fut sur la fin du repas que Perpenna exécuta le complot ; et en second lieu, parceque plus haut, sect. XCI, en parlant de l'attentat d'Albinovanus contre les principaux officiers de l'armée de Norbanus, attentat dont celui de Perpenna ne paroit être que le second volume, Appien s'est servi des mêmes termes, ἐπὶ τῆς διαίτης. Paterculus nomme le lieu où Perpenna exécuta ce complot, *Sertorium inter cœnam Etosiæ interemit.* Lib. II, cap. 30. On remarquera dans ce passage que le texte de Paterculus vient à l'appui de la conjecture de Musgrave et de Schweighæuser. On trouvera dans les derniers chapitres de la vie de Sertorius, par Plutarque, les détails de la conspiration de Perpenna et de ses complices. Plutarque nomme parmi ces derniers un certain Aufidius, le seul de ces assassins qui se déroba au glaive vengeur de Pompée, chap. 4. Il nomme aussi un Manlius, auquel l'Epitome de Tite-Live donne un autre nom. *Sertorius à Marcio Antonio et M. Perpennâ et aliis conjuratis in convivio interfectus est.* Lib. XCVI.

(17) Desmares a traduit, *à trois gentilshommes romains*. En supposant qu'il fût question ici de trois *patriciens*, sur quel fondement ce traducteur les a-t-il travestis en *gentilshommes* ?

(18) Desmares ne s'est pas douté du vrai sens du texte dans ce passage. *Voyez* la version latine de Schweighæuser.

(19) Selon Plutarque, Perpenna s'étoit emparé de tous les documents écrits de Sertorius, et il fit offrir à Pompée de les lui remettre entre les mains, en lui faisant dire qu'il y trouveroit des lettres de plusieurs membres du sénat, et de beaucoup d'autres grands personnages, qui invitoient Ser-

torius à mener son armée en Italie, et à venir y opérer une révolution. Chap. dernier.

(20) Plutarque loue en effet beaucoup la prudence et le bon sens de Pompée, qui, en faisant jeter au feu tous les documents écrits de Sertorius, sans les lire, et sans permettre que personne en lût aucun, épargna de nouveaux malheurs. *Ibid.*

CHAPITRE XIV.

Spartacus le gladiateur s'échappe de Capoue avec quelques complices. Il ramasse des forces, et arbore l'étendard de la guerre. Victoires qu'il remporte sur les généraux romains, et même sur les consuls. Il est battu et taillé en pièces par Crassus. Il est tué sur le champ de bataille. Les restes de son armée sont, partie égorgés, partie pendus aux arbres le long de la route de Capoue à Rome. Dissension de Crassus et de Pompée. A la sollicitation du peuple, ils se réconcilient, et congédient chacun son armée.

Ans de Rome. 681.

CXVI. A cette même époque, parmi les gladiateurs destinés aux spectacles de ce nom, que les Romains faisoient nourrir à Capoue, étoit un Thrace, nommé Spartacus, qui avoit antérieurement servi dans quelque légion, et qui, fait prisonnier de guerre et vendu, se trouvoit depuis dans le nombre des gladiateurs. Il persuada à soixante-dix (1) de ses camarades de braver la mort pour recouvrer la liberté, plutôt que de se voir réduits à servir de spectacle dans les arènes des Romains; et forçant ensemble la garde chargée de veiller sur eux, ils s'échappèrent. Spartacus s'arma, lui et sa bande, avec les armes de tout genre dont ils dépouillèrent quelques voyageurs, et ils se retirèrent sur le mont Vésuve (2). Là, plusieurs esclaves fugitifs et quelques hommes libres des campagnes vinrent se joindre à lui. Il répandit ses brigandages dans les environs, ayant pour chefs en sous-ordre OEnomaüs et Crixus (3), deux gladiateurs. La justice rigoureuse qu'il mit dans la distribution et dans le partage du butin lui attira rapidement beaucoup de monde (4). Rome fit marcher d'abord contre lui Varinius Glaber (5), et ensuite Publius Valérius, non pas avec une armée romaine, mais avec un corps de troupes ramassées à la hâte, et comme en courant; car les Romains ne pensoient pas que ce dût être une guerre dans toutes les formes. Ils croyoient qu'il suffisoit contre ces brigands d'entrer en campagne. Varinius Glaber et Publius Valérius (6) furent successivement vaincus. Spartacus tua de sa propre main le cheval de Glaber; peu s'en fallut que le général des Romains ne fût lui-même fait prisonnier par ce gladiateur. Après ces succès, le nombre des adhérents de Spartacus s'accrut (7) encore davantage, et déjà il étoit à la tête d'une armée de soixante et dix mille hommes. Alors il se mit à fabriquer des armes, et à faire des dispositions militaires dans toutes les règles.

CXVII. Rome, de son côté, fit marcher les consuls (8) avec deux légions. L'un d'eux (9) livra bataille à Crixus qui commandoit trente mille hommes dans le voisinage du mont Garganus (10). Ce chef des gladiateurs périt dans cette action avec les deux tiers de son armée. Cependant Spartacus filoit le long des Apennins, vers les Alpes et la Gaule, lorsqu'un des consuls arriva pour lui barrer le chemin, tandis que l'autre le pressoit sur ses derrières. Spartacus les attaqua tour à tour, les vainquit l'un après l'autre, et ils furent obligés tous les deux de faire leur retraite en désordre. Spartacus immola aux mânes de Crixus (11) trois cents prisonniers romains (12); et son armée s'étant élevée à cent vingt mille hommes d'infanterie, il prit en diligence le chemin de Rome, après avoir mis le feu à tout le bagage qui ne lui étoit point nécessaire, après avoir fait passer au fil de l'épée tous ses prisonniers, et assommer toutes ses bêtes de charge, afin d'aller plus rapidement. Beaucoup d'autres se déclarèrent en sa faveur, et vinrent grossir son armée; mais il ne voulut plus admettre personne. Les consuls retournèrent à la charge contre lui dans le pays des Picènes. Une grande bataille y fut donnée; mais les consuls furent vaincus encore une fois. Malgré ce succès, Spartacus renonça à son premier projet de marcher contre Rome, parcequ'il sentit qu'il n'étoit pas encore assez habile dans le métier de la guerre, et que toutes ses troupes n'étoient point convenablement armées, car nulle cité ne le secondoit. Toutes ses forces consistoient en esclaves fugitifs ou aventuriers. Il s'empara des montagnes qui avoisinent Thurium (13); il prit la ville elle-même. Il défendit aux marchands d'y rien apporter à vendre en matière d'or ou d'argent, et aux siens de rien acheter en ce genre. Ils n'achetoient en effet que du fer ou de l'airain, qu'ils payoient cher, et i's faisoient bon accueil à ceux qui leur en apportoient. De sorte qu'ils se munirent de tout ce qui leur étoit nécessaire; et bien armés, ils faisoient de côté et d'autre des incursions chez les peuples du voisinage. Ils en vinrent encore une fois aux mains avec les légions romaines, qu'ils vainquirent, et aux dépens desquelles ils firent un riche butin.

Ans de Rome. 682.

CXVIII. Il y avoit déjà trois ans que duroit cette guerre, dont on s'étoit moqué d'abord, dont on n'avoit parlé qu'avec mépris, comme d'une guerre de gladiateurs. Lorsqu'il fut question d'en donner le commandement à d'autres chefs, tout le monde se tint à l'écart; nul ne se mit sur les rangs, jusqu'à ce que Licinius Crassus, citoyen également distingué par sa naissance et par sa fortune, s'offrit (14) pour cette expédition. Il marcha contre Spartacus, à la tête de six nouvelles légions. A son arrivée au camp de ses prédécesseurs, les deux légions qui avoient combattu, la campagne précédente, sous les deux consuls, passèrent sous ses ordres. Pour les punir de s'être si souvent laissé vaincre, il les fit décimer (15). D'autres disent, qu'ayant donné une première bataille avec toutes ses forces et ayant été battu, il fit décimer son armée entière, et fit égorger quatre mille de ses soldats, sans aucun égard au nombre. Quoi qu'il en soit, cet acte de vigueur rendit sa sévérité plus redoutable que le fer de l'ennemi. En conséquence, ayant incontinent attaqué (16) une division de dix mille hommes de l'armée de Spartacus, il en tua les deux tiers, et se dirigea, plein de confiance, sur Spartacus lui-même. Il le vainquit avec éclat, et le poursuivit, avec beaucoup d'activité, du côté de la mer, vers lequel il prit la fuite (17), dans la vue de s'embarquer pour la Sicile. Il l'attei-

683.

gnit, et le cerna de retranchements, de lignes de circonvallation et de palissades.

CXIX. Pendant que Spartacus s'efforçoit de se faire jour, pour gagner le pays des Samnites (18), Crassus lui tua six mille hommes environ dans la matinée, et le même nombre sur le soir, sans avoir plus de trois Romains tués et sept blessés ; tant l'exemple de ceux qui avoient été décimés inspira la fureur de vaincre ! Cependant Spartacus, qui attendoit de la cavalerie de quelque part, s'abstenoit d'en venir à une action générale. Mais il harceloit, par diverses escarmouches, l'armée qui le cernoit. Il lui tomboit continuellement dessus à l'improviste, jetant dans les fossés des torches enflammées qui brûloient les palissades ; ce qui donnoit beaucoup d'embarras aux Romains. Il fit pendre un prisonnier romain dans l'espace de terrain qui le séparoit des troupes de Crassus, afin d'apprendre aux siens à quel genre de représailles ils devoient s'attendre, s'ils se laissoient battre. Sur ces entrefaites on apprit à Rome que Spartacus étoit cerné. Mais comme on n'aimoit pas l'incertitude où l'on étoit, si cette guerre de gladiateurs se prolongeroit encore, on adjoignit à cette expédition Pompée, qui venoit d'arriver d'Ibérie, persuadé qu'on étoit enfin que Spartacus n'étoit pas si facile à réduire (19).

CXX. Tandis que l'on conféroit à Pompée ce commandement, Crassus, qui ne vouloit pas laisser à Pompée cette palme à cueillir, resserra Spartacus de plus en plus, et se disposoit à l'attaquer, lorsque

Spartacus, craignant, de son côté, de voir arriver Pompée, proposa à Crassus de négocier. Mais Crassus ayant méprisé cette proposition, et Spartacus voyant qu'il ne lui restoit plus qu'à en découdre, aidé du renfort de cavalerie qu'il attendoit, força, avec toute son armée, les retranchements de Crassus, et se sauva du côté de Brindes, où Crassus le poursuivit. Mais lorsque Spartacus fut instruit que Lucullus, qui retournoit de la guerre contre Mithridate, qu'il avoit vaincu, étoit dans Brindes même; dénué de toute espérance, il en vint aux mains avec Crassus, fort de la nombreuse armée qu'il avoit encore. Le combat fut long et acharné; car les gens de Spartacus se battoient en désespérés (20). Mais Spartacus fut enfin blessé à la cuisse d'un coup de flèche. Il tomba sur son genou, et se couvrant de son bouclier, il lutta contre ceux qui le chargèrent, jusqu'à ce qu'ils succombèrent lui, et le grand nombre de ceux qui firent cercle autour de sa personne (21). Le reste de son armée, en désordre, fut mis en pièces. Le nombre des morts, du côté des gladiateurs, fut incalculable. Il y périt environ mille Romains. Il fut impossible de retrouver le corps de Spartacus. Les nombreux fuyards qui se sauvèrent de la bataille allèrent chercher un asile dans les montagnes : Crassus les y poursuivit. Ils se distribuèrent en quatre bandes (22), combattant tour à tour, jusqu'à ce qu'ils furent totalement exterminés; à l'exception de six mille, qui, faits prisonniers, furent pendus tout le long de la route de Capoue à Rome (23).

CXXI. En terminant ainsi cette guerre dans l'espace de six mois, Crassus se trouva élevé tout d'un coup au même niveau de gloire que Pompée (24). Il ne licencia point son armée, parceque Pompée ne licencia pas la sienne. Ils se mirent sur les rangs l'un et l'autre pour le consulat. Crassus avoit passé par la préture, ainsi que l'exigeoit la loi de Sylla, tandis que Pompée n'avoit été ni préteur, ni questeur (25). Il n'étoit âgé que de trente-quatre ans. Il promit aux tribuns qu'il leur rendroit beaucoup de leur ancienne autorité. Élus consuls l'un et l'autre (26), ils ne congédièrent point pour cela leur armée qu'ils avoient aux portes de Rome. Chacun avoit son prétexte. Pompée disoit qu'il attendoit le retour de Métellus, pour la cérémonie du triomphe de la guerre d'Ibérie. Crassus prétendoit que Pompée devoit licencier le premier. Le peuple vit dans cette conduite des deux consuls un commencement de sédition. Il craignit la présence de deux armées auprès de la ville. Il supplia les consuls, pendant qu'ils présidoient dans le Forum, de se rapprocher et de s'entendre. Chacun, de son côté, refusa d'abord. Mais les augures ayant pronostiqué de grandes calamités (27) si les consuls ne se réconcilioient pas, le peuple réitéra ses supplications avec attendrissement, en leur rappelant le souvenir des maux causés par les divisions de Marius et de Sylla. Crassus, touché le premier, descendit de son siège consulaire, s'approcha de Pompée, et lui tendit la main en signe de bonne intelligence. Pompée se leva alors, et vint au devant de Crassus. Ils se touchèrent dans la main. On les combla tous deux d'éloges, et la séance des comices ne fut levée qu'après que chacun eut donné, de son côté, l'ordre de licencier son armée. C'est ainsi que fut conjuré un nouvel orage qui paroissoit près d'éclater. Cette partie des guerres civiles, à compter de la mort de Tibérius Gracchus, embrasse une période de soixante (28) années (29).

<small>Ans de Rome. 634.</small>

NOTES.

(1) Plutarque en porte le nombre à soixante-dix-huit. Vie de Crassus, Chap. 4. L'Epitome de Tite-Live le porte à soixante-quatorze; *Quatuor et septuaginta gladiatores Capuæ ex ludo Lentuli profugerunt.* Florus donne le même nom au lieu d'où s'échappèrent les gladiateurs, *effracto Lentuli ludo*, lib. III, cap. 20; ce qui annonce que le lieu où l'on entretenoit et où l'on exerçoit ces gladiateurs à Capoue étoit un établissement fondé par un certain Lentulus. Plutarque le nomme Lentulus Batiatus. Paterculus tient à peu près le même langage. Mais il réduit à trente le nombre des gladiateurs fugitifs : *Cum triginta haud ampliùs ejusdem fortunæ viris Capuâ evaserunt.* Sous le regne de l'empereur Probus, un pareil évènement eut lieu. Mais les fugitifs ne firent pas, à cette époque, les mêmes progrès. *Voy.* Zozime, à la fin de son premier livre. *Dùm Sertorianum bellum in Hispaniâ geritur*, LXXIV *fugitivi è ludo gladiatorio Capuâ profugientes, duce Spartaco.* Lib. II, cap. 30.

(2) *Prima velut arena viris mons Vesuvius placuit.* Ibid.

(3) Florus. *Ibid.*

(4) Il est donc bien puissant cet empire de la justice sur le cœur de l'homme, il a donc un grand ascendant ce pouvoir de l'équité, puisqu'il inspire de la confiance pour les brigands mêmes !

(5) Florus le nomme Clodius Glaber, *ibid.* L'Epitome de Tite-Live, liv. XCV, le nomme *Claudius Pulcher*; et Plutarque, Clodius tout court. Vie de Crassus, chap. 14.

(6) Schweighæuser remarque que ce nom ne se trouve dans aucun autre des historiens qui ont parlé de la guerre de Spartacus. L'Epitome de Tite-Live nomme un P. Varenus préteur, liv. XCV, et Plutarque un Publius Varinus.

NOTES.

(7) Florus dit qu'ils remplirent d'abord la Campanie de leurs brigandages, et qu'ensuite ils saccagèrent Nole, Nucérie, le pays des Thuriens et Metapont. *Ibid.*

(8) C'étoient les consuls Gellius et Lentulus. Témoin l'Epitome de Tite-Live, liv. XCVI, qui joint à ces deux consuls le préteur Q. Arrius.

(9) Selon l'Epitome de Tite-Live, liv. XCVI, ce fut le préteur Q. Arrius qui obtint cet avantage important contre ce lieutenant de Spartacus. *Q. Arrius, prætor, Crixum fugitivorum ducem, cum XX millibus hominum occidit.*

(10) Ce mont étoit dans la Pouille.

(11) *Qui defunctorum quoque prælio ducum funera imperatoriis celebravit exequiis, captivosque circa rogum jussit armis depugnare.* Florus, ibid.

(12) Voici une savante note de Tollius sur ce passage. « *Mos notus ex Tertulliano, de spectaculis.* Et Servius, ad « istum Virgilii versum,

« *Viventes rapit inferias, quos immolet umbris;*

« *Sic Sylla C. Marium occidit pertractum per ora vulgi ad* « *sepulcrum Lutatiæ gentis,* ait Valerius. *Idem factitatum* « *à Carthaginiensibus,* apud Polybium, lib. I. Suetonius Au-« gusto, cap. 15 : *Scribunt quidam trecentos ex deditiis* « *electos, utriusque ordinis, ad aram divo Julio extructam,* « *idibus martiis, hostiarum more, mactatos.* Quod ait Sue-« tonius, *hostiarum more, non temerè adjectum.* Seneca, de « Clementiâ, *Ergo non dabit pœnas qui tot civilibus bellis* « *frustrà petitum caput non occidere constituit, sed immo-* « *lare?* Valerius Maximus, *Damasippi jussu principum* « *civitatis capita hostiarum capitibus permista sunt.* Alibi, « de Q. Pompeio Cos. *Ambitiosi ducis illecebris corrupti mi-* « *lites sacrificare incipientem adorti, in modum victimæ* « *mactaverunt.* Lib. VII. *Nec in acie tantùm ibi cladis ac-* « *ceptum, quàm quòd* CCCVII *milites Romanos captos Tar-* « *quinienses immolârunt; quâ fœditate supplicii aliquantò* « *ignominia populi Romani insignior fuit.* Ita apud Philo-« nem contra Flaccum, ἱερεῖον τρόπον κρεουργηθῆναι. Cur tantæ

« ignominiæ hoc mortis genus haberetur, modus efficiebat,
« quem paucis verbis aperit Florus, lib. II, cap 5. *Legatos*
« *quippe nostros, ob ea quæ deliquerant, jure agentes, nec*
« *gladio quidem, sed ut victimas securi percussit.* Olim
« securi tantùm sontes puniebantur, posteà etiam gladio. Hoc
« supplicium illô lenius et honestius visum. Et fœditas hujus
« supplicii in causâ fuit quare in militem qui Papinianum
« mori jussum, non gladio, sed securi percusserat, animad-
« verti jusserit Caracallus apud Spartianum et Xiphilinum.
« Victimis autem comparantur securi percussi, quia illæ
« secespitâ, et hi securi humi strati feriebantur. Appianus,
« ὁ δὲ Σκιπίων τοὺς εἰς τὸ μέσον παραχθέντας αἰκισάμενος, καὶ
« μᾶλλον αὐτῶν τοὺς ἐκβοήσαντας ἐκέλευσε τοὺς αὐχένας
« ἁπάντων εἰς τοὔδαφος παττάλοις προσδεθέντας ἀποτμηθῆναι.
« (Hispan. sect. XXXVI, p. 144, et sqq.) V. Brisso-
« nium, Formularum, *lib. I*, et Lipsium ad Taciti Annal.
lib. XV, cap. 67.

(13) Il paroît que c'est le nom de la ville qui avoit pris, sur les bords du golfe de Tarente, la place de l'ancienne Sybaris. *Voy.* Cellarius, lib. I, cap. 9, sect. 4, n. 524.

(14) *Pudoremque romanum Licinius Crassus asseruit.* Florus. Ibid.

(15) Plutarque fait, de cet acte de rigueur militaire de la part de Crassus, un tout autre récit qu'Appien. *Voyez* vie de Crassus, chap. 18.

(16) Il paroît, d'après l'Epitome de Tite-Live, que cette division de l'armée de Spartacus n'étoit pas le corps d'auxiliaires que Granicus lui amenoit de la Germanie et de la Gaule, et qui fut mis en pièces par Crassus. *M. Crassus prætor, primùm cum parte fugitivorum quæ ex Gallis Germanisque constabat feliciter pugnavit, cæsis hostium triginta quinque millibus, et duce eorum Granico. Lib. XCVII.*

(17) Florus dit qu'il gagna le pays des Bruttiens, qu'il appelle *Bruttium angulum*, et que Tite-Live, à la fin de son vingt-septième livre, nomme l'angle le plus reculé de l'Italie, *extremum Italiæ angulum Bruttios.* Cet historien ajoute que

NOTES.

Spartacus avoit le projet de s'embarquer pour la Sicile, mais que, faute de vaisseaux, il n'eut de ressources que dans la fortune des armes. Plutarque est ici d'accord avec Florus : il dit que Spartacus se battant en retraite devant Crassus, traversa le pays des Lucaniens, et arriva auprès du détroit de Messine, chap. 19. Amyot, trompé par une leçon défectueuse, a fait dire à Plutarque que Spartacus, arrivé en face de Messine, avoit jeté deux mille hommes en Sicile, et y avoit rallumé la guerre des esclaves, terminée par le consul Manius Aquilius, l'an de Rome 653 ; mais les annotateurs de la dernière édition de Plutarque ont relevé cette inadvertance dans leur seconde observation sur la vie de Crassus.

(18) C'est aujourd'hui l'Abruzze.

(19) Il résulte du récit de Plutarque que Crassus craignant pendant quelque temps de ne pouvoir terminer, à lui seul, la guerre contre Spartacus, avoit lui-même écrit au sénat pour demander que Lucullus fût rappelé de la Thrace et Pompée de l'Ibérie ; mais qu'après ses premiers succès contre les gladiateurs, il s'étoit repenti d'avoir fait cette démarche. *Ibid.* chap. 20.

(20) *Tandem, eruptione factâ, dignam viris obiére mortem, et quod sub gladiatorio duce oportuit, sine missione pugnatum est.* Flor. Ibid. Plutarque place ici un beau trait de bravoure de Spartacus. Au moment de charger l'ennemi, on lui présenta son cheval de bataille. Il le tua sous les yeux de son armée, en disant : « Si je suis battu, je n'en « ai que faire ; si je suis vainqueur, je trouverai un assez bel « et bon cheval parmi le butin que nous ferons sur l'en- « nemi. »

(21) Plutarque dit qu'abandonné de tous les siens, il tint ferme seul, et combattit vaillamment jusqu'à ce qu'il fût mis en pièces. *Ibid*, chap. 22.

(22) En quatre bandes, et non pas en *quarante bataillons*, comme Desmares a traduit.

(23) S'il faut ajouter foi au rapport de Plutarque, Pompée arriva assez tôt en Italie pour tomber sur les débris de l'armée de Spartacus taillée en pièces par Crassus, et pour s'attribuer en conséquence l'honneur d'avoir coupé les dernières racines de cette guerre. *Ibid.*

(24) Crassus demanda, à cette occasion, non pas les honneurs du triomphe, mais ceux de l'ovation, espèce de triomphe du second ordre, dont Plutarque donne les détails dans la vie de Marcellus ; et quoique cette demande de Crassus ne parût pas de nature à lui faire un grand honneur, on ne peut s'empêcher de convenir qu'il y avoit quelque mérite à avoir terminé une guerre contre laquelle, selon la remarque de Florus (*Lib. III, cap.* 20), il avoit fallu déployer toutes les forces de l'Empire romain.

(25) Le texte de l'édition de Tollius porte μιεύσας, faute énorme de typographie ou de copiste, au lieu de ταμιεύσας.

(26) Pompée, qui, comme on le voit, n'avoit jusqu'alors rempli que des fonctions militaires, se trouvoit tout neuf dans celles du consulat. Dans la vue de suppléer à son défaut d'expérience à cet égard, il pria Marcus Varron, son ami, de lui composer un petit ouvrage où il pût apprendre, en peu de temps, ce qu'il auroit à faire, ce qu'il auroit à dire, lorsqu'il auroit convoqué le sénat. Varron exécuta, sous le titre de εἰσαγωγικὸν, une espèce de *Manuel* dont on doit beaucoup regretter la perte, d'après l'échantillon qu'Aulu-Gelle nous donne de cet opuscule dans le chap. 7, liv. XIV de ses *Nuits attiques.*

(27) Ce fait est autrement raconté par Plutarque. Suivant cet auteur, ce fut un chevalier romain, nommé Aurélius, qui vint annoncer au peuple, du haut de la tribune aux harangues, que Jupiter lui étoit apparu en songe, et lui avoit commandé de dire au peuple assemblé de ne pas laisser Crassus et Pompée sortir de leur consulat avant que de se réconcilier. Plutarque place, comme on voit, cet évènement

à la fin du consulat de Crassus et de Pompée. Cela s'accorde avec le récit d'Appien, qui dit que leur réconciliation eut lieu pendant qu'ils présidoient les comices ; ce qui doit s'entendre des comices consulaires, où l'on procédoit à l'élection de leurs successeurs. Plutarque, vie de Crassus, chap. 23 ; Vie de Pompée, chap. 33.

(28) J'ai relevé, dans le cours de ce livre, un assez grand nombre des contre-sens, des bévues, des inadvertances échappées au dernier traducteur français d'Appien. J'en ai laissé un plus grand nombre de côté, pour ne pas excéder le lecteur par ce genre de notes. Je prendrai la même peine sur le cinquième livre. Quant aux trois du milieu, je me dispense de ce travail : le lecteur n'en a pas besoin pour avoir une juste idée du degré d'imperfection de l'Appien de Desmares.

(29) Suivant la chronique de Rollin, dans son Histoire romaine, cette période embrasse soixante-trois ans ; car ce fut l'an 619 de Rome que Tibérius Gracchus périt au milieu de la sédition dont il fut le sujet, et c'est à l'an 682 de la même ère que se rapporte le consulat de Pompée et de Crassus.

FIN DU LIVRE PREMIER.

HISTOIRE
DES GUERRES CIVILES
DE LA
RÉPUBLIQUE ROMAINE.

LIVRE SECOND.

CHAPITRE I.

Origine de la conjuration de Catilina. Détails à cet égard. La conjuration est découverte par les envoyés des Allobroges. Les conjurés sont arrêtés et convaincus par les soins et la prudence de Cicéron. Quelques uns d'entre eux sont punis de mort. Catilina et quelques autres de ses complices se font tuer sur le champ de bataille, en combattant contre l'armée du consul Antonius, collègue de Cicéron.

I. APRÈS la monarchie de Sylla, après ce que Sertorius et Perpenna firent ultérieurement en Ibérie, Rome fut livrée à d'autres dissensions intestines dont nous allons tracer ici le tableau. A ces dissensions succédèrent la guerre du grand Pompée

Ans de Rome. 690.

contre César, l'assassinat de Pompée par les ministres du roi d'Égypte, empressés de se concilier la bienveillance du vainqueur de Pharsale (1), et l'assassinat de César lui-même, qui fut poignardé, en plein sénat, par quelques conjurés, indignés de ses prétentions à l'autorité monarchique. Ces évènements feront la matière de ce second livre. Nous en développerons les détails ; nous dirons par quels événements Pompée et César furent conduits à leur fin tragique. Pompée venoit d'affranchir les mers des brigandages de pirates qui les infestoient de toutes parts (2). Après avoir exterminé ces brigands maritimes, il s'étoit mis en marche contre Mithridate, roi de Pont (3), et il avoit ordonné à son gré des États de ce prince, ainsi que du sort de tous les peuples de l'Orient, auxquels il avoit en même temps fait reconnoître l'empire du peuple romain. Quant à César, il étoit jeune encore. Doué d'ailleurs du talent de l'éloquence et de l'aptitude aux affaires, d'une audace à tout entreprendre, d'une confiance à croire possibles tous les succès, d'une ambition au-dessus de ses forces. Pendant son édilité, et pendant sa préture, il avoit fait beaucoup de dettes, ce qui l'avoit rendu singulièrement agréable à la multitude, qui prodigue toujours des éloges à ceux qui prodiguent leur argent pour elle.

II. A cette époque, Caïus Catilina, issu d'une maison illustre, s'étoit fait une réputation. Sa tête s'étoit dérangée. Il passoit pour avoir fait périr son fils, afin de faire cesser l'obstacle qu'opposoit à son amour Aurélia Orestilla (4), qui ne vouloit pas d'un homme qui fût déjà père. Il avoit été l'ami de Sylla, et l'un de ses partisans, de ses zélateurs les plus décidés. Sa dispendieuse ambition avoit ruiné sa fortune; et néanmoins se voyant encore à la tête d'un parti d'hommes et de femmes du premier étage, il se mit sur les rangs pour le consulat, dans la vue de s'ouvrir, par cette voie, la porte de la tyrannie. Il espéroit beaucoup d'être élu. Mais le soupçon qu'on eut de ses vues secrètes (5) le fit éconduire, et Cicéron, citoyen d'un très beau talent oratoire, fut élu à sa place. Catilina se vengea par des sarcasmes contre Cicéron, et contre ceux qui lui avoient donné leur suffrage. Il le traita d'*homme nouveau*, parcequ'il ne sortoit point d'une illustre race. C'étoit, en effet, le brocard d'usage contre ceux qui, sans aïeux, s'ouvroient par leur propre mérite le chemin de la gloire. Et parceque Cicéron n'étoit point originaire de Rome, il le traita d'*intrus* (6); expression par laquelle on étoit en possession de désigner ceux qui logeoient dans des maisons qui ne leur appartenoient pas. Dès-lors il renonça entièrement aux magistratures, comme peu propres à lui servir d'échelon pour la monarchie, et comme sujettes d'ailleurs à l'inconvénient des rivalités et des concurrences (7). Mais il se mit à amasser de l'argent, en mettant à contribution plusieurs de ces femmes impatientes de se défaire de leurs maris au milieu des vicissitudes des séditions. Il fit entrer dans sa conjuration quelques sénateurs et quelques chevaliers. Il enrôla des plébéiens, des esclaves (8), et leur donna pour chefs Cornélius

Lentulus, et Céthégus, alors préteurs de la ville. Il répandit des émissaires en Italie, pour pratiquer ceux des partisans de Sylla, qui avoient fait leurs affaires sous les enseignes du dictateur, qui avoient déjà dévoré tout le fruit de leur brigandage, et qui désiroient de nouvelles séditions (9). Caïus Manlius se rendit à Fésulum (10) dans la Toscane. D'autres allèrent dans le Picentin et dans la Pouille, et formèrent clandestinement une armée.

III. Toutes ces manœuvres étoient encore ignorées, lorsque Fulvie, femme de qualité, en donna le premier éveil à Cicéron. Elle avoit pour amant Quintus Curius (11), homme que plusieurs infamies avoient fait chasser du sénat, qui avoit été admis dans la conjuration de Catilina, et qui étourdiment, pour se faire valoir, se vanta un jour devant elle, comme devant sa maîtresse, qu'il seroit bientôt investi d'un grand pouvoir. Déjà quelque rumeur de ce que les conjurés avoient machiné en Italie s'étoit répandue. En conséquence, Cicéron pourvut à la sûreté de Rome, par des détachements de troupes diversement distribués; et plusieurs patriciens furent chargés de se rendre dans tous les lieux suspects, pour surveiller les évènements. Cependant Catilina, de la personne duquel on n'osoit point s'assurer encore, parcequ'on n'avoit point encore d'exactes informations, commença d'avoir des craintes. Il jugea les délais suspects. Plaçant donc toute sa confiance dans la célérité, il fit partir pour Fésulum l'argent qu'il avoit amassé. Il prescrivit aux conjurés d'assassiner Cicéron, de mettre, de distance en distance, le feu à la ville pendant la nuit, tandis que de concert avec Manlius, qu'il alloit joindre, et à la tête d'une nouvelle armée, il marcheroit rapidement sur Rome en flammes. Il poussa l'étourderie jusqu'à faire porter les haches et les faisceaux devant lui, comme s'il eût été proconsul (12), et à marcher vers Manlius avec cet appareil, levant des troupes chemin faisant. Cependant Lentulus et les autres chefs de la conjuration crurent convenable, qu'aussitôt qu'ils auroient reçu la nouvelle de l'arrivée de Catilina à Fésulum, lui, Lentulus et Céthégus, allassent, dès le point du jour, se mettre en embuscade à la porte de Cicéron (13), secrètement armés de poignards ; et qu'introduits sans peine, à la faveur de leurs fonctions, et annonçant au consul qu'ils avoient quelque chose de particulier à lui dire, ils se ménageassent le temps de l'égorger, après avoir éloigné tous ses domestiques ; qu'immédiatement après l'assassinat du consul, Lucius Sextius, tribun du peuple, convoquât les comices, à cri public, et qu'il déclamât contre Cicéron, sous le prétexte de cette inquiète timidité qui lui faisoit tenir continuellement des troupes sur pied, et remplir la ville d'alarmes, lorsqu'il n'y avoit d'ailleurs rien à craindre ; qu'après cette déclamation du tribun, d'autres conjurés profitassent de la nuit suivante, pour mettre le feu à la ville, dans douze quartiers différents, pour la livrer au pillage, et pour égorger quelques personnages de distinction.

IV. Tel fut le plan arrêté par Lentulus, Céthégus,

Statilius et Cassius, qui devoient être les chefs de cette insurrection. Ils n'attendoient que le moment convenu. Sur ces entrefaites, des députés des Allobroges (14), qui étoient venus à Rome pour demander justice contre les proconsuls qu'on leur avoit envoyés, se laissèrent engager par Lentulus dans la conjuration, à l'effet de soulever la Gaule contre la république. Lentulus devoit faire partir avec eux, pour se rendre auprès de Catilina, un nommé Vulturtius, citoyen de Crotone, chargé de lettres où les noms propres devoient être laissés en blanc. Ces députés, indécis sur l'importance de cette démarche, s'en ouvrirent à Fabius Sanga, qui étoit le patron (15) des Allobroges ; car tous les peuples des villes soumises à la république en avoient un. Cicéron, averti par Fabius Sanga, fit arrêter sur leur route les députés des Allobroges, ainsi que Vulturtius ; et sur le champ il convoqua le sénat, devant lequel il les fit traduire. Ils avouèrent tout ce qui leur avoit été confié par Cornélius Lentulus, et ils déclarèrent qu'il les avoit engagés dans ses complots, en leur répétant à plusieurs reprises qu'un arrêt du destin promettoit à trois *Cornélius* successivement l'empire de Rome ; et que déjà Cornélius Cinna et Cornélius Sylla avoient accompli deux fois cet oracle.

V. Sur cette déposition, le sénat déclara Lentulus destitué de ses fonctions. De son côté, Cicéron se rendit dans la maison de chacun des deux préteurs, pour s'assurer de leur personne ; et, retournant au sénat sur-le-champ, il fit délibérer sur leur sort. La foule qui entouroit le lieu où le sénat étoit assemblé s'agitoit avec beaucoup de tumulte, soit par la sollicitude de ceux qui ignoroient encore de quoi il étoit question, soit par la terreur qu'éprouvoient déjà ceux qui avoient le secret de la conspiration, et qui en étoient les complices. D'un autre côté, les esclaves et les affranchis de Lentulus et de Céthégus, secondés par plusieurs individus de la classe des artisans, s'attroupèrent sur les derrières des maisons de chaque préteur, dans le dessein de pénétrer chez eux et de les enlever. Cicéron, instruit de ce danger, accourut avec des troupes, pourvut à la sûreté de la personne de ses prisonniers, et retourna au sénat pour presser leur jugement. Silanus, consul désigné, opina le premier; car tel étoit l'usage chez les Romains, par la raison, je crois, que le consul désigné devant être chargé dans les fonctions du consulat d'exécuter les sénatus-consultes, on présumoit que c'étoit un motif pour lui de mettre plus de poids et plus de sagesse dans son opinion sur chaque affaire (16). Silanus (17) fut d'avis que les chefs de la conjuration fussent punis du dernier supplice. Un grand nombre de sénateurs opinèrent comme lui. Lorsque le tour d'opiner fut arrivé à Néron, ce sénateur ouvrit une autre opinion. Ce fut de conserver les prisonniers (18) jusqu'à ce que Catilina eût été réduit par la force des armes, et que le plus grand jour fût répandu sur tous les détails de la conspiration.

Ans de Rome. 691.

VI. César fortifia le soupçon qu'on avoit qu'il étoit du nombre des conjurés, quoique Cicéron n'osât point l'impliquer ouvertement dans la conjuration (19), à cause de la popularité singulière dont il jouissoit. Il produisit cet effet en ajoutant à l'opinion de Néron, que les deux préteurs devoient être constitués prisonniers dans telle des villes d'Italie que Cicéron jugeroit à propos, jusqu'à la fin de la guerre qu'on alloit faire à Catilina, « afin, dit-il, « de ne se porter à aucun acte de sévérité irréparable « contre d'illustres citoyens avant de les avoir mis en « jugement, et de se ménager le moyen de procéder, « à leur égard, selon les règles de la raison et de la justice (20). » Cette opinion parut équitable. Elle fut goûtée, et plusieurs l'embrassoient déjà, lorsque Caton, en dévoilant sans ménagement sa pensée sur la complicité de César (21), lorsque Cicéron, en peignant les dangers de la nuit prochaine, en faisant craindre que la multitude des complices qui entouroient le sénat, alarmée pour son propre compte et pour le compte de ses chefs, n'entreprît, à la faveur des ténèbres, de se porter à quelque coup de désespoir, firent passer l'avis de les condamner sans jugement, comme pris en flagrant délit. Sur-le-champ Cicéron les fit enlever de leurs demeures, les fit conduire en prison à l'insçu du peuple, pendant que la séance du sénat tenoit encore, et les fit égorger sous ses yeux (22). En se retirant, il donna à entendre à ceux qu'il rencontroit sur son chemin qu'ils avoient vécu. Les complices de la conjuration se retirèrent en frémissant, mais avec la secrète satisfaction de n'avoir point été découverts. Ce fut ainsi que Rome fut délivrée de la profonde terreur dont elle fut assaillie pendant toute cette journée.

VII. Antonius, le collègue de Cicéron, marcha

contre Catilina, qui étoit déjà à la tête de vingt mille hommes, dont il avoit armé les trois quarts (23). Il se dirigeoit vers la Gaule, pour y augmenter ses forces. Le consul l'atteignit au-delà des Alpes. Il n'eut aucune peine à vaincre un homme qui s'étoit témérairement jeté dans une entreprise pour laquelle il n'avoit aucune capacité, et qui étoit encore plus insensé de la soutenir, sans avoir les moyens nécessaires (24). Malgré tous ces désavantages, ni Catilina, ni aucun des patriciens qui avoient embrassé son parti, ne songèrent à prendre la fuite. Ils vinrent chercher la mort au milieu des rangs ennemis (25). Ce fut ainsi que se termina en peu de temps cette conjuration, qui avoit mis Rome dans le plus grand de tous les dangers. Cicéron, qui jusqu'alors n'avoit eu, aux yeux de tous les Romains, qu'une réputation d'orateur, occupa les bouches de la Renommée sous le rapport de sa prudence et de sa présence d'esprit dans les circonstances critiques. On le regarda comme ayant sauvé la patrie sur le bord du précipice (26). On se répandit en actions de graces et en toute espèce d'éloges sur sa conduite, au milieu des comices; et Caton ayant proposé de lui décerner le titre de père de la patrie, tout le peuple accueillit cette proposition avec des acclamations solennelles (27). C'est de ce surnom illustre donné à Cicéron que quelques auteurs pensent que tire son origine le même surnom que l'on décerne encore aujourd'hui à ceux des empereurs romains qui en sont jugés dignes. Car, quoiqu'ils soient revêtus du pouvoir suprême, ce titre

Ans de Rome. 692.

ne leur est point décerné en même temps que les autres, au moment où ils montent sur le trône. Ce n'est qu'à la longue, et même après qu'ils ont exécuté de grandes choses pour le bien de l'empire romain, qu'ils obtiennent à cet égard les suffrages (28).

NOTES.

(1) Le texte porte littéralement *de la destruction de Pompée par César;* mais comme César n'eut aucune part à l'assassinat de Pompée, et que les chefs du conseil de Ptolémée, roi d'Égypte, auteurs de cet attentat, comme on le verra plus bas, n'eurent d'autre motif que de se concilier en le commettant la bienveillance du vainqueur de Pharsale, j'ai cru devoir être un peu plus exact qu'Appien.

(2) C'étoit le tribun du peuple A. Gabinius, qui, malgré l'opposition des patriciens, avoit fait voter la loi qui donnoit à Pompée ce commandement. L'Épitome de Tite-Live, lib. XCIX, dit qu'il termina cette guerre dans quarante jours, *intra quadragesimum diem toto mari eos expulit.* Le sénat ne vit pas, sans de très sérieuses sollicitudes, l'étendue de pouvoir que la loi de Gabinius donnoit à Pompée. *Rarò enim*, dit Paterculus à ce sujet, *invidetur eorum honoribus quorum vis non timetur. Contrà in iis homines extraordinaria reformidant, qui ea suo arbitrio aut deposituri aut retenturi videntur, et modum in voluntate habent.* Or, c'étoit là l'opinion que le sénat avoit de Pompée. *Voy.* Plutarq. *Vie de Pompée*, chap. 45. Le même historien rapporte que Q. Catulus, le seul qui osa parler contre la loi de Gabinius, ayant remarqué le peu d'impression que faisoit son discours, s'adressa aux sénateurs à plusieurs reprises, et les invita à s'assurer d'une retraite sur une montagne où ils pussent, à l'exemple de leurs ancêtres, défendre et sauver leur liberté. Paterculus donne une autre tournure à ce trait. Liv. II, ch. 32. Voy. Plutarq. *Vie de Pompée*, ch. 35 et suivants.

(3) Ce fut le tribun du peuple Manlius, selon l'Épit. de Tite-Live, et Manilius, selon Plutarque et Paterculus, qui fit décerner à Pompée la conduite de cette guerre. Pater-

culus ne fait pas l'éloge de ce tribun, *semper venalis, et alienæ minister potentiæ*, lib. II, cap. 33.

(4) Salluste, au commencement de sa guerre de Catilina, et Valère Maxime, liv. IX, chap. 1, lui reprochent le même crime. Plutarque, vie de Sylla, chap. 67, lui en reproche un non moins atroce, au sujet de son frère.

(5) L'interprète latin de l'édition de Tollius a traduit, *suspectus ut affectans non ferendam in liberâ civitate potentiam*. Je n'ai rien vu de cela dans mon texte. Schweighæuser a laissé subsister cette amplification.

(6) *Inquilinum*. Je n'ai point trouvé dans la langue française de mot plus propre à rendre ici le mot latin qu'Appien a fait entrer dans son texte.

(7) Le texte de Tollius porte φέρουσαν et μεστήν, à l'accusatif singulier féminin. J'ai cru que c'étoit une erreur, et qu'au lieu de rapporter ces deux adjectifs à μοναρχίαν, comme le fait la leçon de Tollius, il falloit les rapporter, ainsi que le sens le demande, au génitif pluriel πολιτειῶν. Cette remarque que j'avois faite avant que de connoître l'édition de Schweighæuser, étoit si bien fondée, que ce savant helléniste s'est cru obligé, pour donner à la phrase la correction qu'elle exige, de substituer l'accusatif singulier πολιτείαν au génitif pluriel πολιτειῶν.

Le tableau que fait Salluste des partisans de Catilina est bien plus hideux que celui d'Appien. *Quicumque impudicus, adulter, manu, ventre, pene, bona patria laceraverat, quique alienum æs grande conflaverat, quo flagitium aut facinus redimeret, prætereà omnes undiquè parricidæ, sacrilegi, convicti judiciis, aut pro factis judicium timentes, ad hoc quos manus atque lingua perjurio et sanguine civili alebat; postremò omnes quos flagitium, egestas, conscius animus, exagitabat, hi Catilinæ proxumi familiaresque erant.* C'est avec de semblables brigands que Catilina avoit formé le projet d'exterminer le sénat, de massacrer les consuls, de réduire Rome en cendres, de piller le trésor public, de renverser la république de fond en comble, et de commettre envers la patrie tous les attentats dont Annibal ne parut avoir jamais eu l'idée. *Senatum confodere, consules trucidare, distringere incendiis urbem, diripere ærarium, totam deniquè rempublicam funditùs tollere, et quidquid nec Annibal videretur optâsse.* Florus, lib. IV, cap. 1.

(9) *Et quod plerique Sullani milites largiùs suo usi, rapinarum et victoriæ veteris memores, civile bellum exoptabant.* Sull. Bell. Catil.

(10) Fesulum. *Voyez Cellarius, geogr. antiqua.* Cette ville étoit dans le fertile pays des Hétrusques. *Tit.-Liv., lib. XXII, initio.*

(11) On peut voir dans Salluste, *Bell. Catilin.* ch. 23, ce qu'il dit de ce Quintus Curius, et de cette Fulvie. Florus attribue également à cette femme débauchée d'avoir donné à Cicéron le premier avis du complot. *Tanti sceleris indicium per Fulviam emersit, vilissimum scortum, sed parricidii innocens.* Cette Fulvie avoit peut-être fait comme notre Ninon ; elle avoit mis hors de la sphère de la morale tout ce qui appartient à la pudeur, et avoit su conserver une vertu romaine quant à l'amour de la patrie.

(12) *Cum fascibus atque aliis imperii insignibus, in castra, ad Manlium, contendit.* Sallust., c. 35.

(13) Cicéron, dans le §. XIX de son Oraison pour P. Sylla, dit que ce fut Cornélius, un des complices de la conspiration, qui demanda pour lui l'officieuse commission de venir au point du jour saluer le consul, de s'introduire chez lui à la faveur des liaisons d'amitié qui les unissoient, et de l'assassiner amicalement dans son lit. *Sallust. Bell. Catil.*, c. 28.

(14) Salluste donne tous les détails de la négociation, à l'aide de laquelle ces députés furent engagés dans la conspiration. Chap. 39 et suiv. Une circonstance à remarquer, c'est que ce fut dans la maison de Décimus Brutus que cette négociation fut traitée. A la vérité Brutus étoit absent ; mais Sempronia sa femme abondoit dans le sens des conjurés.

(15) L'établissement du patronat, ou du patronage, re-

montoit jusqu'à Romulus, qui imagina avec beaucoup de sagacité et de sagesse ce nouveau lien politique, entre la haute et la basse classe des membres de sa cité. Cette institution salutaire faisoit tant de bien, qu'elle survécut à la révolution qui chassa les rois ; et elle prit sous la république une bien plus grande importance, lorsque la guerre eut étendu la domination du peuple romain, et formé ce qu'on appela *les provinces*. Le patronat, qui n'avoit jusqu'alors embrassé que les citoyens romains, prit un nouveau développement; et comme on se garda de présumer, par quelques vertus que se distinguassent encore à cette époque les Romains qui étoient élevés aux magistratures, qu'il fût impossible qu'ils abusassent de l'autorité dans le commandement des provinces qu'on leur décernoit, chacune de ces provinces eut la faculté de se placer sous le patronat de celui des citoyens de Rome en qui elles avoient le plus de confiance, pour avoir recours à sa protection et à son éloquence, en cas de besoin. Ce patronat se perpétuoit ordinairement dans les familles, ce qui ne contribuoit pas médiocrement à en rehausser l'éclat. C'est ainsi que l'on voit, dans ce passage, que Fabius Sanga étoit le patron des Allobroges. Ces liens du patronat étoient tellement respectés, qu'on voit dans Suétone, qu'Octave, prêt à lever l'étendard contre Antoine, dispensa les habitants de Bologne d'entrer dans son parti avec tout le reste de l'Italie, parcequ'ils étoient depuis long-temps dans la *clientèle* de la famille d'Antoine. Le même historien nous apprend dans la vie de Tibère, n° 6, que les Lacédémoniens étoient dans la *clientèle* de la famille des Claudius. On sent combien il seroit aisé de donner plus d'étendue à cette note.

(16) Dans les beaux jours de la république, c'étoit ou celui que les censeurs avoient élu pour être *princeps senatûs*, ou l'un des consuls désignés, qui parloit le premier, sur l'invitation des consuls. Mais à l'époque où le mépris universel des lois et des règlements du droit public annonça et prépara la ruine de la république, cet usage fut souvent

sacrifié à des considérations particulières. C'est ce que nous apprend Aulu-Gelle, dans le chap. 7 du quatorzième liv. de ses *Nuits Attiques. Senatus-consultum fieri duobus modis, aut per discessionem, si consentitur, aut, si res dubia esset, per singulorum sententias exquisitas; singulos autem debere consuli gradatim incipique à consulari gradu* (c'est-à-dire les consulaires, ceux qui avoient été consuls); *ex quo gradu semper quidem anteà primùm rogari solitum qui princeps in senatum lectus esset. Tùm autem cùm hæc scriberet (Marcus Varro familiaris Cn. Pompeii jam consulis), novum morem institutum refert, per ambitionem gratiamque, ut is primùm rogaretur, quem rogare vellet qui haberet senatum, dùm is tamen ex consulari gradu esset.* Octave, au rapport de Suétone, ajouta à cette innovation, et par un motif louable. Sans s'astreindre à faire voter les consulaires avant les autres, il s'adressoit à son gré à qui il vouloit, afin que les membres du sénat donnassent aux affaires une plus grande attention, dans l'incertitude d'être interrogés les premiers, et qu'ils fussent encore plus prêts à énoncer et à motiver une opinion qu'à suivre celle d'un autre. *Sententias de majore negotio, non more, atque ordine, sed prout libuisset prærogabat, ut perindè quisque animum intenderet ac si censendum magis quàm assentiendum esset.* Suéton. Oct. Cæs. 35.

(17) *Decimus Junius Silanus, primus sententiam rogatus, quòd eo tempore consul designatus erat, de his qui in custodiis tenebantur supplicium sumendum decreverat.* Sallust. Cap. 50.

(18) *Sallust. ibid.*

(19) Salluste rapporte, ch. 49, que Quintus Catulus et Cnæus Pison firent de vains efforts auprès de Cicéron, pour l'engager à faire impliquer César dans la conspiration, ou par les Allobroges, ou par d'autres témoins. Pison en vouloit à César parcequ'il l'avoit fait traduire en jugement pour reddition de comptes, à cause qu'il avoit fait injustement punir un citoyen de la Gaule transpadane. Catulus étoit son

ennemi, parceque César son concurrent avoit été élu souverain pontife tout jeune qu'il étoit, au préjudice d'un vieillard, qui avoit honorablement rempli les premiers emplois de la république.

(20) Le discours que César prononça dans cette occasion est en entier dans Salluste. Il débute par cette grande et importante leçon pour les hommes publics dont l'oubli cause tant de maux aux corps politiques. *Omnes homines P. C. qui de rebus dubiis consultant, ab odio, amicitiâ, irâ, atque misericordiâ vacuos esse decet.* On diroit que César a emprunté ce sage principe du début de l'Oraison de Démosthène, *in Chersoneso;* ou du langage que Thucydide met dans la bouche de Diodotus, au troisième livre de son histoire.

(21) *De supplicio agentibus, Cæsar parcendum dignitati, Cato animadvertendum pro scelere, censebat.* Florus, lib. IV, ch. 1. Salluste nous a conservé le discours que Caton prononça dans cette circonstance. On y retrouve cette austérité des principes du stoïcisme, et cet amour sublime de la patrie qui ont fait de cet illustre républicain le plus grand des Romains. *Postquam Cato assedit*, dit Salluste, ch. 53, *consulares omnes itemque senati magna pars sententiam ejus laudant, virtutem animi ad cœlum ferunt. Cato magnus atque clarus habetur. Senati decretum fit sicuti ille censuerat.* Voyez l'éloge de Caton dans Paterculus, liv. II, ch. 35.

(22) Voyez Salluste, chap. 55.

(23) Voyez Salluste, chap. 56.

(24) Voyez dans Salluste, chap. 58, le discours que Catilina adressa à ses troupes, au moment de combattre contre le consul Antonius; ce qu'il y a de remarquable dans ce discours, c'est que ce brigand a l'impudence de dire à ses satellites, *nos pro patriâ, pro libertate, pro vitâ certamus, illis supervacaneum est pugnare pro potentiâ paucorum.* Quelle patrie! quelle liberté! grands dieux! que celles de Catilina!

(25) Catilina avoit, en effet, dit aux siens, *cavete inulti*

animam amittatis ; neu capti potiùs sicuti pecora trucide-mini, quàm virorum more pugnantes, cruentam atque luctuosam victoriam hostibus relinquatis. Florus rapporte que son corps fut trouvé, loin de ses troupes, parmi les cadavres des ennemis; il ajoute *pulcherrimâ morte, si pro patriâ sic concidisset;* il observe en outre que tous ceux qui combattirent pour sa cause se firent tuer sur le lieu même où ils avoient été rangés en bataille, sans reculer d'un pas. *Quem quis in pugnando ceperat locum, eum amissâ animâ corpore tegebat,* paroles que Florus a copiées du ch. 61 de Salluste.

(26) L. Gellius, qui avoit été consul et censeur, proposa en plein sénat de décerner à Cicéron une couronne civique. *Hâc coronâ civicâ L. Gellius, vir censorius, in senatu Ciceronem consulem donari à republicâ censuit.* Aul. Gell. *Noctes Atticæ,* lib. V, cap. 6.

(27) Q. Catulus fit la même proposition au sénat. Cicéron lui même nous l'apprend, dans son oraison contre Pison, n° 3. Voyez Plutarq. *Vie de Cicéron,* chap. 27. Le silence profond de Salluste sur les grands honneurs qu'on s'empressa de rendre à Cicéron dans cette circonstance est remarquable. On en trouvera les raisons dans la *vie de Cicéron,* traduite sur celle de Middleton, tom. I, liv. III, à la fin.

(28) A ce compte, le sénat de Rome avoit donc repris du caractère et de la dignité, depuis l'époque où Tibère, le tyran le plus ennemi de l'adulation, et néanmoins le plus lâchement et le plus ignominieusement adulé, disoit de lui, lorsqu'il sortoit de ses séances, ce mot fameux, *O homines, ad servitutem paratos.* Cela peut être, Appien ; j'aime à vous en croire. Il est si doux et si consolant de penser que, quoique abruties par la servitude et la bassesse, les ames ne laissent pas d'être susceptibles de quelque régénération.

CHAPITRE II.

C. César est envoyé en Ibérie en qualité de préteur. Il se concilie par sa vaillance et ses libéralités la faveur du peuple. Aidé par Pompée il arrive au consulat, et devient le collègue de L. Bibulus. Il se ligue avec Pompée et Crassus; et de concert ils s'emparent de toute l'autorité sous le titre de triumvirs. Il fait des lois d'abord en faveur du peuple, ensuite en faveur des chevaliers. Il détruit l'autorité du sénat, et réduit son collègue Bibulus à l'inaction. Avide d'obtenir le gouvernement des Gaules, et de se venger en même temps de Cicéron et de quelques antagonistes, il se rapproche de quelques uns des ennemis de ce dernier et se lie avec eux.

Ans de Rome. 693.

VIII. Cependant César avoit été nommé préteur en Ibérie. Mais il ne pouvoit point sortir de Rome à cause de ses créanciers. Les excessives dépenses où l'avoient jeté ses vues d'ambition l'avoient endetté bien au-delà de ce qu'il possédoit. On prétend qu'il disoit de lui-même, qu'il lui faudroit vingt-cinq millions de sesterces (1) pour ne rien avoir. Néanmoins, après avoir composé comme il put avec ceux de ses créanciers (2) qui le harceloient, il se rendit en Ibérie. Il ne s'y amusa pas à remplir des fonctions civiles, à s'interposer comme arbitre dans les affaires, ni à se livrer à tous les autres détails de l'administration de la justice. Il méprisa tout cela, comme inutile au but qu'il se proposoit. Mais ayant ramassé des troupes, il attaqua l'un après l'autre ceux des peuples de cette contrée qui n'étoient pas encore soumis, jusqu'à ce qu'il eût achevé de les rendre tous tributaires du peuple romain. Il envoya à Rome beaucoup d'argent au trésor public ; de manière que le sénat lui décerna les honneurs du triomphe (3). Arrivé, à son retour, dans le voisinage de Rome, César fit les plus splendides préparatifs pour cette brillante cérémonie. C'étoit le moment où les candidats pour les comices consulaires prochains se faisoient enregistrer. Il falloit que les candidats comparussent en personne ; et, une fois présent, un candidat ne pouvoit point ressortir de Rome pour retourner à la cérémonie du triomphe. Dans ces circonstances, César, qui étoit singulièrement pressé, sur toutes choses, d'arriver au consulat, et qui n'avoit pas achevé les préparatifs de sa pompe triomphale, écrivit au sénat pour le prier de permettre qu'en son absence il pût employer le ministère de ses amis pour se faire inscrire sur la liste des candidats. Il ne dissimula pas que la loi y résistoit. Il se contenta d'observer que ce n'étoit point sans exemple. Mais Caton s'y opposa (4) ; et comme le jour qu'il parla contre cette demande de César étoit le dernier de ceux après lesquels la liste des candidats devoit être close, César laissa là les préparatifs de son triomphe ; il accourut à Rome se faire inscrire, et attendit les comices.

Ans de Rome. 693.

IX. A cette époque, Pompée étoit de retour de 694.

son expédition contre Mithridate. Il en avoit rapporté beaucoup de gloire et une grande influence. Il voulut faire ratifier par le sénat plusieurs des dispositions qu'il avoit faites à l'égard des rois, des princes et des cités des pays qu'il venoit de soumettre. La jalousie lui suscita dans le sénat plusieurs contradicteurs, et principalement Lucullus, qui avoit combattu Mithridate avant Pompée, et qui, n'ayant eu ce dernier pour successeur dans cette guerre qu'après qu'il eût grandement affoibli cet ennemi du peuple romain, regardoit tout ce qui avoit suivi son expédition comme son propre ouvrage. D'un autre côté, Crassus appuya l'opposition de Lucullus. Pompée indigné mit César dans ses intérêts, en lui promettant, sur la foi du serment, de l'aider de son influence à la prochaine élection des consuls. César ramena sur-le-champ Crassus du côté de Pompée (5); et ces trois hommes, qui jouissoient du plus grand crédit auprès de leurs concitoyens, se prêtèrent un aide et un appui réciproques. Un écrivain de ce temps-là, Varron, qui entreprit de faire un livre sur cette coalition, l'intitula *Histoire du Triumvirat*. Le sénat, témoin de cette manœuvre, mit en avant Lucius Bibulus, pour l'opposer à César dans les fonctions consulaires (6).

X. Leur mésintelligence ne tarda pas en effet à éclater, et ils se hâtèrent de prendre chacun de leur côté des précautions militaires. César, profond dans l'art de l'hypocrisie, prononça un discours dans le sénat, tendant à établir la concorde entre Bibulus et lui, par la peinture des malheurs que leur dissension pourroit amener. Après avoir ainsi persuadé Bibulus, après avoir éloigné de lui toute précaution, toute défiance, et dans un moment où il ne se doutoit de rien, César, qui avoit clandestinement aposté une troupe nombreuse de gens armés, convoque le sénat pour lui présenter, en faveur des citoyens pauvres, une loi qui avoit pour objet de leur distribuer des terres, savoir, les meilleures de celles qui étoient aux environs de Capoue. Elles devoient être partagées par portions égales entre ceux des citoyens pauvres qui avoient trois enfants. Il se flatta de se concilier d'autant la multitude par ce bienfait; car ceux des citoyens pauvres qui avoient trois enfants se trouvèrent au nombre de vingt mille. Cette loi éprouva beaucoup d'opposition. César, dissimulant avec son hypocrisie ordinaire l'indignation que lui causoit cette iniquité, sortit du sénat, et ne le convoqua plus de toute l'année (7). Mais il se rendit au Forum. Là, du haut de la tribune aux harangues, il demanda à Pompée et à Crassus leur avis au sujet de la loi en question. Crassus et Pompée se répandirent en éloges sur cette loi, et les plébéiens devoient venir la voter, ayant chacun des armes cachées sous sa robe.

XI. Le sénat n'étant point convoqué, et il ne pouvoit l'être de la seule autorité d'un des consuls, se réunit dans la maison de Bibulus. Il ne pouvoit point s'opposer à César à force ouverte; mais il fut d'avis que Bibulus combattît ouvertement la loi de César. Il pensa qu'il valoit mieux que Bibulus succombât dans cette lutte, que de se faire reprocher de la négligence. Entraîné par cette opinion, Bibulus vint se jeter dans le Forum pendant que César parloit encore en faveur de la loi en question. La querelle s'étant engagée entre les deux consuls, le désordre s'établit, et les voies de fait furent bientôt de la partie. Les sicaires de César mirent en pièces les faisceaux de Bibulus et les autres emblèmes de sa dignité ; quelques uns même des tribuns qui l'entouroient furent blessés. Bibulus ne se laissa point effrayer. Il mit sa gorge à découvert, et appelant à grands cris les satellites de César pour qu'ils vinssent le poignarder : « Si je ne puis point, dit-il, per« suader à César ce qui est juste, je parviendrai du « moins à le rendre odieux, en mettant un crime, « mon assassinat, à sa charge. » Mais ses amis l'entraînèrent malgré lui dans le temple de Jupiter *Stator*, qui étoit dans le voisinage du Forum. Caton arriva sur ces entrefaites. Jeune, il perça la foule et monta à la tribune. Il en fut enlevé par les satellites de César, qui le portèrent au loin. Il rentra dans le Forum sans être aperçu, et revola à la tribune. Au lieu de parler sur ce qui avoit rapport à la loi, voyant que personne ne l'écoutoit, il attaqua César personnellement avec âpreté, jusqu'à ce qu'on l'arrachât de la tribune une seconde fois (8).

XII. Alors César fit adopter son projet de loi, et il en fit consacrer la perpétuité par les serments du peuple. Il fit délibérer aussi que le même serment seroit prêté par le sénat. Plusieurs sénateurs, et Caton entre autres, refusèrent ce serment. César proposa, en conséquence, une loi qui prononçoit peine de mort contre quiconque refuseroit le serment en question, et le peuple vota cette loi. La crainte fit prêter alors ce serment à tout le monde, même aux tribuns ; car toute opposition étoit désormais inutile, du moment que la loi avoit été d'ailleurs adoptée. Là-dessus, un plébéien nommé Vétius (9) se précipita un poignard à la main au milieu de l'assemblée, disant qu'il étoit envoyé par Bibulus, par Cicéron et par Caton, pour égorger César et Pompée, et que Postumius, un des licteurs de Bibulus, lui avoit donné le glaive dont il étoit armé. Quelque suspect que cet évènement parût être des deux côtés, César en profita pour exaspérer la multitude, et l'examen de cette affaire fut renvoyé au lendemain. Mais Vétius fut étranglé pendant la nuit dans la prison où il avoit été renfermé (10). Ce nouvel incident donna lieu à diverses conjectures. César sut encore en tirer parti. Il mit la mort de Vétius sur le compte de ceux qui redoutoient ses révélations : si bien que le peuple lui permit de se mettre personnellement en mesure contre les embûches qui pourroient lui être tendues. Quant à Bibulus, il renonça dès ce moment aux affaires ; il se concentra dans la vie privée, et ne sortit pas de sa maison de tout le reste de son consulat (11).

XIII. César, de son côté, se voyant seul à la tête de la république, ne songea pas à donner des suites à l'affaire de Vétius. Il fit passer de nouvelles lois pour se concilier de plus en plus la faveur du

Ans de Rome. 695.

peuple, et il fit ratifier tout ce que Pompée avoit fait en Asie, ainsi qu'il le lui avoit promis. Cependant les chevaliers, cet ordre intermédiaire entre le sénat et le peuple, singulièrement influant sous le rapport de sa fortune et de la perception des contributions et des deniers publics dont il étoit chargé, à raison de quoi il traitoit ordinairement à forfait avec la république, et qui ne l'étoit pas moins par la multitude des esclaves robustes qu'il employoit, avoit depuis long-temps demandé au sénat la remise d'une partie des sommes dont il étoit reliquataire à raison de ses baux; et le sénat avoit ajourné sa réponse. Mais César, qui n'avoit plus nul besoin du sénat, et qui faisoit tout avec la seule intervention du peuple, leur fit obtenir remise du tiers de ce reliquat; et les chevaliers, dont cette remise surpassoit de beaucoup les espérances, prônoient César comme un dieu (12). Ce plébiscite ajouta beaucoup à sa prépondérance dans le parti populaire. Il donna d'ailleurs au peuple des spectacles, des combats de gladiateurs, empruntant toujours de tous les côtés bien au-delà de ses moyens, et ajoutant continuellement à son luxe, à ses profusions et à ses largesses. Tout cela le conduisit à obtenir pour cinq ans le commandement de la Gaule cisalpine et transalpine, et celui de quatre légions (13).

XIV. César considéra que son absence de Rome alloit être longue, que l'envie s'acharneroit contre lui avec d'autant plus d'activité qu'il avoit répandu plus de bienfaits. En conséquence, il donna sa fille, quoique déjà promise à Cœpion, en mariage à Pompée, qui lui étoit déjà dévoué, de peur que, quoique son ami, il ne devînt jaloux de sa fortune et de son élévation. D'un autre côté, il désigna (14) pour les magistratures de l'année suivante les plus déterminés des factieux. Il fit nommer consul Aulus Gabinius son ami, auquel il donna pour collègue Lucius Pison, dont il épousa la fille, nommée Calpurnie; et tout cela malgré les clameurs de Caton, qui disoit hautement que l'on trafiquoit du pouvoir et de la république par des mariages. Il désigna pour le tribunat Vatinius et Clodius, surnommé (15) Pulcher, homme infâme, pour avoir antérieurement été soupçonné d'avoir violé les mystères de la Bonne Déesse, où les dames romaines seules étoient admises (16); et ce délit, Clodius l'avoit commis par l'effet de sa passion adultère pour Julie, la propre femme de César (17). Celui-ci s'abstint de poursuivre Clodius devant les tribunaux, à cause de la popularité singulière dont il jouissoit, quoique d'ailleurs il crût devoir à sa délicatesse de répudier sa femme. Mais d'autres, par respect pour la religion des mystères, traduisirent Clodius en jugement pour fait d'impiété. Cicéron plaida pour les accusateurs de Clodius, tandis que César, appelé en témoignage, s'abstint de rien dire qui pût le charger (18). César choisit donc alors Clodius pour tribun, dans l'unique but qu'il eût les yeux continuellement ouverts sur Cicéron, qui déjà déclamoit hautement contre la

Ans de Rome. 695.

marche des triumvirs à la monarchie. Ce fut ainsi qu'il sacrifia son ressentiment à son intérêt, et qu'il exerça sa bienveillance envers un de ses ennemis, dans la vue d'en surveiller et d'en contenir un autre. Il paroît d'ailleurs que Clodius avoit fait le premier des avances à César, et qu'il l'avoit servi au sujet du commandement de la Gaule.

NOTES.

(1) S'il faut en croire Plutarque, les dettes de César s'élevoient à 1300 talents.

(2) Ce fut en présentant le cautionnement de Crassus, qui s'obligea pour lui envers ses créanciers les plus défiants, à concurrence de huit cent trente talents.

(3) Virgile reportoit-il sa mémoire sur ce trait de César, lorsqu'il écrivoit, dans le premier livre de l'Énéide, ce mot si souvent cité,

Timeo Danaos et dona ferentes!

Quoi qu'il en soit, on peut dire que jamais mot n'a été peut-être plus heureusement appliqué qu'il ne l'est ici. Appien vient de nous le dire. Ce n'étoit point pour amasser de l'argent, et pour payer ses dettes, que César étoit avide de commandements militaires; il avoit devant les yeux l'exemple de Sylla: c'étoit à la dictature perpétuelle qu'il visoit, et c'étoit en subjuguant la multitude par toutes sortes d'artifices qu'il devoit s'en frayer la route. On verra tout à l'heure Appien dire de César qu'il étoit profond dans l'art de l'hypocrisie. Au reste, si Vertot eût fait attention à ce que dit ici Appien, il n'auroit pas dit lui-même que César, dans la conquête de l'Espagne, « ne négligea pas ses intérêts particu- « liers, et qu'il s'empara, par des contributions violentes, « de tout l'or et l'argent de ces provinces. » Hist. des Révol. de la répub. rom., tom. III, pag. 250.

(4) Plutarque, dans la vie de César, rapporte que Caton affecta à bon escient de parler pendant toute la durée de la séance, afin que le sénat ne pût point délibérer de faire jouir César du bénéfice de la loi Cornélia.

(5) Selon Suétone, cette coalition de César, de Pompée et de Crassus, n'eut lieu qu'après l'élection consulaire du premier.

(6) Suétone rend compte de cette intrigue d'une autre manière. César avoit pour concurrents au consulat L. Lucéius et M. Bibulus. Il se coalisa avec le premier pour deux raisons ; la première, parcequ'il n'avoit pas une grande influence personnelle ; la seconde, parcequ'il étoit riche. Il convint avec Lucéius que celui-ci fourniroit de son argent à toutes les dépenses qu'il falloit faire pour acheter les suffrages des centuries ; car, à cette époque, au mépris des lois qui existoient sur cette matière, l'impudeur des candidats alloit au point de distribuer publiquement, en pleins comices, l'argent avec lequel on payoit les suffrages des citoyens. On avoit érigé, en titre d'office, la fonction de cette distribution. On appeloit ceux qui en étoient chargés *divisores* ou *diribitores*. Le sénat, instruit de cette coalition de César et de Lucéius, craignit que le premier, avec un semblable collègue, ne franchît toutes les limites dans son consulat. En conséquence, il se déclara en faveur de Bibulus. Il invita ce dernier à promettre aux donneurs de suffrages la même somme d'argent que leur avoit promise César. Plusieurs aidèrent Bibulus de leur bourse, et Caton, le vertueux Caton, alla jusqu'à proposer de puiser dans le trésor public de quoi fournir à cette dépense. La réflexion d'un des annotateurs de Suétone sur ce passage est trop remarquable pour ne pas l'ajouter ici. « Cet exemple de Caton prouve, dit-il, que
« lorsqu'il s'agit du salut de la république, il ne faut pas
« s'attacher à une trop rigoureuse observation des règles de
« la justice, et que, selon la sage maxime de Tacite, dans
« la vie d'Agricola, il faut, selon les circonstances, *Utilia*
« *honestis miscere*. Voyez Caton, cette image vivante de
« toutes les vertus, ce modèle d'une sagesse supérieure à
« celle d'Hercule, à celle d'Ulysse, cet implacable ennemi
« de ces moyens de vénalité, comme contraires à cet axiome
« de la philosophie des stoïciens, qu'il n'y a d'utile que ce
« qui est honnête, et qui néanmoins, lorsqu'il s'agit du
« salut de la patrie, de l'intérêt de la république, est d'avis
« de les mettre en œuvre. »

NOTES.

(7) Le texte doit être altéré dans ce passage. Je ne peux pas imaginer qu'Appien ait ignoré que le sénat fut convoqué plusieurs fois après la loi agraire dont il est ici question, et qu'il se soit mis en contradiction avec lui-même; car un peu plus bas, il dit que *plusieurs sénateurs, et Caton entre autres, refusèrent de prêter le serment* en faveur de la loi agraire. Le sénat fut donc convoqué pour cette opération. Je trouve dans Suétone, que, le lendemain du jour où la loi agraire fut votée, Bibulus se plaignit au sénat des voies de fait que César s'étoit permises contre lui. Le sénat fut donc convoqué le lendemain de l'émission de la loi en question, et il devoit l'être en effet, pour recevoir le serment des sénateurs sur cette loi. *Ac postero die in senatu conquestum.* Je trouve dans le même historien, que, dans une autre assemblée du sénat, M. Caton, usant du droit qu'il avoit de parler longuement, et absorbant à discourir tout le temps de la séance, César le fit saisir par un de ses licteurs, le fit chasser du sénat, et donna ordre qu'on le conduisît en prison. *M. Catonem interpellantem extrahi curiâ per lictorem, ducique in carcerem jussit.* Ce même trait je le retrouve dans le chap. 10 du quatrième livre des *Nuits attiques* d'Aulu-Gelle. Je remarque enfin dans Suétone, que César ayant, pendant son consulat, fait épouser sa fille Julie à Pompée, ce fut désormais par Pompée qu'il commença de prendre les voix dans les assemblées du sénat, au lieu de continuer à commencer par Crassus, ainsi qu'il avoit accoutumé de le faire, et que l'usage le lui prescrivoit. *Ac post novam affinitatem Pompeium primùm rogare sententiam cœpit cùm Crassum soleret, essetque consuetudo ut quem ordinem interrogandi sententias consul calen. januariis instituisset, cum toto anno conservaret.* Il y avoit donc eu d'autres assemblées du sénat.

(8) Plutarque rapporte que César fit saisir Caton par ses licteurs, avec ordre de le conduire en prison; mais que voyant l'impression que cet acte d'atrocité faisoit sur l'esprit de tous les gens de bien, et même du peuple, à cause de la grande

révérence qu'on avoit pour la vertu de Caton, il chargea un tribun du peuple d'aller retirer Caton des mains des licteurs, chap. 18. Depuis cette époque, ajoute cet historien, la plupart des sénateurs cessèrent de se trouver dans les assemblées présidées par César. Un sénateur très âgé, nommé Considius, dit un jour à César, à cette occasion, que cet éloignement des sénateurs tenoit à la crainte qu'on avoit de ses actes de tyrannie. « Et pourquoi, lui dit César, ne de« meurez-vous pas chez vous par la même raison ? » C'est, lui répondit Considius, « que je suis très avancé en âge, et « que par conséquent je n'ai plus rien à ménager. »

(9) Cicéron parle de ce trait de Vétius dans son invective contre Vatinius. J'ignore sur quel fondement les estimables traducteurs de cet ouvrage de Cicéron ont fait de ce Vétius un chevalier romain; car Appien le présente ici comme un plébéien, δημότης ἀνήρ.

(10) Il est évident que César étoit le machinateur de cette épouvantable intrigue. « Elle tourna toute entière, ont dit « les traducteurs de Cicéron que je viens de citer, elle « tourna toute entière à la honte de son auteur, et à « la perte du misérable qui lui avoit servi d'instrument; Vé« tius fut étranglé dans la prison. Cicéron en accuse Vatinius « Le coupable étoit plus puissant. César ordonna le meur« tre, craignant les suites d'une imposture trop mal con« certée pour soutenir le grand jour d'un examen judi« ciaire. »

(11) Ce qui fut de sa part une grande faute; car, ainsi que l'observe Paterculus, au lieu d'exciter la jalousie contre son collègue, et de le contenir par ce moyen, il ne fit qu'accroître son crédit et son pouvoir, en lui laissant ainsi les coudées franches : *Quo facto dùm augere vult invidiam collegæ, auxit potentiam.* Lib. II, cap. 44. Il eut beau protester, du fond de sa retraite, contre les actes consulaires de César, *Domo abditus, nihil aliud quàm per edicta obnuntiaret,* Suet. Vit. Cæs., cela n'empêcha pas les mauvais plaisants de dater certains actes, du consulat de Julius et de César,

nomine atque cognomine, au lieu de les dater du consulat de César et de Bibulus.

(12) *Publicanos remissionem petentes, tertiâ mercedum parte relevavit.* Suéton. Ibid.

(13) Il paroît que César auroit eu de la peine à remplir ses vues, sans l'appui de Pompée, qui ne vit pas, qui ne se douta pas que César étoit un serpent qu'il nourrissoit dans son sein. Il croyoit ne servir qu'un de ses auxiliaires, tandis qu'il favorisoit l'élévation du plus dangereux de ses ennemis. César l'avoit invité à le seconder contre ceux qui le menaçoient d'attaquer sa loi agraire le glaive à la main ; et Pompée avoit eu la maladresse et l'indiscrétion de dire, en présence du peuple romain, que si l'on venoit combattre la loi de César avec le glaive, il viendroit la défendre avec le glaive et le bouclier. Ce fut dans cette même loi que César inséra un article qui lui décernoit le commandement des Gaules pour cinq ans. Plutarque, vie de César, cap. 16.

(14) Il paroît, d'après ce passage, qu'une des attributions du consulat étoit de désigner les candidats pour cette magistrature, ainsi que pour le tribunat.

(15) C'étoit en effet le surnom de Clodius, et Plutarque observe que ce surnom étoit trop beau pour un homme.

(16) On trouvera dans le premier livre des Saturnales de Macrobe, n. 12, beaucoup de détails sur le compte de cette bonne déesse. On y verra, entre autres choses, ce que dit Varron du motif qui faisoit exclure rigoureusement les hommes de la présence de ses mystères, de même qu'en Italie les femmes étoient exclues des mystères célébrés en l'honneur d'Hercule. *Unde et mulieres in Italiâ sacro Herculis non licet interesse.* Il est bon de comparer, sur ces détails, le récit de Macrobe avec celui de Plutarque, chap. 11. Du reste, on a soupçonné avec beaucoup de raison que la bonne déesse des Romains étoit la Vénus Uranie ou la Vénus céleste des Grecs. Pausanias *in Achaïcis*, lib. VII, *in fine*, rapporte que les Æginètes honoroient, de préférence à tous

les autres Dieux, la Vénus céleste, ἧς εἰς ἱερὸν εἰσελθεῖν ἀνδράσιν οὐ θέμις.

(17) Plutarque donne à cette femme de César le nom de Pompéia. Elle étoit fille de Quintus Pompéius, et petite-fille de Sylla. Sa première femme, au rapport de Suétone, *in princip.*, avoit été Cossutie, fille très riche d'un chevalier. Il la répudia pour épouser Cornélie, fille de Cinna, celui qui entra dans Rome avec Marius, à la tête d'une armée victorieuse, et qui partagea avec ce dernier les fureurs des proscriptions contre la faction de Sylla. On rapporte, comme un trait de courage de César, qu'il refusa de répudier Cornélie, pour complaire à ce féroce dictateur, tandis qu'un M. Pison eut l'infamie de répudier, par ce motif, Annia, sa femme, qu'il avoit épousée veuve de Cinna. *Atque idem (Cæsar) Cinnæ gener, cujus filiam ut repudiaret nullo metu compelli potuit, cùm M. Piso, consularis, Anniam, quæ Cinnæ uxor fuerat, in Sullæ dimisisset gratiam.* Paterculus, lib. II, cap. 41. C'étoit de cette Cornélie que César avoit eu Julie, qu'il donna en mariage à Pompée, ainsi qu'on vient de le voir. Plutarque, vie de César, VI.

(18) *Voy.* Plutarque, vie de César, XII.

CHAPITRE III.

Cicéron est banni de Rome par les intrigues de Clodius. Pompée le fait rappeler. César vient prendre du repos dans la Gaule cisalpine. Pompée et Crassus se font élire consuls, et font proroger à César le gouvernement des Gaules. Crassus marche contre les Parthes. Il périt dans cette expédition. Troubles en Italie. Désordres à Rome, occasionnés par l'assassinat de Clodius. Pompée est investi seul de l'autorité consulaire.

XV. TELLE fut la conduite de César pendant son consulat. Il ne le quitta que pour s'investir d'une autre magistrature. Sur ces entrefaites, Clodius traduisit Cicéron en jugement, pour avoir attenté contre les lois, en faisant supplicier Lentulus et Céthégus avant qu'ils eussent été légalement jugés (1). Cicéron, qui avoit montré beaucoup de fermeté et de courage au moment de cette crise, se laissa aller, quand il se vit accusé par Clodius, au dernier degré de la foiblesse. Il se mit en costume de suppliant. On le vit, sous des formes hideuses, gémir, se lamenter, se jeter aux pieds de tous ceux qu'il rencontroit, sans craindre de se montrer importun envers ceux qu'il ne connoissoit en aucune manière; si bien que l'indécence de cette conduite, au lieu d'exciter la commisération en sa faveur, ne fit que le couvrir de ridicule (2). Est-il concevable qu'il ait poussé la

Ans de Rome. 696.

lâcheté à ce point dans un procès personnel, celui qui avoit passé toute sa vie à défendre les autres avec autant d'éclat que de courage ? C'est ainsi que l'on raconte que Démosthène, l'orateur athénien, n'osa point attendre l'issue d'un procès criminel qu'on lui intenta, mais qu'il prit la fuite avant que d'être mis en jugement (3). Cicéron voyant que Clodius ne cessoit d'interrompre, en le bafouant, les sollicitations qu'il lui adressoit d'un ton suppliant dans les rues (4), perdit toute espérance, et se condamna spontanément à l'exil. Plusieurs de ses amis l'y accompagnèrent. Le sénat lui donna des lettres de recommandation pour les rois, les princes et les cités. Clodius fit raser sa maison à Rome, et ses maisons de campagne (5). Il étoit si plein de joie d'une semblable prouesse, qu'il se regardoit déjà comme l'émule de Pompée, qui avoit alors la première influence dans la république.

XVI. Sur ces entrefaites Pompée pratiqua Milon (6); c'étoit un collègue de Clodius dans le tribunat, mais beaucoup plus entreprenant. Par l'amorce du consulat, il l'excita contre Clodius, et il l'invita à proposer à l'assemblée du peuple un décret pour le retour de Cicéron. Pompée espéroit que Cicéron, instruit par ce qui venoit de lui arriver, seroit plus circonspect après son retour touchant la présente situation de la république, et qu'en même temps il chercheroit les moyens d'arrêter la marche ambitieuse de Clodius. Cicéron, de qui Pompée avoit provoqué l'exil, fut donc rappelé par Pompée, seize mois au plus après son départ de Rome (7); et sa maison en ville, ainsi que ses maisons de campagne, furent rebâties aux dépens des deniers publics. Il fut accueilli aux portes de Rome par tous les citoyens les plus distingués avec beaucoup de solennité. Toute la journée suffit à peine à ces nombreuses salutations. Ce fut ainsi qu'en pareil cas les Athéniens signalèrent le rappel de Démosthène (8).

XVII. Pendant que ces évènements se passoient à Rome, César se distinguoit par de nombreux exploits dans les Gaules et la Grande-Bretagne, ainsi que je l'ai raconté en détail dans mon histoire particulière des guerres des Gaules. Il se gorgea de richesses au milieu de ses expéditions, et se retira ensuite dans cette partie de la Gaule limitrophe de l'Italie, sur les bords de l'Éridan, pour ménager du repos à ses troupes fatiguées d'une si longue campagne. De là, il envoya plusieurs grosses sommes d'argent à Rome, à plusieurs citoyens. Tous ceux qui remplissoient des magistratures annuelles, ou qui avoient des commandements particuliers dans ce voisinage, s'empressèrent de se rendre tour à tour auprès de lui, au point qu'il se vit alors entouré quelquefois de cent vingt faisceaux (9). Plus de deux cents sénateurs vinrent, les uns pour le remercier de ce qu'il avoit déjà fait pour eux, les autres pour solliciter ses largesses, les autres enfin pour briguer d'autres faveurs analogues; car déjà il disposoit de tout, par l'ascendant que lui donnoient et la nombreuse armée dont il avoit le commandement, et les richesses qu'il avoit acquises, et l'empressement affectueux avec lequel il obligeoit tout le monde.

Pompée et Crassus, ses collègues en puissance, vinrent aussi de leur côté. Ils délibérèrent entre eux sur leurs intérêts personnels; et il fut arrêté que Pompée et Crassus rentreroient dans le consulat, et qu'on prorogeroit à César, pour cinq nouvelles années, le commandement militaire dont il étoit investi (10). Cela convenu, ils se séparèrent. Pompée eut pour concurrent au consulat Domitius Ænobarbus (11). Le jour de l'élection, ils étoient encore, dans le lieu des comices, présents l'un et l'autre à l'émission des suffrages, lorsque la nuit arriva. Leurs adhérents prirent querelle, et en vinrent aux mains, au point que l'esclave de Domitius, qui portoit sa torche, reçut un coup de glaive. Ce signal du meurtre devint celui de la fuite. Domitius eut toutes les peines du monde à se sauver dans sa maison, et quelques personnes apportèrent chez Pompée son propre manteau teint de sang, tant fut sérieux le danger que chacun des deux avoit couru.

XVIII. Crassus et Pompée ayant donc été élus consuls (12), ils firent proroger à César, encore pour cinq ans, le commandement des Gaules, ainsi qu'ils le lui avoient promis. Ils se distribuèrent ensuite entre eux deux, par la voie du sort, les légions et les provinces. A Pompée échurent l'Espagne et l'Afrique, où il envoya des amis particuliers commander pour lui, tandis qu'il resta lui-même à Rome. Le lot de Crassus fut composé de la Syrie, et des provinces qui l'avoisinoient; ce qui lui fut d'autant plus agréable, qu'il désiroit d'aller faire aux Parthes une guerre qu'il croyoit facile, et où il espéroit, en cueillant beaucoup de gloire, d'amasser aussi beaucoup d'argent (13). Mais lorsqu'il sortit de Rome, plusieurs présages sinistres se manifestèrent. Les tribuns eux-mêmes l'invitèrent à ne point aller attaquer les Parthes, qui ne s'étoient permis aucune hostilité contre la république; et n'ayant pu rien obtenir de lui, ils le chargèrent publiquement d'exécrations (14). Crassus brava tout cela, et alla périr dans son expédition, avec son fils et son armée. De cent mille hommes, à peine s'en sauva-t-il dix mille dans la Syrie (15). On trouvera, dans mon livre sur la guerre des Parthes, les détails de la catastrophe de Crassus. Sur ces entrefaites, les Romains étant en proie à la famine, nommèrent Pompée surintendant des approvisionnements; et l'on lui choisit, selon qu'on l'avoit pratiqué dans la guerre contre les pirates, vingt adjoints pris parmi les sénateurs. Il leur donna à chacun une mission commune auprès des différentes provinces qu'il parcourut en personne; et dans fort peu de temps Rome fut pourvue avec abondance; ce qui contribua à rehausser encore sa renommée et à étendre son ascendant.

XIX. Ce fut à cette époque que la fille de César, qu'il avoit épousée et qui étoit devenue enceinte, vint à mourir (16). Alors tout le monde commença de craindre que la dissolution de ce lien conjugal ne fût bientôt suivie de dissensions entre César et Pompée, et que, dans l'état de confusion et de désordre où étoit la république depuis long-temps, ils ne s'attaquassent l'un l'autre avec leurs armées (17). En effet, l'esprit de faction, la vénalité, les complicités criminelles, les voies de fait, disposoient des magistratures. On les vendoit, on les achetoit alors à ce prix avec l'impudeur la plus effrénée. Les citoyens eux-mêmes ne venoient point aux comices sans recevoir un salaire. On vit l'exemple d'un ambitieux qui consigna en mains tierces huit cents talents pour prix de la première magistrature (18). Les consuls annuels perdoient l'habitude d'entrer en campagne, de faire la guerre, parceque le commandement des légions étoit partagé entre les triumvirs. Les plus corrompus des Romains ne visoient plus au consulat que pour y faire leur main aux dépens de la chose publique, au lieu d'avoir des armées à commander, et que pour y trafiquer de la désignation de leurs successeurs (19); tandis que, par ces mêmes raisons, les gens de bien s'abstenoient entièrement des fonctions publiques. Il résulta, de ce marasme politique, que Rome se vit pendant huit mois dans une pleine anarchie; désordre que Pompée dissimuloit à bon escient, dans la vue de rendre nécessaire le recours à un dictateur.

XX. Déjà même on se disoit ouvertement dans les conversations, que le seul remède aux maux présents étoit l'autorité d'un monarque; qu'il falloit élire pour cela un citoyen qui joignît de la douceur à une grande influence : ce qui désignoit assez clairement Pompée, qui étoit à la tête d'une armée nombreuse, et qui paroissoit avoir de l'affection pour le peuple. On ajoutoit qu'il avoit du respect pour le sénat, qu'il avoit de la pureté dans les mœurs, de la tempérance dans sa conduite, et qu'il étoit, ou du moins qu'il passoit pour être d'un facile accès pour ceux qui avoient besoin d'approcher de sa personne (20). Quant à Pompée, il improuvoit hautement que l'on fît circuler ces discours ; mais il faisoit sous main tout ce qui étoit nécessaire pour les encourager, et il fermoit sciemment les yeux sur les attentats et sur les actes d'anarchie de tout genre produits par le défaut de magistrats. Tandis que Rome étoit en proie à ces désordres, Milon, qui avoit servi les vues de Pompée contre Clodius, et qui s'étoit d'ailleurs rendu agréable au peuple en provoquant le rappel de Cicéron, vouloit profiter de ces circonstances qui lui paroissoient favorables pour arriver au consulat. Mais Pompée ne cessoit de reculer les comices consulaires, de manière que Milon ayant pris de l'humeur contre Pompée, qui lui manquoit ainsi de parole, il se retira à Lanuvium (21) sa patrie. C'étoit une ville d'Italie que l'on disoit être une des premières villes de cette contrée, que Diomède y avoit fondée lorsqu'il cessa d'errer sur les mers, en se retirant de la Troade. Elle étoit à cent cinquante stades de Rome.

XXI. Clodius revenoit à cheval de ses terres, et il se croisa sur la route avec Milon, dans le voisinage de Boville (22). Ennemis comme ils étoient l'un de l'autre, ils ne firent que s'entre-regarder à la dérobée, et passèrent leur chemin. Mais un esclave de Milon courut sus à Clodius, soit qu'il en eût reçu l'ordre de son maître, soit qu'il ne fût poussé que par son zèle contre un de ses ennemis, et de son glaive il lui perça le cœur par derrière. Le valet de pied qui suivoit Clodius le porta tout sanglant dans une hôtellerie voisine. Milon y accourut avec ses esclaves pour l'achever, soit qu'il respirât encore, soit qu'il fût déjà mort. Il jugea bien que, quoiqu'il n'eût ni prémédité ni ordonné ce meurtre, personne ne manqueroit de le lui imputer, et qu'alors autant valoit le consommer. Le bruit de cet évènement s'étant répandu à Rome, le peuple, saisi d'horreur, passa la nuit dans le Forum; et le lendemain matin on exposa le cadavre de Clodius auprès de la tribune aux harangues. Mais quelques uns des tribuns, suivis des amis de Clodius et de quelques plébéiens, portèrent ce cadavre au sénat, soit pour honorer le défunt qui appartenoit à une famille praticienne (23), soit pour reprocher au sénat la lâcheté avec laquelle il dissimuloit de semblables atrocités. Les plus entreprenants de ceux qui formoient le cortège enlevèrent les sièges et les marchepieds des sénateurs; ils en composèrent un bûcher qui mit le feu au palais même du sénat, et à beaucoup de maisons du voisinage qui brûlèrent en même temps que le cadavre de Clodius.

XXII. De son côté, Milon montroit une telle audace, qu'il affectoit moins de craindre les résultats de l'accusation, que d'être indigné que les restes de Clodius eussent obtenu de semblables honneurs funèbres. Il s'entoura d'une multitude d'esclaves et d'hommes des champs; il fit des distributions d'argent aux plébéiens; il mit dans ses intérêts, en l'achetant (24), Marcus Cœlius, un des tribuns; et après ces

dispositions, il parut à Rome avec la plus grande
confiance. Aussitôt qu'il y fut arrivé, Cœlius le traduisit devant ceux dont il avoit d'avance acheté le
suffrage, comme formant à eux seuls l'assemblée
des comices. Il fit semblant d'être indigné; il eut
l'air de refuser de renvoyer la cause à un autre jour,
parcequ'au fond il espéroit que si l'assemblée présente acquittoit Milon, il n'auroit pas de jugement
plus sérieux à craindre. Milon dit pour sa défense
qu'il n'avoit point prémédité le meurtre de Clodius;
car, en pareil cas, on ne prend point, dit-il, avec soi
ni ses bagages ni sa femme. Le reste de son discours
ne fut qu'une longue invective contre Clodius, contre
son audace personnelle, contre l'audace de ses amis qui
venoient d'incendier, avec ses reliques mortelles, le
lieu où le sénat tenoit ses séances. Comme il parloit
encore, les autres tribuns et une grande multitude de
plébéiens dont le suffrage n'avoit point été acheté,
se précipitèrent en armes dans le Forum. Milon et
Cœlius s'enveloppèrent de manteaux d'esclaves et prirent la fuite. On fit un grand carnage de leurs adhérents. On ne s'amusa point à distinguer les vrais amis de
Milon. On égorgea tous ceux qui furent rencontrés,
soit citoyens, soit étrangers, ceux sur-tout que leurs
riches vêtements ou leurs anneaux d'or faisoient remarquer. L'anarchie étoit poussée à Rome à un tel
point, que la fureur des séditieux profita de ce prétexte de trouble; et comme c'étoient pour la plupart
des esclaves qui étoient à la tête de ces mouvements,
et qu'ils étoient en armes contre les citoyens qui n'en
avoient pas, ils s'abandonnèrent au pillage. Aucun

crime ne fut épargné. On se répandit dans les maisons pour y faire des perquisitions, sous prétexte d'y chercher les amis de Milon, mais dans le fait pour y voler tout ce qui pouvoit être facilement emporté. Pendant plusieurs jours le nom de Milon servoit de motif aux incendies, aux agressions à coups de pierres, à tous les genres d'attentats.

XXIII. Le sénat saisi de terreur s'assembla. Il jeta les yeux sur Pompée pour le nommer sur-le-champ dictateur; car les maux actuels de la république lui paroissoient solliciter ce remède. Mais Caton ayant fait écarter cette opinion, il fut résolu qu'on le nommeroit consul sans lui donner de collègue. C'étoit déposer entre ses mains l'autorité de la dictature, sans le mettre au-dessus de la responsabilité du consulat. Il fut le premier des Romains[25], qui, à la tête de deux grandes provinces, de plusieurs légions, et ayant à sa disposition une très grosse fortune, fut investi de la monarchie par son unité consulaire. Afin d'empêcher Caton de lui nuire par sa présence, Pompée lui fit donner le commandement d'une expédition destinée à enlever l'île de Cypre au roi Ptolémée [26]. Clodius avoit fait voter en effet un plébiscite à ce sujet, à cause qu'à l'époque où il avoit été fait prisonnier par des pirates, ce prince avare ne lui avoit envoyé que deux talents pour payer sa rançon. Caton n'eut qu'à se présenter devant l'île de Cypre pour s'en rendre maître; car Ptolémée avoit jeté ses trésors dans les flots, et s'étoit donné la mort aussitôt qu'il avoit été instruit du décret du peuple romain.

NOTES.

(1) Voyez Plutarque, vie de Cicéron, XXXIX.

(2) *Voy.* Plutarque, *ibid.* Appien ne dit point ici ce qu'on lit dans Plutarque, que les chevaliers témoignèrent à Cicéron l'intérêt qu'il leur inspiroit, en prenant le deuil à son sujet; que vingt mille jeunes Romains laissèrent, comme lui, croître leur barbe et leurs cheveux, sollicitant de tous côtés le peuple en sa faveur, et que le sénat proposa un décret de deuil public comme dans les grandes calamités de la patrie, décret auquel les consuls s'opposèrent. *Ibid.* XI.

(3) *Voy.* Plutarque, vie de Démosthène, XXXVI et suivants.

(4) J'ai donné à ce passage un autre sens que celui dans lequel l'a entendu l'interprète latin. Il ne m'a pas paru raisonnable de traduire de manière à faire penser que Clodius s'attachoit aux pas de Cicéron pour le bafouer dans les rues, pendant qu'il sollicitoit les passants. Je laisse aux hellénistes qui connoissent la diversité d'acception du verbe διακυττειν à prononcer, entre l'interprète latin et moi.

(5) *Voy.* Plutarq. *Ibid.* XLII.

(6) Plutarque nous apprend que Pompée qui, par égard pour César, avoit abandonné Cicéron, malgré les obligations qu'il lui avoit, et qui avoit poussé les choses à ce sujet, jusqu'à se retirer à sa maison d'Albe, pour se soustraire à toute sollicitation, se tourna contre Clodius, parceque celui-ci, enivré de ses succès contre Cicéron, et se croyant investi d'une popularité qui lui donnoit la faculté de tout entreprendre, eut l'insolence de songer à ruiner le crédit de Pompée, et de commencer par attaquer, en présence du peuple, certaines de ses opérations militaires. Pompée vit venir Clodius, et se ligua avec Milon pour le perdre. Vie de Cicéron. XLII. Vie de Pompée LXVIII.

(7) L'on dit que le peuple n'avoit jamais rien décrété avec

autant d'affection et autant d'unanimité qu'il en mit dans le décret du rappel de Cicéron. Plut. XLIII. Toutes les cités, tous les villages par où il passa accoururent pour lui offrir les témoignages de leur allégresse; ce qui donna lieu à Cicéron, qui, comme on sait, aimoit à se faire valoir, de dire qu'à son retour, *l'Italie l'avoit reporté sur ses épaules jusqu'à Rome.* Macrobe nous a conservé dans le livre II de ses Saturnales un mot assez piquant contre Cicéron, au sujet de cette jactance. Vatinius ayant entendu Cicéron se vanter que l'Italie l'avoit ramené de son exil, en le portant sur les épaules, lui dit : « Mais si l'Italie vous a reporté sur ses épaules, d'où vien- « nent donc vos varices ? » *Undè ergo tibi varices ?* Cicéron ne tarda pas à prendre sa revanche, en s'égayant aux dépens de ce Vatinius, dont le consulat ne dura qu'un jour.

(8) *Voy.* Plutarq., vie de Démosthène, XL.

(9) *Voy.* Plut. vie de Pompée, LXXII.

(10) *Cn. Pompeius et M. Crassus alterum iniére consulatum, qui neque petitus honestè ab his neque probabiliter gestus est. Cæsari, lege quam Pompeius ad populum tulit, prorogatæ in idem spatium temporis provinciæ.* Paterculus, lib. II, cap. 46. Vie de Pompée, LXXIII.

(11) Tous les candidats qui s'étoient mis sur les rangs pour cette élection se retirèrent, à l'exception de Domitius, à qui Caton, cet infatigable champion de la liberté publique, (*adversùs potentes semper obliquus*, Flor. lib. IV, cap. 2.) conseilla de ne point se désister. « Vous n'êtes pas sur les « rangs, lui dit-il, par l'ambition d'obtenir une magistra- « ture. Vous n'avez d'autre but que de défendre la liberté « publique contre deux tyrans. » *Voy.* Plutarque, vie de Pompée, LXXIV.

(12) L'an de Rome 699.

(13) Crassus étoit en effet également dominé par ces deux passions, quoique d'ailleurs de mœurs probes et austères. *Qui vir, cæterà sanctissimus, immunisque voluptatibus, neque in pecunià neque in glorià concupiscendà aut modum nôrat, aut cupiebat terminum.* Paterculus,

lib. II, cap. 46. *Fortè tùm Crassus genere, divitiis, dignitate florebat. Vellet tamen auctiores opes.* Florus, lib. IV, cap. 2.

(14) *Hunc proficiscentem in Syriam diris cum ominibus, tribuni plebis frustrà retinere conati.* Paterculus, ibid. On trouvera dans Plutarque, *Vie de Crassus,* XXXI, le détail de la conduite du tribun du peuple Atéius envers Crassus, et celui des horribles imprécations qu'il prononça contre lui, au sujet de son expédition contre les Parthes.

(15) Ce fut C. Cassius, celui qui fut depuis un des meurtriers de César, qui conserva les débris de l'armée de Crassus, et qui défendit avec succès la Syrie contre les Parthes à qui la catastrophe de Crassus faisoit espérer de ruiner facilement l'Empire du peuple romain en Asie. *Reliquias legionum C. Cassius, atrocissimi mox auctor facinoris, tùm quæstor, conservavit; Syriamque adeò in P. R. potestate retinuit, ut transgressos in eam Parthos, felici rerum eventu fugâret ac funderet.* Paterculus, lib. II, cap. 46.

(16) Elle mourut en couches. « Le peuple, par force, en « emporta le corps au Champ-de-Mars, plus pour la pitié « et compassion qu'il eut de la jeune dame, que pour envie « de gratifier ni à César, ni à Pompée. » Plutarq. *vie de Pompée,* LXXVI. Epitome de Tite-Live, liv. CVI. Selon Paterculus, elle étoit accouchée d'un garçon qui ne survécut pas long-temps à sa mère. *Filius quoque parvus Pompeii, Juliâ natus, intra breve spatium obiit,* lib. II, cap. 47.

(17) *Morte Crassi apud Parthos, et morte Juliæ Cæsaris filiæ, quæ nupta Pompeio, generi socerique concordiam matrimonii fœdere tenebat, statim æmulatio erupit. Jam Pompeio suspectæ Cæsaris opes, et Cæsari Pompeiana dignitas gravis. Nec hic ferebat parem, nec ille superiorem.* Florus, lib. IV, cap. 2. Lucain, dans les vers 125 et 126 du livre premier de sa Pharsale, a fort bien rendu cette idée, qui renferme le motif prépondérant de la guerre que se firent César et Pompée.

Nec quemquam jam ferre potest, Cæsarve priorem,
Pompeiusve parem.

César, au commencement de son premier livre de la guerre civile, reproche cette ambition à Pompée, *Et quòd neminem dignitate secum exæquari volebat.* A propos du même reproche que Lucullus fit à Pompée, Velléius Paterculus dit qu'en effet il ne pouvoit souffrir la pensée d'avoir des rivaux de gloire. *Neque Pompeius ut primùm ad rempublicam adgressus est, quemquam animo parem tulit.* Lib. II, cap. 33.

(18) Voyez ce que nous avons dit plus haut, sect. IX, note 6.

(19) Voyez ci-dessus sect. XIV, note 14.

(20) Voyez Plutarque, *vie de César*, XXXVI, et *vie de Pompée*, LXXVIII.

(21) Les interprètes latins, Candidus et Geslen, trompés par l'incorrection du texte grec, ont confondu *Lanuvium* avec *Lavinium*, et pensant que le nom de cette dernière ville étoit la vraie leçon, sachant d'ailleurs que c'étoit Énée, et non pas Diomède, qui en étoit le fondateur; ils ont en conséquence substitué le nom d'Énée à celui de Diomède. Cependant Appien n'ignoroit pas que *Lavinium* avoit été fondée par Énée; car il l'a formellement dit dans le premier livre de son histoire intitulée τῆς βασιλικῆς, d'après le fragment que Photius nous a conservé; et puisqu'il parle de Diomède, il doit nécessairement avoir écrit ici *Lanuvium*, ville d'où l'on sait, d'ailleurs avec certitude, que Milon étoit originaire. Quant à Diomède, quoiqu'Appien soit le seul des auteurs de l'antiquité qui lui attribue la fondation de cette ville, il est possible qu'Appien ait été la dupe de quelque tradition, ou même qu'il ait trouvé cette opinion dans quelque monument historique qui n'est point venu jusqu'à nous. *Voyez* la note de Schweighæuser.

(22) Il faut entendre Paterculus, qui parle de cet assassinat de Clodius par Milon, comme d'un fait utile à la république, mais dont l'exemple ne produisit aucun bien :

Quo tempore P. Clodius à Milone candidato consulatûs, exemplo inutili, facto salutari reipublicæ, circa Bovillas, contractâ ex occursu rixâ jugulatus est. Lib. II, cap. 47. *P. Clodii à T. Annio Milone candidato consulatûs, in Appiâ viâ ad Bovillas occisi corpus plebs in curiâ remeavit.* Epit. Liv. lib. CVII.

(23) Clodius étoit en effet patricien d'origine. En cette qualité, les fonctions de tribun du peuple ne pouvoient point lui être déférées. Cependant il brûloit d'entrer dans le collège des tribuns, afin de se venger de Cicéron qui avoit plaidé contre lui dans l'affaire criminelle qu'on lui intenta à raison de son sacrilège au sujet des mystères de la bonne déesse, dont Appien a parlé plus haut, sect. XIV. Pour s'ouvrir la porte de cette magistrature, il avoit besoin de se faire adopter par un plébéien, et César, qui avoit ses raisons pour livrer Cicéron à la fureur de Clodius, favorisa ce dernier au point de faire passer une loi qui rendit cette adoption praticable. Clodius devint en conséquence tribun du peuple, et l'on a vu l'usage qu'il fit de son autorité à cet égard contre Cicéron. On peut consulter là-dessus l'oraison de l'orateur Romain pour sa maison, *pro Domo suâ*, §. 15. Dans cette même oraison, §. 13, on verra que toutes les lois relatives aux adoptions furent insolemment violées, et qu'on poussa l'impudeur jusqu'à présenter, pour père adoptif de Clodius, un Fontéius qui n'avoit pas vingt ans, qui avoit une femme dont il avoit eu des enfants, et dont par conséquent il pouvoit en avoir encore, et qui lui-même, sans compromettre les vraisemblances de la nature, auroit pu être adopté par Clodius.

(24) C'est la lettre du texte τῶν τε δημάρχων Μάρκον Καίλιον πριάμενοι. A cette époque, la vénalité dans toutes les hautes magistratures étoit presque universelle en même temps qu'elle étoit portée au dernier excès d'impudeur. On a déjà vu de quelle manière Appien s'en est expliqué, sect. XIX.

(25) *Cùm seditiones inter candidatos consulatûs Hypsæum, Scipionem et Milonem, essent, qui armis ac vi*

contendebant; ad comprimendas eas, Cn. Pompeius legatus à senatu consul tertiùm factus est, absens et solus, quod nulli alii unquàm. Epit. Liv. lib. CVII. En effet, depuis l'établissement de la république, il étoit jusques-là sans exemple que l'autorité consulaire eut été confiée à un seul. Il étoit arrivé quelquefois que Rome n'avoit eu qu'un consul. Ainsi, par exemple, du temps de Sylla, le consul Carbon resta seul, après que Cinna, son collègue, eût été égorgé par ses soldats, comme on l'a vu plus haut. Ainsi, antérieurement, dans le cours de la guerre sociale, le consul Rutilius ayant été tué, Sextus César, son collègue, ne le fit point remplacer; mais cela tenoit à des circonstances particulières. Jamais, d'ailleurs, Rome n'avoit eu un consul seul. Au milieu des dissensions civiles qui agitoient la république dans les temps dont il s'agit, ce fut un acte de prudence de la part du sénat d'adopter une semblable mesure. Tacite remarque dans le premier livre de ses Annales, n. 9, que les citoyens les plus recommandables par leurs lumières et par leur sagesse, *apud prudentes*, jugèrent, après la destitution de Lépidus et la mort d'Antoine, qu'il n'y avoit d'autre remède aux malheurs publics et aux discordes politiques, que de laisser tomber le pouvoir entre les mains d'un seul; et ce fut autant à ce sentiment qu'à sa fortune, qu'Octave fut redevable de la docilité des Romains. *Non aliud discordantis patriæ remedium fuisse quàm ut ab uno regeretur.* Au demeurant, Paterculus remarque que cette élection de Pompée fut contre lui le prélude de l'aliénation de César, qui envisagea cette faveur comme le signe de la réconciliation du parti des grands à son égard. *Cujus ille honoris gloriâ, veluti reconciliatis sibi optimatibus, maximè à C. Cæsare alienatus est.* Lib. II, cap. 47.

(26) L'interprète latin, dans l'édition de Tollius, n'a fait ici que du galimatias, faute d'avoir saisi le vrai sens du verbe ἐψηφίσατο. *Catonis quoque suffragio ne ille impediret profectionem in Cyprum.* Schweighæuser ne s'y est pas trompé. *Catonem ne in urbe præsens molestias ei crearet, ex sena-*

tus-consulto in Cyprum mittendum curavit, ut ejus insulæ imperium adimeret Ptolemeo regi. Si l'on s'en rapporte à Cicéron, dans son oraison *pro Domo suâ*, §. 8 et 9, ce ne fut pas Pompée, ce fut Clodius qui fit donner à Caton cette commission extraordinaire, afin de remplir deux vues à la fois, de se venger de Caton qu'il appeloit *le bourreau des citoyens mis à mort sans condamnation*, c'est-à-dire, des complices de Catilina, en le chargeant de cet odieux emploi; et d'un autre côté, d'éloigner de Rome l'imperturbable antagoniste de ses projets séditieux. César écrivit une lettre à Clodius pour le féliciter de la prudence de sa conduite à cet égard.

CHAPITRE IV.

Loi de Pompée contre ceux qui avoient malversé dans l'exercice de leurs magistratures. Cette loi devient une source d'animosité entre Pompée et César. Cette inimitié éclate plus ouvertement, lorsque, par les secrètes instigations de Pompée, le sénat songe à ôter à César son commandement militaire. Conduite de Curion, tribun du peuple, vendu aux intérêts de César. Les consuls déclarent César ennemi de la patrie, et chargent Pompée du commandement en chef pour lui faire la guerre. Curion prend la fuite et se sauve dans le camp de César.

Ans de Rome. 702.

XXIV. Ce fut au milieu de ces circonstances que Pompée remit en vigueur les lois contre les délits, et notamment celles qui existoient contre la corruption à prix d'argent, et contre la vénalité. Il crut voir que le mal avoit eu sa source dans cette inertie des tribunaux, et que c'étoit dans leur activité que se trouveroit bientôt le remède. Il fit un projet de loi pour que qui ce fût pût demander raison de leur conduite à tous ceux qui avoient exercé des emplois publics, depuis son premier consulat jusqu'à ce moment (1). Cette période n'étoit guère moindre de vingt années; et elle embrassoit le consulat de César. Les amis de ce dernier soupçonnèrent que Pompée n'avoit donné une si grande latitude à sa loi que dans la vue d'insulter César, ou de lui nuire. Ils engagèrent Pompée à s'occuper plutôt de rétablir actuellement le bon ordre, que d'appeler l'œil hostile de l'inquisition sur la conduite passée des premiers hommes de la république, dans le nombre desquels ils firent sonner le nom de César. Pompée trouva mauvais qu'on eût l'air de regarder César comme supérieur à toute responsabilité, tandis que lui-même se trouvoit compris dans la loi, pour ce qui concernoit sa conduite publique dans son second consulat (2). Il répondit d'ailleurs qu'il n'avoit embrassé dans sa loi une si longue période que pour mieux rétablir l'ordre, parcequ'il y avoit déjà long-temps que Rome souffroit d'une sorte de désorganisation politique. A la faveur de ces raisons, il fit voter la loi; et sur-le-champ plusieurs actions judiciaires de ce genre furent engagées. Afin que les juges fussent exempts de toute crainte, il les environna de sa protection spéciale, en faisant avancer des troupes. Les premiers coupables qui furent condamnés par contumace furent Milon, l'assassin de Clodius, et Gabinius, prévenu d'attentat contre les lois et d'impiété en même temps, pour s'être embarqué avec un corps de troupes pour l'Égypte, sans décret préalable, et, malgré les oracles des livres sibyllins. Hypsœus, Memmius, Sextus et beaucoup d'autres, furent traduits devant les tribunaux, pour faits de corruption à prix d'argent envers la multitude (3). Des plébéiens ayant demandé grace pour Scaurus, Pompée fit publier qu'il falloit le laisser juger. Les plébéiens, fauteurs de Scaurus, étant retournés à la

Ans
de
Rome.
702.

charge, et s'efforçant d'intimider ses accusateurs, les soldats de Pompée survinrent, et étendirent sur le carreau quelques uns de ces séditieux. Dès-lors on laissa juger Scaurus en silence; il fut condamné, et d'une voix unanime, à l'exil. Gabinius fut condamné à la même peine, et, en outre, à la confiscation de ses biens. Le sénat donna de grands éloges à cette conduite de Pompée, et lui en témoigna sa gratitude, en lui déléguant le commandement de deux nouvelles légions, et en prorogeant pour un nouveau terme celui des provinces qui étoient sous ses ordres. Memmius, qui avoit été condamné pour fait de brigue, songea à profiter d'une des dispositions de la loi de Pompée qui assuroit l'impunité à celui qui déceloit un autre coupable; et il dénonça pour le même fait Lucius Scipion, le propre beau-père de Pompée. Pompée prit à cette occasion le costume que prenoient les parents de ceux qui étoient en jugement, et plusieurs des juges firent comme lui. Alors Memmius se répandit en doléances sur la déplorable situation de la république, et se désista de son accusation (4).

XXV. Pompée, croyant avoir pourvu à tout ce qui pouvoit avoir eu besoin de l'autorité d'un seul, se donna Scipion pour collègue le reste de l'année (5). Après eux, d'autres consuls furent nommés pour l'année suivante. Mais Pompée n'en conserva pas moins toute sa prépondérance et toute son autorité. Il étoit alors tout-puissant à Rome; car il avoit principalement pour appui la bienveillance des sénateurs qui en vouloient à César parcequ'il n'avoit rien fait pour eux pendant son consulat, au lieu que Pompée avoit rendu la vigueur à la république grièvement malade (6), et que pendant le cours de sa magistrature il n'avoit démérité d'aucun d'eux. Les exilés se rendirent en foule auprès de César. Ils l'engagèrent à se mettre en mesure contre Pompée; ils lui suggérèrent que c'étoit principalement contre lui qu'étoit dirigée la loi relative à la corruption à prix d'argent. Mais César, en les consolant, loua la conduite de Pompée. Il fit inviter en même temps les tribuns à présenter au peuple une loi qui lui donnât la faculté de se mettre sur les rangs pour un second consulat, quoiqu'absent (7) : cette loi passa sous le consulat de Pompée, et sans qu'il y mît aucune opposition (8). Cependant César soupçonnoit que le sénat lui montreroit du ressentiment. Il craignoit les agressions de ses ennemis personnels s'il redevenoit homme privé. En conséquence, il intrigua pour se maintenir en autorité, jusqu'à ce qu'il eût été réélu consul. Il fit demander au sénat de lui proroger encore pour peu de temps le commandement des Gaules dont il étoit investi, ou du moins de lui en conserver une partie. Marcellus, qui avoit succédé dans le consulat à Pompée, s'y opposa. L'on rapporte que lorsque la nouvelle de ce refus lui fut annoncée, il porta la main sur la poignée de son glaive en disant : *Voilà qui me prorogera* (9).

XXVI. En attendant, il avoit fondé au pied des Alpes la ville de Novum-Comum. Il avoit donné à ses habitants les mêmes privilèges qu'avoient ceux des villes du Latium; savoir, que les citoyens qui y auroient rempli quelqu'une des magistratures annuelles auroient à Rome le droit de cité (10). Un des citoyens de cette nouvelle ville y avoit déjà rempli une des premières magistratures, et, à ce titre, il se croyoit citoyen romain. Marcellus, pour faire injure à César, le fit battre des verges au sujet de l'on ne sait quel délit; supplice inoui pour un citoyen romain. Dans la fureur dont il etoit animé, il manifesta sa pensée, en disant que la peine infligée à ce coupable prouvoit qu'il n'étoit qu'un étranger; et après l'avoir fait déchirer à coups de verges, il lui ordonna d'aller montrer ses plaies à César (11). C'étoit avec cette confiance que Marcellus pensoit pouvoir le braver. Déjà il avoit été question, même avant l'expiration du terme du commandement de César, de lui donner des successeurs. Mais Pompée s'y étoit opposé, soit raison de convenance, soit semblant d'affection. Il avoit représenté que pour un assez court espace de temps, ce n'étoit pas la peine de faire injure à un citoyen illustre qui avoit fait de grandes choses pour la patrie; mais il ne dissimula point qu'après que le terme seroit expiré il falloit ôter aussitôt ce commandement à César; et là-dessus on nomma consuls pour l'année suivante deux des plus grands ennemis de César, Æmilius Paulus, et Claudius Marcellus, neveu du Marcellus dont nous venons de parler. Pour tribun du peuple on choisit Curion (12), également ennemi déclaré de César, homme d'ailleurs singulièrement agréable à la multitude, et d'un beau talent oratoire. Claudius Marcellus fut le seul de ces trois hommes qui se montra inaccessible aux largesses de César. Æmilius Paulus se vendit moyennant quinze cents talents, c'est-à-dire qu'il promit de ne rien faire ni pour lui ni contre lui. Quant à Curion, que César savoit être criblé de dettes, il l'acheta plus cher encore, à condition qu'il le serviroit (13). Paulus employa les quinze cents talents qu'il avoit reçus de César à construire le palais qui fut appelé de son nom (14), et qui est un des beaux monuments de Rome.

XXVII. Curion, pour éviter d'être pris comme en flagrant délit, s'il passoit sur-le-champ d'une extrémité à l'autre, fit un rapport au peuple sur la nécessité de réparer et d'entretenir les grands chemins, et il demanda qu'on lui en accordât la surintendance pendant cinq ans. Il savoit bien qu'il n'obtiendroit point cette commission; mais il espéroit que les amis de Pompée parleroient contre lui, et que par-là ils lui fourniroient une occasion toute naturelle de se montrer lui-même contre Pompée. La chose ayant tourné de la manière qu'il s'y étoit attendu, il eut beau jeu pour changer de parti. Sur ces entrefaites, Claudius fit la proposition de nommer des successeurs à César dont le commandement venoit d'expirer. Paulus garda le silence. Curion, pour paroître n'appartenir au parti ni de l'un ni de l'autre (15), fit l'éloge de la proposition de Claudius; mais, comme si elle étoit incomplète, il ajouta que l'on devoit donner à Pompée, comme à César, des successeurs pour le commandement de ses provinces et de son armée; que c'étoit le moyen de rétablir un ordre parfait à Rome, et de mettre la république à l'abri de tous les dangers. Plusieurs sénateurs s'élevèrent contre cette opinion, en faisant remarquer qu'il n'y avoit point de parité, puisque le terme des commandements de Pompée n'étoit point encore arrivé. Curion, parlant alors plus à découvert et avec plus de chaleur, prétendit qu'il ne falloit donner des successeurs à César qu'à la même époque où l'on en donneroit à Pompée; que, dans l'état de défiance où ces deux citoyens étoient l'un envers l'autre, Rome ne pouvoit jouir d'une paix solide qu'autant qu'ils rentreroient tous deux en même temps dans la condition d'hommes privés. Il parloit ainsi, parcequ'il savoit que Pompée ne seroit pas d'avis de se dessaisir de son autorité, et que d'ailleurs le peuple lui en vouloit un peu à cause de sa loi contre la vénalité des suffrages. L'opinion de Curion étoit supérieure. Aussi le peuple (16) le loua-t-il comme le seul qui, pour l'intérêt de Rome, s'exposât à l'inimitié de ces deux compétiteurs. Depuis, le peuple le reconduisit souvent dans sa maison en répandant des fleurs sous ses pas, comme sous les pas d'un athlète sorti vainqueur d'une lutte aussi difficile que pénible; car alors rien ne paroissoit plus dangereux que de se déclarer contre Pompée.

XXVIII. Dans ces circonstances, Pompée voyageoit en Italie pour rétablir sa santé (17). Il adressa au sénat une lettre artificieuse. Il fit l'éloge des exploits de César. Il entra dans le détail des siens. Il fit observer qu'il n'avoit brigué ni son troisième consulat, ni le commandement des provinces, ni celui des légions, qui lui avoient été décernés à la même époque; qu'il n'avoit cédé qu'aux invitations qu'on lui avoit faites pour sauver Rome; qu'ayant été investi de cette autorité malgré lui, il en offroit à ceux qui en vouloient disposer une abdication spontanée, sans attendre le terme marqué. Le style de cette lettre étoit tourné de manière à mettre toute la dignité du côté de Pompée, et à répandre un mauvais vernis sur César, qui ne déposoit point son commandement après le terme assigné à sa durée. A son retour, il tint au sénat le même langage. Il lui promit qu'il déposeroit son autorité; et, en sa qualité d'ami et d'allié de César, il donna à entendre que César déposeroit aussi volontiers la sienne; qu'il y avoit déjà long-temps qu'il étoit à la tête des troupes, occupé à combattre contre des peuples très belliqueux; et qu'après avoir exécuté de grandes choses pour l'intérêt de la république, il viendroit au sein des honneurs et du repos vaquer à ses fonctions de souverain pontife (18). Ces discours tendoient à faire donner sur-le-champ des successeurs à César, tandis qu'il en seroit quitte, lui, pour une simple promesse. Mais Curion attaqua ouvertement ce subterfuge. Il dit qu'il ne falloit pas promettre de déposer l'autorité, mais qu'il falloit la déposer à l'instant même; que le commandement militaire de César ne devoit point lui être ôté avant que Pompée fût rentré dans la condition d'homme privé; qu'il ne falloit point que ce dernier pût faire servir une si grande mesure de pouvoir au profit de ses rivalités personnelles; qu'il importoit aux Romains de ne pas laisser tant de puissance entre les mains

Ans de Rome. 704.

d'un seul; et qu'il convenoit d'avoir deux antagonistes à opposer l'un à l'autre, dans le cas où l'un des deux entreprendroit d'attenter contre la république. Alors, sans plus rien ménager, il accusa ouvertement Pompée d'aspirer à la tyrannie, et il ajouta que si l'on ne profitoit point de la circonstance où César en armes pouvoit lui en imposer (19), pour lui faire abdiquer son autorité, il ne l'abdiqueroit point ensuite. Il conclut en disant que si Pompée et César osoient résister, il falloit les déclarer tous les deux ennemis du peuple romain, et mettre une armée sur pied pour les combattre. Cette proposition de Curion servit beaucoup à dissimuler qu'il se fût vendu aux intérêts de César.

XXIX. Pompée molesta Curion, le menaça, et se retira incontinent avec humeur dans les terres qu'il avoit auprès de la ville. Cependant le sénat commença à se défier de l'un et de l'autre (20). Toutefois Pompée lui paroissoit plus populaire, tandis qu'il avoit sur le cœur la conduite de César envers lui pendant son consulat. Au fond, il pensoit qu'il n'y avoit point de sécurité à ôter le pouvoir à Pompée avant que de l'avoir préalablement ôté à César qui étoit éloigné de Rome, et qui paroissoit méditer à son profit de plus grandes choses. Curion combattit encore cette opinion, en soutenant qu'on avoit besoin de César pour contenir Pompée, ou que ces deux compétiteurs devoient être en même temps dépouillés de leur autorité. Cet avis n'ayant pas la prépondérance, Curion leva la séance du sénat, sans qu'il y eût rien d'arrêté; car telle étoit une des prérogatives des tribuns. Ce fut alors sur-tout que Pompée eut à se repentir d'avoir rétabli sur l'ancien pied l'autorité du tribunat, que Sylla avoit si considérablement affoiblie. Seulement, avant que de lever la séance, il fut délibéré que Pompée et César détacheroient chacun (21) une légion qui seroit envoyée comme renfort dans la Syrie, à cause de la catastrophe de Crassus. Pompée, usant alors d'artifice, revendiqua de César une légion qu'il lui avoit récemment prêtée après la défaite de deux de ses lieutenants, Ituréius (22) et Cotta. César fit toucher à chacun des soldats de cette légion une gratification de deux cent cinquante drachmes et leur fit prendre le chemin de Rome ainsi qu'à une seconde légion de celles qui appartenoient à son commandement. Comme il n'y eut point de mauvaises nouvelles de Syrie, ces deux légions passèrent l'hiver à Capoue.

Ans de Rome. 704.

XXX. Les officiers que Pompée avoit envoyés à César au sujet de cette réclamation lui firent à leur retour plusieurs rapports au détriment de César. Ils lui assurèrent entre autres choses que les troupes qui étoient sous ses ordres, épuisées de fatigues et d'un long service, avides sur-tout de revoir leurs foyers, quitteroient les drapeaux de César pour les siens aussitôt qu'elles auroient passé les Alpes (23). Tel fut le discours de ses envoyés, soit qu'ils eussent mal vu, soit qu'ils se fussent laissé corrompre. Car, au vrai, tous ceux qui environ-noient César lui étoient affectueusement attachés et entièrement dévoués, par l'habitude de servir sous ses ordres, par le butin que la guerre ne cessoit de leur procurer sous les ailes de la victoire, et par les autres largesses que César leur prodiguoit d'ailleurs. En effet, il donnoit sans mesure, afin qu'on fût toujours prêt à entreprendre ce qu'il ordonneroit; et quoique ses troupes ne fussent pas la dupe de ses projets, elles lui restoient fidèles. Quant à Pompée, plein de confiance dans ce qu'on lui avoit rapporté, il ne songea, ni à lever des troupes, ni à faire aucun préparatif pour se mettre en mesure dans des circonstances aussi importantes (24). Cependant le sénat s'étoit assemblé de nouveau pour délibérer sur le sort de César et de Pompée, et le consul Claudius avoit eu la maladresse de diviser la question (25), et de prendre les voix sur chacune de ces deux propositions en particulier : « Faut-il nommer « des successeurs à César? Faut-il dépouiller Pom- « pée de son commandement? » La majorité se prononça contre cette dernière proposition, et il fut décidé, tout d'une voix, que César seroit remplacé. Mais Curion ayant alors ramené la discussion sur la question de savoir s'il ne convenoit pas de déposer en même temps César et Pompée, vingt-deux voix seulement se déclarèrent contre; et trois cent soixante-dix se réunirent en faveur de ce que réclamoit l'intérêt public, et se rangèrent à l'avis de Curion (26). Alors le consul Claudius leva la séance en s'écriant : « Vous avez vaincu; vous aurez « César pour maître. »

XXXI. Un faux bruit s'étant répandu sur ces entrefaites que César avoit passé les Alpes, et qu'il marchoit sur Rome (27), le tumulte fut universel. La terreur s'empara de tout le monde. Claudius fit la proposition de déclarer César ennemi de la république, et de faire marcher contre lui l'armée qui étoit à Capoue. Curion s'y opposa, en représentant que ce n'étoient que de faux bruits. Le consul s'écria alors : « Si l'on m'empêche de pourvoir à la « sûreté publique par le suffrage du sénat, j'y pour- « voirai moi-même en qualité de consul. » A ces mots il sortit du sénat, et se rendit avec son collègue chez Pompée qui étoit dans les environs de Rome, et en lui présentant une épée : « Nous vous « ordonnons, lui dit-il, mon collègue et moi, de « marcher contre César pour la défense de la patrie; « et pour cet effet nous vous donnons le comman- « dement de l'armée qui est à Capoue, ou dans « les autres garnisons d'Italie, et nous vous autori- « sons à l'augmenter selon que vous le jugerez « convenable (28). » Pompée répondit qu'il obéiroit aux ordres des consuls, « à moins, ajouta-t-il, « qu'il n'y ait quelque chose de mieux à faire » : mot trompeur et artificieux, sous lequel il masquoit encore son respect pour les convenances. Curion ne pouvoit rien hors de Rome; car l'autorité des tribuns étoit circonscrite dans l'enceinte de ses murailles (29). Il déplora auprès du peuple ce qui venoit de se passer. Il proposa que les consuls fissent publier à son de trompe que personne n'eût à obéir à la conscription dont l'ordre seroit donné par Pompée. Sa proposition n'ayant eu aucun succès, et voyant approcher l'époque qui mettoit un terme à ses fonctions de tribun, il craignit pour lui-même ; et n'ayant plus aucune espérance de servir à Rome les intérêts de César, il se hâta de prendre le parti de l'aller joindre.

NOTES.

(1) LE plus grand des maux de ce temps de trouble et d'anarchie étoit l'effet rétroactif que l'on donnoit aux lois qu'on faisoit passer. Ce fut par l'effet rétroactif donné à la loi de Clodius, relative à ceux qui avoient puni de mort des citoyens romains sans jugement préalable, que ce forcené provoqua l'exil de Cicéron. Ce fut par l'effet rétroactif de cette loi de Pompée que furent provoqués les motifs de défiance et de dissension entre César et lui ; dissension qui ne se termina que par la bataille de Pharsale. L'effet rétroactif dans les lois est l'arme ordinaire avec laquelle les chefs de parti s'attaquent et se font la guerre dans tout corps politique en proie aux horreurs des factions.

(2) Le traducteur latin, dans l'édition de Tollius, a commis encore ici une grande bévue. Il a supposé que Pompée avoit eu égard aux remontrances des amis de César, et qu'il avoit modifié sa loi en conséquence ; ce qui n'est assurément pas dans le texte. Schweighœuser n'a eu garde de partager cette erreur.

(3) C'est ce qu'on appelle *ambitus* dans le style des lois romaines. « Au demeurant, dit Plutarque, dans la *vie de* « *Pompée*, LXXX, il se mit à faire procéder à l'encontre « de ceulx qui par voyes indues de bourse déliée et d'argent « distribué, estoyent parvenus aux honneurs, et avoyònt « obtenu des magistrats. »

(4) Il eut, certes, grande raison ; car quelle impartialité attendre de la part de juges qui avoient eu la lâcheté de montrer si ouvertement l'intérêt qu'ils prenoient à l'accusé. Plutarque fait un autre récit de cet évènement. Il dit que Pompée manda chez lui les trois cent soixante juges qui formoient le tribunal, et qu'il les pria de vouloir bien lui *être en aide*. Vie de Pompée, LXXX.

(5) C'est-à-dire, non seulement son beau-père, mais en-

core celui à l'accusation duquel Memmius avoit eu juste raison de renoncer. Il y avoit de la pudeur à ce choix. Plut. *ibid.*

(6) C'est la lettre du texte.

(7) Appien se trompe, s'il faut en croire l'Epitomé de Tite-Live, qui dit que Caton s'opposa vigoureusement à cette loi. *Lex lata est ut ratio absentis Cæsaris, in petitione consulatûs haberetur, invito et contradicente M. Catone.* Plutarque dépose du même fait. *Vie de Pompée.* LXXXI.

(8) *Egit*, dit Suétone, *cum tribunis plebis collegam se Pompeio destinantibus id potiùs ad populum ferrent, ut absenti sibi, quandòque imperii tempus expleri cœpisset, petitio secundi consulatûs daretur*, 26. C'étoit difficile, car Pompée venoit de faire voter une loi, *de jure magistratuum*, qui écartoit de la liste des candidats tous ceux qui étoient absents; et cette loi ne renfermoit aucune exception. Cependant Pompée, alors dévoué à César, instruit qu'il vouloit se mettre de nouveau sur les rangs pour le consulat, ajouta au texte de la loi, quoiqu'elle fût déjà gravée sur les tables d'airain et déposée *in ærario*, une exception formelle en faveur de César. Mais bientôt après, le consul Claudius Marcellus fit ôter à César ce privilège, par la raison que cette exception n'avoit point fait la matière d'un plébiscite, et qu'il ne dépendoit pas de Pompée d'ajouter de son chef à la volonté du peuple romain.

(9) Plutarque met ce mot dans la bouche d'un des agents de César. *Vie de César*, XXXVIII.

(10) César s'étoit servi du tribun Vatinius pour faire passer aux comices une loi à ce sujet. Mais le même consul Claudius Marcellus, dont nous venons de parler, fit ôter aux habitants de cette nouvelle ville le droit de cité, attendu que César n'avoit eu, en le leur accordant, que des vues d'ambition personnelle, et qu'il s'étoit mis lui-même en contradiction avec les dispositions de sa loi agraire. *Retulit etiam (Marcellus) ut colonis quos rogatione Vatinia Novum comum*

deduxisset civitas adimeretur, quòd per ambitionem et ultrà præscriptum data esset. Sueton. 28.

(11) Ce passage est corrompu et vraiment indéchiffrable, quant au sens, dans l'édition de Tollius. Le manuscrit de la bibliothèque d'Ausbourg a fourni à Schweighæuser la vraie leçon. Voyez Plutarque, *Vie de César*, 37.

(12) Il est étonnant que les partisans de Pompée aient si peu connu ce Curion, qui, devenu tribun du peuple, ne tarda pas à se montrer le plus fougueux antagoniste de ceux qui l'avoient fait élire. Pline l'ancien a dit de ce Curion, dans son trente-sixième livre, « que toute sa fortune consistoit « dans les dissensions des chefs de parti », *Curionem hunc nihil in censu habuisse præter discordiam principum.* Servius, le commentateur de Virgile, à propos des 621ᵉ et 622ᵉ vers du sixième livre de l'Enéide,

Vendidit hic auro patriam, dominumque potentem Imposuit, fixit leges pretio atque refixit,

a nommé ce Curion, auquel le poëte avoit probablement fait allusion en composant ces deux vers, et fixé le prix pour lequel il se vendit à César. Il en reçut une juste récompense dans les campagnes de la Libye. Paterculus a fait à son ordinaire le portrait en miniature de Curion, qu'il regarde comme l'un des premiers boute-feux de la guerre civile. *Bello autem civili non alius majorem flagrantioremque quàm C. Curio, trib. Pleb. subjecit facem; vir nobilis, eloquens, audax, suæ alienæque et fortunæ et pudicitiæ prodigus, homo ingeniosissimè nequam, et facundus malo publico, cujus animo, voluptatibus, vel libidinibus neque opes ullæ neque cupiditates, sufficere possent.* Lib. II., cap. 48.

(13) Curion avoit d'abord été attaché à Pompée, ou, pour parler le langage de Paterculus, au parti de la république. Mais, après avoir dévoré son riche patrimoine, il se vendit à César. *Hic (Curio) primò pro Pompeii partibus, id est, ut tunc habebatur pro rep. mox simulatione contra Pompeium*

et Cæsarem, sed animo pro Cæsare stetit. Id. gratis, an accepto centies HS fuerit, ut accepimus, in medio relinquemus. L'Epitome de Tite-Live parle de ce changement de rôle de Curion. Liv. CIX.

(14) Voyez Plutarque, *Vie de César*, 37.

(15) *Simulatione contra Pompeium et Cæsarem.* Voyez ci-dessus, note 13.

(16) Ces paroles d'Appien semblent annoncer que c'étoit devant l'assemblée du peuple que cette grande question étoit agitée. Mais Plutarque dit que c'étoit devant le sénat et devant l'assemblée du peuple. Voyez Plut., *Vie de César*, 39.

(17) Appien a évidemment en vue la dangereuse maladie dont Pompée fut atteint à Néapolis, dans la Campanie, deux ans avant que la guerre civile fût allumée. Nous ne pouvons résister à la tentation de rappeler ici la sage, la judicieuse, la philosophique réflexion de Paterculus sur cet évènement de la vie de Pompée. *Qui (Pompeius) si ante biennium, quàm ad arma itum est, perfectis muneribus theatri, et aliorum operum quæ ei circumdedit, gravissimâ tentatus valetudine decessisset in Campaniâ, (quo quidem tempore universa Italia vota pro salute ejus primò omnium civium suscepit) defuisset fortunæ destruendi ejus locus, et quàm ad superos habuerat magnitudinem, inlibatam detulisset ad inferos.* Lib. II, cap. 48. Il a raison, Paterculus. Quel n'eût pas été le bonheur de Pompée, s'il eût succombé à sa maladie, à cette époque, le point culminant de sa gloire? Combien de grands hommes que la fortune a jetés à bas de leur piédestal, parcequ'ils ont trop vécu! On peut voir dans Plutarque, *Vie de Pompée*, 82, combien furent solennels, unanimes, et flatteurs, les témoignages d'intérêt que toute l'Italie prit à sa convalescence.

(18) Je ne crois pas que les interprètes latins se soient doutés que par ce mot Ἰυσίας, Appien ait fait allusion aux fonctions de souverain pontife dont César étoit revêtu. Il étoit jeune encore, et il n'avoit point passé par la préture lorsqu'il se mit sur les rangs pour ce sacerdoce. Il lui fallut

dépenser beaucoup d'argent pour l'emporter sur les deux concurrents qu'il eut à combattre, Q. Catulus, et P. Isauricus. Mais il avoit promis à sa mère, qui l'embrassoit au moment où il partoit pour se rendre aux comices, qu'elle ne le reverroit que souverain pontife, et il lui tint parole. Au surplus cette élection se faisoit dans une espèce de comices qu'on appeloit *comitia calata*, et cette fonction sacerdotale étoit à vie, ainsi que nous aurons lieu de le faire remarquer plus bas. Voyez Suéton, XIII; Dion Cassius, liv. XXXVII; Aulu-Gelle, *Nuits Attiques*, liv. XV, chap. 27.

(19) Le littérateur qui a rendu compte de ma traduction de Maxime de Tyr, dans la Décade Philosophique, m'a reproché, comme faute de langue, d'avoir dit *en imposer*, au lieu d'*imposer* tout court, pour dire *imposer du respect, de la modération, contenir dans le devoir*. J'avoue que les premières éditions du Dictionnaire de l'académie le vouloient ainsi; mais la force de l'autorité des bons écrivains a prévalu; et, dans la dernière édition de ce dictionnaire, *en imposer* a été consacré dans cette acception. On y lit : « On dit aussi « en imposer, pour dire inspirer de la crainte, du respect, etc. « Sa présence m'en impose. Notre fière contenance en imposa « aux ennemis. » C'est donc à tort que le littérateur en question m'a fait le reproche dont je viens de me justifier.

(20) L'avis des plus gens de bien et des mieux intentionnés pour le bien public étoit qu'ils déposassent l'un et l'autre leur commandement. *Justissimus quisque et à Cæsare et à Pompeio vellet dimitti exercitus.* Patercul. lib. II, cap. 48.

(21) Selon Desmares, dont j'ai promis de ne pas relever les contre-sens dans le cours de ce livre et des deux suivants, le sénat arrêta que Pompée et César seroient envoyés l'un et l'autre en Syrie avec une légion chacun. Quelle absurdité !

(22) Ce lieutenant de César fut, en effet, écrasé par Ambiorix, chef des Gaulois, dans la partie de la Gaule dont les habitants étoient connus sous le nom d'*Eburones*. Cæsar, lib. V. *de bello Gallico*, cap. 24. Ce désastre donna tant de chagrin à César, au rapport de Suétone, qu'il renonça, en

signe de deuil, à couper ses cheveux et sa barbe, jusqu'à ce que l'honneur des armes romaines eût été vengé. *Auditâ clade Tituriana barbam capillumque summiserit, nec antè dempserit quàm vindicâsset.* César fit en cette occasion, pour le remarquer en passant, ce que fit l'illustre, le vertueux Caton, lorsqu'il vit éclater cette guerre civile qui alloit devenir le tombeau de la république. Témoin ces beaux vers de Lucain, liv. II, v. 374.

> *Ut primùm tolli feralia viderat arma*
> *Intonsos rigidam in frontem descendere canos*
> *Passus erat, mœstamque genis increscere barbam.*
> *Uni quippe vacat studiisque odiisque carenti*
> *Humanum lugere genus.*

Caton poussa beaucoup plus loin sa profonde sensibilité aux malheurs de l'espèce humaine; il s'abstint de tous les plaisirs de l'hymen auprès de sa femme, quoiqu'il en fût encore amoureux,

> *Nec fœdera prisci*
> *Sunt tentata tori, justo quoque robur amori*
> *Restitit. Hi mores, hæc duri immota Catonis*
> *Secta fecit.*

Il y eut peu d'hommes, même parmi les stoïciens, comme Caton.

(23) Tels furent, en effet, les discours que tinrent à Pompée, à leur retour, ceux de ses officiers qu'il avoit chargés d'aller revendiquer ses deux légions auprès de César. Voy. Plut., *Vie de César*, 38; *Vie de Pompée*, 82.

(24) Plutarque lui fait le même reproche. La confiance de Pompée alloit jusqu'à lui faire mépriser César, jusqu'à lui faire dire, « qu'il n'auroit que faire d'armes, ni d'autre la- « borieuse sollicitude à l'encontre de lui, et qu'il le déferoit « quand il voudroit plus facilement qu'il ne l'avoit fait pre- « mièrement. » Il répondoit à ceux qui lui demandoient quelles forces il opposeroit à César, s'il prenoit le chemin de Rome : « Soyez sans inquiétude, je n'ai qu'à frapper de mon « pied la terre, j'en ferai de toutes parts sortir des légions. » *Vie de Pompée*, 82.

(25) Il y eut donc dans cette séance du sénat trois cent quatre-vingt-douze votants. Le sénat étoit donc composé alors de plus de trois cents sénateurs. Nous avons vu, en effet, plus haut, que Sylla le voyant réduit à un très petit nombre de membres, par le malheur des temps, y avoit fait entrer tout d'un coup trois cents citoyens.

(26) Voy. Plutarq., Vie de Pompée, 83.

(27) Ce fut, en effet, sur la foi de ce bruit vrai ou faux, que le consul Marcellus prit son parti dans ce moment critique, et qu'au lieu de perdre le temps en vains discours, lorsqu'il étoit pressant d'agir, il se rendit auprès de Pompée, suivi de son collègue. Voy. Plut. *Vie de Pompée, 83*, à la fin. Il est étonnant, par exemple, qu'Appien ne parle pas ici d'un fait très remarquable; c'est que cette démarche des consuls fut regardée comme une vraie déclaration de guerre, et qu'à Rome on prit universellement le deuil, ainsi qu'on le pratiquoit dans les grandes calamités de la république.

(28) Voyez Plut. *ibid.* 84.

(29) D'après ce langage d'Appien, Curion étoit encore membre du tribunat à cette époque. Cependant les annotateurs du Plutarque de Cussac ont affirmé, sur la foi de Dion Cassius, que Curion n'étoit plus tribun lorsqu'il alla joindre César dans son camp. S'il nous est permis de dire notre avis sur cette question, il nous semble que le récit d'Appien donne du jour à celui de Dion Cassius, et que les témoignages de ces deux historiens se concilient d'eux-mêmes. Appien dit que Curion voyant approcher le terme de son tribunat se rendit auprès de César. Dion Cassius a donc pu, sans choquer la vérité, regarder les fonctions de Curion comme terminées à l'époque de ce voyage. D'où il suit que lorsque Curion, quelque temps après, revint à Rome, chargé de dépêches de la part de César, ainsi que Dion Cassius le rapporte au commencement de son quarante-unième livre, et qu'Appien le rapporte également, comme on le verra tout à l'heure, ses fonctions de tribun étoient décidément expirées.

CHAPITRE V.

César repasse de la Grande-Bretagne dans les Gaules. Curion revient à Rome, porteur des lettres de César pour le sénat. Après la lecture de ces lettres, César est de nouveau déclaré ennemi de la patrie, et les tribuns du peuple, Curion et Antoine (1), sont chassés de la ville. A leur arrivée dans le camp de César, celui-ci lève l'étendard, passe le Rubicon, et s'empare d'Ariminum. Pompée et le sénat, effrayés autant qu'étonnés de la marche rapide de César, sortent de Rome.

Ans de Rome. 704.

XXXII. César venoit de repasser de la Grande-Bretagne dans les Gaules, et après avoir traversé la partie de cette région qui longe le Rhin, et les montagnes des Alpes, avec cinq mille fantassins et trois cents chevaux (2), il gagna Ravenne, ville limitrophe de l'Italie, et la dernière de son commandement. Après avoir embrassé Curion, et l'avoir remercié de tout ce qu'il avoit fait pour lui, il s'occupa de ce qu'exigeoient les circonstances. Curion étoit d'avis qu'il réunît sur-le-champ toutes ses forces, et qu'il prît le chemin de Rome. César fut d'avis au contraire de tenter encore les voies de la conciliation. Il envoya donc ordre à ses amis à Rome, de proposer de sa part qu'il abdiqueroit le commandement de toutes ses provinces, et de toutes ses légions, à l'exception de deux de ces dernières qui resteroient sous ses ordres ainsi que l'Illyrie et la Gaule Cisalpine, jusqu'à ce qu'il fût nommé consul, proposition qui devoit plaire à Pompée (3). Les consuls n'ayant point adhéré à cette négociation, César adressa au sénat une lettre dont Curion fut le porteur (4), et avec tant de célérité qu'en trois jours il parcourut treize cents stades (5). Curion remit cette lettre entre les mains des consuls nouvellement élus (6), au moment même où ils entroient dans le sénat, le jour des calendes du nouvel an. Cette lettre contenoit un pompeux détail de tout ce que César avoit fait depuis son entrée dans la carrière, et une déclaration qu'il consentoit à déposer son autorité en même temps que Pompée; mais il ajoutoit que si Pompée conservoit son commandement, il viendroit en diligence à Rome venger la patrie, et se venger lui-même. Ces derniers mots excitèrent une violente rumeur dans tout le sénat; ils furent pris pour une déclaration de guerre, et à l'instant Lucius Domitius fut nommé pour le remplacer. Aussitôt Domitius se mit en campagne à la tête de quatre mille hommes de troupes de nouvelle levée.

XXXIII. Les tribuns Antoine (7) et Cassius, qui avoient succédé à Curion, partageoient ses sentimens. De son côté, le sénat, continuant à nourrir avec trop d'acrimonie l'esprit de dissension, déclara l'armée de Pompée la sauvegarde de la république, et l'armée de César son ennemie. Les consuls Marcellus et Lentulus ordonnèrent au tribun Antoine et à ses collègues de descendre de leurs sièges,

Ans de Rome 705.

de peur que, tout tribuns qu'ils étoient, on ne se portât contre eux à des violences. Antoine descendit en effet de son siège, en vociférant avec fureur; il prit les dieux à témoin, au nom des fonctions dont il étoit revêtu, que la sainteté et l'inviolabilité du tribunat étoient méconnues, et que pendant que les tribuns du peuple disoient leur opinion sur ce qu'ils croyoient importer au salut de la patrie, on les chassoit avec ignominie, sous prétexte d'éviter des meurtres ou tous autres attentats. En proférant ce discours, il se retira comme un énergumène. Il pronostiqua la guerre, le carnage, les proscriptions, les exils, les confiscations, tous les autres maux dont la république étoit menacée, et il se livra aux plus fortes imprécations contre ceux qui en seroient les auteurs. Curion et Cassius se retirèrent avec lui; car déjà on avoit vu un détachement des soldats (8) de Pompée rôder autour du sénat. Antoine, Cassius et Curion se dépêchèrent de se sauver clandestinement, de nuit, sur une voiture de louage, et de gagner le camp de César en habits d'esclaves (9). César les présenta sous ce costume à son armée. Il échauffa les têtes de ses soldats, en leur disant qu'ils étoient regardés comme ennemis du peuple romain, eux qui avoient tant fait pour sa gloire, et que c'étoit avec cette ignominie que l'on chassoit de Rome des citoyens qui avoient eu le courage de prendre la parole pour défendre (10) leur cause.

XXXIV. Déjà la guerre éclatoit des deux côtés, déja elle étoit ouvertement proclamée (11). Le sénat qui pensoit qu'il faudroit du temps à César pour appeler ses troupes des diverses parties des Gaules, et qu'il n'entreprendroit rien d'important avec le peu de troupes qu'il avoit alors, chargea Pompée de réunir cent trente mille hommes en Italie (12), et de les choisir parmi ceux qui avoient déjà fait la guerre, comme ayant l'expérience des armes. Il lui permit en même temps d'enrôler dans les provinces voisines tous les hommes qui avoient quelque vigueur. D'un autre côté, il mit à sa disposition, pour les besoins de l'armée, tout l'argent du trésor public; il décréta que les biens des particuliers, s'il le falloit, seroient employés à la solde des troupes, lorsque le trésor public seroit épuisé; et d'ailleurs, pour ajouter à ses ressources, il fit, avec la plus grande diligence, mettre à contribution les villes alliées, en excitant l'animosité et la haine contre le parti de César (13). Quant à César, il fit partir des courriers pour réunir son armée. Mais comme il avoit toujours mieux aimé compter sur l'effroi que pouvoit répandre son activité, et sur la terreur qui pouvoit marcher à la suite de son audace, il résolut d'ouvrir la campagne avec ses cinq mille hommes, et de se hâter de prendre des postes avantageux en Italie.

XXXV. Il détacha des centurions avec quelques uns de ses soldats les plus déterminés. Il leur donna ordre de se rendre à Ariminum, sans aucune apparence d'hostilité, et de s'emparer subitement de cette place (14). C'étoit une des clefs de l'Italie en venant des Gaules. Sur le soir, il feignit d'être indisposé; sous ce prétexte, il sortit de table, où il laissa ses amis qui mangeoient encore; il monta sur

Ans de Rome. 705.

son char et se dirigea vers Ariminum, escorté par de la cavalerie de distance en distance. Arrivé sur les bords du Rubicon, fleuve qui sépare les Gaules de l'Italie, il s'arrêta; et, promenant ses regards sur les eaux du fleuve, il réfléchissoit en lui-même, et calculoit tous les malheurs qui alloient fondre sur le peuple romain, s'il passoit ce fleuve en ennemi (15); et, s'étant recueilli, il s'adressa à ceux qui l'accompagnoient, et leur dit : « Mes amis, si je ne passe « pas ce fleuve, cette retenue sera la source de mes « malheurs; si je le passe, malheur à tout le genre « humain. » A ces mots, comme s'il eût été entraîné par l'impulsion de quelque puissance suprême, il passa le Rubicon, en prononçant cet adage vulgaire, « le dé en est jeté. » En continuant sa route en grande hâte, il se rendit maître d'Ariminum au point du jour. Il distribua des postes sur tous les points les plus avantageux des environs, soumettant tout par la douceur ou par la force. De toutes parts on se mit à se sauver, à prendre la fuite, comme dans les moments d'alarmes; on couroit en désordre, on se lamentoit avec effroi, faute de savoir au vrai ce qui en étoit. On croyoit que César s'étoit mis en pleine campagne avec une armée dont on ne connoissoit pas la force (16).

XXXVI. Les consuls, instruits de ces évènements, ne permirent point à Pompée, tout consommé qu'il étoit dans l'art militaire, d'agir d'après ses idées. Ils le pressèrent de parcourir l'Italie et de lever des troupes, comme si la ville étoit sur le point d'être prise. Le sénat s'en étoit également laissé imposer, par la subite irruption de César à laquelle il étoit loin de s'attendre, parcequ'il n'avoit encore fait aucun préparatif. Au milieu de ses alarmes, le sénat se repentoit de n'avoir pas accepté les conditions de César, dont il sentoit toute la justice, dans ce moment où la crainte le faisoit revenir de la frénésie de l'esprit de parti aux conseils de la sagesse. Divers prodiges, des signes célestes présagèrent ce qui alloit arriver. D'un côté, les dieux envoyèrent une pluie de sang; de l'autre, on vit suer le marbre de leurs statues; ici, la foudre tomba sur plusieurs temples; ailleurs, une mule devint féconde. En un mot, plusieurs sinistres pronostics (17) annoncèrent que le gouvernement de la république alloit éprouver une révolution, et recevoir pour toujours une nouvelle forme. On ordonna des prières publiques, comme dans les temps de crise (18). Le peuple, frappé du souvenir des horreurs commises sous Marius et sous Sylla, demandoit à grands cris qu'on ôtât en même temps à Pompée et à César leur autorité militaire, comme le seul moyen d'étouffer la guerre dans sa naissance. Cicéron proposoit d'entrer en négociation (19) avec César.

XXXVII. Mais les consuls contrarièrent toutes ces mesures. Favonius, tournant en plaisanterie un des propos que Pompée avoit tenus dans ces circonstances, se prit à dire que c'étoit pour lui le moment de frapper la terre de son pied, et d'en faire sortir des légions (20). « Vous en aurez, ri-
« posta Pompée, si vous voulez me suivre, ne pas
« craindre d'abandonner Rome, et même l'Italie
« après Rome, s'il le faut; car ce ne sont ni tels ou

« tels lieux, ni telles ou telles habitations qui font « la force et la liberté des peuples; mais par-tout « où sont des citoyens, là sont la force et la liberté « avec eux (21); et c'est après avoir vaincu leurs en- « nemis, qu'ils rentrent en possession de leur ancien « territoire. » Après avoir tenu ce discours, après avoir menacé ceux qui hésiteroient de le suivre, ceux qui, par affection pour leurs biens, pour leurs propriétés, répugneroient à s'armer pour la cause de la patrie, il sortit et du sénat (22) et de Rome pour aller se mettre à la tête de l'armée qui étoit à Capoue. Les consuls partageoient son opinion. Les membres du sénat étoient dans une grande incertitude. Ils passèrent la nuit à délibérer entre eux; mais, dès le point du jour, le plus grand nombre des séna- teurs prit son parti, et suivit Pompée.

NOTES.

(1) L'usage a tellement consacré dans notre langue la dénomination de ce citoyen romain qui va jouer un si grand rôle dans tout le reste de cette histoire, que je me sens obligé de me soumettre, malgré moi, à son autorité, et de ne pas employer son nom avec la terminaison latine. Je ne le nommerai donc qu'*Antoine*, au lieu de le nommer *Antonius*.

(2) Ce sont exactement les mêmes forces que lui donne Plutarque au commencement de son quarante-unième chap., Vie de César, et dans le quatre-vingt cinquième chapitre, Vie de Pompée.

(3) Voyez Plutarque, Vie de César, 40.

(4) D'après ce que dit César, dès la première ligne de son *Histoire de la guerre civile*, ce fut un Fabius, et non Curion, qui fut chargé de ce message. *Litteris à Fabio C. Cæsaris consulibus redditis.* On trouvera dans la première page du premier livre de cet ouvrage de César, les diverses propositions qui furent faites dans le sénat à cette occasion.

(5) Le grec de Tollius porte trois mille trois cents. Geslen s'étoit aperçu de cette erreur, et avoit réduit ce nombre à treize cents, dans sa version latine, correction que Schweighæuser a adoptée.

(6) C'étoient Claudius Marcellus et Lentulus, *Voy.* Dion Cassius, liv. 41.

(7) Voyez la quatrième observation des annotateurs du Plutarque de Cussac, sur la vie de César, tom 7, pag. 565.

(8) Le texte porte στρατὸς, qui signifie proprement *armée*. Mais il est évident qu'ici ce mot ne peut point avoir cette latitude d'acception; d'où il suit qu'il faut restreindre quelquefois sa signification propre, selon les endroits où il se trouve placé. Ce n'est ici qu'une *synecdoche* dans laquelle *le tout* est pris pour *la partie*.

(9) Voy. Plutarque, *Vie de César*, 40, à la fin.

(10) César nous a conservé, dans le premier livre de son *Histoire de la guerre civile*, la substance de la harangue qu'il adressa, dans cette occasion, à ses troupes.

(11) Voyez Plutarq. *ibid.*

(12) L'interprète latin, dans la version de Tollius, a traduit *treize mille*. Il n'a pas fait attention que le mot grec μυριάδας signifie dix mille. Sur la foi de son texte, il a également traduit *ex Thessalis*, des Thessaliens, mais Schweighæuser a lu dans le manuscrit de la bibliothèque d'Augsbourg et dans celui de la bibliothèque de Venise, la vraie leçon Ἰταλῶν.

(13) *Totæ Italiæ delectus habentur, arma imperantur, pecuniæ à municipiis exiguntur, et è fanis tolluntur; omnia divina et humana jura permiscentur.* Tel est le tableau présenté par César lui-même.

(14) Voyez Plutarq. ibid. Il est remarquable que sur ce passage de Plutarque, et à propos d'Ariminum, les annotateurs de l'édition de Cussac ont fait une note dans laquelle ils parlent *d'un fameux concile, d'une formule de profession de foi* relative à l'arianisme, et d'autres détails qu'il falloit renvoyer à l'histoire ecclésiastique de Fleury. *Non erat his locus.* En effet, qu'a de commun le récit de Plutarque avec de semblables incongruités ?

(15) Il faut écouter Plutarque décrivant ce qui, en ce moment critique, se passoit dans l'ame de César. Je vais suivre la version d'Amyot. « Quand il fut arrivé au petit fleuve de « Rubicon, lequel sépare la Gaule de deça les Alpes d'avec « le reste de l'Italie, il s'arresta tout coy. Car plus il appro- « choit du faict, plus il lui venoit en l'esprit un remors, de « penser à ce qu'il attentoit, et plus il varioit en ses pense- « ments, quand il considéroit la grande hardiesse de ce qu'il « entreprenoit. Si feit adonc plusieurs discours en son enten- « dement, sans en dire mot à personne, inclinant tantost en « une part, tantost en une autre, et changea son conseil « en beaucoup de partis contraires à part soi. Aussi en dis- « puta-t-il beaucoup avec ceulx qu'il avoit de ses amis quant « et luy, entre lesquels estoit Asinius Pollio, discourant

« avec eulx, de combien de maulx par le monde seroit cause
« et commencement ce passage de la rivière, etc. » A la fin
de ce chapitre, Plutarque dit que la nuit qui précéda celle où
César passa le Rubicon, il avoit rêvé qu'il *avoit commerce
avec sa propre mère*. Lucain fait apparoître aux yeux de César
l'image de la patrie tremblante qui se présente à lui pour
l'arrêter.

*Ut ventum est parvi Rubiconis ad undas,
Jugens visa duci patriæ trepidantis imago*, etc.
Lib. V, 185 et seq.

(16) S'il faut s'en rapporter à César, une nouvelle négociation fut entamée après le passage du Rubicon. Deux messagers de Pompée, nommés, l'un, L. César, et l'autre, Roscius, préteur, lui apportèrent de nouvelles propositions dont il nous a transmis le détail, avec la réponse qu'il y fit, et les motifs qui en empêchèrent le succès. Ce qu'il y a d'assez remarquable dans ce fait historique, c'est que les deux chefs de parti qui alloient mettre le monde à feu et à sang par l'effet de leur ambition personnelle, eurent l'étrange courage de se dire l'un à l'autre, « qu'ils avoient constamment sacrifié leurs
« propres intérêts au bien de la patrie, à l'intérêt de la ré-
« publique. *Semper se reipublicæ commoda privatis necessitatibus habuisse potiora*, disoit Pompée à César. *Sibi semper reipublicæ primam fuisse dignitatem, vitâque potiorem*, disoit César à Pompée. *Lib. I. de bello civili.*

(17) On en trouvera le détail dans le premier livre de la Pharsale de Lucain, vers 525, et suivants.

(18) Voilà un passage d'Appien bien formel sur ce point. Il atteste que, dans l'usage de ces sortes de solemnités, les chrétiens n'ont fait que copier les païens.

(19) Paterculus rend à Cicéron le même hommage que lui rend ici Appien, et il ajoute qu'il étoit le seul qui portât des paroles de réconciliation et de concorde, *unicè cavente Cicerone concordiæ publicæ*. Lib. II, cap 48.

(20) Voy. Plutarq. *Vie de César*, 44; *Vie de Pompée*, 86.

(21) Pompée ne faisoit là que répéter le mot de Sentorius

en Ibérie, mot que le grand Corneille a si bien rendu dans un vers français,

« Rome n'est plus dans Rome ; elle est toute où je suis. »

(22) Plutarque rapporte que, sur l'avis de Caton, Pompée fut investi d'un pouvoir souverain pour sauver la république, et que Caton fonda son avis sur ce que « les mêmes hommes « qui font les grands maulx, sont ceulx qui mieulx y savent « remédier. » *Vie de Pompée, 86.*

CHAPITRE VI.

César fait Domitius prisonnier de guerre dans Corfinium, et le laisse aller. Pompée et les consuls quittent l'Italie et s'embarquent pour Dyrrachium. César se décide à aller combattre en Ibérie les lieutenants de Pompée. Auparavant il vient à Rome, et y prend quelques mesures. Il part pour l'Ibérie, où, après plusieurs actions, il demeure vainqueur de Pétréius et d'Afranius. Générosité de sa conduite envers eux et leurs troupes.

XXXVIII. Cependant César avoit forcé Lucius Domitius, qui avoit été envoyé pour le remplacer, à se renfermer dans Corfinium (1), n'ayant auprès de lui qu'une partie de ses quatre mille hommes, et il l'y tenoit assiégé. Domitius se sauvoit de la place, lorsque les habitants l'arrêtèrent à la porte et le conduisirent à César (2). Celui-ci joignit les troupes de Domitius aux siennes, et leur témoigna de la bienveillance, afin que cet exemple servît à attirer d'autres troupes dans son parti. Il ne fit aucun mal à Domitius, et, sans le dépouiller de ce qui étoit à lui, il lui permit d'aller où il voudroit, espérant peut-être qu'attaché par les bienfaits, il resteroit auprès de lui, quoiqu'il eût la liberté d'aller joindre Pompée. Pendant que César agissoit avec cette rapidité, Pompée s'étoit porté de Capoue à Nucérie, et de Nucérie à Brindes, dans le projet qu'il avoit de

Ans de Rome. 705.

passer la mer d'Ionie et de débarquer en Épire, où il vouloit établir le théâtre de la guerre. Il écrivit en diligence dans toutes les provinces, aux chefs, aux princes, aux rois, aux cités, d'avoir à lui fournir chacun ce qu'il pourroit pour les besoins de la guerre, et les contributions arrivèrent en abondance de tous les côtés. Quant à la propre armée de Pompée, elle étoit en Ibérie, bien pourvue de munitions, et prête à se porter par-tout où il seroit nécessaire. Il donna aux consuls le commandement de quelques unes des légions qu'il avoit auprès de lui (3), et il les fit embarquer les premiers à Brindes pour l'Épire.

XXXIX. Les consuls eurent une heureuse traversée. Ils débarquèrent à Dyrrachium, ville que d'autres appellent Épidamne, par l'erreur que voici. Épidamnus, roi des Barbares de cette contrée, bâtit sur les bords de la mer une ville, que de son nom il appela Épidamne. Un de ses petits-fils par sa fille, Dyrrachus, qui passoit pour être fils de Neptune, construisit un port auprès d'Épidamne, et donna à ce port le nom de Dyrrachium. Les frères de Dyrrachus lui ayant déclaré la guerre, Hercule, qui revenoit d'Érythrée (4), se joignit à lui, à condition qu'il lui céderoit une partie de son territoire. De là vient que les habitants de Dyrrachium regardent Hercule comme leur fondateur, sous prétexte qu'il fut propriétaire d'une partie de leur sol. A la vérité, ils ne désavouent point Dyrrachus; mais, par amour-propre ou par ostentation, ils aiment mieux rapporter leur origine à Hercule, comme à un demi-dieu. On raconte que, dans cette guerre, Hercule tua par mégarde Ionius, le fils de Dyrrachus, et qu'après avoir fait rendre au corps de ce jeune homme les honneurs funèbres, il le fit jeter dans la mer, afin que cette mer portât son nom (5). On ajoute, qu'à quelque temps de là, les Briges retournant de la Phrygie s'emparèrent du pays et de la ville ; que ces Briges furent remplacés par les Taulentiens, peuplade de l'Illyrie ; et qu'aux Taulentiens succédèrent les Liburniens, autre peuplade de l'Illyrie, qui brigandoit sur ces parages avec des vaisseaux singulièrement légers, d'où les Romains ont emprunté le nom de *liburnides* qu'ils ont donné à cette espèce de vaisseaux, depuis qu'ils ont commencé d'en faire usage (6). Chassés de leur ville par les Liburniens, les habitants de Dyrrachium appelèrent à leur secours les Corcyréens qui dominoient sur les mers, et ils chassèrent à leur tour les Liburniens. Les Corcyréens se mêlèrent avec eux et devinrent leurs concitoyens ; c'est pourquoi le port de cette ville paroît appartenir à la Grèce. Mais les Corcyréens ne regardant pas comme propice le surnom de *Dyrrachium* qu'on avoit donné à ce port, l'appelèrent *Épidamne*, du nom de la ville qui étoit au-dessus, et c'est sous ce nom qu'il est mentionné dans Thucydide. Néanmoins, à la longue, le nom de Dyrrachium a pris le dessus, et c'est le seul qui soit employé aujourd'hui.

XL. Les consuls étoient donc arrivés à Dyrrachium, tandis que Pompée, réunissant le reste de son armée à Brindes, attendoit le retour des vaisseaux qui avoient fait la première traversée. Il fut obligé de fortifier cette ville, et de soutenir un siège contre César qui étoit déjà arrivé (7), jusqu'à ce que sa flotte étant retournée, il s'embarqua sur le soir, pendant que les murailles étoient défendues par les plus valeureux de ses soldats, qui, eux-mêmes, s'embarquèrent la nuit par un bon vent. Ce fut ainsi que Pompée, abandonnant l'Italie, passa en Épire avec toute son armée (8). Quant à César, il ne savoit de quel côté se tourner. Voyant que de toutes parts on s'empressoit de se déclarer pour Pompée, il ne savoit par où commencer la guerre. Pompée avoit en Ibérie une armée nombreuse, et très expérimentée. César craignit que cette armée ne se mît à ses trousses pendant qu'il poursuivroit lui-même Pompée. Il jugea donc à propos de se diriger vers l'Ibérie avant toute œuvre, et de commencer par détruire ces légions. Il divisa toutes ses forces en cinq corps. Il en plaça un à Brindes, un autre à Hydrunte (9), un troisième à Tarente (10), pour garder l'Italie. Il envoya Quintus Valérius, à la tête du quatrième corps, s'emparer de l'île de Sardaigne, féconde en grains, et il s'en empara en effet. Avec la cinquième division, il fit partir Asinius Pollion pour la Sicile. Caton y commandoit alors. Caton ayant demandé à Asinius Pollion si c'étoit en vertu d'un décret du sénat, ou en vertu d'un décret du peuple qu'il venoit prendre possession d'une province déjà déléguée à un autre; Pollion lui répondit : « C'est de la part de celui qui commande « en Italie que je viens ici. » Caton dit alors que, pour épargner le sang des Romains qu'il avoit sous ses ordres (11), il ne se vengeroit point pour le moment de cet attentat, et il fit voile pour Corcyre ; et de Corcyre, il alla joindre Pompée.

XLI. Quant à César, il se rendit à Rome en diligence (12). Il y trouva le peuple transi du souvenir des horreurs qui avoient eu lieu sous Marius et sous Sylla. Il le rassura par des promesses et des espérances. Il montra de l'humanité, de la clémence envers ses ennemis. Il annonça qu'ayant fait prisonnier Lucius Domitius, il l'avoit laissé aller sans lui faire le moindre mal, et sans le dépouiller de ce qui lui appartenoit. Il fit enfoncer les portes du trésor public, et menaça de la mort un des tribuns, Métellus, qui s'y opposoit (13). Il mit la main sur une partie de ce trésor qui avoit été jadis déposée du temps de l'invasion des Gaulois, et à laquelle des exécrations publiques défendoient de toucher (14), à moins que cela ne devînt nécessaire pour combattre contre ce peuple. César dit à ce sujet, qu'il avoit soumis la Gaule au peuple romain de la manière la plus solide, que par-là Rome se trouvoit libre de disposer de ces fonds. Il donna à Lépidus Æmilius, le commandement de la ville ; au tribun Marc-Antoine, le commandement général de toutes les troupes de l'Italie. Au-dehors, il envoya Curion à la place de Caton, en Sicile (15) ; il laissa Quintus en Sardaigne. Il fit partir Caïus Antonius pour l'Illyrie, et il confia la Gaule-Cisalpine à Licinius Crassus. Il donna des ordres pour la rapide construction de deux flottes, l'une sur la mer d'Ionie, l'autre sur la mer de Tyrrhène; et il nomma pour les faire construire et pour les commander, Hortensius et Dolabella.

XLII. Après ces mesures destinées à empêcher Pompée de remettre le pied en Italie, il prit le chemin de l'Ibérie. Il en vint aux mains avec Pétréius et Afranius, les deux lieutenants de Pompée (16); mais il fut d'abord battu. L'avantage fut égal des deux côtés, dans une seconde bataille qu'ils se livrèrent auprès de la ville d'Ilerde. Pendant que César étoit campé sur des hauteurs, et qu'il faisoit passer ses vivres sur un pont du fleuve Sicoris, le torrent ayant subitement emporté le pont, beaucoup de ses soldats, qui, par cet accident, se trouvèrent coupés, furent mis en pièces par les troupes de Pétréius. D'un autre côté, César souffroit beaucoup avec le reste de son armée, de l'aspérité des lieux et de la famine, ainsi que de la rigueur de l'hiver et de l'activité de l'ennemi. Il resta comme assiégé jusqu'au retour de la belle saison. En attendant, Afranius et Pétréius parcouroient l'intérieur de l'Ibérie, ramassant de nouvelles forces. Mais César, toujours habile à prévenir son ennemi, se fortifioit de manière à l'empêcher de venir jusqu'à lui. Il enveloppa un détachement qui avoit été envoyé en avant pour le surprendre dans son camp. Les soldats d'Afranius élevèrent leurs boucliers sur leurs têtes, signe ordinaire de l'ennemi qui se rend. César s'abstint de les faire passer au fil de l'épée, même de les faire prisonniers. Il les renvoya à Afranius, sans leur faire aucun mal, toujours fidèle aux principes de sa politique envers ses ennemis. Il en résulta des communications continuelles entre les deux camps, et des ouvertures de rapprochement et de concorde entre les deux armées.

XLIII. Déjà Afranius et d'autres chefs pensoient qu'il falloit abandonner l'Ibérie à César, pourvu qu'il leur permît d'aller joindre Pompée. Pétréius s'opposa à cette proposition, et courant dans son camp, il fit égorger tous ceux des soldats de César qui s'y rencontrèrent, et il tua, de sa propre main, un de ses officiers qui contrarioit cette violence. Cette sévérité de Pétréius ne servit qu'à augmenter dans les esprits l'influence de l'humanité et de la clémence de César. Sur ces entrefaites, César étant parvenu à couper l'eau à ses ennemis, Pétréius, se voyant sans ressource, entra, de concert avec Afranius, en négociation avec César, en présence des deux armées. Il fut convenu qu'ils abandonneroient l'Ibérie à César, et que César les conduiroit sous sauvegarde jusqu'au fleuve Varus d'où ils partiroient pour aller joindre Pompée. Lorsque César fut arrivé sur les bords de ce fleuve, il réunit, pour les haranguer, tous les citoyens de Rome et de l'Italie qui étoient présents ; il leur parla en ces termes :
« Vous, mes ennemis ; (car en me servant encore
« de ce mot, je vous ferai mieux connoître ma
« pensée), vous savez que je n'ai point fait
« mettre à mort ceux qui avoient été envoyés
« pour surprendre mon camp, lorsqu'ils se sont
« livrés à ma discrétion ; que je n'ai point profité
« de mon avantage contre votre armée entière, lors-

« que les eaux vous ont été coupées, quoique Pé-
« tréius eût commencé par faire passer au fil de
« l'épée ceux de mes soldats qui tombèrent en son
« pouvoir sur les rives du Sicoris. Si vous conservez
« quelque gratitude de ma conduite envers vous,
« dans ces deux occasions, rendez-en compte à tous
« les soldats de Pompée (17) ». Après ce discours, il
laissa partir Afranius et Pétréius, conformément au
traité; et maître de l'Ibérie, il en donna le commandement à Cassius Quintus. Voilà pour ce qui
concerne César (18).

NOTES.

(1) Les annotateurs du Plutarque de Cussac paroissent s'être trompés au sujet de cette ville qui s'appelle aujourd'hui *Sulmona*. Ils la placent dans le pays de Pélignes, qui, à leur avis, est aujourd'hui l'Abruzze, dans le royaume de Naples. Sur ce pied-là, Domitius auroit pris la route de la Campanie pour aller remplacer César qui étoit de l'autre côté de Rome, dans la Gaule Cisalpine.

(2) S'il faut en croire Lucain, ce furent les soldats même de Domitius qui le livrèrent à César,

> *Ecce nefas belli, reseratis agmina portis*
> *Captivum traxére ducem.*
> Lib. II. v. 506.

(3) On a déjà vu qu'en vertu d'un sénatus-consulte dont Caton avoit été le moteur, (V. ci-dessus, note 22, chap. V.) Pompée avoit été revêtu d'une autorité supérieure à celle des consuls; et l'on verra plus bas que, pour lui reprocher son plan de temporisation à Dyrrachium et à Pharsale, on l'appeloit, par quolibet, Agamemnon, le roi des rois.

(4) Il est impossible de déterminer quelle est celle des villes de ce nom que désigne ici Appien.

(5) C'est-à-dire le nom de *mer Ionienne*.

(6) Il est étonnant que le nom de cette espèce de vaisseau ne se trouve pas dans le chap. 25 du dixième livre des *Nuits Attiques* d'Aulu-Gelle, où cet auteur a recueilli un assez grand nombre de noms de ce genre. Du reste, j'ai cru devoir conserver ici ce nom propre, ainsi que dans tous les passages subséquents où il se trouve employé.

(7) *Voyez* Plutarque, Vie de César, 46; Vie de Pompée, 88.

(8) Florus a l'air de regretter que Pompée n'ait pas soutenu contre César le siège de Brindes, et qu'il ne soit pas

tombé là entre les mains de son ennemi. *Et peractum erat bellum sine sanguine, si Pompeium Brundisii opprimere potuisset, et cœperat. Sed ille per obsessi claustra portûs nocturnâ fugâ evasit.* Il nous représente cet homme qui naguères étoit le chef du sénat, l'arbitre de la paix et de la guerre, fuyant dans un navire délabré et presque désemparé, sur une mer qui avoit été le témoin de ses triomphes. *Turpe dictu! modò princeps patrum, pacis bellique moderatur per triumphatum à se mare lacerâ et penè inermi nave fugiebat.* Florus auroit dû garder ce tableau pour le moment où Pompée s'embarqua auprès de Larisse après la bataille de Pharsale. Il est ici totalement déplacé.

(9) Cette ville étoit à l'extrémité de l'Italie, entre le golfe de Tarente et l'entrée de la mer Adriatique.

(10) Grande ville d'Italie, au fond du golfe de ce nom.

(11) Le vertueux Caton répugnoit en effet beaucoup à l'effusion du sang des citoyens romains. Plutarque nous apprend, dans la Vie de César, 53, que Caton étoit le seul des grands de Rome qui étoient auprès de Pompée, qui partageât son avis de traîner la guerre en longueur, « encore « estoit-ce, dit l'historien, pour autant qu'il vouloit épar- « gner le sang des citoyens. » Il nous apprend, dans la Vie de Pompée, 91, que, dans un conseil de guerre, il fut arrêté, sur l'avis de Caton, « que l'on ne feroit mourir pas « un citoyen romain, sinon en bataille, et qu'on ne sac- « cageroit ville quelconque qui fût soumise au peuple ro- « main. »

(12) *Voyez* Plutarque, Vie de Pompée, 88; Vie de César, 46.

(13) Plutarque rapporte le même fait. Selon lui, César dit au tribun Métellus, qui vouloit l'empêcher de s'emparer du trésor public, à peu près ce que Marius avoit répondu dans une circonstance un peu différente, « que le temps des « armes et le temps des lois étoient deux », *Inter arma silent leges.* Et, en le menaçant de le faire égorger, il ajouta : « Tu sais bien, jeune homme, qu'il m'est plus aisé

« de le faire que de le dire. » Vie de César, 46 ; Vie de Pompée, 88. *Ærarium quoque sanctum, quia tardiùs aperiebant tribuni, jussit effringi.* Florus, lib. IV, cap. 2. Lucain a fait de ce trait la matière d'un assez long épisode dans le troisième chant de sa Pharsale, vers. 112 et suivants.

Tamen exit in iram
Viribus an possent obsistere jura per unum
Libertas experta virum, etc.

(14) *Hoc Cæsar frustrà obsistente Metello, Trib. Pleb. effregit, pecuniamque abstulit, cavillans populum eâ religione solutum, quia nihil esset quod ampliùs de Gallis metueretur quos ipse perdomuisset.* Voyez Dion Cassius, liv. XLI.

(15) Dans la section précédente, Appien a dit que c'étoit Asinius Pollion que César avoit envoyé en Sicile prendre le commandement de Caton. Il dit ici que ce fut Curion qu'il envoya dans cette province à la place de Caton. Il faut donc que l'un ou l'autre de ces passages soit altéré ; je pense que c'est celui-ci, car on verra tout à l'heure, sect. XLIV, que Curion s'embarqua en Sicile avec deux légions et douze grands vaisseaux pour aller attaquer en Libye les lieutenants de Pompée ; et plus bas, sect. XLV, qu'Asinius Pollion étoit en Libye sous les ordres de Curion. Je crois donc qu'il faut lire ici, *Il envoya Curion en Sicile où Asinius Pollion avoit déjà remplacé Caton.* Voy. César, liv. I, de la guerre civile.

(16) Plutarque nomme Varron au lieu d'Afranius. *Voy.* Vie de César, 47. Il résulte en effet de l'Epitome de Tite-Live, que ce Varron commandoit en Espagne, ainsi que Pétréius et Afranius, pour le compte de Pompée. *L. Afranium et C. Petreium legatos Cn. Pompeii cum septem legionibus ad Ilerdam in deditionem accepit, omnesque incolumes dimisit : Varrone quoque legato Pompeii cum exercitu in potestatem suam redacto, Gaditanis civitatem dedit.* Lib. CX. D'ailleurs, il est étonnant que, ni Plutarque,

ni Appien ne disent un mot de l'expédition qu'il fut obligé d'entreprendre contre la ville de Marseille, qui eut l'audace de lui fermer ses portes, et devant laquelle il fut obligé de laisser, pour en faire le siège, deux de ses lieutenants, C. Trébonius et Décimus Brutus, qui, chose remarquable, entrèrent depuis l'un et l'autre dans la conspiration contre sa personne. *C. Cæsar Massiliam quæ portas ipsi clauserat, obsedit; et relictis, in obsidione urbis ejus legatis C. Trebonio et D. Bruto, profectus in Hispaniam*, etc. Epit. *exercitus transeunti, per eam duci portas claudere ausa Massilia est.* Florus, lib. IV, cap. 2. Voyez César, liv. I, *de la guerre civile*, sur la fin et au commencement du livre II.

(17) Dans son premier livre *de la Guerre civile*, César est entré dans des détails encore plus étendus sur cette expédition.

(18) Plutarque rapporte qu'après son retour d'Ibérie à Rome, César fut sollicité par son beau-père, Pison, d'envoyer des députés à Pompée, pour traiter d'accommodement, et qu'il en fut détourné par Servilius Isauricus, qu'il se donna quelques jours après pour collègue dans le consulat. Il faut être juste : César ne devoit pas être fort disposé à suivre le conseil de Pison; car avant de se porter sur Brindes, où Pompée étoit encore, il avoit envoyé Numérius, un des amis de ce dernier qu'il avoit fait prisonnier, pour lui faire faire des propositions. Mais Pompée n'en avoit fait aucun cas : il s'étoit embarqué, et Numérius avec lui. *Vie de César*, 48; *Vie de Pompée*, 89. Voici le récit de César sur ce dernier fait. *Reducitur ad eum deprehensus ex itinere Ceius Magius Cremonâ, præfectus fabrum Pompeii, quem Cæsar ad eum remittit cum mandatis quoniam ad id tempus facultas colloquendi non fuerit, atque ad se Brundisium sit venturus, interesse reipublicæ et communis salutis se cum Pompeio colloqui, neque verò idem perfici longo itineris spatio, cùm per alios conditiones ferantur, ac si coràm de omnibus conditionibus disceptetur.* Lib. I, de bello

civili, n. 24. Plus bas, en rapportant la substance du discours qu'il adressa au sénat assemblé, à son retour de Brindes, il rappèle la proposition qu'il fit alors d'envoyer des députés à Pompée, *Neque se reformidare quòd in senatu paulò antè Pompeius dixisset ad quos legati mitterentur, iis auctoritatem tribui, timoremque eorum qui mitterent significare;* et il ajoute que personne n'osa se charger de cette députation, parceque Pompée, en sortant de Rome, avoit déclaré qu'il regarderoit ceux qui resteroient dans la ville du même œil que ceux qui étoient dans le camp de César. *Ibid.* 32 et 33.

CHAPITRE VII.

Curion se rend en Afrique, en qualité de lieutenant de César. Il en vient aux mains avec Varus, lieutenant de Pompée, et il remporte la victoire. Curion est vaincu à son tour, et tué avec une grande partie des siens, dans une bataille contre le roi Juba. Sédition de l'armée de César à Plaisance. César accourt, apaise la sédition, se rend à Rome, y fait quelques dispositions, et prend la route de Brindes.

Ans de Rome. 705.

XLIV. Alors la Libye étoit sous les ordres de Varus Attius, lieutenant de Pompée, et Juba, roi de la Mauritanie, étoit l'auxiliaire de Varus. Curion, lieutenant de César, s'embarqua en Sicile avec deux légions, sur douze grands vaisseaux et plusieurs autres vaisseaux de transport. Ayant abordé à Utique, il ne tarda pas à livrer un léger combat de cavalerie près de cette ville. Il fit prendre la fuite à un corps de cavalerie numide; et souffrit que, pendant que ses troupes étoient encore sous les armes, elles le saluassent *imperator* (1). C'étoit un hommage que les armées décernoient à leurs généraux, comme pour leur témoigner qu'ils méritoient le pouvoir suprême qu'ils avoient sur elles. Anciennement les généraux romains recevoient ce témoignage honorable toutes les fois qu'ils obtenoient contre l'ennemi quelque succès éclatant. Maintenant on ne le décerne, selon que j'en suis informé, qu'à ceux qui ont laissé le champ de bataille couvert de dix mille ennemis. Cependant, tandis que Curion faisoit son trajet de la Sicile en Libye, les habitants de cette dernière contrée s'imaginant que, pour acquérir plus de gloire, par l'importance d'un plus grand exploit, il se dirigeroit vers le camp de Scipion, ils avoient empoisonné les eaux de ce voisinage. Ils avoient calculé juste. Curion n'eut pas plutôt assis son camp, que toute son armée tomba malade. Tous ceux qui burent de ces eaux eurent la vue troublée, comme si un nuage se fût répandu sur leurs yeux. Le besoin du sommeil ajoutoit à ce premier accident ; à l'assoupissement se joignoient des vomissements continuels, et des convulsions dans tout le corps ; ce qui mit Curion dans la nécessité de décamper et de ramener son armée du côté d'Utique, à travers des marais difficiles et étendus qu'il lui fallut franchir avec des soldats affoiblis par les maladies. Mais aussitôt qu'ils eurent appris la nouvelle des succès de César en Ibérie, ils reprirent courage, et s'allèrent ranger en bataille, dans une gorge, sur les bords de la mer. L'action fut très chaude ; Curion n'y perdit qu'un seul homme. Du côté de Varus, six cents morts restèrent sur le champ de bataille, et il y en eut un bien plus grand nombre de blessés.

XLV. Le roi Juba s'avançoit pour donner du secours à ce dernier, lorsqu'un faux bruit se répandit sur les rives du fleuve Bragada, qui n'étoit pas éloigné du théâtre du dernier combat, que ce prince, informé d'une invasion faite dans ses États par les peuples de son voisinage, s'étoit hâté de rétrograder, ne laissant sur les bords du Bragada que Saburra, un de ses chefs, avec peu de monde. Sur la foi de ce bruit, Curion se mit en marche, vers la troisième heure du jour, par un temps très chaud, et dirigea le gros de son armée contre Saburra par un chemin sablonneux et aride ; car les torrents qui pouvoient exister dans cette contrée, le soleil étoit si ardent qu'il les avoit entièrement mis à sec. Curion trouva le fleuve défendu par Saburra et par le roi en personne. Trompé dans son attente, il gagna les hauteurs, où ses troupes eurent beaucoup à souffrir de l'excès de la fatigue et de la soif. Aussitôt que les ennemis le virent dans cette situation, ils passèrent le fleuve en ordre de bataille, et Curion fit la grande faute de faire descendre dans la plaine, d'un air de mépris, son armée singulièrement affoiblie. Se voyant cerné par la cavalerie numide, il céda du terrain pendant quelque temps et vint s'acculer contre une petite gorge; mais, ne pouvant plus soutenir le choc de l'ennemi, il regagna les hauteurs. Asinius Pollion n'eut pas plutôt vu commencer la déconfiture de Curion, qu'il se hâta de retourner, avec un petit nombre des siens, vers les troupes que Curion avoit laissées à Utique, de peur que Varus, instruit de la victoire de Juba, ne vînt fondre sur le reste de l'armée ennemie. Quant à Curion, il continua de combattre avec beaucoup d'intrépidité ; mais il périt avec tout son monde (2), de manière qu'il n'y eut pas un de ses soldats qui vînt rejoindre Asinius Pollion à Utique. Tel fut le résultat de la campagne de Curion sur les bords du Bragada. L'on coupa la tête à Curion, et l'on vint la présenter au roi barbare qui l'avoit vaincu.

XLVI. Aussitôt que la nouvelle de cette catastrophe fut connue de la partie de l'armée qui étoit restée à Utique, Flammias, le commandant de la flotte, se hâta de prendre le large sans recevoir à bord aucune des troupes qui étoient à terre. Asinius Pollion parcourut avec un esquif des vaisseaux marchands qui se trouvoient alors en rade, et en supplia les capitaines de s'approcher de la terre, et de recueillir ses troupes à leur bord. Quelques uns profitèrent de la nuit pour lui rendre ce service. Les soldats s'embarquoient avec tant de précipitation que des canots chavirèrent (3). Plusieurs de ceux qui avoient été reçus à bord des vaisseaux marchands furent jetés à la mer par les équipages, avides de s'emparer de l'or et de l'argent qu'ils avoient sur eux. Ceux qui étoient demeurés à terre souffrirent également pendant le reste de la même nuit sous d'autres rapports; lorsque le jour eut enfin paru, ils prirent le parti de se livrer à Varus. Mais Juba étant arrivé, les fit monter sur les murs de la ville, et là, sans aucun égard pour les remontrances de Varus, il les fit passer tous au fil de l'épée, en les considérant comme des prisonniers, reste de sa victoire. Ce fut ainsi que périrent entièrement les deux légions romaines que Curion avoit embarquées pour la Libye. Ni cavalerie, ni troupes légères, ni goujats de l'armée, nul n'échappa. Juba reprit le chemin de sa capitale, et ne manqua pas de faire beaucoup valoir ses prouesses auprès de Pompée.

XLVII. A la même époque, Antoine fut battu en Illyrie par Octavius Dolabella (4), un des lieutenants de Pompée; et une autre armée de César, campée aux environs de Plaisance, se livra à la sédition. Elle accusa ses chefs de traîner la guerre en longueur; et, d'un autre côté, elle leur reprochoit de ne pas faire toucher à chaque soldat les cinq mines de gratification que César lui-même avoit promises, pendant qu'il étoit encore à Brindes. César, qui étoit alors à Marseille (5), instruit de cet événement, courut en hâte à Plaisance; et comme la sédition étoit encore dans son camp, il tint le discours suivant à ses troupes. « Personne ne sait mieux « que vous de quelle célérité je me pique en toutes « choses. Si la guerre se prolonge, ce n'est pas notre « faute; c'est que les ennemis ont fui loin de nous. « Et vous, qui m'avez rendu de si grands services « pendant que je commandois dans les Gaules, qui « vous êtes liés à moi par serment, non pour une « partie seulement, mais pour toute la durée de mes « opérations militaires, vous voulez m'abandonner « au milieu de ma carrière, vous vous soulevez « contre vos chefs, vous vous ingérez de commander « à ceux dont vous devez respecter le commande- « ment! Dans le témoignage que je me rends à moi- « même de ne vous avoir fait jusqu'ici que du bien, « j'userai de la rigueur de la loi de notre patrie (6), « et je vais faire décimer la neuvième légion, puis- « qu'il paroît que c'est principalement dans son sein « que la sédition a pris naissance. » Une consternation générale se répandit dans cette légion. Tous les officiers tombèrent aux pieds de César pour solliciter son indulgence. César se laissant fléchir un peu, quoique avec peine, se borna à soumettre à la loi du sort les cent vingt individus qui paroissoient être les plus coupables, et à ne décimer que ceux-là. Parmi les douze de ces malheureux que le sort condamna à mourir, ils s'en trouva un qui prouva qu'il avoit été constamment hors du camp pendant tout le temps de la sédition. César fit périr à sa place le centurion qui l'avoit dénoncé (7).

XLVIII. Après avoir rétabli le bon ordre dans l'armée de Plaisance, César se rendit à Rome. Le peuple, transi de terreur, lui décerna la dictature, sans suffrage préalable, ni de la part du sénat, ni de la part des consuls (8). Mais, soit que la dictature lui déplût, comme féconde en motifs de jalousie et d'animosité, soit qu'elle lui fût inutile, après l'avoir gardée onze jours, s'il faut en croire certains auteurs (9), il se fit nommer consul, et choisit Servilius Isauricus pour collègue. Il changea, ou nomma à son gré, les commandants de province. Il donna l'Ibérie à Marcus Lépidus (10), la Sicile à Aulus Albinus, la Sardaigne à Sextus Péducéus, et la Gaule, nouvellement conquise, à Décimus Brutus. Il fit distribuer des grains au peuple, qui souffroit de la pénurie des subsistances; et à sa sollicitation, il permit aux exilés de retourner à Rome, à l'exception de Milon. On lui demanda en même temps d'abolir les dettes, sous prétexte que, par une suite des guerres et des séditions auxquelles la république étoit en proie, les terres étoient singulièrement avilies. Il refusa l'abolition des dettes, mais il établit des officiers pour estimer les terres, et pour déterminer le prix auquel les créanciers les recevroient en paiement de leurs débiteurs (11). Cela fait, il envoya de tous côtés des ordres aux divers corps de son armée pour venir le joindre à Brindes, quoiqu'on fût encore dans la saison où le soleil ne fait que de commencer à s'éloigner du solstice d'hiver. Il se mit lui-même en route à la fin de décembre, selon le calendrier romain (12), sans attendre, pour l'inauguration de son consulat, les calendes du nouvel an, qui s'approchoient. Le peuple, en l'accompagnant hors de Rome, l'invitoit à négocier avec Pompée ; car il étoit évident que s'ils en venoient aux mains, c'étoit ouvrir devant le vainqueur le chemin à la monarchie. César fit, pour arriver à Brindes, toute la diligence possible.

NOTES.

(1) *Appellatio imperatoris in historiâ Romanâ trifariam accipitur. Primò, pro ἡγεμὼν et στρατηγὸς. Hoc sensu imperator à militibus nominatus qui imperium belli suis auspiciis administrandi à populo accepisset. Veteres, ut notat Justinianus in novellis, Prætorem (Præ-itorem) vocabant. Deindè, pro victor et νικητής. Nam qui res magnas bello gesserat, et lege definitum numerum hostium occiderat à militibus imperator solitus salutari.* Vide Tacitum, lib. III. *Annalium. Postremò, imperator idem significare cœpit à Julio Cœsare ac rex. Secundâ notione Tacitus,* nomen imperatoris semel atque vicies partum. Lib. I, n. 9. *et lapis vetus Imp. Cæsar, Divi F. Aug. Pont. Max. Coss.* XIV. *Imp.* XX. *Tribnic. Potest.* XXXVIII. P. P. Cette note est de Casaubon, qui la termine en citant cet endroit-ci d'Appien.

(2) *In Africâ quoque par et virtus et calamitas Curionis fuit, qui ad recipiendam provinciam missus, pulso fugatoque Varo jam superbus, subitum Jubæ regis adventum equitatumque Maurorum sustinere non potuit. Patebat victo fuga, sed pudor suasit ut amissum suâ temeritate exercitum morte sequeretur.* Florus, lib. IV, cap. 2. On trouvera les plus amples détails sur cette expédition de Curion en Afrique, à la fin du second livre de l'histoire *de la guerre civile* de César. Sur ce dernier trait de la magnanimité de Curion, César s'exprime ainsi. *Curio nunquàm amisso exercitu quem à Cæsare fidei sui commissum acceperit, se in ejus conspectum reversurum confirmat, atque ibi prælians interficitur.* Lib. II, *in fine.*

(3) Voyez César, *ibid. C. penult.*

(4) C'est le nom que porte le texte de Tollius; mais Schweighæuser a jugé à propos de retrancher le mot *Dolabella* dans le sien. Voyez son annotation sur ce passage, pag. 747. A quoi j'ajouterai que Florus distingue si bien

Octavius de Dolabella, qu'il fait du premier un des lieutenants de Pompée, et du second un des lieutenants de César. *Quippè cùm fauces Adriatici maris jussi occupare Dolabella et Antonius, ille illyrico, hic Curictico littore castra posuissent, jam maria latè tenente Pompeio, repentè legatus ejus Octavius et Libo ingentibus copiis classicorum circumvenit utramque.* Florus, lib. IV, cap. 2.

(5) Il avoit été obligé d'en faire le siège, parcequ'elle avoit refusé de le recevoir dans ses murs, et de lui fournir des vivres dont il avoit le plus grand besoin. Suétone, n° 34, *in fine*.

(6) Le texte grec dans plusieurs anciens manuscrits portoit ici πετρηΐῳ νόμῳ, ce qui supposoit une loi Pétréia, totalement inconnue dans l'histoire romaine. Casaubon s'aperçut le premier qu'il falloit lire πατρίῳ νόμῳ, au lieu de πετρηΐῳ. Tollius appuya la correction de Casaubon, et les manuscrits de la bibliothèque d'Augsbourg et de celle de Vénise, vérifiés par Schweighæuser, ont confirmé cette correction. Voyez les annotations de Tollius et de Schweighæuser sur ce passage.

(7) O l'excellent acte de justice que celui-là!

(8) Ce fut pour la première fois que la dictature fut déférée par le peuple. Jusqu'à cette époque, elle l'avoit été par l'un des consuls, sans autre formalité; si ce n'est que le sénat prenoit quelquefois une sorte d'initiative à cet égard, en désignant au consul dont le suffrage unique déterminoit l'élection, celui sur lequel il désiroit qu'il fixât son choix. *Conferebatur autem dictatura, non à populo, aut per suffragia, nec à senatu quamquam is interdum nominaret quem dictatorem dici vellet, sed à consule vivâ voce, nonnunquàm etiam per litteras, sed rariùs.* Rosinus, Antiq. Roman. lib. VII, cap. 17.

(9) « Ayant été créé dictateur par le sénat (Appien a dit
« par le peuple), il rappela incontinent les bannis, il remit
« en tous honneurs les enfants des proscrits condamnés et
« bannis du temps de Sylla, et soulagea un peu les deb-

« teurs, en retranchant partie des usures qui couroyent sur
« eulx, et feit encore quelques autres telles ordonnances,
« mais bien peu, car il ne retint la souveraine puissance
« de dictateur que onze jours seulement, et en la quittant,
« il se nomma lui-même consul avec Servilius Isauricus. »
Plutarq. *Vie de César*, 47. Mais s'il faut en croire César
lui-même, ce fut le préteur Marcus Lépidus qui lui décerna
la dictature, tandis qu'il revenoit de l'Ibérie, et qu'il étoit
à Marseille. *Pedibusque Norbanum, atque indè Massiliam
pervenit. Ibi legem de dictatore latam, seque dictatorem
dictum à Marco Lepido prætore cognoscit.* Bell. Civ.
lib. II.

(10) En récompense apparemment de ce qu'il l'avoit
nommé dictateur, comme on vient de le voir dans la précédente note.

(11) Appien est parfaitement d'accord sur ce fait avec les
commentaires de César sur la guerre civile. *Cùm fides totâ
Italiâ esset angustior, neque creditæ pecuniæ solverentur,
constituit ut arbitri darentur per eos fierent æstimationes
possessionum et rerum quanti quæque eorum ante bellum
fuissent atque eæ creditoribus transderentur.* Lib. III, in
princ.

(12) On doit songer que c'est un auteur grec, Appien,
qui parle, et que c'est par cette raison qu'il ajoute, *selon le
calendrier romain*.

CHAPITRE VIII.

Activité de Pompée après avoir passé la mer Ionienne. Ses préparatifs, sa puissance. État des forces de César. Pompée harangue ses troupes et les distribue en quartiers d'hiver dans la Thessalie et la Macédoine. César harangue aussi ses soldats. Il passe la mer n'ayant avec lui qu'une partie de son armée. Il se rend maître de quelques villes. Il croit surprendre Dyrrachium, mais il est prévenu par Pompée. Ils campent l'un près de l'autre.

Ans de Rome. 705.

XLIX. CEPENDANT Pompée employoit tout son temps à augmenter ses forces de terre et de mer, et ses finances (1). Il s'étoit emparé de cinquante vaisseaux que César avoit fait construire sur la mer d'Ionie, et il faisoit surveiller son passage. Il exerçoit son armée aux évolutions. Il étoit toujours à pied, ou à cheval. Son âge ne l'empêchoit pas d'être à la tête de toutes les manœuvres; ce qui lui concilioit l'affection des troupes, et attiroit beaucoup de curieux qui venoient jouir des exercices de l'armée de Pompée, comme d'un spectacle (2). César avoit alors sous ses ordres dix légions d'infanterie, et dix mille Gaulois à cheval. Pompée, de son côté, avoit cinq légions d'Italie, avec lesquelles il s'étoit embarqué sur la mer d'Ionie, et la cavalerie qui en faisoit partie. Il avoit deux légions qui étoient restées de l'armée que Crassus avoit fait marcher contre les Parthes, et une portion d'une autre armée que Gabinius avoit amenée en Égypte. Ce qui lui formoit un total d'environ onze légions de soldats d'Italie, et de sept mille chevaux. Il avoit pour auxiliaires des Ioniens, des Macédoniens, des Péloponnésiens, des Béotiens, des archers de Crète, des frondeurs de Thrace, des soldats habiles à lancer des flèches venus du royaume du Pont, quelques cavaliers gaulois, et quelques autres de la Galatie en Orient, quelques troupes de la Commagène qu'Antiochus lui avoit envoyées ; enfin quelques contingents de la Cilicie, de la Cappadoce, de la Petite-Arménie, de la Pamphylie et de la Pisidie (3). Il ne voulut pas employer tout ce monde à combattre en bataille rangée. Il les distribua en postes et en garnisons dans les forteresses, dans les endroits retranchés, et les fit servir aux autres besoins moins importants de l'armée, afin de n'être point obligé d'affoiblir, par de semblables détachements, son corps d'armée composé de soldats romains. Telles étoient ses forces de terre. Ses forces de mer étoient composées de six cents grands vaisseaux parfaitement équipés ; sur ce nombre, il y en avoit une centaine qui passoient pour très supérieurs aux autres, et qui étoient montés par des équipages composés de Romains. Il avoit un bien plus grand nombre de vaisseaux de transport, ou autres vaisseaux de service. Ces diverses forces navales étoient distribuées entre plusieurs chefs, et Marcus Bibulus en avoit le commandement général (4).

L. Lorsque Pompée eut fait tous ces préparatifs,

il convoqua tous les sénateurs, tous les chevaliers (5), toute son armée, et il leur adressa le discours suivant : « Et les Athéniens aussi, Citoyens, abandon-
« nèrent leurs murailles, lorsqu'ils eurent à com-
« battre pour le maintien de leur liberté. Ils pensè-
« rent que la cité consistoit, non dans les habitations
« qui la forment, mais dans les citoyens qui la
« peuplent; et par cet acte de dévoûment, non
« seulement ils y rentrèrent bientôt en vainqueurs,
« mais encore ils en augmentèrent la gloire. Et nous-
« mêmes, nous avons vu nos ancêtres abandonner
« Rome, lors de l'invasion des Gaulois, et ce fut
« d'Ardée que prit son essor Camille, lorsqu'il la
« rendit aux Romains. Tous ceux qui ont de saines
« idées de la liberté pensent que là où ils sont, là
« est aussi leur patrie (6). Pleins de ces sentiments,
« nous nous sommes rendus dans ces lieux, non
« point pour renoncer à notre patrie, mais afin de
« nous mettre en mesure de combattre glorieusement
« pour elle, et de la venger de celui qui, de longue
« main, travaille à la plonger dans la servitude, et
« qui, par la profusion de ses corruptrices largesses,
« vient de se rendre maître de l'Italie. Vous avez eu
« beau le proclamer l'ennemi du peuple romain, il
« envoie des gouverneurs dans vos provinces, il en
« distribue sur divers points de l'Italie, il en donne
« à Rome elle-même; tant est excessive l'audace
« avec laquelle il dépouille le peuple de toute
« l'autorité du gouvernement. Or, s'il se livre à de
« pareils attentats, pendant qu'il n'est encore qu'en
« état de guerre, pendant que les terreurs doivent

« l'assaillir, pendant qu'il voit planer sur sa tête le
« glaive de la vengeance, dont les Dieux se pré-
« parent à le frapper, à quelles cruautés, à quelles
« violences ne devriez-vous pas vous attendre, s'il
« étoit possible qu'il remportât la victoire. Et tandis
« qu'il se conduit ainsi envers la patrie, il a pour
« complices quelques ames vénales qu'il a achetées
« avec l'argent, fruit de ses exactions dans les Gaules,
« et qui préfèrent être ses esclaves, que de se main-
« tenir, envers lui, dans l'honorable niveau de
« l'égalité politique. »

LI. « Quant à moi, je n'ai point cessé, et je ne ces-
« serai point de combattre avec vous et pour vous.
« Soldat et général à la fois pour votre propre dé-
« fense, si j'ai acquis quelque expérience dans les
« combats, si la fortune m'y a montré quelque fa-
« veur, si, jusqu'à ce moment, elle m'est restée
« constamment fidèle, je prie les Dieux de me faire
« jouir aujourd'hui de tous ces avantages et de me
« rendre aussi heureux quand je vais combattre pour
« le salut de la patrie, que je l'ai été lorsque j'ai
« combattu pour agrandir son empire. Ayons donc
« confiance dans les Dieux, dans le motif qui nous
« a fait prendre les armes, dans la beauté, dans la
« justice de notre cause, qui n'a pour but que la li-
« berté politique de notre patrie. Confions-nous
« également à l'abondance de nos ressources, et des
« moyens militaires qui sont actuellement à notre
« disposition sur terre et sur mer, qui ne feront que
« s'augmenter et s'accroître, lorsque nous serons
« entrés en campagne. Car nous pouvons dire que

« depuis l'Orient jusqu'au Pont-Euxin, nous avons
« pour nous toutes les nations, tous les peuples, soit
« Grecs, soit Barbares. Les rois qui sont les amis du
« peuple romain, ou les miens, nous fournissent
« des hommes, des armes, des subsistances, tous
« les autres genres de munitions. Que chacun donc,
« en combattant l'ennemi, fasse son devoir d'une
« manière digne de Rome, digne de vous, digne
« de moi, l'esprit plein du souvenir des attentats
« de César, et le cœur rempli de zèle pour exécuter
« mes ordres (7). »

LII. Tel fut le discours de Pompée. Toute l'armée, tous les sénateurs, le grand nombre d'illustres personnages qui étoient auprès de lui, en applaudissant à ce qu'il venoit de dire, lui annoncèrent qu'on étoit prêt à tout entreprendre. Pompée qui s'imaginoit que, la saison étant trop rigoureuse, et la mer difficile à traverser, César laisseroit passer l'hiver avant que de s'embarquer, et qu'étant consul, il voudroit profiter de la durée de sa magistrature pour organiser le gouvernement à son gré, donna ordre aux commandants de ses flottes de surveiller la mer; après quoi il distribua son armée dans des quartiers d'hiver qu'il établit en Thessalie et en Macédoine. Ce qui fut de sa part une négligence grave, de ne pas tenir les yeux plus soigneusement ouverts sur les évènements. César, de son côté, ainsi que nous l'avons déjà dit, s'étoit rendu en diligence à Brindes à la fin du solstice d'hiver, dans la pensée que ce seroit en arrivant à l'improviste qu'il inspireroit le plus de terreur à ses ennemis. Quoiqu'il n'eût donc ni ses vivres, ni ses munitions de guerre, ni toutes ses troupes réunies à Brindes, il rassembla tous ceux des siens qui étoient présents, et leur parla ainsi (8) :

LIII. « Vous le savez, vous, mes compagnons
« d'armes, dans la plus importante de mes expédi-
« tions, ni la rigueur de la saison, ni la lenteur de
« mes autres troupes, ni le défaut des munitions
« nécessaires, rien n'arrêtera mon impétuosité; car
« la célérité est, je pense, ce qui peut nous être de
« plus utile. Je crois donc que nous qui sommes les
« premiers rendus ici, sans nous occuper des goujats
« de l'armée, des bêtes de somme, et de tout le
« reste de notre attirail que nous laisserons (9), nous
« devons nous embarquer sur les vaisseaux qui sont
« dans le port. Embarquons-nous seuls, sur-le-
« champ, et passons la mer à l'insçu de l'ennemi.
« Opposons à la fureur des flots notre bonne for-
« tune; au petit nombre l'audace, à notre pénurie,
« l'abondance des munitions de l'ennemi, desquelles
« il dépendra de nous de nous emparer aussitôt que
« nous aurons mis pied à terre, si nous savons bien
« nous convaincre que la victoire seule pourra nous
« donner quelque chose. Marchons donc contre les
« valets de l'armée, contre les munitions, contre les
« vivres de l'ennemi, pendant qu'il est encore sous
« l'abri de ses quartiers d'hiver. Marchons pendant
« que Pompée s'imagine que j'hiverne moi-même à
« Rome, et que j'y passe mon temps dans la pompe
« de l'installation consulaire et dans les cérémonies
« d'usage à cette occasion. Vous n'avez pas besoin

« que je vous le dise; l'improviste, dans l'art de la « guerre, est la source la plus féconde des succès. « Quelle gloire d'ailleurs pour nous d'avoir cueilli « les prémices de celle qui nous attend, et d'avoir « ouvert d'avance les voies de la sécurité à ceux qui « s'embarqueront bientôt après nous! Le moment « même où je parle, pourquoi n'est-il pas plutôt « employé à naviguer qu'à discourir, afin que Pom- « pée me voie, pendant qu'il me croit encore à « Rome au milieu de mes fonctions de consul? Quoi- « que je lise votre assentiment dans vos yeux, je ne « laisse pas d'attendre votre réponse. »

LIV. Toute l'armée ayant répondu par acclamation qu'il donnât l'ordre de s'embarquer (10), de la tribune il se rendit à l'instant sur les bords de la mer, suivi de cinq légions d'infanterie, et de six cents chevaux d'élite. La mer devint si grosse qu'on fut obligé de jeter les ancres. On sortoit du solstice d'hiver. Un vent contraire empêcha la flotte de mettre en mer, et il fallut bon gré mal gré passer le premier jour de l'an à Brindes. Deux nouvelles légions arrivèrent dans l'intervalle (11). Il les fit embarquer aussi, et se mit en marche par un assez gros temps, avec ses seuls vaisseaux de transport; car le petit nombre de grands vaisseaux qu'il avoit à sa disposition étoient employés à défendre la Sicile et la Sardaigne. Les courants ne lui permirent d'aborder qu'auprès des monts Cérauniens (12). Sur-le-champ il fit repartir sa flotte pour aller chercher à Brindes le reste de son armée. En attendant, il profita de la nuit pour marcher sur Oricum (13) par des chemins âpres et étroits. La difficulté des lieux l'obligea de se distribuer en plusieurs pelotons, de manière que, si l'on en eût été prévenu, rien n'auroit été plus aisé que de le tailler en pièces. Au point du jour, ayant eu beaucoup de peine à rallier son monde, il reçut du chef de la garnison d'Oricum (14), dont les habitants ne voulurent pas fermer leurs portes au consul de Rome, les clefs de la ville, et cet officier lui demeura attaché, jouissant de beaucoup de considération auprès de lui. Lucrétius et Minucius, officiers de la marine de Pompée, qui étoient dans le voisinage d'Oricum, escortant un convoi de grains avec dix-huit grands vaisseaux, submergèrent tout le convoi pour empêcher qu'il ne tombât entre les mains de César, et ils se sauvèrent à Dyrrachium. D'Oricum, César se porta en diligence sur Apollonie (15). Les habitants ayant jugé à propos de lui ouvrir leurs portes, Stabérius, qui y commandoit, se retira (16).

LV. Cependant César (17) ayant assemblé ses troupes, il leur rappela que par sa célérité, secondée par la fortune, il avoit vaincu les rigueurs de l'hiver; que sans vaisseaux de guerre il avoit exécuté son trajet au travers d'une mer orageuse; qu'il s'étoit rendu maître, sans coup férir, d'Oricum et d'Apollonie; et que déjà il s'emparoit des dépouilles de l'ennemi, ainsi qu'il le leur avoit promis, avant que Pompée en eût la première nouvelle ; « et si nous arrivons, « ajouta-t-il, avant lui à Dyrrachium, qui est l'en- « trepôt de toutes ses munitions, ce sera nous qui « recueillerons les fruits de tous ses travaux de l'été

Ans de Rome. 706.

« dernier. » Après ce discours, il entreprit incontinent la longue route de Dyrrachium, ne se reposant ni nuit ni jour. Mais Pompée, qui en fut prévenu, partit de son côté de la Macédoine pour la même destination, s'avançant également avec la plus grande hâte, coupant les bois sur son passage afin de rendre la route de César plus difficile, détruisant les ponts sur les rivières, et livrant aux flammes tous les dépôts de vivres qu'il rencontroit. Il attachoit lui aussi, comme de raison, un grand intérêt à conserver une place qui étoit la sauvegarde de toutes ses munitions. Si César, ou lui, voyoient de loin ou de la poussière, ou du feu, ou de la fumée, ils croyoient chacun de son côté que ces signes annonçoient la présence de l'ennemi, et ils accéléroient à l'envi leur marche, ainsi que des athlètes dans l'arène. Ils ne se donnoient le temps ni de manger ni de dormir. C'étoit une activité, une diligence étonnante. Les vociférations de ceux qui les guidoient la nuit, à la lueur des flambeaux, produisoient un tumulte et une terreur considérable, comme entre deux armées qui s'approchent toujours davantage. Quelques soldats, excédés de fatigue, jetèrent ce qu'ils portoient ; d'autres demeurèrent cachés dans des gorges, et se délivrèrent, par un moment de repos, de la terreur que leur inspiroit l'approche de l'ennemi (18).

LVI. Au milieu de ces sollicitudes réciproques, Pompée arriva le premier à Dyrrachium, et campa dans son voisinage. Il expédia une flotte qui reprit Oricum, et qui surveilla la mer avec la plus grande exactitude. Cependant César, laissant le fleuve Apson (19) entre Pompée et lui, établit son camp. Des détachements de cavalerie qui passoient tour à tour le fleuve se livroient des escarmouches; mais l'action ne devenoit point générale entre les deux armées. Pompée avoit besoin d'exercer ses troupes de nouvelle levée, et César attendoit celles qu'il avoit laissées à Brindes.

NOTES.

(1) Voyez Plutarque, *Vie de Pompée*, 90.

(2) Voy. Plutarq. *ibid.*

(3) César, *de bello civili*. lib. III.

(4) *Præerat Ægyptiis navibus Pompeius filius; Asiaticis, D. Lælius et C. Triarius; Syriacis, C. Cassius; Rhodiis, C. Marcellus cum C. Coponio; Liburnicæ atque Achaicæ classi, Scribonius Libo et M. Octavius, toti autem officio maritimo M. Bibulus præpositus cuncta administrabat.* César *de Bello civili*, lib. III.

(5) « Et de capitaines romains, dit Plutarque, qui avoyent « eu charges, il s'en trouva autour de luy un nombre de « sénat complet. » Ce passage ne détermine pas quel étoit le nombre réglé des membres du sénat à l'époque dont il est ici question. Il sert seulement à prouver qu'encore à cette époque la condition d'avoir rempli les magistratures curules étoit régulièrement nécessaire pour entrer au sénat, chose à quoi Vertot ne paroît pas avoir fait assez d'attention, lorsque, sur la foi d'un passage de Sénèque, *Senatorum gradum census ascendere facit*, il dit « qu'après que toutes les dignités « de la république furent devenues communes entre tous les « citoyens, le bien seul en fit insensiblement toute la dif- « férence. » Ce qui pouvoit être vrai du temps de Sénèque, ne l'étoit pas du temps de Pompée. Voyez la *réponse au mémoire*, qui termine le 3º vol. de l'hist. des Révolut. de la républ. rom.

(6) J'ai mieux aimé lire εὖ φρονοῦντες τὴν ἐλευθερίαν sans virgule, que de supposer avec Geslen un sens qui ne m'a pas paru exister. C'est ici le mot de Sertorius que nous avons cité plus haut.

Rome n'est plus dans Rome; elle est toute où je suis.

(7) Ce discours de Pompée, on ne le trouve dans aucun autre historien, pas même dans César, si soigneux d'ailleurs

de rapporter, dans ses Commentaires sur la guerre civile, les plus petites circonstances. On sent en effet que César n'avoit garde de consigner dans ce monument historique un morceau où il étoit peint avec des couleurs qui devoient si peu le flatter.

(8) César ne manque pas de rapporter au commencement de son troisième livre le discours qu'il tint à ses troupes dans cette occasion. *Cæsar, ut Brundisium venit, concionatus milites*, etc.

(9) *Æquo animo mancipia atque impedimenta in Italiâ relinquerent.* Il y en avoit une bonne raison. En laissant les bagages, il se ménageoit l'avantage de faire entrer dans les vaisseaux un plus grand nombre de soldats. *Ipsi expediti naves conscenderent, quò major numerus militum posset imponi.* Ibid.

(10) *Conclamantibus omnibus imperaret quod vellet, quodcumque imperavisset se æquo animo esse facturos.* Ibid.

(11) Ce qui fait sept légions en tout. César se donne le même nombre. *Impositis, ut suprà demonstratum est legionibus VII.* Ibid.

(12) Il ne mit que 24 heures à faire la traversée. *Postridiè terram attigit Cerauniorum saxa inter et alia loca periculosa quietam nactus stationem, et portus omnes timens, quos teneri ab adversariis arbitrabatur, ad eum locum qui appellatur Pharsalia omnibus navibus ad unam incolumibus milites exposuit.* Ibid.

(13) Cette ville étoit sur le bord de la mer Adriatique, dans l'isthme que les géographes de l'antiquité appellent *Acroceraunia*. S'il faut en croire Pline l'ancien, Oricum étoit bâtie sur une île qui, par le laps du temps, avoit été réunie au continent. Oricum étoit au-dessus de Dyrrachium, en sortant du golfe Adriatique.

(14) L'officier de Pompée qui commandoit à Oricum se nommoit L. Torquatus. Il y étoit à la tête d'une garnison

composée de Grecs qui refusèrent d'agir contre l'autorité du peuple romain. Voy. César, *de bello civili*, lib. III.

(15) Apollonie, ville d'Illyrie, qu'il ne faut pas confondre avec une ville de Thrace du même nom, voisine du Pont-Euxin. Elle étoit entre Epidamne ou Dyrrachium, et Oricum. Selon Thucydide, qui en fait mention dans son premier livre, §. XXVI, c'étoit une colonie de Corinthiens. *Voy.* Strabon, liv. VIII, Etienne de Byzance, et Hérodote, liv IX, §. XCII. Ce dernier raconte par digression, à propos d'un devin originaire d'Apollonie, une fable bien ridicule au sujet des troupeaux sacrés qu'on nourrissoit dans cette ville. C'étoit à Apollonie, ainsi qu'on le verra plus bas, qu'Octave recevoit sa première éducation, lorsqu'il apprit la nouvelle de la mort de César.

(16) *Voy.* César, *de bello civili, ibid.*

(17) César place ici un fait sur lequel tous les autres historiens se taisent, excepté Plutarque, *Vie de Pompée*, 92. Il dit avoir chargé L. Vibullius Rufus, officier attaché à Pompée, et qu'il avoit fait deux fois prisonnier, la première à Corfinium, la seconde en Ibérie, de se rendre auprès de Pompée, pour lui réitérer des propositions d'accommodement, qui consistoient à s'en remettre, chacun de son côté, à l'autorité du sénat et du peuple. Il paroît que Pompée ne répondit d'abord à ce message qu'en doublant de vitesse pour se rendre à Dyrrachium, destination pour laquelle il s'étoit déjà mis en route. Mais lorsqu'il eut pourvu au plus pressé, et que Vibullius, de concert avec Libon, L. Lucéius et Théophane remirent la matière sur le tapis, Pompée leur répondit, *Quid mihi aut vitâ aut civitate opus est quam beneficio Cæsaris habere videbor ? Cujus rei opinio tolli non poterit, cùm in Italiam, è quâ profectus reductus existimabor.* C'est du moins la réponse puérile et ridicule que César lui prête, « pour en avoir été informé, dit-il, après « la guerre ». *Ibid.*, n. 18.

(18) *Simul ac Cæsar appropinquare dicebatur, tantus terror incidit ejus exercitui, quòd properans noctem diei*

conjunxerat, neque iter intermiserat, ut penè omnes in Epiro finitimisque regionibus signa relinquerent, complures arma projicerent, ac fugæ simile iter videretur. Ibid.

(19) *Cùm fluvium Κλωρα hic vocat Appianus, omnes alii Apsum vocant. Ideo reponendum est* τὸν Ἄψον ποταμὸν. *Palmerius. Id jam monuerat Jan. Rutgersius, Var. Lect. lib.* IV, cap. 5. *Vid. Cæsar. bell. civ.* III, 13 et 19. *Dion. Cass.* XLI, 47. Note de Schweighæuser.

CHAPITRE IX.

César s'embarque incognito pour aller chercher à Brundes le reste de son armée. L'impétuosité des flots le jette sur le rivage. Le reste de ses troupes arrive enfin. Actions engagées entre les deux chefs pendant qu'ils campent à Dyrrachium. La famine assiège César; il est battu, et presque entièrement défait par Pompée.

Ans de Rome. 706.

LVII. César sentoit que si ses vaisseaux de transport attendoient le printemps, ils n'échapperoient point à la surveillance des vaisseaux de Pompée à trois rangs de rames, qui feroient alors de fréquentes croisières; au lieu que s'ils entreprenoient de passer durant l'hiver, tandis que l'ennemi hivernoit dans les îles, ils réussiroient peut-être à n'en être point aperçus, ou que du moins la force des vaisseaux et celle des vents leur fraieroient le passage. Il leur envoya donc ordre (1) de mettre à la voile sans aucun retard. Mais ne les voyant point arriver, il se mit dans la tête de faire lui-même clandestinement le trajet pour aller chercher le reste de son armée, persuadé que lui seul pouvoit l'engager à passer. Sans rien communiquer de son intention, il donna ordre à trois esclaves d'aller sur les bords du fleuve qui étoit à douze stades de son camp, de s'assurer d'une nacelle qui naviguât avec célérité, et d'un excellent pilote, et de les tenir à la disposition d'un de ses messagers (2). Cependant il sortit lui-même de table, comme s'il s'étoit senti indisposé, ordonnant à ses amis de rester et de continuer leur repas. Il se couvrit du vêtement d'un homme privé, monta sur-le-champ en voiture et se fit conduire à la nacelle, comme s'il eût été lui-même le messager dépêché par César. Il fit donner ses ordres par ses esclaves, gardant lui-même l'incognito, et servi à cet égard par l'obscurité de la nuit. Comme le vent étoit orageux, les esclaves encourageoient fortement le pilote, en lui disant qu'ils en échapperoient plus sûrement à la surveillance des ennemis qui étoient dans le voisinage. Le pilote fit tout ce qui dépendoit de lui pour sortir du fleuve à force de rames. Mais lorsqu'il fut arrivé à l'embouchure, il trouva que les flots de la mer, la tourmente et le vent faisoient remonter le courant. Les esclaves continuèrent à l'aiguillonner. Il fit de nouveaux efforts; mais ses efforts ne produisant rien, il se laissa aller de fatigue et de désespoir. César se dépouillant alors de son *incognito*, lui cria : « Allons, pilote, brave coura« geusement la tourmente; tu portes César et sa « fortune. » Le pilote et les rameurs étonnés reprirent courage, et à force de rames ils parvinrent à déboucher. Mais à peine furent-ils en mer que les vents et les flots jetèrent la nacelle contre le rivage (3). Le point du jour approchant, il y eut à craindre qu'au moment où il feroit clair on ne fût découvert par l'ennemi (4). César, après s'être répandu en reproches contre son génie, qui se montroit jaloux de son entreprise, permit au pilote de s'en retourner; et, secondé par la

An de Rome. 706.

célérité du vent, il eut bientôt remonté le fleuve.

LVIII. Cet acte d'intrépidité de César fut admiré par certains de ses amis; d'autres le blâmèrent sous prétexte que c'étoit un trait de bravoure convenable à un soldat, et non point à un général (5). Ne pouvant plus espérer d'exécuter clandestinement son entreprise, il fit faire le trajet à Posthumius, à sa place (6), et le chargea de dire à Gabinius de mettre sur-le-champ à la voile avec son armée. Si Gabinius refusoit, il devoit donner l'ordre à Antoine; et enfin, sur le refus d'Antoine, il devoit le donner ultérieurement à Calénus. Dans le cas où aucun de ces trois chefs ne voudroit partir, Posthumius étoit porteur d'une lettre adressée particulièrement aux troupes, par laquelle on invitoit tous ceux qui seroient de bonne volonté à suivre Posthumius sur la flotte, et à prendre terre au premier endroit où ils seroient portés par les vents, sans se mettre d'ailleurs en souci pour les vaisseaux; car c'étoit d'hommes et non de vaisseaux que César avoit besoin. C'étoit ainsi que César, sans égard à la prudence, se confioit à la fortune. Pompée, empressé de prévenir l'arrivée du reste de l'armée de César, se mit en mouvement pour lui livrer bataille. Pendant que deux de ses soldats étoient au milieu du fleuve à sonder le gué, un soldat de César, qui s'avança seul pour les attaquer, les tua l'un et l'autre. Pompée regardant cet évènement comme d'un sinistre augure rentra dans son camp; et tout le monde lui reprocha d'avoir laissé échapper la plus belle occasion de vaincre (7).

LIX. Posthumius ne fut pas plutôt arrivé à Brindes, que Gabinius, sans répugner à l'ordre qui lui étoit envoyé (8), fit voile incontinent avec ceux qui voulurent le suivre. Il aborda en Illyrie. Mais presque tous ceux qui y débarquèrent furent égorgés par les habitants de cette contrée, injure que César fut obligé de dévorer, parcequ'il n'avoit pas le loisir d'en aller tirer vengeance. D'un autre côté, Antoine qui s'étoit embarqué avec le reste des troupes de César, voguoit à pleines voiles vers Apollonie; mais le vent s'étant abattu sur le midi, vingt des gros vaisseaux de Pompée qui étoient en mer, à la découverte, aperçurent l'ennemi et se mirent à ses trousses. Au milieu de ce calme, Antoine avoit beaucoup à craindre que les grands vaisseaux de Pompée ne vinssent avec leurs rostres le mettre en pièces ou le couler bas. L'ennemi faisoit en effet ses dispositions en conséquence; déjà les frondes et les flèches étoient en jeu, lorsque tout à coup le vent se mit à fraîchir plus qu'auparavant. Il enfla de nouveau les voiles des vaisseaux d'Antoine, qui ne s'y attendoit pas, et le fit voguer sans crainte, laissant là les vaisseaux de Pompée, qui, après avoir beaucoup souffert de la tourmente et de l'impétuosité du vent dans une anse étroite où ils avoient été poussés, furent dispersés sur une plage sans rade et pleine d'écueils, n'ayant capturé que deux des vaisseaux du convoi de César qu'ils avoient trouvés échoués. Antoine arriva heureusement à Nymphée (9) avec tout le reste de sa flotte.

LX. César eut alors réuni toutes ses troupes.

Pompée avoit également réuni toutes les siennes. Ils campoient l'un en présence de l'autre sur des hauteurs hérissées de redoutes. On se battoit fréquemment avec des succès partagés (10) autour de ces redoutes que l'on fortifioit par des retranchements et des palissades. Les soldats de César étoient déjà battus dans une de ces escarmouches au sujet d'une redoute. Un centurion, nommé Scœva (11), qui s'étoit fait distinguer par sa valeur, avoit reçu un coup de flèche dans l'œil. Il s'avança et fit signe qu'il vouloit parler. Le combat ayant cessé autour de lui, il appela un centurion de Pompée, qui se faisoit remarquer par son courage, et lui dit : « Sauve ton semblable, sauve ton ami, envoie-moi quelques uns des tiens pour me conduire, car je suis blessé. » Deux hommes étant accourus, pensant que c'étoit un transfuge qui passoit du côté de Pompée, il en étendit aussitôt un roide mort et abattit l'épaule à l'autre. Ce centurion exécuta ce trait de bravoure dans le désespoir où il étoit de sa vie et de sa redoute. Cet acte d'intrépidité piqua ses camarades d'émulation ; ils reprirent courage et leur redoute fut sauvée (12), malgré tout ce qu'eut à souffrir Minucius qui la défendoit ; car on dit que son bouclier soutint le choc de cent vingt flèches, que son corps reçut six blessures, et que, comme Scœva, il eut un œil emporté (13). César leur prodigua les récompenses militaires à l'un et à l'autre. Sur ces entrefaites, on lui avoit fait espérer de le rendre maître de Dyrrachium par trahison. Il se rendit en effet de nuit, ainsi que c'étoit convenu, avec un petit nombre de soldats, auprès des portes de la ville et du temple de Diane (14). Dans le même temps, le beau-père de Pompée amenoit de Syrie une autre armée à ce dernier. Caïus Calvisius accourut au travers de la Macédoine pour le combattre, mais il fut vaincu. Il perdit dans cette affaire une légion moins huit cents hommes.

LXI. Cependant César ne pouvoit tirer aucune ressource de la mer dont Pompée étoit le maître; aussi son armée souffroit de la famine au point qu'il ne pouvoit la nourrir qu'avec du pain fait de racines sauvages. Des déserteurs présentèrent à Pompée de cette espèce de pain, dans l'idée que ce spectacle lui feroit plaisir; mais au lieu d'en montrer de la joie, il se mit à dire « A quelles bêtes « féroces nous avons affaire (15)? » César donc, contraint par la nécessité, réunit toute son armée, dans la vue de forcer Pompée à en venir aux mains malgré lui. Ce mouvement de César lui ayant fait évacuer la plupart de ses redoutes, Pompée s'en empara sans aller plus avant. Excédé de cette inaction de Pompée, César se livra à une entreprise aussi difficile que contraire au bon sens. Ce fut de cerner toutes les positions de Pompée par une palissade, d'un des bords de la mer à l'autre bord : trait d'audace duquel il espéroit recueillir beaucoup de gloire (16), au défaut de succès; car il s'agissoit d'un espace d'environ douze cents stades. César mit donc la main à l'œuvre. Alors Pompée entreprit de le cerner lui-même par une autre ligne de circonvallation (17), projet non moins insensé que le premier. Là-dessus s'engagea une action importante dans laquelle Pompée mit en fuite d'une manière brillante les soldats de César, et les poursuivit jusque dans leur camp. Il leur enleva plusieurs enseignes; et l'un de ceux qui portoient une aigle, qui est l'enseigne la plus importante d'une armée romaine, eut à peine le temps de la jeter par-dessus le retranchement, dans l'intérieur du camp (18).

LXII. César, voyant ses troupes en pleine déroute, s'avança par un autre côté avec d'autres forces. Mais la terreur s'en empara également, au point que, quoique Pompée fût déjà loin des fuyards, ils ne s'arrêtèrent point même à la porte de leur camp pour y entrer en bon ordre; et que, sans écouter ce qui leur étoit ordonné, chacun se sauvoit où il pouvoit avec précipitation, et au hasard, sans pudeur, comme sans raison. César eut beau courir à ses soldats, leur reprocher leur fuite honteuse, pendant qu'il leur montroit Pompée déjà éloigné; il eut beau se porter sur tous les points, les uns ne laissèrent pas de jeter leurs enseignes, même sous ses yeux, et de continuer à fuir, tandis que d'autres restèrent comme pétrifiés, les yeux honteusement attachés à la terre, tant l'épouvante les avoit gagnés! Il y eut même un des porte-drapeaux qui osa lever sur son général le bâton de son enseigne renversée; mais il fut tué par les hypaspistes (19) de César, qui l'entouroient. Ceux qui étoient entrés dans le camp n'avoient point songé à placer des sentinelles. Tout y étoit en désordre. Le couronnement des lignes n'étoit point gardé. Il est très probable que Pompée en se présentant dans ce moment y seroit entré à force ouverte, et que ce succès unique auroit entièrement terminé la guerre, si Labiénus ne l'eût engagé (un dieu lui inspira ce mauvais conseil) à poursuivre de préférence les fuyards. Pompée, d'ailleurs, qui répugnoit à se diriger vers le camp de César, soit parcequ'il envisagea comme un piège le défaut de sentinelles (20), soit par mépris, parcequ'il regarda la guerre comme déjà terminée en effet, se contenta de charger l'ennemi hors du camp. Il lui tua beaucoup de monde, et lui enleva dans les deux actions de cette journée vingt-huit enseignes (21). Mais ce fut une seconde occasion décisive que Pompée laissa échapper. On rapporte que César dit à ce sujet, « C'en étoit fait aujourd'hui de nous, si l'ennemi avoit su vaincre (22). »

NOTES.

(1) Si ce que Plutarque rapporte de leur impatience est vrai, elles n'avoient pas besoin d'un pareil ordre. Après avoir murmuré hautement, en se rendant à Brindes, contre les fatigues excessives auxquelles César ne cessoit de les exposer, ses légions furent si fâchées et si honteuses de trouver, en y arrivant, qu'il avoit déjà fait voile, qu'elles se reprochèrent la lenteur de leur marche; elles se plaignirent à leurs chefs de ce qu'ils ne leur avoient pas fait faire le chemin plus vite; et les soldats venoient s'asseoir tour à tour sur les points les plus élevés du rivage, les yeux dirigés vers l'Epire, pour voir arriver les vaisseaux qui devoient les venir chercher. *Vie de César*, 48.

(2) On trouve le même fait dans Florus. *Cùm pars exercitiis ob inopiam navium cum Antonio relicta Brundisii moram faceret, adeò impatiens erat, ut ad arcessendos eos, ardente ventis mari, nocte concubiá, speculatorio navigio solus ire tentaverit, extat ad trepidum tanto discrimine gubernatorem vox ipsius : Quid times? Cæsarem fers.* Lib. IV, cap. 2. Plutarque, qui en parle également, donne au fleuve sur lequel César s'embarqua le nom d'*Anius*. Mais on ne connoissoit, sur ces parages maritimes, aucun fleuve de ce nom. On a déjà vu que les deux camps étoient séparés par l'*Apson*; César sur la gauche, Pompée sur la droite. César avoit derrière lui un autre fleuve auquel les cartes de d'Anville donnent le nom de *Genusus*. Au-delà, et à dix stades en avant d'Apollonie, couloit un autre fleuve auquel Strabon, Tite-Live, Pline, s'accordent à donner le nom d'*Aoüs* ou d'*AEas*, mais point d'*Anius*; à moins que du temps de Plutarque, l'une ou l'autre de ces trois rivières ne fût connue sous ce dernier nom.

(3) J'aime mieux le récit de Plutarque. « Mais à la fin il
« n'y eut ordre, pour ce que la frégate s'emplissoit fort d'eau,

« et fut bien près d'aller à fond ; tellement que César se trouva
« contraint, à son grand regret, de s'en retourner en arrière. »
Vie de César, 49. Remarquons en passant combien il est
singulier que César n'ait rien dit de ce trait dans ses propres
Commentaires.

(4) Ce passage me porte à croire que c'étoit sur l'*Apson*,
qui le séparoit du camp de Pompée, que César s'étoit embarqué, car il n'auroit pas eu à craindre l'œil de l'ennemi sur
aucun des deux fleuves qui étoient sur ses derrières du côté
d'Apollonie. Cette circonstance paroît décisive.

(5) Plutarq. *Vie de César*, 49, à la fin.

(6) César mentionne ici une particularité dont Plutarque ne
dit pas un mot, non plus qu'Appien ; mais on en trouve des
vestiges dans l'Epitome de Tite-Live, liv. CXI. Un M. Cœlius Rufus et ce fameux Milon, l'assassin de Clodius, qui
en vouloit à César parcequ'il l'avoit nominativement excepté
en rappelant les bannis, se mirent à la tête d'une sédition
populaire qui commençoit à donner de l'inquiétude au sénat,
et à Servilius Isauricus, collègue de César dans le consulat.
Cœlius Rufus étoit préteur, Milon avoit du talent et de l'audace ; et s'ils n'eussent pas péri l'un et l'autre dès le principe, dans le pays des Thuriens, ils auroient pu tailler de
la besogne à César en Italie. *M. Cœlius Rufus, prætor, cùm
seditiones in urbe concitaret, novarum tabularum spe plebe
sollicitatâ, abrogato magistratu pulsus urbe, Miloni exuli,
qui fugitivorum exercitum contraxerat, se conjunxit. Uterque cùm bellum molirentur intercempti sunt.* Epit. liv. CXI.

(7) Voilà cependant à quel point l'absurde superstition des
pronostics avoit de l'empire sur l'ame des plus grands hommes.

(8) J'ai cru devoir lire dans le texte οὐκ ἀποστὰς, au lieu
de οὐχ ὑποστὰς. J'ai mieux aimé prendre ce parti, que de
supposer, avec Desmares, que Gabinius prit sa route par terre
à grandes journées, par le temps qu'il faisoit, au cœur de
l'hiver, en faisant le tour de la mer Ionienne. Je suis étonné
que Schweighæuser n'ait pas eu l'idée de cette conjecture.

(9) C'étoit une espèce de rade dans le voisinage d'Apol-

Ionie. Ce lieu étoit connu par ses eaux thermales. Strabon en fait mention dans son septième livre. Il ne faut pas confondre ce lieu, obscur d'ailleurs, avec une grande ville de ce nom, dans la Tauride, non loin du Bosphore cimmérien. *Nacti portum qui appellatus Nymphæum, ultra Lissum millia passuum tria, eò naves introduxerunt. Bell. civ. lib. III, n. 26.*

(10) *Variatum deindè præliis.* Paterculus, lib II, c. 51. Plutarque dit, au contraire, que, dans les escarmouches qu'ils se livrèrent réciproquement, César eut presque toujours l'avantage, excepté à la journée de Dyrrachium. *Vie de César, 51.*

(11) Suétone fait, sur le trait de ce centurion, une relation différente, et qui paroît exagérée. Il rapporte que ce centurion, chef d'une des cohortes de la sixième légion, soutint pendant quelques heures le choc de quatre légions de Pompée, que presque tous les soldats de cette cohorte furent criblés de blessures, et que, dans les fossés de la redoute, furent trouvées cent trente mille flèches. *Deniquè una sextæ legionis cohors præposita castello, quatuor Pompeii legiones per aliquot horas sustinuit, penè omnis confixa multitudine hostilium sagittarum, quarum centum ac triginta millia intra vallum reperta sunt.*

(12) César prétend que, dans six actions qui eurent lieu cette journée, Pompée perdit environ deux mille hommes, et que, de son côté, il n'en perdit que vingt ; mais que dans une de ses redoutes, qui est apparemment celle dont Appien parle ici, il n'y eut pas un de ses soldats qui ne fût blessé.

(13) Ce qu'Appien dit ici du bouclier de Minucius, César le dit du bouclier de Scœva ; et il porte à deux cent trente le nombre de trous que les flèches y avoient faits. Il ajoute qu'on ramassa dans la redoute trente mille traits que l'ennemi y avoit lancés. *Et cùm laboris sui periculique testimonium afferre vellent, millia sagittarum XXX in castellum conjecta Cæsari numeraverunt ; scutoque ad eum relato*

Scævæ centurionis inventa sunt in eo foramina CCXXX. Bello civili, lib. III, 53. *Quo tempore egregia virtus Scævæ centurionis emicuit cujus in scuto* 120 *tela sedére.* Florus, lib. IV, c. 2. *Denique una sextæ legionis cohors præposita castello, quatuor Pompeii legiones per aliquot horas sustinuit, penè omnis confixa multitudinem hostium sagittarum, quarum centum ac triginta millia intra vallum reperta sunt.* Sueton. Jul. Cæs. 68. Si en effet cette cohorte étoit aux prises avec quatre légions, il faut passer les cent trente mille flèches de Suétone, quoique César en compte cent mille de moins. Voy. *Valère Maxime*, liv. III, chap. 2.

(14) Il y a ici évidemment une lacune, et ce qui est assez singulier, c'est qu'il en existe une pareille sur ce même fait dans l'histoire des guerres civiles de César, liv. III, entre les chap. 50 et 51.

(15) Plutarque rapporte que Pompée défendoit que l'on montrât ce pain à ses troupes, de peur de les décourager, en leur apprenant par-là à quel infatigable ennemi on avoit affaire. *Vie de César*, 50. César raconte en effet que, dans les divers postes voisins de ceux de Pompée, ses soldats causant avec ceux de l'ennemi, disoient qu'ils se nourriroient d'écorce d'arbre, avant que de souffrir que Pompée leur échappât. *Crebróque voces militum in vigiliis colloquiis audiebantur, priùs se cortice ex arboribus victuros, quàm Pompeium è manibus dimissuros.* Bello civili, lib. III.

(16) César, dans ses Commentaires sur la guerre civile, donne le secret de cette manœuvre. Il avoit pour but de déconsidérer Pompée, en donnant lieu par-là de répandre de tous les côtés que Pompée étoit assiégé par César, et que néanmoins il n'osoit pas se présenter pour le combattre. *Ut auctoritatem quâ ille maximè apud exteras nationes niti videbatur, minueret; cùm fama per orbem terrarum percrebuisset, illum à Cæsare obsideri neque audere prælio dimicare.* Lib. III.

(17) Pompée qui ne vouloit pas déloger du voisinage de Dyrrachium, où il avoit toutes ses munitions militaires, fit,

de son côté, ce que César vouloit faire; et comme il avoit plus de monde, il exécuta ses travaux avec plus de célérité. *Sed illi operibus vincebant, quòd et numero militum præstabant.* Ibid.

(18) César dit que celui qui portoit l'aigle la remit à quelques cavaliers qu'il aperçut, en leur disant : *Hanc ego et vivus multos per annos magnâ diligentiâ defendi, et nunc moriens eâdem fide Cæsari restituo. Nolite, obsecro, committere quod antè in exercitu Cæsaris non accidit, ut rei militaris dedecus admittatur, incolumemque ad eum referte.* Lib. III, 64.

(19) C'étoient des espèces d'écuyers ou d'aides-de-camp attachés au général en chef, pour veiller particulièrement sur sa personne, et pour être ses messagers. Plutarque parle du même fait, *Vie de Cæsar*, 51.

(20) César dit en effet que ce fut le motif qui empêcha Pompée de pousser plus loin sa victoire, et qu'il dut lui-même le salut de son armée à cette faute de l'ennemi. *His tantis malis hæc subsidia succurrebant quominùs omnis deleretur exercitus, quod Pompeius (insidias timens, credo, quòd hæc præter spem acciderant ejus qui paulò antè ex castris fugientes suos conspexerat) munitionibus appropinquare aliquandiu non audebat.* Lib. III, 70.

(21) César avoue que, dans les deux actions qui eurent lieu cette journée, il perdit neuf cent soixante hommes et plusieurs chevaliers romains qu'il nomme. César convient également qu'il perdit trente-deux enseignes. *Signaque sunt militaria duo et triginta amissa.* Ibid., 71.

(22) Plutarq. *Vie de César*, 51; *Vie de Pompée.* C'est de cette action dont parle Paterculus, *Variatum deindè præliis, sed uno longè magis Pompeianis prospero, quò graviter impulsi sunt Cæsaris milites.* Lib. II, c. 51.

CHAPITRE X.

L'armée de César demande à grands cris la bataille. Il croit prudent de différer. Il lève son camp, et gagne la Thessalie. Pompée le suit, et vient camper auprès de lui à Pharsale. Pompée est forcé de livrer, malgré lui, la bataille à César. Ordre et disposition des deux armées.

LXIII. Cependant Pompée, exagérant sa victoire (1), en fit porter la nouvelle à tous les rois, à tous les peuples ses alliés. Il se flatta que l'armée de César, soit défaut de subsistances, soit consternation de ses revers, passeroit incontinent de son côté, et que principalement les chefs, redoutant le châtiment de leurs fautes, prendroient ce parti. Mais comme si quelque dieu les eût poussés au repentir, leur conduite ne leur inspira que de la honte. Plus César mit de douceur dans les reproches qu'il leur en fit (2) et dans l'indulgence qu'il leur accorda, plus ils montrèrent de sévérité et d'indignation envers eux-mêmes; et, par un contraste inouï, ils demandèrent qu'on leur fît subir les lois de la discipline de Rome, et qu'ils fussent décimés. César ayant refusé de se prêter à cet acte de rigueur, ils n'en furent que plus indignés contre eux-mêmes, et plus honteux de leur conduite envers un chef qui méritoit mieux de leur part. Alors ils demandèrent à grands cris la mort de ceux qui portoient les enseignes, sous pré-

Ans de Rome. 706.

texte qu'ils n'auroient jamais pris la fuite, si les enseignes n'avoient été les premiers à en donner le signal. Mais César refusa encore son assentiment à cet acte de sévérité, et se contenta d'infliger quelques légères punitions. Cette modération inspira tant d'ardeur à toute son armée, que sur-le-champ elle demanda de marcher contre l'ennemi (3). Elle l'en pressa avec beaucoup de chaleur, l'encourageant, lui promettant de réparer leur défaite par une brillante victoire; et les troupes s'étant ensuite ramassées entre elles par pelotons, chacun promettoit à l'envi, par serment, sous les yeux même de César, de ne point quitter le champ de bataille qu'après qu'on auroit vaincu.

LXIV. Témoins de ces démonstrations de repentir et de zèle de la part de toutes les troupes, les amis de César lui conseillèrent d'en profiter. Mais César se contenta d'annoncer à toute l'armée qu'il attendroit un meilleur temps pour la mener à l'ennemi, et il l'exhorta à se rappeler alors de l'ardeur dont elle étoit animée au moment présent. Il fit observer en particulier à ses amis, qu'il falloit attendre que l'armée fût revenue de l'excessive impression de terreur que lui avoient fait éprouver ses derniers échecs (4), et qu'en même temps la confiance des succès se fût attiédie chez l'ennemi. Il leur avoua, d'un autre côté, qu'il se repentoit d'être venu camper auprès de Dyrrachium, où Pompée avoit toutes sortes de ressources, au lieu de l'avoir attiré dans un lieu où il auroit éprouvé les mêmes besoins que lui. En conséquence, il reprit incontinent la route d'Apollonie, et de là il se mit de nuit clandestinement en marche pour la Thessalie (5). Il emporta d'assaut, et abandonna au pillage de son armée, la petite ville de Gomphos (6), qui refusa de lui ouvrir ses portes (7). Affamés comme l'étoient les soldats de César, ils se gorgèrent pêle-mêle de tout ce qui leur tomba sous la main, et s'enivrèrent à l'excès, sur-tout les Germains qui avoient le vin singulièrement gai. Il est probable que si Pompée eût encore été là à leurs trousses, il les auroit rudement battus. Mais il méprisa César au point qu'il dédaigna de le poursuivre. Au bout de sept jours de marches forcées, César établit son camp auprès de Pharsale. On prétend, au reste, que le saccagement de Gomphos fut signalé par d'illustres phénomènes. On vit, dit-on, entre autres dans la boutique d'un apothicaire, les cadavres de vingt vieillards, des premiers citoyens de la ville, n'ayant reçu aucune blessure, étant assis à terre avec des verres à côté d'eux, comme prêts à se livrer à une partie de table, et l'un d'entre eux exhaussé sur un siège, ayant l'air d'un médecin qui leur présentoit un médicament.

LXV. Après la retraite de César, Pompée assembla un conseil de guerre. Afranius fut d'avis (8) que Pompée continuât à faire la guerre à César avec ses forces navales, qui lui donnoient une si grande supériorité, et qu'il fît servir l'empire qu'il avoit sur la mer à le harceler dans ses courses vagabondes et dans sa détresse; que d'un autre côté il s'embarquât en toute diligence avec les troupes de pied pour l'Italie, disposée en sa faveur, et où il n'y avoit point d'armée ennemie; et qu'après y avoir établi son autorité ainsi que dans la Gaule et dans l'Ibérie, il partit d'un pays soumis et où étoit le siège de l'empire du peuple romain, pour entrer de nouveau en campagne contre César. Ce plan d'Afranius, qui auroit si bien tourné pour les intérêts de Pompée, ne fut point de son goût (9). Il se laissa persuader par ceux qui lui dirent que l'armée de César, pressée par la famine, ne tarderoit pas à venir se ranger sous ses drapeaux, et qu'en tout cas, on auroit bon marché de ce qui étoit échappé à la victorieuse journée de Dyrrachium; qu'au contraire, il seroit très honteux de s'éloigner de César (10) lorsqu'il étoit en pleine retraite, et que des vainqueurs eussent l'air de prendre la fuite comme des vaincus. Pompée préféra cet avis, soit parceque les peuples de l'Orient avoient les yeux attachés sur lui, soit par égard pour Lucius Scipion qu'il ne voulut pas laisser compromis dans la Macédoine (11), soit pour profiter de la confiance que ses premiers succès avoient donnée à ses troupes. Il se mit donc en marche, et vint camper à Pharsale en présence de César, à la distance de trente stades.

LXVI. Pompée recevoit des vivres de tous les côtés. Il avoit si bien disposé ses postes dans les ports et sur le continent, qu'il pouvoit faire continuellement venir ses subsistances par terre, et que tous les vents pouvoient lui en amener par mer. César, au contraire, n'avoit que ce qu'il pouvoit, ou s'en procurer avec beaucoup de peine, ou en enlever de vive force. Malgré cela pas un de ses soldats ne l'abandonna (12). Ils désiroient tous au contraire avec le plus vif empressement d'en venir aux mains avec l'ennemi. Ils se flattoient, après dix ans de combats, de valoir mieux un jour de bataille que des troupes de nouvelle levée. Ils sentoient que l'âge leur ôtoit les forces nécessaires pour les pénibles travaux de campement, de fortification, de transport de vivres. En un mot, excédés de leurs fatigues, ils aimoient mieux en découdre avec courage (13) que de se laisser mourir de faim. Pompée, qui réfléchissoit sur toutes ces circonstances, regardoit comme dangereux de faire tout dépendre de l'évènement d'une seule bataille, en combattant contre des troupes exercées de longue main, réduites au désespoir, et contre l'illustre fortune de César. Il pensoit qu'il valoit bien mieux, et qu'il étoit bien plus sûr de laisser l'ennemi dépérir d'inanition dans un pays stérile, où il n'avoit ni la ressource de la mer pour s'approvisionner, ni des vaisseaux pour prendre la fuite. Il prit donc le très sage parti de traîner la guerre en longueur, et d'affamer son ennemi chaque jour davantage (14).

LXVII. Mais Pompée étoit entouré d'un grand nombre de sénateurs, de même rang que lui, de plusieurs chevaliers des plus distingués. Il avoit de plus, dans son camp, des rois et des princes. Tous le pressoient également de livrer bataille (15), les uns par impéritie, les autres par une confiance démesurée dans les succès obtenus auprès de Dyrrachium ; ceux-ci, parceque l'armée de Pompée étoit plus nombreuse que celle de César ; ceux-là, parceque, fatigués de l'état de guerre, ils aimoient mieux sortir de cette situation par une crise prompte, que par une crise salutaire. Ils lui représentoient que César étoit toujours alerte, et le provoquoit sans cesse. C'étoit par cette même raison qu'il tâchoit de leur persuader le contraire. Il leur faisoit observer que c'étoit la détresse même où étoit César qui le forçoit d'en venir aux mains ; et que c'étoit précisément parceque César avoit besoin de combattre qu'il leur étoit avantageux de s'en abstenir. Fatigué enfin de l'impatience de toute son armée, qui se croyoit invincible pour avoir vaincu à Dyrrachium, et de celle des grands personnages qui l'entouroient, qui se permettoient des plaisanteries sur son amour du pouvoir, qui lui reprochoient une lenteur affectée, dans la vue de prolonger son autorité sur des citoyens de même rang que lui, et qui, d'après cette idée, lui donnoient le titre de roi des rois, et l'appeloient Agamemnon (16), parcequ'en effet, comme Agamemnon, il avoit alors des rois sous ses ordres ; il se départit de son propre plan, et se laissa entraîner à l'impulsion du mauvais génie qui déjà commençoit l'œuvre de sa catastrophe (17). Jusqu'alors, pendant tout le cours de cette guerre, il n'avoit fait, contre son inclination personnelle, que temporiser et tirer en longueur. Mais enfin il se décida malgré lui, pour son malheur et pour le malheur de ceux dont il suivit le conseil, à livrer bataille.

LXVIII. Cette nuit-là même, César avoit détaché trois légions pour aller chercher des vivres (18). Il s'y étoit déterminé, parceque, louant en lui-même la sage temporisation de Pompée, il ne s'attendoit pas à pouvoir l'y faire renoncer d'aucune manière. Mais instruit de ses préparatifs, il fut extrêmement aise de la nécessité où il vit bien que l'armée de Pompée le réduisoit de livrer bataille. Sur-le-champ César réunit toutes ses troupes et se mit en mesure de son côté. Dans les sacrifices qu'il fit au milieu de la nuit, il invoqua Mars, et Vénus de laquelle on le faisoit descendre; car la famille des *Julius* passoit pour tirer son origine d'Énée et de Jule, fils de ce dernier, par une légère extension de dénomination. Il fit vœu, s'il remportoit la victoire, de bâtir à Rome, en action de graces, un temple en l'honneur de Vénus *Nicéphore* (19). Un météore de feu s'étant dirigé du camp de César vers le camp de Pompée, où il s'éteignit, les partisans de Pompée le regardèrent comme le pronostic d'une éclatante victoire qu'ils remporteroient sur leurs ennemis (20); mais, aux yeux de César, ce fut le présage qu'il alloit être l'auteur de la ruine de Pompée. Cette même nuit, quelques unes des victimes de Pompée ayant pris la fuite, il fut impossible de les rattraper (21); et un essaim d'abeilles, animaux emblême de la foiblesse, vint se poser sur les autels (22). Un peu avant le point du jour, une terreur panique se répandit parmi son armée; et à peine de retour dans sa tente, après être accouru et avoir dissipé l'alarme, il tomba lui-même dans un profond sommeil.

LXIX. Ses amis étant venus l'éveiller, il leur dit qu'il avoit rêvé (23) qu'il vouoit un temple à Rome à Vénus *Nicéphore*, et cela sans avoir aucune connoissance du vœu de César. Le bruit de ce rêve excita la joie de tous ses amis et de toute l'armée. On se disposa d'ailleurs au combat avec une inconsidération, avec une impétuosité, avec un air de confiance, comme si la victoire eût été infaillible. Il y en eut même plusieurs qui allèrent jusqu'à couronner leurs tentes de lauriers, symbole de la victoire. Leurs esclaves leur préparèrent des festins splendides. Déjà même des compétiteurs se disputèrent la place de souverain pontife dont César étoit revêtu (24). Pompée mit fin à ces contentions, en homme qui connoissoit les vicissitudes de la guerre, et jetant des yeux d'indignation sur les contendants, il se couvrit le visage. D'ailleurs il garda un profond silence, partagé entre la répugnance et la crainte, ne se regardant plus comme chef, mais comme subordonné, et obligé de tout faire contre son opinion : tant cet homme qui avoit fait de si grandes choses, et qui, jusqu'à ce jour, avoit été si universellement heureux, étoit tombé dans le découragement; soit que, jugeant sa situation présente, il n'y eût aucune confiance, et qu'il ne se dissimulât point qu'il alloit livrer au hasard du dé le salut du grand nombre de personnages illustres qui étoient auprès de lui, ainsi que sa gloire personnelle, qui jusqu'alors n'avoit point éprouvé d'atteinte; soit qu'il se sentît troublé par des pressentiments secrets à l'approche de sa catastrophe, en considérant le rang suprême d'où cette journée alloit le précipiter tout à coup! Après avoir dit à ses amis que cette journée, quel que fût le parti vainqueur, seroit l'aurore de grandes et interminables calamités pour le peuple romain, il donna les ordres pour la bataille. Ce mot, que l'on regarda comme l'expression de ces intentions secrètes qui lui échappoient dans un moment d'effroi, fit penser que s'il avoit remporté la victoire, il ne se seroit point dessaisi de la monarchie.

LXX. L'armée de César, (car je crois devoir m'en rapporter, au milieu des nombreuses variantes des historiens, aux écrivains de Rome, infiniment plus exacts dans le dénombrement des troupes qui appartenoient à l'Italie, dans lesquelles ils plaçoient principalement leur confiance, et qui d'ailleurs ne se piquoient pas d'exactitude envers les troupes des alliés, qu'ils dédaignoient de mentionner, comme étrangères et comme supplément d'une foible ressource dans l'occasion); l'armée de César, dis-je, étoit composée de vingt-deux mille hommes, dont environ mille chevaux. L'armée de Pompée étoit plus que le double de celle de César, y compris sept mille hommes de cavalerie (25). Les relations les plus vraisemblables sont en effet celles qui ont porté à soixante et dix mille le nombre total des troupes romaines qui en vinrent aux mains dans cette journée. Les écrivains qui ont le plus restreint ce nombre, l'ont porté à soixante mille; ceux qui l'ont le plus exagéré, l'ont élevé à quatre cent mille. Quelques auteurs ont écrit que, sur ce nombre, Pompée avoit une fois et demi plus de monde que César (26); d'autres, que César n'avoit que le tiers des forces de Pompée. Tant on sait peu à quoi s'en tenir exactement sur ce point! Quoi qu'il en soit,

Ans de Rome. 706.

c'étoit dans les troupes d'Italie que chacun des deux chefs avoit le plus de confiance. César avoit pour auxiliaires des cavaliers de la Gaule Cisalpine, et des cavaliers de la Gaule Transalpine. En troupes légères grecques, il avoit des Dolopes, des Acarnaniens et des Étoliens; c'étoit à quoi se bornoient les forces de ses alliés. Quant à Pompée, tous les peuples de l'Orient étoient accourus en foule, soit à pied, soit à cheval. De la Grèce étoient venus et les habitants de la Laconie, commandés par leurs propres rois, et les autres peuples du Péloponnèse, y compris les Béotiens; les Athéniens aussi furent du nombre. Mais on proclama dans les deux camps que les troupes eussent soin de ne leur faire aucun mal, et de les respecter comme des ministres du culte des déesses Thesmophores (27), qui n'étoient venus prendre part à cette guerre que pour avoir la gloire de combattre dans une querelle où il s'agissoit de l'Empire du peuple romain.

LXXI. Outre ces Grecs, presque tous les peuples qui habitent les bords de la mer, lorsqu'on en fait le tour en gagnant vers l'Orient, les peuples de la Thrace, de l'Hellespont, de la Bithynie, de la Phrygie, de l'Ionie, de la Lydie, de la Pamphylie, de la Pisidie, de la Paphlagonie, de la Cilicie, de la Syrie, de la Phénicie, de la Judée (28), de l'Arabie, qui en est voisine, avoient envoyé du monde à Pompée. Les Cypriens, les Rhodiens, les Crétois, et tous les autres insulaires en avoient envoyé également. Des rois et des princes lui avoient aussi amené des troupes, tels que Déjotarus, tétrarque de la Galatie, et Ariarathe, roi de la Cappadoce; Taxile lui avoit amené des Arméniens d'en-deçà de l'Euphrate; Mégabate, par ordre de son roi Artabaze (29), étoit venu avec un autre corps d'Arméniens d'au-delà du même fleuve. Plusieurs autres petits princes étoient accourus lui offrir leur assistance. On prétend même que Cléopatre, et son frère, encore enfant, qui régnoient tous deux en Égypte, lui avoient envoyé soixante vaisseaux. Mais ces vaisseaux ne prirent aucune part aux opérations militaires, non plus que les autres forces navales, qui demeurèrent oisives à Corcyre; faute grave, faute essentielle que fit Pompée de dédaigner de tenir ses flottes en mesure. Sa grande supériorité à cet égard le mettoit en état d'affamer par-tout l'ennemi, qui ne pouvoit avoir des vivres que par la voie des transports, au moment sur-tout qu'il alloit sur terre livrer bataille à des hommes à qui de longs succès donnoient une haute opinion d'eux-mêmes, et qui étoient devenus comme des bêtes féroces dans les combats. Mais les sages précautions qu'il avoit prises à la journée de Dyrrachium, le mauvais génie qui travailloit alors à sa perte les lui fit négliger; et ce fut l'influence de ce mauvais génie qui, plus que tout le reste, servit les intérêts de César (30); ce fut elle qui enfla l'armée de Pompée d'une folle présomption et d'une vaine confiance (31), qui la rendit l'arbitre de la conduite de son chef, et qui lui fit livrer bataille contre toutes les règles de l'art militaire. Mais tout cela étoit l'ouvrage de la Providence pour amener cette dignité impériale qui s'étend aujourd'hui sur toute la république (32).

NOTES.

(1) César prétend qu'au sujet de ce succès, Pompée fut salué *imperator;* et que depuis il se laissa donner ce titre, sans le prendre néanmoins dans ses dépêches, et sans entourer, selon l'usage, ses faisceaux de guirlandes de laurier. *Pompeius eo prælio imperator est appellatus. Hoc nomen obtinuit, atque ita se posteà salutari passus est, sed neque in litteris quas scribere est solitus, neque in fascibus, insignia laureæ prætulit.* Ibid. 71.

(2) Le discours qu'il raconte lui-même avoir adressé à ses troupes, dans cette occasion, est en effet plein d'adresse et de politique. Il leur dit que ce léger revers étoit bien compensé par les nombreux avantages qu'ils avoient jusqu'alors obtenus contre Pompée; que si elles avoient été battues dans cette circonstance, c'étoit la faute de la fortune, et non pas la leur; et qu'il falloit faire ses efforts pour que ce revers amenât de nouveaux succès, ainsi que cela leur étoit arrivé dans la Gergovie, *Liv. III,* 73.

(3) *Simulque omnes arderent cupiditate pugnandi, cùm superioris etiam ordinis nonnulli, oratione permoti, manendum eo loco, et rem prælio committendam, existimarent.* Ibid.

(4) *Contra ea Cæsar neque satis militibus perterritis confidebat, spatiumque interponendum ad recreandos animos putabat.* Ibid.

(5) Plutarque raconte que cette détermination de César fit tourner la tête à toute l'armée, et à tous les partisans de Pompée. « Alors n'y eut-il plus d'ordre de contenir la fierté
« et la gloire de ses gens qui crioyent que César s'enfuyoit,
« et vouloyent les uns que l'on allast après, et que l'on le
« poursuivist vivement; les autres que l'on repassast en Ita-
« lie. Il y en eut qui envoyèrent devant à Rome de leurs ser-
« viteurs et de leurs amis pour retenir les logis et maisons

« plus prochaines de la place, parcequ'ils avoient bien in-
« tention qu'incontinent qu'ils seroyent de retour dans la
« ville, ils demanderoient des offices et estats de la chose
« publique. » *Vie de Pompée*, 94.

(6) Cette ville, située sur le fleuve Pénée, fameuse par la vallée de Tempé, étoit une des premières villes de la Thessalie, en venant de l'Epire. *Cæsar, conjuncto exercitu, Gomphos pervenit, quod est oppidum primum Thessaliæ venientibus ab Epiro.* Lib. III.

(7) Parcequ'on y avoit appris la nouvelle de la défaite de César à Dyrrachium. *Ibid.*

(8) Cet avis d'Afranius est exposé en détail dans Plutarque, Vie de Pompée 95, « Et Afranius fut d'avis qu'on devoit en-
« tendre à retourner le plutost qu'on pourroit en Italie, pour-
« ceque c'estoit le principal prix qu'on prétendoit en ceste
« guerre, et que ceux qui en seroient seigneurs auroient in-
« continent après à leur dévotion, la Sicile, la Sardaigne, la
« Corsique, l'Espagne et la Gaule; davantage qu'il n'estoit
« pas honnête (ce qui plus devoit émouvoir Pompéius que
« nulle autre chose) de laisser tyranniquement outrager et
« injurieusement traiter leur païs qui leur tendoit par manière
« de dire les mains de si près, estant détenu en servitude par
« des esclaves et des flatteurs des tyrans. » Version d'Amyot.

(9) Paterculus est sur ce point de l'avis d'Appien, comme on va le voir. *Pompeius longè diversa aliis suadentibus (quorum plerique hortabantur ut in Italiam transmitteret, neque, Hercules! quidquam partibus illis salubrius fuit)* etc. Liv. II, cap. 52.

(10) « Mais Pompéius ne jugea pas qu'il fust ni hono-
« rable pour lui de fuir une autre fois devant César, et de se
« faire suivre là où la fortune lui donnoit moyen de le chas-
« ser et poursuivre lui-même; ni saint envers les Dieux
« d'abandonner Scipion, son beau-père, et plusieurs autres
« personnages consulaires qui estoient en la Grèce et en la
« Thessalie, lesquels ne faudroient pas de tomber inconti-

« nent entre les mains de César. » Plutarq. *ibid*. Version d'Amyot.

(11) Plutarque, *ibid*.

(12) Appien a parlé plus haut, sect. LXI, des déserteurs de l'armée de César qui présentoient à Pompée le pain dont cette armée étoit nourrie; mais César dit formellement le contraire de ce qu'Appien déclare ici, que pendant le cours de cette guerre, il ne fut abandonné par aucun des siens, à l'exception de deux Allobroges, qu'il nomme Roscillus et Ægus, qui l'avoient accompagné dans toutes ses guerres des Gaules, se distinguant par une bravoure admirable, et qu'il avoit comblés de faveurs au point d'avoir bravé toutes les lois pour les faire entrer dans le sénat. *Nam ante id tempus* (l'époque de la défection des deux Allobroges) *nemo aut miles aut eques à Cæsare ad Pompeium transierat*; tandis, ajoute-t-il, que presque tous les jours il lui arrivoit des transfuges du camp de Pompée. *Liv. III*.

(13) J'ai adopté l'heureuse correction de Sweighæuser, qui a proposé μετὰ ἀνδρίας, à la place de μετὰ ἀργίας.

(14) *Cæsar pro naturâ ferox, et conficiendæ rei cupidus, ostentare aciem, provocare, lacessere. Pompeius adversùs hæc nectere moras, tergiversari, simul ut hostem interclusum undiquè inopiâ commeatuum tereret, atque ardentissimi ducis consenesceret impetus. Nec diutiùs profuit duci salutare consilium*. Florus, Lib. IV, c. 2. Voyez Plut. *Vie de Pompée*, 95. A ces motifs de Pompée pour temporiser, cet historien en ajoute un autre, « à cause qu'il lui
« fut rapporté un propos qui s'étoit tenu entre les chevaliers
« romains, lesquels discouroyent qu'il falloit desfaire le
« plus vistement que l'on pourroit César, à fin de le des-
« faire luy-même aussi incontinent après; et dit-on que cela
« fut la cause pour laquelle Pompée n'employa onques Caton
« en chose de conséquence durant toute cette guerre. » Vers. d'Amyot.

(15) *Milites otium, socii moram, principes ambitum ducis, increpabant*. Florus, lib. IV, c. 2.

(16) Plutarque nous apprend que c'étoit Domitius AEnobarbus qui se permettoit ces quolibets sur le compte de Pompée. Il nous apprend également qu'un Favonius disoit parfois en plaisantant avec malignité, « on voit bien que de « cette année encore nous ne mangerons pas de figues de « Tusculum. » L. Afranius, que Pompée soupçonnoit d'avoir vendu l'Ibérie à César, s'étonnoit qu'on ne marchât pas hardiment contre le marchand, cet acheteur de provinces. *Vie de Pompée*, 96. Au surplus, ce reproche de traîner la guerre en longueur dans l'unique vue de se perpétuer dans le pouvoir, on l'a souvent fait aux plus grands hommes. Si l'on en croit Salluste, on le fit à Métellus dans la guerre contre Jugurtha. Si l'on en croit Dion, liv. XXXV, on le fit à Lucullus dans la guerre contre Mithridate. Ce fut là le vrai motif pour lequel Annibal s'abstint de marcher sur Rome après la bataille de Cannes. On sent qu'il seroit aisé de multiplier ces exemples.

(17) J'ai suivi la conjecture de Schweighæuser, et j'ai placé le repos de la phrase après ἤδη. Au reste, Appien, soit superstition, soit conviction philosophique du dogme de la Providence, se plaît ordinairement à faire intervenir l'influence des Dieux dans les grands résultats des évènements qu'il raconte. C'est ainsi que plus haut, en parlant de Sertorius, près d'être assassiné, il s'est servi de la même expression dont il se sert au sujet de Pompée ὁ δὲ Σερτώριος, βλάπτοντος ἤδη θεοῦ, lib. I, sect. CXIII. C'est ainsi que tout à l'heure, en parlant du mauvais conseil que lui donna Labiénus, il a mis ce mauvais conseil sur le compte des Dieux, θεοῦ παράγοντος, sect. LXII. C'est ainsi que plus bas, il a dit θεοβλάβεια δοκεῖ παραγαγεῖν, sect. LXXI.

(18) Plutarque dit que César avoit donné les ordres pour décamper, et se porter sur Scotuse, autre ville de Thessalie, au nord de Pharsale, entre l'Énipée et le Pénée. *Vie de Pompée*, 97; *Vie de César*, 57.

(19) C'est-à-dire de *Vénus remporte-victoire*.

(20) Plutarq. *Vie de César*, 57. « Jamais, dit Florus, une

« catastrophe ne fut annoncée par des signes plus manifestes. » *Nunquàm imminentis ruinæ manifestiora signa.* Lib. IV, cap. 2.

(21) *Fuga victimarum*, dit Florus, *ibid.* Cet évènement étoit regardé comme sinistre. Témoin Tacite, qui, au livre XV de ses Annales, n° 7, disant que Pœtus entra dans l'Arménia *tristi omine*, ajoute, *hostiaque, quæ muniebantur hibernaculis adsistens, semifactâ operâ, fugâ perrupit, seque vallo extulit.* La fuite de la victime étoit regardée comme de mauvais augure, parcequ'on supposoit que les Dieux étant irrités, ils dédaignoient le sacrifice. On regardoit, au contraire, comme d'un excellent augure que la victime s'offrît d'elle-même, ainsi que Plutarque le rapporte au sujet du siège de Cyzique, dans la vie de Lucullus, chap. 20.

(22) Selon Florus, ce fut dans les enseignes militaires que se placèrent ces essaims d'abeilles. *Examina in signis.* Ibid.

(23) Plutarque, Florus, et Obsequens, qui parlent de ce rêve de Pompée, font un récit différent. « Et la nuit suivant il fut advis à Pompéius qu'il entroit dans le théâtre, là où le peuple le recueilloit avec grands battements de mains par honneur, et que luy ornoit le temple de Vénus victorieuse de plusieurs dépouilles. » *Vie de Pompée*, 97. *Dux ipse et nocturnâ imagine, theatri sui audiens plausum, in modum planctûs circumsonare.* Florus, lib. IV, cap. 2. *Ipse Pompeius pridie pugnæ sibi visus in theatro suo ingenti plausu excipi.* Obseq. cap. 124. Voy. Lucain, liv. VII, vers 7 et suivants.

(24) Déjà les chefs du parti de Pompée se disputoient, se partageoient les dignités et les magistratures. Domitius, Scipion, et Lentulus Spintheo se débattoient au sujet de la dignité de souverain pontife dont César étoit revêtu. On disoit que dans les premiers comices prétoriens qui auroient lieu il falloit nommer préteur L. Hirtius, que Pompée avoit envoyé vers les Parthes, malgré son absence. On disposoit des consulats pour plusieurs années. Attilius Rufus intentoit au tribunal de Pompée une accusation contre L. Afranius, au

sujet de sa conduite en Ibérie. L. Domitius demandoit qu'après la guerre les membres du sénat qui avoient embrassé la querelle de Pompée fissent trois listes de ceux qui étoient restés à Rome, ou qui, employés du service de Pompée, ne lui avoient été d'aucun secours dans la campagne actuelle; que dans la première de ces listes on écrivît les noms de ceux contre lesquels on ne devoit point sévir; que dans la seconde on écrivît les noms de ceux qui devoient être punis de mort, et dans la troisième les noms de ceux qui ne devoient être condamnés qu'à une amende. Voyez Plutarq. *Vie de Pompée*, 96; *Vie de César*, 55, et les Comment. de César sur la guerre civile, liv. III.

(25) Plutarque fait le même dénombrement des forces de part et d'autre. Pompée avoit quarante-cinq mille hommes en troupes légionnaires, et sept mille chevaux; et César n'avoit que vingt-deux mille hommes de semblables troupes, et mille hommes de cavalerie. *Vie de César*, 55 et 56. Florus porte ce nombre bien au-dessus. *Nunquam ullo loco tantùm virium populus Romanus, tantùm dignitatis fortuna, vidit. Trecenta ampliùs millia hinc vel illinc præter auxilia regum et nationum.* Lib. IV, cap. 2.

(26) Le texte grec porte ἡμιόλιον, et Aulu-Gelle, dans ses Nuits Attiques, liv. XVIII, chap. 14, a fixé la véritable valeur de ce nom de nombre de la langue grecque. *Est autem hemiolios qui numerum aliquem in sese habet, dimidiumque ejus, ut tres ad duo, quindecim ad decem, triginta ad viginti.* Le même auteur explique en même temps le nom de nombre grec ἐπίτριτος, assez difficile d'ailleurs à entendre.

(27) Schweighœuser, en observant que Candidus n'a fait que brouiller le sens du passage, déclare qu'il a suivi la version de Geslen. Cet interprète a rendu les mots du texte ὡς ἱερεῖς τῶν Θεσμοφόρων, par *ut sacerdotes legiferæ Cereris*, en sous-entendant θεῶν. Mais s'il ne s'agit que de Cérès, pourquoi le pluriel? Par les déesses Thesmophores, on entendoit et Cérès et Proserpine sa fille. Témoin Plutarque, *Vie de Dion*, 70. Cette conduite des chefs des deux armées

envers les Athéniens auroit-elle eu son fondement dans le respect que leur devoit le peuple romain, depuis qu'il étoit allé puiser chez eux les célèbres matériaux de la loi des douze tables ? Au surplus, Schweighæuser a peut-être eu raison de dire, *sed hoc quod de Atheniensibus hic habet Appianus, mihi non satis in liquido esse fateor.*

(28) Il est assez curieux, par exemple, de trouver des Hébreux, ou des Juifs, à la bataille de Pharsale.

(29) Artabaze, fils de Tigrane, étoit à cette époque roi d'Arménie; il avoit été le compagnon d'armes de Crassus, dans son expédition contre les Parthes. Fait prisonnier ensuite par Antoine, il fut mené à Alexandrie pour figurer dans la pompe triomphale du triumvir. Note de Schweighæuser.

(30) C'est sur le fondement d'une idée semblable, qui est susceptible d'une bien fréquente application en fait de succès militaires, que Jean-Baptiste Rousseau a dit dans sa belle ode à la fortune :

« Tel qu'on nous vante dans l'histoire
« Doit peut-être toute sa gloire
« A la honte de son rival :
« L'inexpérience indocile
« Du compagnon de Paul-Émile
« Fit tous les succès d'Annibal.

(31) Plutarq. *Vie de Pompée*, 96, vers la fin.

(32) *Sic præcipitantibus fatis,* dit Florus, *prælio sumpta est Thessaliā; et Philippicis campis, urbis, imperii, generis humani fata commissa sunt,* lib. II, cap. 4.

CHAPITRE XI.

Harangues de Pompée et de César à leurs troupes avant que d'en venir aux mains. Le combat s'engage. Pompée est vaincu. Il prend la fuite. Récompense que César décerne à ses braves après la victoire.

LXXII. Chacun des deux chefs ayant rassemblé son armée, la harangua pour exciter les courages. Pompée dit à la sienne : « O vous, mes compagnons « d'armes, vous remplissez dans ce moment plutôt « les fonctions de chefs que les fonctions de soldats; « car tandis que mon intention étoit encore de « réduire César par le défaut de vivres, c'est vous « qui me demandez la bataille. Puisque c'est vous « qui la faites donner, battez-vous comme une « armée qui a pour elle la grande supériorité « du nombre. Traitez l'ennemi comme des vain- « queurs doivent traiter des vaincus, comme des « jeunes gens doivent traiter des vieillards, comme « des hommes frais doivent traiter des hommes « épuisés par les fatigues. Combattez comme une « armée qui réunit à tant de force tant de res- « sources, et qui a la conscience de la bonté de « sa cause (1). Nous combattons en effet pour « la liberté, pour la patrie, sous les auspices « des lois, de la véritable gloire, en présence de « tant d'illustres sénateurs, et de tant d'illustres « chevaliers, contre un seul homme qui veut s'em-

Ans de Rome. 706.

« parer en brigand de l'autorité publique. Marchez « donc, ainsi que vous l'avez voulu, avec la plus « ferme espérance. Reportez vos regards sur la « fuite dont vous fûtes témoins devant Dyrrachium, « et rappelez-vous combien d'enseignes vous enle- « vâtes à l'ennemi dans une seule journée ». Ce fut ainsi que parla Pompée (2).

LXXIII. De son côté, César adressa à son armée le discours suivant : « Mes amis, les plus grandes « difficultés nous les avons déjà vaincues. Ce n'est « plus contre la faim ni contre le besoin de toutes « choses que nous avons à combattre, ce n'est que « contre des hommes (3). Cette journée va tout déci- « der. Rappelez-vous ce que vous me promîtes à Dyr- « rachium, et le serment que vous fîtes entre vous, « sous mes yeux, de ne point abandonner le champ « de bataille qu'après la victoire. Le voilà, l'ennemi « contre lequel nous sommes venus des colonnes « d'Hercule; le voilà, l'ennemi qui a fui devant « vous en Italie; les voilà, ceux qui ont voulu vous « licencier sans récompense, sans vous accorder ni « honneurs du triomphe, ni gratification militaire, « après avoir combattu pendant dix ans, après « avoir obtenu tant de succès, remporté tant de « victoires, et avoir subjugué au profit de la patrie « les peuples nombreux de l'Ibérie, des Gaules et « de la Grande-Bretagne. Lorsque je leur ai fait « proposer, le premier, les voies de la justice, ils ne « m'ont point écouté (4). Les bienfaits ont été éga- « lement impuissants. Vous savez combien j'en ai « laissé aller sans leur faire aucun mal, espérant

« qu'ils sauroient du moins nous rendre quelque
« justice. Songez donc aujourd'hui à toutes ces
« choses à la fois; et rappelez-vous en même temps,
« si vous en avez en effet la conscience, de mon affec-
« tion pour vous, de ma confiance en vous, et de mes
« profusions, de mes libéralités envers vous.

LXXIV. « Il n'est pas d'ailleurs difficile à des
« soldats qui ont vieilli sous le harnois de vaincre
« des troupes sans expérience, et qui en sont encore
« à leur première campagne; des troupes qui, d'un
« autre côté, semblables à des enfants, se livrent à
« l'indiscipline et manquent de soumission à leur
« chef; car je suis informé que Pompée donne la
« bataille avec défiance et malgré lui (5). Sa fortune
« commence déjà à décliner. Il s'étoit fait un plan
« de lenteur et de temporisation imperturbable:
« mais il ne commande plus à son armée; c'est elle
« qui lui commande. Ce que je vous ai dit jusqu'à
« présent ne concerne que nos ennemis d'Italie;
« car les alliés, ne vous en occupez pas, n'en tenez
« aucun compte, ne prenez pas même la peine de les
« combattre. Ce ne sont que des esclaves de Syrie,
« de Phrygie, de Lydie, toujours prêts à prendre la
« fuite et à se rendre; des hommes tels, que Pompée,
« j'en suis sûr, et vous le verrez tout à l'heure de vos
« propres yeux, ne daignera leur confier aucun poste
« dans son ordre de bataille (6). Ne vous atta-
« quez donc qu'aux soldats d'Italie, quand même
« les alliés viendroient rôder et aboyer autour de
« vous comme des chiens. Mais, après avoir mis les
« Romains en déroute, épargnez-les comme vos

« parents (7), et faites alors tomber l'effort de vos
« coups sur les alliés, pour inspirer aux autres la
« terreur de vos armes. Sur-tout, afin que je sois
« bien convaincu que vous vous souvenez de vos
« promesses et de vos sermens, et que vous êtes
« bien décidés à mourir ou à vaincre, au moment
« de partir pour la bataille, détruisez vous-mêmes
« vos retranchemens, comblez vos fossés (8), afin
« qu'il ne nous reste aucune ressource si nous ne
« sommes pas vainqueurs. Que l'ennemi voie que
« nous sommes sans camp, et qu'il apprenne que de
« toute nécessité nous devons nous aller reposer
« dans le sien. »

LXXV. Après ce discours, César ne laissa pas de faire garder ses tentes par deux mille de ses soldats les plus âgés. Du reste, l'armée en partant détruisit en effet ses retranchemens, en gardant le plus profond silence, et combla le fossé de ces débris. A l'aspect de cette manœuvre, Pompée jugea sainement de cet acte d'intrépidité, tandis que d'autres pensoient que c'étoit signe que l'armée de César se débandoit. Il gémit en lui-même de voir qu'il alloit en venir aux mains avec des bêtes féroces, tandis qu'il pouvoit les combattre avec la famine, seule arme avec laquelle il convenoit de les attaquer. Mais les choses étoient trop avancées (9); il n'étoit plus temps de reculer. Après avoir donc placé quatre mille hommes de ses troupes d'Italie pour la garde du camp, il rangea le reste de son armée en bataille entre la ville de Pharsale et le fleuve Énipée, en face de l'endroit où César s'y rangeoit lui-même. Ils distribuèrent chacun leurs troupes romaines sur leur front de bataille en trois corps peu distants les uns des autres. Ils placèrent leur cavalerie des deux côtés de leurs ailes. Des archers et des frondeurs étoient entremêlés dans les rangs. Telle étoit la distribution respective des légions, genre de troupes dans lequel chacun des deux chefs avoit le plus de confiance. Les alliés, ils les laissèrent de côté, comme uniquement pour la montre. Les alliés de Pompée différoient beaucoup les uns des autres par l'accent et le langage. Il plaça derrière ses légionnaires, les Macédoniens, les Péloponnésiens, les Béotiens et les Athéniens, qu'il connoissoit accoutumés à se tenir fermes et en silence à leur poste. Quant aux autres, il les laissa par pelotons hors de l'ordre de bataille, ainsi que César l'avoit prévu, pour attendre les évènements, pour cerner les ennemis, pour leur donner la chasse lorsque la bataille seroit commencée, pour leur faire tout le mal possible, pour se jeter sur le camp de César qui n'étoit plus défendu par des retranchements, et pour le piller.

LXXVI. Le corps de bataille de Pompée étoit commandé au centre par Scipion, son beau-père; à l'aile gauche, par L. Domitius (10); à l'aile droite, par Lentulus. Afranius et Pompée gardoient le camp. Le corps de bataille de César avoit pour chefs Sylla (11), Antoine, et Cn. Domitius (12). Quant à lui, il forma la réserve, selon son usage, à la tête de la dixième légion. Alors l'ennemi fit marcher sa meilleure cavalerie contre la dixième légion, afin de l'envelopper, s'il étoit possible, par la supériorité du nombre. A l'aspect de ce mouvement, César plaça en embuscade trois mille de ses plus intrépides fantassins, et leur donna ordre, aussitôt qu'ils entendroient marcher l'ennemi, de se montrer et de fondre sur lui en tenant leurs lances hautes, au niveau du visage des cavaliers, jugeant bien que des jeunes gens sans expérience, et qui faisoient encore les beaux garçons, ne soutiendroient pas un choc où leur figure seroit compromise (13). Tels étoient les stratagèmes qu'ils préparoient l'un contre l'autre. En attendant, les deux chefs parcouroient les rangs, pourvoyoient à tout, excitoient les courages, et donnoient, chacun de son côté à son armée, pour mot d'ordre, César, *Vénus victorieuse*, et Pompée, *Hercule invaincu*.

LXXVII. Lorsque tout fut prêt des deux côtés, on resta long-temps immobile et dans un profond silence. On hésitoit, on craignoit encore. On se regardoit réciproquement, ne sachant qui commenceroit la charge. Des sentiments de commisération entrèrent dans le cœur du plus grand nombre (14); car on n'avoit jamais vu des troupes romaines si nombreuses partageant le même danger. On déplora l'usage que tant de braves (car des deux côtés c'étoient des troupes d'élite) (15) alloient faire de leur valeur, sur-tout en réfléchissant que c'étoient des Romains qui alloient combattre contre des Romains. A l'approche du moment critique, l'ambition qui avoit jusqu'alors enflammé, aveuglé toutes les ames, s'éteignit et fit place à la terreur. Le bon sens imposa silence à la vaine passion de la gloire : il mesura le danger, il en approfondit la cause. On ne vit que deux citoyens qui disputoient entre eux à qui auroit la première place (16), qui, pour cela, s'exposoient à perdre eux-mêmes la vie, à ne pouvoir plus rester, après leur défaite, même dans le rang des derniers citoyens, et qui compromettoient en même temps un très grand nombre de gens de bien pour leur querelle. On se rappeloit qu'ils avoient été autrefois amis, alliés par des relations domestiques (17), que c'étoit par un commerce réciproque de bons offices qu'ils avoient étendu leur crédit et agrandi leur influence; tandis que dans ce moment ils avoient le glaive tiré l'un contre l'autre, entraînant dans la même impiété, dans le même sacrilège les deux armées qu'ils commandoient, dont les soldats appartenoient à la même nation, à la même cité, à la même tribu, à la même famille, et dont même quelques uns étoient frères (18) : car cette circonstance ne manqua point à l'horreur de cette bataille. Il étoit dans l'ordre qu'un combat qu'alloient se livrer deux armées si nombreuses de la même nation fût signalé par des évènements inouis. En y songeant l'un et l'autre, les deux chefs se sentirent émus d'un repentir qui alors ne pouvoit plus rien produire, et chacun d'eux, en réfléchissant que les résultats de cette journée alloient le rendre le premier ou le dernier des mortels, rougissoit d'avoir engagé la querelle. On prétend qu'ils s'attendrirent l'un et l'autre jusqu'à répandre des larmes.

Ans de Rome.
706.

LXXVIII. Pendant qu'on hésitoit, et que les deux armées ne faisoient encore que se regarder, le jour étoit avancé (19). Des deux côtés les deux phalanges romaines se tenoient dans une immobilité complète. Mais Pompée, voyant que ses alliés s'agitoient d'impatience, et craignant qu'ils ne répandissent le désordre avant la bataille, donna le premier le signal : César le donna de son côté. Aussitôt les trompettes de ces deux nombreuses armées sonnèrent la charge. Des deux côtés les hérauts, les officiers supérieurs se mirent en mouvement pour échauffer les courages. Les deux armées se coururent sus à pas redoublés, mais avec une sorte de stupeur concentrée, et dans le plus profond silence, comme accoutumées de longue main à livrer des batailles de ce genre. Lorsqu'elles furent à la portée des traits et des pierres, les archers et les frondeurs commencèrent à donner; et comme la cavalerie étoit un peu en avant de l'infanterie, les corps de cette arme s'attaquèrent et se chargèrent réciproquement. La cavalerie de Pompée, qui avoit la supériorité du nombre, vint cerner la dixième légion. César alors donna le signal aux trois mille hommes qu'il avoit placés en embuscade. Ces trois mille hommes se précipitèrent sur la cavalerie de Pompée, la lance à la hauteur nécessaire pour frapper les cavaliers au visage (20). Ceux-ci épouvantés par cette attaque à l'improviste, et craignant d'ailleurs d'être blessés dans les yeux et dans la figure, prirent la fuite en désordre; et, ayant ainsi laissé à découvert ce côté de l'infanterie de Pompée, la cavalerie de César, qui avoit craint elle-même d'être tournée, vint de ce côté-là tourner l'ennemi.

LXXIX. Pompée, instruit de cet événement, envoya ordre à son infanterie de ne pas bouger, de ne pas sortir de l'ordre de la phalange, de ne plus tirer de flèches, mais d'attendre de pied ferme, et la lance en arrêt, la charge de l'ennemi : manœuvre militaire que plusieurs capitaines louent comme excellente quand on est cerné, mais que César improuve dans quelqu'une de ses lettres (21) : car, selon lui, les blessures faites par des armes lancées d'une certaine distance sont plus profondes, et la course échauffe le courage de l'assaillant; au lieu que celui qui se laisse charger se décourage d'autant, et qu'immobile comme un terme, il fait beau jeu par son immobilité même à son ennemi. Ce qui arriva en effet dans cette circonstance; car la dixième légion s'étant précipitée pour cerner l'aile gauche de l'armée de Pompée, dénuée de cavalerie, elle l'accabla de tous côtés, dans son immobilité, à coups de flèches dans les flancs, jusqu'à ce que fondant dessus au moment où le désordre se répandant dans cette aile gauche par l'effet de cette situation, on la mit entièrement en déroute, ce qui commença la victoire (22). Le reste du gros des deux armées se battoit sur divers points avec beaucoup de courage. On faisoit un carnage affreux. Aucune clameur ne s'élevoit du milieu des deux phalanges, parmi une aussi horrible mêlée. On n'entendoit les cris ni de ceux qui recevoient la mort, ni de ceux qui recevoient des blessures : on n'entendoit que les sanglots et les soupirs de ceux qui tomboient en périssant avec honneur à leur poste. Les alliés, comme s'ils n'eussent été appelés que pour être témoins du spectacle de cette bataille, admiroient la fermeté avec laquelle chacun conservoit son rang; et, dans cette espèce d'extase, ils n'osoient point exécuter l'ordre qui leur étoit donné d'aller attaquer les tentes de César, qui n'étoient gardées que par peu de monde et par les plus vieux de ses soldats. Ils ne surent que rester en place dans une sorte de stupeur.

LXXX. Lorsque l'aile gauche de Pompée commença de plier, elle ne céda le terrain que pied à pied, sans pour cela cesser de combattre. Cependant les alliés prirent la fuite à la débandade, sans coup férir, en criant : « Nous sommes vaincus »; et renversant leurs propres retranchements et leurs tentes, comme ils auroient renversé ceux de l'ennemi, ils enlevèrent, comme s'ils eussent pillé, tout ce qu'ils pouvoient emporter dans leur fuite. Déjà le reste de la phalange de Pompée, qui avoit senti le mauvais succès de son aile gauche, commença de plier aussi, mais en bon ordre et en se battant toujours de son mieux. Mais l'ennemi ayant redoublé d'efforts, comme on le fait quand on s'aperçoit qu'on prend le dessus, mit la phalange en déroute. César eut alors l'excellente idée, pour empêcher les légions de Pompée de se rallier, et afin que le résultat de cette journée ne se bornât pas au gain d'une seule bataille, mais que la guerre se trouvât finie, de faire proclamer par ses hérauts, de tous les côtés, dans les rangs de son armée, que les vainqueurs s'abstinssent de faire aucun mal aux soldats romains, et qu'ils se bornassent à courir sus aux alliés (23). Les hérauts s'approchèrent en même temps des vaincus, et les invitèrent à rester en place sans rien craindre. Cette proclamation se propageant de proche en proche, chacun s'arrêta, et l'on eût dit que *rester en place sans rien craindre* étoit en quelque sorte le mot d'ordre de l'armée de Pompée, composé d'ailleurs de soldats qui portoient le même costume militaire que les soldats de César et parloient la même langue. Les soldats de César laissant donc les légionnaires de Pompée de côté, se jetèrent sur les alliés qui ne pouvoient point leur résister, et ils en firent un grand carnage.

LXXXI. Quand Pompée vit la déroute de son armée il perdit la tête, et ayant pas à pas regagné son camp, il se rendit dans sa tente et s'y assit sans proférer un seul mot. Il sembloit être dans la même situation où étoit Ajax, fils de Télamon, au siège de Troie, selon ce qu'on en raconte, lorsqu'au milieu même d'une bataille les Dieux lui ôtèrent l'usage de ses sens (24). Pompée fut suivi dans son camp par très peu des siens; car la proclamation de César les faisoit rester en place sans aucun danger, et les vainqueurs les ayant dépassés, les vaincus se dispersoient les uns d'un côté, les autres de l'autre. Le jour étant sur son déclin, César parcourut avec beaucoup de rapidité les divers rangs de son armée, suppliant ses troupes d'aller leur train jusqu'à ce qu'elles eussent enlevé le camp de Pompée, en leur représentant que si elles donnoient le temps à l'ennemi de se rallier, elles n'auroient gagné qu'une bataille, au lieu que si elles enlevoient le camp de l'ennemi, elles auroient en même temps terminé la guerre. Il leur tendit les mains en signe de supplication, et se mit le premier en avant. Les troupes étoient excédées de fatigue; mais la judicieuse observation de leur chef, et son exemple, en prenant le chemin du camp ennemi, leur donnèrent un nouveau courage (25). A cette impulsion se joignoit celle des succès qu'elles venoient d'obtenir, et l'espoir de s'emparer du camp et d'y faire un butin considérable; car lorsque les hommes sont animés par la prospérité et par l'espérance, ils ne s'aperçoivent point qu'ils sont fatigués. Les troupes de César fondirent donc sur le camp de Pompée, traitant avec beaucoup de mépris ceux qui se présentoient pour leur résister. Pompée, instruit de ce mouvement de l'ennemi, sortit du profond silence où il étoit resté jusqu'alors, en disant : « Quoi! jusque « dans notre camp (26) »! Et à ces mots, ayant changé de costume, il monta à cheval avec quatre de ses amis seulement (27), et ne s'arrêta que le lendemain au point du jour, qu'il arriva à Larisse; tandis que César, ainsi qu'il s'en étoit vanté lorsqu'il faisoit les apprêts de la bataille, vint se reposer dans le camp de Pompée, qu'il mangea son propre souper, et que ses troupes dans chaque tente se régalèrent aux dépens de l'ennemi.

LXXXII. Le nombre des Romains qui périrent dans cette journée (car on ne compta point les morts parmi les alliés, soit par mépris, soit à cause de la quantité) fut, du côté de César, de trente centurions et de deux cents, ou, selon quelques historiens, de douze cents légionnaires (28). Du côté de Pompée, périrent dix sénateurs, entre autres L. Domitius, qui avoit été envoyé par le sénat pour succéder à César dans le commandement des Gaules, et environ quarante chevaliers des plus distingués. Quant au reste de l'armée, ceux qui exagèrent en portent le nombre jusqu'à vingt-cinq mille (29); mais Asinius Pollion (30), qui étoit un des chefs de César à cette bataille, n'a porté le nombre des morts du côté de Pompée qu'à six mille. Tel fut le résultat de la célèbre journée de Pharsale. César mérita d'obtenir sur tous ses compagnons d'armes les prix militaires du premier et du second ordre. Il n'y eut qu'une voix unanime à son égard, ainsi qu'à l'égard de la dixième légion. Le troisième rang fut décerné au centurion Crastinus (31). Au moment où César sortoit de son camp pour se ranger en bataille, il demanda à Crastinus ce qu'il se promettoit de cette journée. Crastinus lui répondit à très haute voix, et avec l'accent du courage, « Nous vaincrons, César, et soit « que je vive, soit que je meure, vous serez content « de moi. » Toute l'armée attesta que, semblable à un forcené, il avoit couru de rang en rang, ne cessant de faire des actions brillantes. Après que son cadavre eut été trouvé parmi les morts, César le fit couvrir des prix militaires dont il avoit été jugé digne. Il lui fit rendre les honneurs funèbres et ériger un monument séparé à côté de la fosse où furent inhumés tous les autres (32).

NOTES.

(1) *Causa jubet melior superos sperare secundos.* Lucan. Lib. VIII, v. 349.

(2) Le discours que Lucain lui fait tenir est tout différent. Liv. VII, *vers.* 330 *et seq.*

(3) Ce sont les propres termes de Plutarque, *Vie de Pompée, 98.*

(4) *In primis commemoravit, testibus se militibus uti posse, quanto studio pacem petisset; quæ per Vatinium in colloquiis; quæ per Aulum Claudium cum Scipione egisset; quibus modis ad Oricum cum Libone de mittendis legatis contendisset.* Cæsar, de bello civili, lib. III.

(5) C'est ainsi que César rendoit justice à Pompée. Il savoit bien que Pompée ne donnoit la bataille que parcequ'on le forçoit à la donner. Il se rappeloit qu'en partant pour l'Ibérie où il alloit combattre Afranius et Pétréius, il avoit dit, « Je « marche contre une armée sans général, et je marcherai en- « suite contre un général sans armée. » *Professus antè inter suos ire se ad exercitum sine duce, et indè reversurum ad ducem sine exercitu.* Sueton, 34.

(6) . . . . *Graiis delecta juventus*
Gymnasiis aderit, studioque ignava palestræ,
Et vix arma ferens, et mistæ dissona turbæ
Barbaries, non illa tubas, non agmine moto
Clamorem latura suum. Civilia paucæ
Bella manus facient.
Lucan. lib. VII, v. 270.

(7) *Voces quoque obequitantis (Cæsaris) exceptæ, altera cruenta sed docta, et ad victoriam efficax,* miles faciem feri, *altera ad jactationem composita,* parce civibus. *Florus, lib. IV, cap. 2.* Dans la harangue que Lucain lui prête, il a fait entrer cette idée.

Di, quorum curas abduxit ab æthere tellus,
Romanusque labor, vincat quicunque necesse

Non putat in victos sævum distringere ferrum ;
Quique suos cives, quod signa adversa tulerunt,
Non credit fecisse nefas.
Lib. VII, v. 311.

(8) L'auteur de la Pharsale a terminé le discours de César par le même trait.

Sternite jam vallum, fossasque implete ruind
Exeat ut plenis acies non sparsa maniplis.
Parcite ne castris. Vallo tendatis in illo
Undè acies peritura venit.
Lib. VII, v. 326.

(9) Appien emploie ici une locution proverbiale qu'il n'étoit pas possible de faire passer dans notre langue. Les interprètes latins l'ont rendue par *rebus (ut est in proverbio) adductis ad novaculam.* Cette locution est familière aux auteurs grecs en pareil cas. C'est ainsi qu'Homère fait dire à Nestor,

Νῦν γὰρ δὴ πάντεσσιν ἐπὶ ξυροῦ ἵσταται ἀκμῆς,
Ἢ μάλα λυγρὸς ὄλεθρος Ἀχαιοῖς ἠὲ βιῶναι.
Iliad. lib. X, v. 173 et 174.

On la retrouve dans le cinq cent cinquante-septième vers de Théognis, ainsi que dans le sixième livre d'Hérodote, §. XI. M. Larcher, pour rendre littéralement cette locution, a dit : *Nos affaires sont sur le tranchant du rasoir.* Voyez sa note au bas du texte de sa traduction, tom. 4, pag. 96. de la nouvelle édition.

(10) C'étoit ce Domitius que le sénat avoit nommé pour aller prendre possession des provinces dont César avoit le commandement. Voyez ci-dessus, sect. XXXVIII.

(11) C'étoit le même Sylla que Cicéron avoit défendu quelque temps auparavant contre un jeune patricien nommé Torquatus, qui vouloit le faire condamner pour fait de complicité dans la conspiration de Catilina.

(12) Plutarque le distingue par le surnom de *Calvinus. Vie de Pompée,* 93 ; *Vie de César,* 57. Du reste, le même histo-

rien place Pompée à la tête de son aile droite, au lieu de Lentulus, et il met César à la place de Sylla.

(13) Plutarque, *Vie de Pompée*, 98, à la fin ; *Vie de César*, 59.

(14) Plutarque, *Vie de Pompée*, 100.

(15) Si les légions romaines qui étoient sous les ordres de Pompée étoient des troupes d'élite, comme le dit ici Appien, César avoit tort de dire comme il le fait, sect. LXXIV, « qu'il « n'est pas difficile à des soldats qui ont vieilli sous le harnois « de vaincre des troupes qui en sont encore à leur première « campagne. »

(16) Elle n'est que trop vraie, cette maxime puisée dans la nature du cœur humain, que Lucain a placée au commencement de sa Pharsale, vers 89 et suivants,

Dum terra fretum terramque levabit
Aer, et longi volvent Titana labores,
Noxque diem cælo totidem per signa sequetur,
Nulla fides regni sociis, omnisque potestas
Impatiens consortis erit.

(17) On a vu plus haut que Pompée avoit épousé Julie, fille de César. C'est d'après ce fait historique que le grand Corneille a noblement débuté dans sa tragédie de la mort de Pompée par ces deux vers qui seroient ridicules par-tout ailleurs :

« Le destin se déclare et nous venons d'apprendre
« Ce qu'il a résolu du beau-père et du gendre.

(18) S'il faut en croire Lucain, César avoit pourvu à ce que les sentiments de la consanguinité ne vinssent pas affoiblir le courage des combattants.

.... *Civis qui fugerit esto ;*
Sed dum tela micant, non vos pietatis imago
Ulla nec adversâ conspecti fronte parentes
Commoveant; vultus gladio turbate verendos.
Lib. VII. v. 320 et seq.

(19) Ceci ne s'accorde point avec la narration de César,

qui dit que la déroute de l'armée de Pompée n'eut lieu que vers midi, et que, quoique ses troupes fussent excédées de la fatigue et de la chaleur du combat, il les invita à profiter de la faveur de la fortune et à s'emparer du camp ennemi. *Cæsar Pompeianis ex fugâ intra vallum compulsis nullum spatium perterritis dari oportere æstimans, milites cohortatus est ut beneficio fortunæ uterentur, castraque oppugnarent, qui, etsi magno æstu fatigati, nam ad meridiem res erat perducta, tamen ad omnem laborem animo parati, imperio paruerunt.* Bell. Civil. lib. III, 95.

(20) Rutgersius (*variar. lect. lib. I, 4.*) a combattu l'opinion des historiens qui ont prétendu, comme le fait ici Appien, que César n'avoit donné l'ordre dont parle Florus, *miles faciem feri*, que parcequ'il savoit que la cavalerie de Pompée étoit composée de jeunes Romains, damoiseaux amoureux de leur figure, qui ne résisteroient point au danger de se faire balafrer. Rutgersius a prétendu de son côté que l'ordre de porter les coups au visage avoit été général, et que César avoit voulu empêcher par-là que ses soldats, venant à reconnoître leurs proches parents dans la mêlée, ne les épargnassent, et que c'étoit dans ce sens que l'avoit entendu Lucain, lorsqu'il avoit dit *vultus gladio turbate verendos*. Quoi qu'il en soit de cette opinion de Rutgersius, César avoit assez l'expérience des armes pour savoir, comme le dit Tacite, *Germ.* 43, 11, « que dans tous les combats c'est par les yeux que commence « la défaite », *primi in omnibus præliis oculi vincuntur.* Cette manière, d'ailleurs, n'étoit pas nouvelle dans la tactique des Romains; car Polybe, dans son livre II, c. 23, en a un exemple.

(21) Si Appien parle ici des Lettres de César au lieu de citer ses Commentaires, c'est, suivant Schweighæuser, parceque cet historien ne paroît avoir fait aucun usage de cet ouvrage de César, soit parcequ'il ne l'avoit pas sous la main, soit plutôt parceque Asinius Pollion, ainsi que l'atteste Suétone (*in Jul. Cæs.*, 56) en avoit rendu la véracité suspecte. Appien avoit une grande confiance dans Asinius Pollion, dont les mémoires

lui servoient de guide sur beaucoup de faits; et c'est probablement la raison qui lui fit préférer le jugement de Pollion
sur les Commentaires de César, à celui que Cicéron en avoit
porté. Quant à ses lettres, adressées au sénat, de l'existence
desquelles Suétone porte également témoignage à l'endroit cité,
il est probable qu'Appien y ajoutoit plus de foi, précisément
parceque Asinius Pollion n'en avoit rien dit de défavorable.
Au surplus, César et Plutarque contrarient ici le récit de
notre auteur; car ils appliquent au premier engagement de
la bataille la manœuvre de Pompée, qu'Appien n'applique
qu'à l'état des choses, après que la cavalerie de Pompée eut
été mise en déroute. César, *Bell. civil. Liv.* III; Plutarque,
Vie de Pompée, 93; *Vie de César*, 58.

(22) Ce qu'Appien dit ici, que la dixième légion de César
commença la victoire, s'accorde avec ce que raconte Plutarque, *Vie de Pompée*, 102. Ce fut, en effet, le choc de
cette légion contre l'aile gauche de l'armée de Pompée, joint
à la vigueur avec laquelle les six cohortes de réserve chargèrent cette même aile gauche sur ses flancs, qui fit gagner
la bataille. Schweighæuser s'étonne que César ne fasse aucune mention de sa dixième légion dans les détails qu'il donne
à cet égard, et il a imaginé que, dans ses lettres au sénat et à
ses amis, il rendit d'abord à cette légion la justice qu'elle méritoit; mais que, depuis, cette dixième légion ayant pris une
part très vive à une sédition qui éclata dans l'armée de César,
comme on le verra bientôt, César fut tellement indigné de la
conduite de ce corps auquel il avoit dans tous les temps
montré une affection toute particulière, qu'il saisit avec avi-
dité l'occasion de s'en venger, en dissimulant dans ses Commentaires la grande part qu'elle avoit eue à la victoire dans
la journée de Pharsale. Voyez la note de Schweighæuser,
tom. 3, p. 764.

(23) On a déjà vu Florus rapporter que César, du moment qu'il vit la bataille gagnée, courut à cheval de rang

en rang, criant aux siens : *Parce civibus.* Lucain lui rend le même témoignage.

Vos tamen hoc oro juvenes, ne cædere quisquam
Hostis terga velit, civis, qui fugerit, esto.
   Lib. VII, v. 318.

Paterculus en avoit dit autant avant Lucain et Florus, *Ut primùm C. Cæsar inclinatam vidit Pompeianorum aciem, neque priùs neque antiquiùs quidquam habuit quàm indemnes partes (ut militari et verbo et consuetudine utar) dimitteret;* et, à ce propos, cet historien s'écrie : « Dieux immortels ! quel prix de cette clémence envers Brutus César reçut-il depuis ! » *Pro Dii immortales ! quod hujus voluntatis erga Brutum suæ posteà vir tàm mitis pretium tulit!* Lib. II, c. 52.

(24) Appien fait allusion à un passage du onzième livre de l'Iliade, v. 543 et suivants, où Homère peint Ajax comme pétrifié de terreur par Jupiter, en présence des Troyens. Plutarque, dans la vie de Pompée, a rappelé le même trait, et a même cité ces trois vers de ce poëte.

Ζεὺς δὲ πατὴρ Αἴανθ᾽ ὑψίζυγος ἐν φόβον ὦρσε
Στῆ δὲ ταφὼν ὄπιθεν δὲ βάλεν σάκος ἑπταβόειον
Τρέσσε δὲ παπτήνας ἐφ᾽ ὁμίλου θηρὶ ἐοικώς.

(25) Voyez ci-dessus note 19, chap. 11.

(26) Plutarq. *Vie de Pompée,* 103.

(27) Paterculus nomme en effet quatre personnes qui accompagnèrent Pompée dans sa fuite, les deux Lentulus, Favonius, et Sextus son fils, *Pompeius profugiens cum duobus Lentulis, consularibus, Sextoque filio, et Favonio prætorio, quos comites ei fortuna adgregaverat.* Lib. II, c. 53; Plut. *Vie de Pompée,* 104.

(28) César dit en effet dans ses Commentaires, liv. III, qu'il ne perdit que deux cents soldats, et environ trente centurions. *In eo prælio non ampliùs ducentos milites de-*

sideravit, sed centuriones fortes viros, circiter triginta amisit.

(29) César le porte à quinze mille. *Ex Pompeiano exercitu circiter millia quindecim cecidisse videbantur.* Ibid.

(30) On voit qu'Appien paroît avoir en effet beaucoup de confiance dans les mémoires historiques d'Asinius Pollion.

(31) Plutarque, qui parle de ce centurion en deux endroits, dans la Vie de César, 59, dans la Vie de Pompée, 101, le nomme la première fois Caïus Crassinius, et la seconde Caïus Crassianus. D'ailleurs, il lui fait tenir le même langage que lui fait tenir Appien. Florus et César lui donnent, comme Appien, le nom de Crastinus. Ce fut lui, selon Florus, qui engagea la bataille; il ajoute qu'on le trouva parmi les morts percé d'un glaive qui lui étoit entré par la bouche. *Annotatum quoque committentis aciem Crastini pilum; qui mox adacto in os gladio sic inter cadavera repertus libidinem ac rabiem quâ pugnaverat ipsâ novitate vulneris præferebat.*

(32) Plutarque rapporte, sur le témoignage d'Asinius Pollion, que César étant entré dans le camp de Pompée, « et y voyant les corps estendus de ceulx que l'on avoit ja « tuez, et d'autres que l'on tuoit encore, se prit à dire en « soupirant, ils l'ont eulx-mêmes ainsi voulu, et m'ont à « ce contraint. » *Vie de César*, 60. Paterculus dit que cette journée n'eut rien de plus admirable et de plus illustre que cette circonstance, c'est que la patrie n'eut à regretter en citoyens romains que ceux qui restèrent sur le champ de bataille. *Nihil illâ victoriâ mirabilius, magnificentius, clarius fuit, quandò neminem nisi acie consumptum civem patria desideravit.* Lib. II, c. 59. Je passe sous silence les ridicules présages qui pronostiquèrent cette victoire, et sur-tout le trait de ce devin de Padoue, Caïus Cornélius, que Plutarque, Vie de César, 61, et Aulu-Gelle dans ses Nuits Attiques, liv. XV, chap. 18, ont conservé.

CHAPITRE XII.

Pompée prend la route de l'Égypte. Il est assassiné par les satellites du jeune Ptolémée. Les grands de Rome, échappés de la bataille de Pharsale, se retirent à Corcyre auprès de Caton. Sur le refus de Caton, Scipion est nommé général en chef, pour relever le parti de Pompée. Les uns suivent Scipion en Afrique; les autres suivent le jeune Pompée en Ibérie.

Ans de Rome. 706.

LXXXIII. Quant à Pompée, sans s'arrêter à Larisse, il poussa du même train jusqu'aux bords de la mer, où il entra dans un esquif, et de là dans un vaisseau qui passoit, et qui le conduisit à Mitylène (1). Ayant recueilli dans cette ville Cornélie son épouse, et fait appareiller quatre trirèmes, qui se trouvoient dans le port, et que les Tyriens et les Rhodiens lui avoient envoyées, il ne voulut point prendre la route de Corcyre, ou de la Libye, lieux où il avoit des troupes nombreuses, et beaucoup de forces navales. Il se dirigea vers l'Orient, du côté des Parthes, comme s'il eût dû trouver chez eux toutes ses ressources, et il ne fit connoître son intention à ses amis que lorsqu'il fut à la hauteur de la (2) Cilicie. Ceux-ci pensèrent qu'il devoit se défier des Parthes, qui avoient eu naguères à se plaindre de Crassus, et qui étoient encore enivrés des succès qu'ils avoient obtenus contre lui. Ils lui représentèrent qu'il y avoit du danger à mener chez des barbares indomtés une femme respectable comme Cornélie, et qui d'ailleurs avoit été auparavant l'épouse de Crassus. Il proposa ultérieurement de gagner l'Égypte, ou les états de Juba. Mais ce dernier prince parut trop peu recommandable, et fut dédaigné. On se décida donc pour l'Égypte, qui étoit voisine, qui formoit un grand royaume, encore en pleine prospérité, et d'une grande ressource en vaisseaux, en subsistances, et en argent. Ceux qui en occupoient le trône, quoique encore enfants, avoient avec Pompée des relations d'amitié, du chef de leur père (3). Déterminé par ces considérations, il prit le chemin de l'Égypte.

LXXXIV. Cléopâtre qui partageoit le trône avec son frère, s'étoit assez récemment échappée de l'Égypte, pour aller en Syrie se mettre à la tête d'une armée. Ptolémée, son frère, étoit venu prendre poste auprès du mont Casius (4), sur les frontières de l'Égypte, pour être en mesure contre toute invasion de la part de sa sœur. Le mauvais génie de Pompée fit que les vents le dirigèrent précisément vers le mont Casius. A l'aspect de la nombreuse armée qui étoit sur le rivage, Pompée fit arrêter ses vaisseaux, jugeant avec raison que le roi étoit là. Il dépêcha quelqu'un vers ce prince, pour lui rappeler les droits de l'amitié qui l'unissoient avec son père (5). Mais Ptolémée n'étant âgé au plus que de treize ans, il étoit sous la tutelle d'Achillas (6), qui avoit le commandement des troupes, et de l'eunuque Pothinus, qui administroit le trésor public. On tint conseil pour délibérer sur le compte de Pompée. Le rhéteur Théodote, originaire de Samos (7), et qui eut séance à ce conseil en qualité d'instituteur du jeune prince, ouvrit l'exécrable avis de tendre un piège à Pompée, et de l'égorger, pour faire la cour à César. Cet avis ayant été adopté, on lui dépêcha une méchante petite nacelle, sous prétexte que la mer avoit des bas-fonds, et qu'elle étoit difficile pour les gros vaisseaux. Quelques uns des officiers du prince entrèrent dans cette nacelle (8), et avec eux, un Sempronius, citoyen romain, alors au service de Ptolémée, et qui avoit auparavant porté les armes sous Pompée même. Ce fut lui qui présenta la main à Pompée de la part du roi, et qui l'invita à se rendre auprès du jeune prince, comme auprès de son ami. Là-dessus, l'armée entière se rangea en bataille le long du rivage, comme pour faire honneur à Pompée, et le roi se faisoit distinguer au milieu, en habit de pourpre.

LXXXV. Cependant tout parut suspect à Pompée, et le mouvement qu'on avoit fait faire aux troupes, et la médiocrité de l'embarcation, et la conduite du roi, qui n'étoit pas venu lui-même, et qui ne lui avoit point envoyé quelqu'un de ses premiers officiers (9). Il se rappela alors ces deux vers d'une des tragédies de Sophocle, « Quiconque se « rend auprès d'un tyran, en devient l'esclave, « quelque libre qu'il fût auparavant (10) »; et il descendit dans la nacelle. Pendant le trajet, tout le monde gardoit le silence, ce qui lui parut encore plus suspect. Soit qu'il reconnût Sempronius pour un Romain qui avoit servi sous ses ordres, soit qu'il le jugeât tel, parcequ'il le voyoit seul debout, selon les règles de la discipline militaire, qui ne permettoient point à un soldat de s'asseoir à côté de son général, il se tourna vers lui et lui dit: « Ne te « reconnois-je pas, camarade (11) » ? Sempronius ne répondit à cette question que par un signe de tête, et Pompée s'étant retourné, Sempronius fut le premier qui le frappa. A ce signal, les autres assassins de Pompée l'assaillirent (12). Sa femme et ses amis, témoins dans le lointain de cet horrible spectacle, se répandirent en cris de douleur; ils élevèrent leurs mains vers les dieux vengeurs de la foi violée, et s'éloignèrent sur-le-champ de l'Égypte, comme d'une terre ennemie.

LXXXVI. Les satellites de Pothinus coupèrent la tête de Pompée, et la gardèrent pour la présenter à César, dans l'espoir d'en recueillir une grande récompense. Mais César vengea, comme il le devoit, cet abominable attentat (13). Quelqu'un inhuma sur le rivage le reste du corps de Pompée, et lui érigea un médiocre monument (14). Une autre personne grava sur ce monument l'inscription suivante :

Quelle ignoble poussière couvre la tombe de celui à qui on auroit dû élever des temples (15)!

A la longue, ce monument avoit été entièrement enseveli sous le sable. Toutes les images d'airain que les partisans de Pompée lui avoient ultérieurement consacrées dans un temple voisin du mont Casius, avoient été entièrement dégradées, et l'on les avoit reléguées dans un des coins les plus reculés du temple.

Ans de Rome. 706.

Mais, de mon temps, l'empereur Adrien, dans un voyage qu'il fit en Égypte, fit faire des perquisitions et découvrit le tombeau de Pompée, qu'il fit restaurer, pour en faire encore un monument distingué. Il fit également remettre en bon état toutes ses images. Telle fut, au reste, la fin de ce grand homme, qui avoit obtenu les plus brillants succès dans les plus importantes expéditions militaires, qui avoit rendu les services les plus signalés à la république, et qui de là avoit été surnommé *le Grand*. Jusqu'à cette époque, il n'avoit jamais été vaincu ; et, depuis sa jeunesse, la fortune et la gloire avoient conspiré en sa faveur. Car depuis l'âge de vingt-trois ans, jusqu'à cinquante-huit, il ne cessa point d'être en fonctions, exerçant par son influence une sorte d'autorité monarchique, avec une haute réputation de popularité, qu'il s'étoit acquise en se déclarant contre César.

LXXXVII. Lucius Scipion, son beau-père, et tous les autres personnages illustres qui s'étoient sauvés de la bataille de Pharsale, mieux avisés que Pompée, se rendirent en diligence à Corcyre, auprès de Caton, qui y avoit été laissé à la tête d'une autre armée, et de trois cents vaisseaux (16). Les plus éminents d'entre eux s'étant distribué les forces navales, Cassius fit voile pour le royaume de Pont, où il alla soulever Pharnace contre César. Scipion et Caton firent voile pour la Libye, sûrs de l'appui de Varus, de son armée, ainsi que de Juba, roi de Numidie, son allié. Pompée, le fils aîné du grand Pompée, suivi de Labiénus, et de Scapula, se rendit en hâte, avec une partie de l'armée, en Ibérie; et l'ayant détachée du parti de César, ils formèrent une nouvelle armée d'Ibériens, de Celtibériens, et d'esclaves; ce qui les mit sur un pied très imposant. Telles étoient néanmoins les grandes ressources qui restoient à Pompée, lorsqu'il prit la fuite en homme qui avoit perdu la tête (17). Ceux de ses partisans qui étoient restés en Libye voulurent donner le commandement en chef à Caton; mais il le refusa, sous prétexte qu'ils avoient parmi eux des personnages consulaires, ses anciens dans les magistratures, tandis qu'il n'avoit encore à Rome été lui-même que préteur (18). Le commandement général fut donc déféré à Lucius Scipion. Il augmenta chaque jour son armée. Il la tint constamment en haleine. Ce fut donc en Libye et en Ibérie que se rallia d'une manière imposante le parti de Pompée, pour agir de concert contre César.

NOTES.

(1) Mitylène étoit située dans l'île de Lesbos, sur la côte orientale. Elle fut une des villes célèbres de l'ancienne Grèce. Alcée, Sapho, Pittacus, AEschine, y reçurent le jour. Outre les géographes de l'antiquité, voyez l'article de cette ville dans la table géographique de l'Hérodote de M. Larcher. Voyez Plutarque, *Vie de Pompée*, 103 et 104.

(2) *Pulsus Hedris in deserto Ciliciæ scopulo, fugam in Parthos, Africam vel AEgyptum agitaret,* Flor. lib. IV, cap. 2.

(3) *AEgyptum petere proposuit memor beneficiorum quæ in patrem ejus Ptolemæi qui tùm puero quàm juveni propior regnabat.* Paterculus, lib. II, c. 53.

(4) Selon les anciens géographes, il y avoit deux montagnes de ce nom, qui séparoient la Syrie et la Palestine de l'Egypte. L'une de ces deux montagnes, et celle dont il est ici question, étoit voisine du lac Serbonis, et, suivant Strabon, à environ trois cents stades de Péluse. M. Larcher fait mention de ces deux montagnes dans la table géographique de son Hérodote; et je crois rendre service au lecteur de l'y renvoyer. Au surplus, Schweighæuser remarque qu'il vaudroit mieux écrire ce mot avec un seul *s*, au lieu d'en employer deux. M. Larcher est de cet avis, puisqu'il a écrit *Casius*; mais les anciens géographes écrivent *Cassius*, et leur autorité me paroît prépondérante.

(5) *Pelusium pervenit. Ibi casu rex erat Ptolemæus, puer ætate, magnis copiis, cum sorore Cleopatrâ bellum gerens, quam paucis antè mensibus per suos propinquos atque amicos regno expulerat. Ad eum Pompeius mitis ut pro hospitio atque amicitiâ patris, Alexandriâ reciperetur, atque illius opibus in calamitate tegeretur.* Cæsar, Bello civili, lib. III; Plutarq. *Vie de Pompée*, 107.

(6) Paterculus n'a pas fait attention à cette circonstance lorsqu'il s'est écrié : *Sed quis in adversis beneficiorum servat memoriam ? quis ullam calamitosis deberi putat gratiam? aut quandò fortuna non mutat fidem?* Il venoit de dire, en parlant de Ptolémée, qu'il étoit plus près de l'enfance que de l'adolescence, *Puero quàm juveni propior.* Il ne devoit donc pas reprocher à ce prince enfant une ingratitude, une déloyauté, un défaut de commisération qui n'étoit pas de son fait.

(7) Selon Plutarque, vie de Pompée, 108, ce Théodote étoit natif de Chio. Le même historien rapporte que ce rhéteur combattit tour à tour l'opinion d'accueillir Pompée, et de le repousser, et qu'il ouvrit et fit passer l'avis de lui tendre un piège, et de l'assassiner, ajoutant à ses motifs politiques ce mot atroce, *Un homme mort ne mord point,* digne de faire le pendant d'un mot plus atroce encore, proféré de nos jours, *Il n'y a que les morts qui ne reviennent pas.*

(8) Plutarque dit qu'Achillas, le commandant en chef des troupes de Ptolémée, fut chargé de cette horrible commission. *Vie de Pompée,* 109.

(9) Ceci paroît contredire Plutarque. Voyez la note précédente.

(10) La tragédie de Sophocle, à laquelle ces deux vers appartenoient, n'est point venue jusqu'à nous. Plutarque rappelle ces deux vers dans cet endroit de la vie de Pompée. Dion Cassius les rappelle aussi, liv. XLII. 4. *Voy.* Diogène Laerce, II, 82.

(11) Plutarque et Florus le nomment Septimius, au lieu de Sempronius. César et Dion Cassius lui donnent le prénom de Lucius. Selon Plutarque, ce L. Septimius « avoit eu charge « de gens sous Pompée. » César dit qu'il avoit servi dans les troupes de Pompée en qualité de tribun militaire, *Tribunum militum;* et Florus ajoute que ce misérable avoit déserté les drapeaux de Pompée, *Et ne quid malis desit, Septimii desertoris sui gladio trucidatus.* Lib. IV, c. 2.

(12) Plutarque nomme un Salvius, citoyen romain, qui

avoit servi en qualité de centurion. Ce Salvius et Achillas dégaînèrent, et se joignirent à Septimius pour achever Pompée. *Ibid.*

(13) Il y a là-dessus une chose à observer, c'est que, d'après le récit de César lui-même, il paroît que ce fut moins pour venger Pompée qu'il fit donner la mort à Pothinus et à Achillas, que pour se venger lui-même de la conduite astucieuse de ces deux misérables à son égard, et des pièges qu'ils lui avoient tendus pour le perdre. Florus ne s'y est pas mépris. *Ultionem tanti viri manibus quærente fortunâ, caussa non defuit.* Lib. IV, cap. 2.

(14) Plutarque fait honneur de ce trait d'humanité à Philippus, un des affranchis de Pompée, et à un vieux citoyen romain que des malheurs avoient jeté sur cette plage lointaine. Il est impossible de lire sans un religieux attendrissement ce morceau de l'historien grec, et nous nous plaisons à payer ce tribut aux mânes du grand Pompée, de transcrire ici ce morceau. « Philippus, son affranchi, demeura toujours
« auprès jusques à ce que les Ægyptiens furent assouvis de
« le regarder ; et puis l'ayant lavé des eaux de la mer et
« enveloppé d'une sienne chemise, pourceque'il n'avoit autre
« chose, il chercha au long de la grève, où il trouva quel-
« que demourant d'un vieil bateau de pescheur, dont les
« pièces étoient bien vieilles, mais suffisantes pour brusler
« un pauvre corps nud, et encore non tout entier. Ainsi,
« comme il les amassoit et assembloit, il survint un Ro-
« main, homme d'aage, qui, en ses jeunes ans, avoit été
« à la guerre sous Pompéius ; si luy demanda, qui es tu,
« mon amy, qui fais cet apprest pour les funérailles du grand
« Pompéius? Philippus lui répondit qu'il estoit un sien af-
« franchi. Ha ! dit le Romain, tu n'auras pas tout seul cet
« honneur, et daigne-moi recevoir pour compagnon en une
« si sainte et si dévote rencontre, afin que je n'aye point
« occasion de me plaindre en tout et par tout de m'estre
« habitué en pays étranger, ayant en récompense de plu-
« sieurs maux que j'y ai endurés, rencontré au moins cette

« bonne aventure, de pouvoir toucher avec mes mains, et
« aider à ensevelir le plus grand capitaine des Romains. Voilà
« comment Pompéius fut enseputuré ». Version d'Amyot.

(15) O étrange vicissitude de la fortune ! Celui qui s'étoit
élevé à ce degré de gloire au-delà duquel il étoit impossible
d'aller, celui à qui l'univers n'offroit naguères aucune région qui n'eût été le théâtre de ses victoires, trouve à peine
un coin de terre où la main de l'humanité puisse lui creuser
un sépulcre ! *In tantum in illo viro à se discordante fortunâ, ut in id evecto super quod ascendi non potest, et
cui modò ad victoriam terra defuerat, deesset ad sepulturam.* Patercul. lib. II, c. 53.

(16) « Qui n'auroit cru, dit Florus, que la mort de Pompée n'eût été le terme de cette guerre ? Mais les cendres
« de l'incendie dont les champs thessaliens avoient été le
« théâtre, la rallumèrent avec une nouvelle fureur. » *Quis
non peractum esse cum Pompeio crederet bellum ? Atquin
acriùs multò atque vehementiùs Thessalici incendii cineres
recaluere.* Lib. IV, c. 2.

(17) ὑπὸ θεοβλαβείας, dit Appien, fidèle à ses principes.
On voit qu'il met constamment les fautes de Pompée sur le
compte d'une aliénation d'esprit qui étoit l'ouvrage des
Dieux ; ce qui rappelle cet adage non moins ancien que
véridique.

Ὅταν δ' ὁ Δαίμων ἀνδρὶ πορσύνῃ κακά,
Τὸν νοῦν ἔβλαψε πρῶτον,

qu'on a rendu en latin par, *Quos Deus vult perdere, priùs
dementat.* Ces paroles de Paterculus renferment la même
idée, et il les applique à César, *Profectò ineluctabilis fatorum vis cujuscunque fortunam mutare constituit, consilia
corrumpit.* Lib. II, c. 57.

(18) *Eorumque copias auxerat M. Cato ; qui vir, cùm
summum ei à militibus deferretur imperium, honoratiori
parere maluit.* Paterculus, lib. II, c. 54. Plutarque donne

les raisons de cette conduite de Caton : la première fut qu'il ne vouloit point transgresser les lois, lui qui ne combattoit que pour en maintenir l'empire ; or, les lois défendoient à un vice-préteur comme Caton, de prendre le commandement au préjudice de Scipion, qui avoit été nommé vice-consul. La seconde fut que les troupes auroient plus de confiance en Scipion, eu égard aux grandes choses que les illustres Romains de ce nom avoient faites en Afrique. Mais cette délicatesse du vertueux Caton qui, comme on voit, ne disoit pas, comme Marius et César, *Inter arma silent leges*, le perdit lui et les siens ; car s'il eût commandé en chef, il eût adopté en Afrique le système de temporisation qu'il appuyoit en Thessalie, et César n'y auroit pas résisté. *Sed fata jubebant.* Plut. *Vie de Caton d'Utique*, 75. Epitome de Tite-Live, liv. CXIII.

CHAPITRE XIII.

César, après avoir vaincu à Pharsale, va passer l'Hellespont sur de petits bateaux. Il est surpris par Cassius qui commandoit une grosse flotte. Cassius, au lieu de le combattre, lui livre ses trirèmes, et se met à son service. César arrive en Égypte. Après beaucoup de revers et de dangers, il finit par vaincre Ptolémée, et par placer Cléopâtre sa sœur sur le trône Il marche contre Pharnace. Il se rend à Rome pour y apaiser la sédition d'une partie de ses troupes.

LXXXVIII. DE son côté, César, après sa victoire, resta deux jours à Pharsale, pour faire des sacrifices, et pour laisser prendre à ses troupes un peu de repos. Il donna aux Thessaliens qui avoient combattu sous ses enseignes la liberté de s'en retourner chez eux. Aux Athéniens, qui sollicitèrent son indulgence, il la leur accorda, en leur disant : « combien « de fois, après vous être perdus vous-mêmes, ne se-« rez vous redevables de votre salut qu'à la gloire « de vos ancêtres? » Le troisième jour (1), après qu'il fut informé de la fuite de Pompée, il prit le chemin de l'Orient, et, faute de trirèmes, il passa l'Hellespont dans des nacelles. Cassius qui s'étoit rendu auprès de Pharnace, avec une flotte, se montra pendant qu'il étoit au milieu de son trajet. A la tête de plusieurs trirèmes, il avoit beau jeu contre des nacelles.

An de Rome. 706.

Ans
de
Rome.
706.

Mais ils s'en laissa imposer par la fortune de César, qui commençoit à devenir aussi célèbre que redoutable. Il pensa que César marchoit directement contre lui. Du haut de ses trirèmes il lui tendit des mains suppliantes, et ayant obtenu ses bonnes graces, ainsi qu'il le lui demandoit, il lui livra toute sa flotte. Tant eut d'ascendant sur l'esprit de Cassius la gloire des grands succès de César! Car je n'y vois point d'autre cause. Je ne pense pas qu'il y eût ici rien de plus que l'influence de la fortune, qui voulut que, dans une circonstance aussi critique pour César, Cassius, excellent capitaine, à la tête de soixante-dix trirèmes, le rencontrant au dépourvu, n'osât pas en venir aux mains avec lui; tandis que cet homme que la crainte livra si lâchement à César au passage de l'Hellespont, se mit depuis, à Rome, au nombre de ses assassins, lorsqu'il fut parvenu au pouvoir suprême : ce qui prouve bien clairement que dans cette conjoncture Cassius ne céda qu'à l'influence de la fortune du vainqueur de Pharsale.

LXXXIX. Après s'être ainsi sauvé, contre toute attente, et avoir passé l'Hellespont, César pardonna aux Ioniens, aux Eoliens, et à tous les peuples qui habitent la grande Chersonèse, autrement dite l'Asie mineure, qui députèrent vers lui dans cette intention. Il n'eût pas plutôt appris que Pompée avoit fait voile pour l'Égypte, qu'il s'embarqua lui-même pour Rhodes, et, sans y attendre toute son armée, qui n'arrivoit à Rhodes que par pelotons, il mit en mer avec la portion de ses troupes déjà rendue, et se servit à cet effet des trirèmes de Cassius et des Rhodiens; il ne dit rien à personne de l'endroit vers lequel il alloit diriger sa route, et sur le soir il mit à la voile, après avoir ordonné à tous les pilotes de suivre la lumière de son vaisseau, pendant la nuit, et son pavillon pendant le jour. A son propre pilote, lorsqu'on eut perdu la terre de vue, il lui ordonna de faire route vers Alexandrie, et dans trois jours la flotte arriva devant cette place. Comme Ptolémée étoit encore en campagne auprès du mont Casius, ses tuteurs vinrent accueillir César à Alexandrie. D'abord il fit semblant de n'avoir aucune intention hostile. Il avoit avec lui trop peu de monde (2). Il reçut avec beaucoup d'affabilité tous ceux qui vinrent le voir. Il fit le tour de la ville, et en admira la beauté. Il assista aux leçons des philosophes, confondu dans la foule. Cet air d'être venu en Égypte sans nul projet d'hostilité lui concilia parmi les habitants d'Alexandrie tous les esprits et toutes les affections (3).

XC. Mais aussitôt que son armée fut venue le joindre, il fit arrêter et punir de mort Achillas et Pothinus, comme coupables d'attentat sur la personne de Pompée (4). Cassius ayant fait ultérieurement arrêter en Asie le rhéteur Théodote (5), qui s'étoit sauvé en prenant la fuite, il le fit pendre. Cet acte de rigueur de César ayant soulevé contre lui les citoyens d'Alexandrie, et l'armée du roi s'étant mise en marche pour l'attaquer, il eut à soutenir plusieurs combats auprès de la capitale de l'Égypte, et sur les rivages de la mer qui l'environnent. Dans une de ces actions, il fut repoussé jusque dans la mer et obligé de nager long-temps entre deux eaux. Son manteau tomba entre les mains des citoyens d'Alexandrie, qui en firent un trophée. Enfin dans une bataille sur les bords du Nil, contre Ptolémée en personne, il remporta une grande victoire. Il lui fallut neuf mois de temps pour placer Cléopâtre sur le trône d'Égypte, à la place de Ptolémée son frère. Il remonta le Nil avec quatre cents vaisseaux, contemplant la beauté de ses rivages, ayant à sa suite Cléopâtre, auprès de laquelle il paroissoit d'ailleurs se complaire beaucoup. Mais je suis entré dans plus de détails sur chacun de ces évènements, dans mon livre sur l'histoire d'Égypte. Au reste, César ne put point soutenir l'aspect de la tête de Pompée qu'on lui présenta (6) : il ordonna qu'elle fût inhumée, et il consacra en son honneur, sur le devant de la ville, un petit temple, sous le nom de *Temple de Némésis*, qui subsistoit encore de mon temps, mais qui a été détruit par les Juifs durant la guerre que l'empereur Trajan porta en Égypte, pour y exterminer ceux de cette nation qui s'y étoient établis.

XCI. Après avoir fait toutes ces choses à Alexandrie, César se hâta de prendre la route de la Syrie (7), pour marcher contre Pharnace. Ce prince avoit déjà fait beaucoup de progrès. Il avoit déjà entraîné dans sa défection quelques unes des villes qui étoient soumises aux Romains. Il avoit livré bataille à Domitius (8), lieutenant de César, et avoit remporté sur lui une brillante victoire. Enflé de ces succès, il avoit saccagé la ville d'Amisum (9), dans le royaume de Pont, qui tenoit pour les Romains;

il avoit vendu comme esclaves tous ses citoyens, et rendu eunuques tous leurs enfants. L'approche de César lui donna de vives sollicitudes. Il se repentit de sa conduite; et lorsque César ne fut qu'à deux cents stades de distance, il lui envoya des ambassadeurs pour lui demander la paix, pour lui présenter une couronne d'or, et pour lui proposer, pour comble d'impertinence, sa fille en mariage. Mais César, informé de l'objet de cette ambassade, continua d'avancer avec ses troupes, en allant au devant des ambassadeurs, et les amusant par de belles paroles lorsqu'ils furent arrivés auprès de lui, jusqu'à ce que s'étant approché lui-même du camp de Pharnace, il se mit à dire : « Ce parricide ne subira-t-il « pas sur-le-champ le châtiment qu'il mérite ? » César, étant monté à cheval, mit, dès la première charge, les troupes de Pharnace en déroute, et en fit un grand carnage, quoiqu'il n'eût lui-même mis en mouvement qu'environ mille hommes de cavalerie qui s'étoient élancés les premiers avec lui. On rapporte qu'à ce propos il se prit à dire, « O com-« bien Pompée a été heureux d'obtenir tant de ré-« putation, et d'acquérir le surnom de Grand, en « combattant contre de pareils soldats commandés « par Mithridate père de Pharnace (10)! » Dans la relation qu'il envoya à Rome de cette bataille, il s'exprima ainsi : « Quant à moi, je suis venu, j'ai « vu, j'ai vaincu (11). »

XCII. Après sa défaite, Pharnace se trouva trop heureux d'aller chercher, auprès du Bosphore, un asile dans les états que Pompée lui avoit assignés.

Ans de Rome. 707.

Ans
de
Rome.
707.

Quant à César, sans s'amuser aux petits détails, tandis que de grands intérêts militaires l'appeloient ailleurs, il passa en Asie, et, en la parcourant, il mit à contribution (12) les villes déjà épuisées par les fermiers des deniers publics, ainsi que je l'ai exposé dans mon livre sur l'histoire Asiatique. Mais ayant appris que Rome étoit en proie à la sédition, et qu'Antoine, son chef de cavalerie, étoit obligé d'occuper le Forum en armes, laissant tout le reste de côté, il prit le chemin de l'Italie à grandes journées. Aussitôt qu'il fût arrivé, la sédition de l'intérieur de Rome s'apaisa. Mais il en éclata une nouvelle contre lui dans son armée (13), sous prétexte qu'elle n'avoit point encore reçu les gratifications qui lui avoient été promises immédiatement après la bataille de Pharsale, et qu'au mépris des lois militaires elle étoit encore sous les drapeaux. Les soldats demandoient qu'on les renvoyât chacun chez eux. Il leur avoit en effet promis, à Pharsale, des gratifications indéfinies, et leur en avoit promis depuis d'autres du même genre, lorsque la guerre de Libye seroit terminée. Il envoya, dans cette circonstance, un de ses officiers pour leur promettre mille drachmes de plus à chacun par tête. Les soldats répondirent que ce n'étoit plus des promesses, que c'étoit de l'argent comptant qu'ils vouloient; et à ce propos peu s'en fallut qu'ils n'immolassent Salustius Crispus, qui avoit été chargé de la commission, et qui ne se sauva qu'en prenant la fuite. César, instruit de ces mouvements séditieux, craignit des excès, et en conséquence, il employa une légion, avec laquelle

Antoine gardoit la ville, à mettre en sûreté sa maison et les portes de Rome, crainte de pillage; et lui-même, quoique tout le monde craignît pour lui, et l'invitât à se défier de l'impétuosité de ses troupes, il se rendit courageusement, sans s'être fait annoncer, au milieu des séditieux, dans le Champ de Mars, et se fit voir à tous, du haut de son siège.

Ans de Rome. 707.

XCIII. Ils accoururent en tumulte, mais sans armes, et, selon l'usage, ils adressèrent leurs salutations à leur général, qui se montroit à l'improviste. César leur ayant ordonné de déclarer ce qu'ils demandoient, ils n'osèrent point devant lui réclamer leurs gratifications, tant il leur en imposoit par sa présence. Mais ils demandèrent à grands cris d'être licenciés, comme pour modérer leurs prétentions; espérant que dans le besoin où il étoit d'avoir une armée pour combattre les ennemis qui lui restoient, il leur diroit quelque chose touchant leurs gratifications. Mais César, sans balancer un moment, leur répondit, contre leur attente : « Je vous licencie. » Cette réponse les stupéfia encore davantage; un profond silence s'étant établi, César ajouta : « Quant à « tout ce que je vous ai promis, je vous le donnerai, « lorsque je recevrai avec d'autres, les honneurs du « triomphe. » Ces paroles et cette clémence, auxquelles ils étoient loin de s'attendre, les couvrirent tous sur-le-champ de confusion. Ils se mirent à réfléchir à l'envi, s'ils prendroient le parti d'abandonner leur général au milieu de tant d'ennemis, s'ils souffriroient qu'il obtînt avec d'autres qu'eux les honneurs du triomphe; et si, en renonçant à la guerre de Libye, ils sacrifieroient un butin qu'ils jugeoient devoir être considérable. Ils songèrent en outre qu'à l'inimitié des ennemis de César, en ce qui les concernoit, se joindroit celle de César lui-même. Au milieu de ces craintes et de ces incertitudes, le calme devint encore plus profond. Ils espérèrent que César leur donneroit quelque chose, et qu'ayant besoin d'eux, il changeroit de résolution. De son côté il garda aussi le plus profond silence. Mais ses amis l'ayant engagé à leur adresser encore quelques paroles, et de ne pas se séparer, avec ce laconisme et ce ton d'austérité, d'une armée qui avoit fait tant de choses sous ses ordres, il reprit la parole, en les traitant de *citoyens* (14), au lieu de *soldats*, expression qui annonçoit qu'on étoit déjà licencié, et qu'on étoit redevenu homme privé.

XCIV. Impatients de la persévérance de son animadversion, ses soldats s'écrièrent qu'ils se repentoient du passé, et l'invitèrent à continuer de les garder à son service. Comme César eut l'air de ne faire aucune attention à cette demande et qu'il descendit de son tribunal, ils poussèrent de nouveaux cris, le pressant avec encore plus d'instance de rester au milieu d'eux et de punir ceux d'entre eux qui étoient coupables. Il s'arrêta encore un moment, sans avancer, sans rétrograder, faisant semblant de ne savoir quel parti prendre. Il finit néanmoins par remonter sur son tribunal, et par dire qu'il ne vouloit punir personne, mais qu'il étoit indigné que la dixième légion, qu'il avoit constamment distinguée, eût partagé cette insubordination. « En consé-

« quence, dit-il, c'est la seule que je licencie (15).
« Toutefois à mon retour de Libye, je lui don-
« nerai tout ce que je lui ai promis. Lorsque la
« guerre sera terminée, je donnerai des terres à
« tous, non que je fasse comme Sylla, qui dépouilla
« les citoyens de celles qu'ils possédoient, qui plaça
« ceux qui envahirent à côté de ceux qui furent
« spoliés, et qui les rendit pour jamais réciproque-
« ment ennemis. Je distribuerai les terres qui ap-
« partiennent à la république, celles même qui
« m'appartiennent à moi, et s'il le faut, j'en achè-
« terai. » Les applaudissements, les éloges furent uni-
versels. La dixième légion étoit excessivement affli-
gée que ce fût envers elle que César se montrât seule
inexorable. Ceux qui la composoient demandèrent
d'être décimés, et qu'une partie d'entre eux fût pu-
nie de mort. César ayant été supplié avec de nouvelles instances de se laisser fléchir envers des soldats
qui montroient un repentir si sincère, il pardonna à
tous, et sur-le-champ il se mit en campagne pour
porter la guerre dans la Libye.

Ans
de
Rome.
707.

NOTES.

(1) CE sont les propres termes de l'Epitome de Tite-Live, liv. CXII. *Cæsar post tertium diem insecutus;* et nous profiterons de l'occasion pour consigner ici un fait à l'honneur de César, que l'on ne trouve que dans ce travail de Florus, et dans Plutarque; c'est que, lorsque le rhéteur Théodote, dont le conseil avoit fait égorger Pompée, lui en présenta la tête et l'anneau, il manifesta son indignation, recula avec horreur, et laissa couler des larmes. *Cùm ei Theodotus caput Pompeii et annulum obtulisset, et infensus est, et illacrymavit.* Voy. Plut. *Vie de Pompée*, 112. *Vie de César*, 62. Lorsqu'on montra le cadavre sanglant de l'amiral de Coligni à la fameuse Catherine de Médicis, elle en savoura l'aspect avec une sorte de volupté. Les émanations infectes qui s'en exhaloient furent incapables de détacher ses regards de ce hideux spectacle. Elle poussa, dit-on, la férocité jusqu'à dire que le corps d'un ennemi mort ne sentoit jamais mauvais. Quel monstre que cette Catherine! Nous verrons plus bas Fulvie, la femme d'Antoine, montrer encore plus de férocité, s'il est possible, contre la tête de Cicéron, qu'elle plaça sur ses genoux.

(2) Il dit lui-même, dans ses Commentaires, que les deux légions qu'il avoit amenées avec lui, l'une de la Thessalie, et l'autre que Fusius, un de ses lieutenants, lui avoit envoyée d'Achaïe, ne lui faisoient qu'un total de trois mille deux cents hommes, et huit cents chevaux, parceque le reste de ces deux légions n'avoit pu le suivre, pour cause, soit de blessures, soit d'excès de fatigue. *In his erant legionibus hominum III millia CC; reliqui vulneribus ex præliis, et labore ac magnitudine itineris confecti consequi non potuerant.* Lib. III, 106.

(3) César ne fait pas un si joli tableau de son arrivée à Alexandrie. Il dit que la nouveauté du spectacle, formé par

l'appareil de ses licteurs armés de faisceaux, excita un grand concours sur son passage ; que généralement les habitants d'Alexandrie regardoient cet appareil comme une insulte à la majesté royale ; qu'après avoir appaisé un premier mouvement qui eut lieu à cette occasion, ce fut tous les jours à refaire, à cause des attroupements continuels qui se formoient autour de lui, et qu'au milieu de cette fermentation populaire, il s'engageoit des rixes où les soldats de la garnison de la place perdoient la vie. *Concursum ad se fieri quòd fasces antè ferrentur. In hoc omnis multitudo majestatem regiam minui prædicabat. Hoc sedulo tumultu crebræ continuis diebus ex concursu multitudinis concitationes fiebant, compluresque milites hujus urbis omnibus partibus interficiebantur.* Bello civili, lib. III, 106.

(4) Plutarque, dans la Vie de César, 63 et 64, fait un récit un peu plus détaillé qu'Appien, et il raconte autrement la mort de Pothinus et d'Achillas. D'ailleurs, tous les évènements de cette partie de l'histoire de César sont narrés très au long dans le livre de la Guerre d'Alexandrie, qui porte le nom d'Hirtius.

(5) Plutarque, dans la Vie de Pompée, chapitre dernier, dit que ce fut entre les mains de M. Brutus que le hasard fit tomber le rhéteur Théodote ; et que Brutus, après lui avoir fait souffrir toutes sortes de tourments, lui fit arracher la vie.

(6) Voyez ci-dessus la note 1, de ce chapitre.

(7) *Ab Alexandriá in Syriam et indè Pontum transiit, urgentibus de Pharnace nuntiis.* Sueton. Jul. Cæs. 37. Voy. Plutarq. *vie de César*, 65.

(8) C'étoit, à ce qu'il paroit, ce même Domitius Calvinus à qui César avoit confié le commandement du centre de son armée à la bataille de Pharsale. *Sueton.* ibid. 38.

(9) Elle étoit sur les confins de la Paphlagonie et de la Cappadoce. *Voyez* Etienne de Byzance.

(10) S'il est vrai que César ait tenu ce propos, c'étoit de sa part une assez grosse ineptie ; car ce n'étoit pas seulement

pour avoir vaincu Mithridate que Pompée avoit acquis et mérité le surnom de Grand; et d'un autre côté Mithridate n'avoit pas fui sans coup férir devant Pompée, comme Pharnace le fit devant lui.

(11) A la bonne heure, le mot est aussi heureux que juste; mais il n'y avoit pas grande *merveille* à cela, de l'aveu même de César.

(12) Schweighæuser s'est, je crois, évidemment mépris dans ce passage, sur le sens du verbe χρηματίζειν. Il a traduit, *Quare in Asiam regressus, ob iter controversias judicavit civitatum.* Je crois que, pressé comme l'étoit César, ainsi que vient de le dire l'historien, de se porter ailleurs, et ayant de nouveaux ennemis à combattre, c'étoit plus à amasser de l'argent qu'à juger des procès qu'il employoit son temps en Asie; et je suis, à cet égard, de l'avis de l'interprète latin de l'édition de Tollius, qui a rendu le même passage par ces mots : *Quare Asiam transcurrens ob iter colligebat pecuniam.* Ce n'est pas la première fois que le verbe χρηματίζειν a induit en erreur les hellénistes les plus consommés.

(13) Suétone remarque, n° 69, que, pendant les dix années que César fit la guerre dans les Gaules, ses troupes ne se livrèrent jamais à la sédition, et qu'elles le firent quelquefois durant la guerre civile. *Seditionem per X annos Gallicis bellis nullam omninò moverunt, civilibus aliquas.* C'étoit tout simple. Dans les Gaules, l'armée de César n'étoit que l'armée de la république, et les lois de la discipline militaire prononçoient la peine de mort contre toute tentative, toute manœuvre de sédition. Durant la guerre civile, au contraire, l'armée de la république n'étoit plus que l'armée de César. Il auroit été dangereux pour celui qui avoit foulé aux pieds toutes les lois de la patrie, de mettre trop de sévérité, trop de rigueur dans le châtiment de certains délits militaires envers des soldats dont l'affection seule pouvoit lui garantir son impunité personnelle; et on voit en effet ici, qu'au lieu de songer à les faire décimer, comme il l'auroit fait en pareil cas dans les Gaules, il leur accorda d'abord

ce qu'ils demandoient, et leur répondit : « Je vous licencie. »
Après quelques simagrées de bouderie, il finit par une indulgence plénière, bien convaincu, selon la sage et profonde réflexion de Tacite, « que, dans les guerres civiles, « les troupes peuvent se livrer à bien plus de licence que « leurs chefs. » *Gnarus civilibus bellis, plus militibus quàm ducibus licere.* Tac. Histor. lib. II. 29.

(14) Plutarque qui parle de cette sédition sans en dire autre chose, sinon que deux personnages qui avoient été préteurs, Cosconius et Galba, y perdirent la vie, rapporte le même trait qu'Appien, sans l'expliquer comme lui. *Vie de César*, 66.

(15) On a vu plus haut, note 22, chap. 11, que c'est à ce ressentiment de César contre la conduite de la dixième légion, dans cette circonstance, que Schweighæuser a attribué ce silence de César sur cette légion, dans le compte qu'il a rendu dans ses Commentaires, de la victoire qu'il remporta à Pharsale.

CHAPITRE XIV.

César part pour l'Afrique. En arrivant, il est battu par Labiénus et Pétréius, lieutenants de Scipion. Il remporte ensuite une grande victoire en bataille rangée contre Scipion. Instruit de ce revers, Caton se donne la mort à Utique. Juba et Pétréius s'égorgent l'un l'autre dans un festin. Scipion, attaqué sur mer, dans sa fuite, par des vaisseaux de César, se poignarde, et s'élance dans les flots.

Ans de Rome. 707.

XCV. Quand il eut fait le trajet de Reggium à Messine (1), il se rendit à Lilybée (2). Ayant appris là, que Caton, avec une partie des forces de terre et de mer, défendoit Utique, et que dans cette place étoient réunis trois cents individus du même parti, qui s'étoient depuis long-temps constitués les arbitres de cette guerre, et qui se donnoient le nom de *sénat* (3); que Lucius Scipion, investi du commandement en chef, étoit posté avec les meilleures troupes à Adrymète (4), il fit voile vers le point où étoit Scipion; et arrivant au moment même où Scipion étoit parti pour se rendre auprès de Juba, il vint se ranger en bataille auprès du camp même de Scipion, dans la vue d'en venir aux mains avec l'ennemi en l'absence du général en chef. Labiénus et Pétréius, les lieutenants de Scipion, se présentèrent pour le combattre, et obtinrent en effet contre lui un grand succès. Après l'avoir mis en déroute, ils le poursuivirent vivement, et le menèrent battant, jusqu'à ce que le cheval de Labiénus ayant été blessé au ventre, Labiénus fut désarçonné. Les soldats qui l'environnoient le relevèrent. Quant à Pétréius, content d'avoir mis son armée à l'épreuve, et de s'être assuré de vaincre quand il voudroit, il ne poussa pas plus loin sa victoire (5); et il dit à ceux qui étoient auprès de lui: « N'ôtons « pas à Scipion, notre général en chef, l'honneur de « vaincre. » Ce fut encore ici un des traits remarquables de la fortune de César, que, dans le moment où il paroît que l'ennemi avoit le dessus, les vainqueurs aient subitement arrêté la marche de la victoire. On dit que dans sa suite il courut de tous les côtés, qu'il parvint à faire faire volte-face à ses troupes; et que saisissant de sa propre main l'un de ceux qui portoient les aigles, la première des enseignes romaines, il l'avoit lui-même ramené à l'avant-garde. Lorsque Pétréius se battit en retraite, César ne fut pas fâché de son côté de se retirer à son aise. Tel fut le résultat de son début dans la guerre de Libye.

XCVI. Peu de temps après, sur le bruit que Scipion s'avançoit en personne, à la tête de huit légions d'infanterie, et de vingt mille hommes de cavalerie, dont la plupart étoient Libyens, d'un grand nombre de troupes armées de boucliers, et de trente éléphants, et qu'il étoit accompagné du roi Juba, qui avoit sous ses ordres autres trente mille fantassins environ, vingt mille chevaux de Numidie, beaucoup d'archers, et soixante autres éléphants, la terreur s'empara de l'armée de César (6); le tumulte s'y répandit, en songeant à l'échec récent qu'elle venoit d'éprouver, à la réputation de bravoure de l'ennemi qui s'avançoit avec de si grandes forces, et sur-tout à la valeur de la cavalerie numide (7). D'un autre côté, la guerre des éléphants, à laquelle ses troupes n'étoient pas accoutumées, les épouvantoit. Mais Bocchus, un autre des princes de la Mauritanie, ayant envahi *Cirta*, la capitale de Juba, ce dernier, à cette nouvelle, regagna ses états avec sa propre armée, ne laissant à Scipion que trente de ses éléphants (8). Cet évènement fit reprendre tant de courage à l'armée de César, que la cinquième légion demanda d'être mise en face des éléphants, et promit de les vaincre d'une manière brillante. C'est depuis cette époque que cette légion porte dans ses enseignes l'image d'un éléphant qu'on y voit encore aujourd'hui.

XCVII. La bataille ayant été longue, meurtrière sur tous les points (9), et long-temps indécise, ce ne fut que sur le soir que l'avantage resta enfin du côté de César. Sur-le-champ il enleva le camp de Scipion, usant sans relâche de sa victoire, malgré la nuit, jusqu'à ce qu'il l'eût rendue complète. Les ennemis se sauvèrent par pelotons où ils purent. Scipion et Afranius, n'ayant plus aucune espérance, s'enfuirent par mer avec douze vaisseaux couverts. Ce fut ainsi que cette armée composée d'environ quatre-vingt mille hommes, exercée de très longue main, et à laquelle un premier succès avoit donné de l'espoir et de la confiance, fut entièrement taillée en pièces dans cette seconde bataille. La gloire de César s'accrut au point de faire regarder sa fortune comme invincible; les vaincus, en effet, n'attribuoient pas leur défaite à son talent militaire, mais à l'ascendant de sa fortun , qui leur faisoit commettre les fautes, causes de ses succès. Il paroît effectivement que cette guerre ne tourna si mal pour eux et ne fut sitôt terminée, que par l'imprudence des chefs, qui ne surent point le harceler jusqu'à le réduire à manquer de vivres comme en Thessalie (10), ni profiter contre lui d'une première victoire, en la consommant.

XCVIII. Ces évènements furent annoncés à Utique en moins de trois jours; et César en ayant sur-le-champ pris la route, tous ceux de ses ennemis qui y étoient prirent la fuite. Caton ne retint personne. Il donna au contraire des vaisseaux à tous les personnages de marque qui lui en demandèrent (11); et quant à lui il resta plein de fermeté. Les habitants d'Utique vinrent lui promettre qu'ils intercèderoient pour lui, avant que d'intercéder pour eux-mêmes (12). Il leur répondit en souriant qu'il n'avoit pas besoin de conciliateur auprès de César, et que César le savoit à merveille. Il fit apposer les scellés sur tout ce qu'il avoit de finances. Il donna aux magistrats d'Utique des notes relatives à chacun de ces dépôts; sur le soir, il prit son bain et son repas, comme à l'ordinaire; et s'étant assis, il fit faire la dégustation de ses plats, selon l'usage qu'il avoit adopté à cet égard depuis la mort de Pompée (13): sans rien changer de ses habitudes, sans être ni plus ni moins concentré en lui-même, il conversa avec ceux qui l'entouroient sur le compte de ceux qui avoient pris la fuite par mer. Il s'informoit des vents; il demandoit s'ils leur étoient favorables; il s'enquéroit des distances; il étoit en peine de savoir si les fugitifs auroient le temps d'aller loin avant que César, qui devoit entrer le lendemain matin dans Utique, fut arrivé. Lorsqu'il dut s'aller coucher, il en usa selon sa coutume, à l'exception qu'il embrassa son fils avec de plus grandes démonstrations de tendresse. N'ayant point trouvé son glaive derrière son chevet, comme à l'ordinaire, il s'écria que ses domestiques le trahissoient, et le livroient à ses ennemis. « Avec quoi me défendrois-je, dit-il, s'ils « viennent m'attaquer la nuit? » Ses domestiques l'invitèrent à ne point attenter sur lui-même, et à prendre du repos sans s'occuper de son glaive. Il leur répondit avec raison : « Si je voulois disposer de « moi, ne pourrois-je pas m'étrangler avec quel- « qu'un de mes vêtements, me fendre la tête contre « quelque mur, me casser le cou en faisant la cul- « bute, ou m'étouffer avec ma langue? » Avec de semblables discours, il leur persuada de remettre le glaive à sa place, et lorsqu'il y fut remis, il ordonna qu'on lui apportât le traité de Platon sur l'ame, et se mit à le lire (14).

XCIX. Après qu'il eut achevé de lire l'ouvrage de Platon, il crut que les gens qui le gardoient s'étoient endormis, et il s'ouvrit le ventre au-dessous du sternum. Ses entrailles sortirent, il poussa un cri qui fut entendu, et ceux qui montoient la garde à sa porte accoururent. Les médecins qu'on appela rétablirent dans l'intérieur du corps ses intestins encore intacts; et ayant cousu la blessure, ils lui entourèrent le ventre de bandages. Caton ayant repris ses sens, usa encore de dissimulation. Il se reprocha à lui-même l'insuffisance de sa blessure. Il remercia beaucoup ceux qui venoient de lui rendre la vie, et il leur dit qu'il avoit besoin de dormir : on se retira en emportant le glaive, et l'on ferma la porte, dans la pensée qu'il dormoit déjà. Mais après leur avoir persuadé qu'il sommeilloit, il déchira en silence ses bandages de ses propres mains; il rompit la suture avec laquelle sa blessure avoit été fermée, et, semblable à une bête féroce, rouvrant avec ses ongles sa plaie et son ventre, il chercha ses entrailles avec ses doigts, et les mit en pièces jusqu'à ce qu'il rendit l'ame (15). Il étoit âgé d'environ cinquante ans. Il avoit la réputation d'être le plus intrépide, le plus ferme de tous les hommes dans ses résolutions, lorsqu'une fois il les avoit prises, et de professer non seulement par ses beaux discours, mais encore par ses mœurs et par sa conduite les principes du *beau*, de l'*honnête*, et du *juste*. Il avoit été le premier époux de Marcia, fille de Philippus. Il l'aima beaucoup, et il en eut plusieurs enfants. Il ne laissa pas de la céder (16) à Hortensius, un de ses amis, très désireux d'avoir des enfants, et qui avoit le malheur d'être l'époux d'une femme stérile. Après que Marcia eut donné un enfant à Hortensius, il la reprit, tout comme s'il n'avoit fait que la lui prêter (17). Tel fut Caton. Les habitants d'Utique lui

Ans de Rome 708.

firent de magnifiques honneurs funèbres; et César s'écria que Caton lui avoit envié l'occasion de faire une action mémorable. Cicéron ayant, depuis, fait l'oraison funèbre de ce grand homme, et l'ayant intitulée *Caton*, César fit un ouvrage dans un sens contraire, et l'intitula l'*Anti-Caton* (18).

C. Cependant Juba et Pétréius, instruits de la déconfiture de Scipion, et n'espérant pas plus de trouver leur salut dans la fuite que dans la clémence de César, se poignardèrent l'un l'autre au milieu d'un repas. César rendit les états de Juba tributaires du peuple romain, et il en confia le commandement à Salustius Crispus. Il usa de clémence envers les habitants d'Utique, et envers le fils de Caton. Il renvoya en Ibérie à Pompée, sans leur faire aucun mal, sa sœur et ses deux enfants, qui se trouvèrent à Utique. Quant aux trois cents qui avoient pris le nom de sénat, il fit égorger tous ceux que l'on put saisir (19). Lucius Scipion, qui avoit eu le commandement en chef en Libye, ayant été pris dans sa fuite par de gros temps, et ayant rencontré des vaisseaux ennemis, se défendit avec courage; mais sur le point d'être fait prisonnier, il se poignarda lui-même et se laissa tomber dans les flots. Ce fut ainsi que se termina la guerre de César en Afrique.

NOTES.

(1) Rhegium étoit une ville d'Italie, sur le détroit de Messine, la plus voisine des côtes de la Sicile, aujourd'hui *Reggio*, et Messine était une ville de Sicile, qui porte ce nom encore aujourd'hui.

(2) Ville de Sicile, la plus voisine des côtes d'Afrique. Voyez Cluverius, *Sicilia antiqua*.

(3) A l'instar de ce qu'avoit fait Sertorius en Ibérie.

(4) Ville d'Afrique.

(5) C'étoit probablement le même Pétréius qui commandoit en Ibérie avec Afranius, à l'époque de la première expédition de César dans cette province. César connoissoit bien cet homme-là ; car c'est de lui qu'il disoit, ainsi que le rapporte Suétone : Je vais combattre une armée qui n'a point de général. Il falloit en effet n'avoir pas les premiers élémens du métier de la guerre pour raisonner comme le fit ici Pétréius, vainqueur de César ; à moins qu'on ne doive excuser Pétréius de la même manière que César excuse, en pareil cas, Sylla, un de ses lieutenants. *Plerique existimant si acriùs insequi voluisset, bellum eo die potuisse finiri. Cujus consilium reprehendendum non videtur : aliæ enim sunt legati partes, atque imperatoris : alter omnia agere ad præscriptum ; alter liberè ad summam rerum consulere debet.* Bell. civil. lib. III.

(6) Suétone, dans la Vie de César, n° 66, rapporte la courte mais énergique harangue qu'il adressa, dans cette circonstance, à son armée. Il diffère avec Appien dans le nombre des troupes, et sur-tout dans celui des éléphants. Ce qu'il y a principalement à remarquer dans cette harangue, c'est le genre de châtiment dont César menace ceux de ses soldats que l'aspect du danger pourroit intimider. « Je les fe-« rai jeter, dit-il, dans une vieille carcasse de navire, et « je les abandonnerai au hasard des vents et des vagues. »

Aut equidem vetustissimâ nave impositos quocumque vento in quascumque terras avehi jubebo. Casaubon remarque sur ce passage, que c'étoit un genre de supplice chez les Romains, et qu'entre autres les empereurs Titus et Trajan le firent appliquer aux délateurs.

(7) Suétone et Plutarque citent un trait qui prouve à quel point César, tout supérieur qu'il étoit aux préjugés de la superstition pour son propre compte, respectoit ces mêmes préjugés dans l'esprit de ses troupes. Un ancien oracle avoit, dit-on, déclaré que les Scipions seuls pouvoient obtenir des succès en Afrique, et c'étoit contre un Scipion qui avoit à combattre ; en conséquence, il appela dans son camp un homme ignoble qui passoit réellement pour être issu de la famille des Cornélius Scipion, et il lui donnoit la prééminence, comme s'il avoit eu le commandement en chef, toutes les fois qu'il falloit combattre. Suét. 59. Plutarq. *Vie de César*, 67.

(8) Faute énorme de la part de ce prince. Que lui importoit l'incursion de Bocchus ? c'étoit César qu'il devoit redouter ; César, dont il avoit détruit deux légions, commandées par Curion. En restant auprès de Scipion, s'il lui avoit aidé à vaincre, Bocchus se seroit probablement empressé de se retirer. Au lieu qu'en affoiblissant Scipion, il l'exposoit à être battu, et alors il se perdoit lui-même ; ce qui lui arriva, en demeurant isolé entre Bocchus et César. Du reste, Florus est sur ce fait en contradiction avec Appien ; car il dit que la perte de la bataille commença du côté de Juba. *Strages à Jubâ cœpit.* Le même historien confirme ce fait dans son Epitome de Tite-Live, liv. CXIV, et Plutarque parle aussi de Juba dans l'ordre de bataille de Scipion. *Vie de César*, 69 ; Suétone tient le même langage, *profectionem adversùs Scipionem et Jubam non distulit.* 59.

(9) Florus dit que l'on se battit, en Afrique, avec plus de rage et plus de fureur qu'on ne l'avoit fait en Thessalie. *In Africâ cum civibus multò atrociùs quàm in Pharsaliâ*, lib. IV, c. 2. Il en donne pour raison, du côté de Scipion, que la fin tragique

de Pompée avoit exaspéré le courage de ceux qui se battoient pour sa cause, *auxerat sacramentum ipsa clades imperatoris*, ibid; et que, du côté de César, les troupes étoient indignées que la querelle n'eût pas été définitivement vidée à Pharsale, *eoque acrior Cæsarianorum impetus fuit, indignantium post Pompeium crevisse bellum*, ibid. Le même historien, et Hirtius, *de Bello Afric.* c. 82, disent que les troupes de César étoient tellement impatientes d'en venir aux mains, qu'elles firent sonner la charge malgré lui, *injussu Cæsaris, tibicen à militibus coactus canere cœpit*.

(10) Scipion fit, comme on voit, la même faute qu'on avoit faite à Pharsale. On chercha, dans la chance douteuse des batailles, un succès qu'on ne pouvoit pas manquer d'obtenir à la longue de la détresse de l'ennemi.

(11) Voyez Plutarque, *Vie de Caton d'Utique*, 83.

(12) Ils lui avoient, en effet, de l'obligation, car il avoit résisté à la proposition que lui avoient faite quelques corps de cavalerie qui s'étoient sauvés de la bataille de Thapse, d'entrer dans Utique, et de défendre la place contre César, à condition qu'on en égorgeroit tous les habitants dont on avoit raison de se défier. Plutarque, *Vie de Caton d'Utique*, 80.

(13) Les interprètes latins ne paroissent pas s'être doutés du sens du verbe ἐγεύετο. Ils ont fait dire à Appien, que Caton s'assit pour prendre son repas, comme il avoit accoutumé de le faire depuis la mort de Pompée. Ont-ils voulu dire qu'avant la mort de Pompée, Caton mangeoit *debout?* Il n'y a pas d'apparence, et jusque-là le sens propre du verbe γεύειν n'est pas rendu; mais il est possible que depuis la mort tragique de Pompée, Caton se soit défié de son cuisinier, et qu'avant que de manger, il ait pratiqué ce que pratiquent encore aujourd'hui tant de princes. Ce qui me décide pour cette opinion, c'est qu'un peu plus bas, lorsque Caton s'approche de son lit, et qu'il ne trouve pas son glaive derrière son chevet, comme à l'ordinaire, il s'écrie qu'*il est trahi par ses domestiques, qui veulent le livrer à ses ennemis.*

Caton se défioit, comme on voit, de ceux qui l'entouroient; et il est probable qu'il redoutoit autant d'être empoisonné, lorsque ses jours étoient encore de quelque utilité à la république, qu'il craignoit d'être livré vivant entre les mains de César. Je n'ai trouvé là-dessus aucune lumière dans Plutarque; et je soupçonne que son texte est corrompu au commencement du chap. 85. *Vie de Caton d'Utique*, car on lui fait dire, « qu'après s'être lavé, Caton s'assit à table « comme il avoit accoutumé depuis la journée de Pharsale. »

(14) C'est du Phédon qu'il s'agit ici. Les preuves de l'immortalité de l'ame, que Platon a ramassées dans ce célèbre traité sont présentées de manière à faire tant d'impression sur certains esprits, qu'on rapporte de Cléombrote, qu'après avoir lu cet ouvrage, il alla se précipiter, de gaieté de cœur, du haut d'un rocher. Il est curieux de voir extravaguer Lactance, dans son chap. 18, liv. III, *de la fausse sagesse*, au sujet du suicide de Caton et de Cléombrote, et d'y lire cette phrase vraiment remarquable, *Quod si scisset Plato ac docuisset à quo, et quomodò, et quibus, et quæ ob facta, et quo tempore immortalitas tribuatur, nec Cleombrotum impegisset in mortem voluntariam nec Catonem, sed eos ad vitam et ad justitiam potiùs erudisset.* Pauvre Lactance! c'étoit bien à vous à parler avec ce ton de mépris de Platon, d'un des plus beaux génies qui ait honoré l'espèce humaine!

(15) L'opinion générale, chez les anciens, attachoit une haute idée de courage et de grandeur d'ame au suicide. Aristote attaqua cette opinion, entreprit d'en démontrer la fausseté, et décida qu'il n'y avoit que des pusillanimes et des lâches qui pussent se donner la mort. Platon professa la même doctrine, notamment dans le beau traité du Phédon sur l'immortalité de l'ame. Les Pères de l'Église, qui ont eu tant d'obligations au fondateur de l'ancienne académie, et saint Augustin entre autres, dans le vingt-deuxième chapitre du premier livre de la cité de Dieu, ont suivi les Platoniciens sur ce point. Euripide a fait sérieusement délibé-

rer Hercule sur cette question, et Martial l'a tranchée dans un distique plein d'élégance et de grace,

Rebus in adversis facile est contemnere vitam;
Fortiter ille facit qui miser esse potest.

Malgré des autorités aussi importantes, J. J. Rousseau a remis la matière en délibération dans deux lettres de la Nouvelle Héloïse, qui traitent le pour et le contre, et qui sont peut-être les deux premiers morceaux d'éloquence de notre langue. Je ne répondrois pas qu'après avoir lu ces deux lettres, on ne fût tenté de dire de cette question ce qu'Horace dit du nom de l'inventeur de la poésie élégiaque,

Grammatici certant, et adhuc sub judice lis est.

Car, avec un peu de bon sens, il n'est pas permis, par exemple, de se contenter de la raison que donne saint Augustin, dans le chap. 23 de son ouvrage que nous venons de citer; savoir que, puisque, ni les patriarches, ni les prophètes, ni les apôtres n'ont commandé le suicide, puisque Jesus-Christ ne l'a point présenté à ses disciples comme un asile contre les tribulations du siècle, et contre les persécutions de leurs ennemis, on ne sauroit sans crime y avoir recours. Il est difficile de penser que, même sous le règne de Dioclétien, la situation d'aucun des chrétiens de la primitive Église ait eu rien de commun avec la situation de Caton à Utique.

(16) Ceci a besoin d'une explication. Nous la donnerons dans la note suivante.

(17) Ce récit d'Appien donne à ce trait de la vie de Caton une tournure contraire en apparence aux bonnes mœurs. Il ne faut pas croire que Caton ait prêté sa femme Marcia à Hortensius, sans aucune formalité, et qu'il l'ait reprise de même. Plutarque nous apprend avec détail ce qui se passa entre Marcia sa femme et le célèbre Hortensius, à cette occasion. Ce dernier, mari d'une femme stérile, désiroit ardemment de ne pas mourir sans postérité. Admirateur, di-

sons mieux, enthousiaste de la vertu de Caton, il désiroit, d'un autre côté, d'avoir des enfants qui mélassent son sang à celui de ce grand homme. Dans cette vue, il proposa à Caton de faire divorcer sa fille Porcia, épouse de Bibulus, de qui elle avoit déjà deux enfants, et de la lui donner ensuite en mariage. Bibulus, amoureux de sa femme, ne voulut point se prêter à cette négociation. Hortensius éconduit de ce côté-là, tourna ses vues vers Marcia, la propre femme de Caton, de qui, par parenthèse, elle étoit alors enceinte ; et il mit dans ses instances un intérêt si vif et si soutenu, que Caton, qui avoit déjà assez d'enfants de Marcia, consentit, par amitié pour Hortensius, et par égard pour le motif flatteur et honorable qui le faisoit agir, à divorcer avec Marcia, et à la lui laisser épouser, pourvu que Philippus, de qui elle étoit fille, y consentît également. Philippus, instruit du consentement de Caton, donna le sien, en exigeant que Caton seroit présent au nouveau contrat de mariage de sa fille avec Hortensius. Le contrat fut passé. Hortensius devint le mari de Marcia, qu'il laissa bientôt veuve en l'instituant son héritière. Caton étoit sur le point de partir pour suivre Pompée en Épire, lorsque ayant besoin de quelqu'un pour gouverner sa maison et ses affaires en son absence, soin dont ses filles étoient incapables, il épousa de nouveau Marcia. Dans cette affaire, tout se passa, comme on vient de voir, sous les auspices des lois. Il ne reste plus que l'étonnement que doit nous inspirer dans nos mœurs la conduite de l'orateur Hortensius, qui voulut absolument avoir un rejeton d'une race chez laquelle la vertu étoit comme héréditaire. Ce calcul, de ce Romain célèbre, étoit bien différent de celui qui se fait tous les jours parmi nous, où, comptant pour rien la vertu, on ne court qu'après la fortune, quelque inique, quelque ignominieuse qu'en soit la source.

(18) Suétone nous apprend que César avoit composé, non pas un, mais deux ouvrages sous ce titre : *De Analogiâ libros*

duos, et Anti-Catones totidem, etc. Indigné sans doute de ce que Caton, en se donnant la mort, s'étoit soustrait à son empire, César, dans l'ame duquel les plus basses passions trouvoient leur place ainsi que les mouvements les plus magnanimes, eut la petitesse d'écrire, sous le titre d'Anti-Caton, un libelle pour diffamer la mémoire du plus grand des Romains. Cicéron, à qui l'histoire a d'ailleurs beaucoup de choses à reprocher dans les détails de sa conduite envers César, eut le courage de prendre la plume pour venger Caton son ami du libelle du dictateur à la faveur de son oraison funèbre. Celui-ci aima mieux écrire une seconde diatribe que d'envoyer une de ses cohortes chercher la tête du panégyriste de Caton. Mais c'est à sa politique qu'il faut savoir gré de cette préférence, et non à son cœur. « Ne voit-on pas, dit Ophellot
« de la Pause, dans le premier de ses mélanges philosophi-
« ques; ne voit-on pas que certaines vertus deviennent des
« roues nécessaires à la plus mauvaise machine politique ?
« Il étoit essentiel que César parût clément, s'il vouloit que
« Rome lui pardonnât ses victoires. Mais quelle grandeur
« d'ame y a-t-il à être généreux quand on a tout usurpé ? »

(19) Voilà un fait bien précis dans le récit d'Appien. Comment le concilier avec ce que rapportent Florus et Suétone ? Le premier dit que César ne fit donner la mort qu'à deux citoyens, à Afranius et à Faustus Sylla, fils du dictateur. *Nemo cæsus imperio præter Afranium, satis ignoverat semel* : à la bonne heure ; la récidive d'Afranius avoit pu lui mériter la mort : mais Faustus, *et Faustum Syllam: dediceret generos timere*; il fit égorger celui-là, parcequ'il avoit appris à craindre ses gendres. Suétone parle d'une victime de plus, et c'étoit un parent de César; *Nec ulli periisse, nisi in prælio, reperiuntur, exceptis Afranio, et Fausto, et L. Cæsare juvene*. A la vérité, il ajoute qu'on pensoit que ces trois individus avoient été égorgés sans son ordre. Il met d'ailleurs à leur charge des faits propres à justifier ou à excuser cette rigueur. *Florus, lib. IV,*

c. 2, *Suet. Jul. Cæs.* 75. Mais Plutarque est d'accord avec Appien sur le fait en question. « Quant à ceux qui eschappèrent « de cette bataille, personnages de dignité prétoriale ou con-« sulaire, plusieurs se desfeirent eulx-mêmes, quand ils se « veirent prisonniers, *et plusieurs aussi en feit mourir Cé-* « *sar.* » Vie de César, 70.

CHAPITRE XV.

Après sa victoire en Afrique, César retourne à Rome. Il y reçoit les honneurs du triomphe. Il distribue des récompenses à ses soldats, et fait des libéralités au peuple. Il part pour aller combattre le jeune Pompée. Il court le plus grand danger. Son intrépidité le sauve. Il bat le jeune Pompée, qui périt, ainsi que plusieurs de ses officiers.

CI. DE retour à Rome, il reçut les honneurs de quatre (1) triomphes à la fois; d'abord celui des Gaules, où il avoit subjugué plusieurs peuples des plus considérables, et où il en avoit vaincu d'autres qui s'étoient détachés des Romains; en second lieu, celui du Pont, au sujet de Pharnace; en troisième lieu, celui de la Libye, au sujet des peuples alliés qui avoient embrassé le parti de Scipion. Dans ce dernier il fit figurer le fils de Juba, encore enfant, qui depuis a été Juba l'historien. Entre la partie de la pompe triomphale qui regardoit les Gaules et celle qui regardoit Pharnace, il fit intercaler quelques objets propres à représenter la victoire navale qu'il avoit remportée sur le Nil en Égypte. Il s'abstint d'y faire entrer rien de caractéristique touchant les armées romaines qu'il avoit vaincues. Ces détails de guerre civile, inconvenans pour lui-même, auroient offert un spectacle trop honteux et trop

Ans de Rome. 708.

sinistre aux yeux des Romains. Mais il se dédommagea de ce sacrifice en y faisant entremêler la représentation de toutes les catastrophes remarquables, et jusqu'aux personnages eux-mêmes qu'il fit paroître dans des portraits ou des tableaux divers, à l'exception de Pompée : ce fut le seul dont il se garda de montrer l'image, parcequ'il étoit encore universellement regretté. Le peuple, quoique comprimé par la terreur, ne laissa pas de gémir dans le sentiment de ses propres maux, sur-tout lorsqu'il vit le tableau où Lucius Scipion, général en chef, étoit représenté s'ouvrant lui-même le ventre, et se jetant dans les flots; celui où Pétréius se poignardoit lui-même au milieu d'un repas; celui où Caton, semblable à une bête féroce, déchiroit lui-même ses entrailles. Mais il se délecta au tableau de la mort d'Achillas et de Pothinus, et il rit beaucoup à celui de la fuite de Pharnace.

CII. On rapporte que, dans cette pompe triomphale, figuroient soixante mille talents et demi en argent comptant; et deux mille huit cent vingt-deux couronnes d'or pesant deux mille quatre cent quatorze litres (2). Immédiatement après ces triomphes, il s'acquitta avec ces trésors envers son armée, et surpassant les promesses qu'il lui avoit faites, il donna à chaque soldat cinq mille drachmes attiques, à chaque centurion le double de ce qu'il donna à chaque soldat, et à chaque chiliarque ou chef de mille hommes, ainsi qu'à chaque chef de cavalerie, le double de ce qu'il donna à chaque centurion. Il fit distribuer en outre une mine attique à chacun des plébéiens. Il régala d'ailleurs le peuple de plusieurs divertissements publics; tantôt d'un combat de chevaux, tantôt d'un concert de musique, tantôt d'un combat d'infanterie où figuroient mille hommes d'un côté et mille hommes de l'autre, tantôt d'un combat de cavalerie de deux cents hommes de chaque côté, tantôt d'un combat où la cavalerie étoit mêlée à l'infanterie. Il donna aussi le spectacle d'un combat d'éléphants, vingt contre vingt; enfin celui d'un combat naval de quatre mille rameurs, dans lequel combattirent mille champions de chaque côté. Il fit bâtir en l'honneur de Vénus, dont on le faisoit descendre, le temple qu'il lui avoit promis par un vœu au moment où il alloit livrer la bataille de Pharsale. Il entoura ce temple d'une enceinte sacrée qu'il destina à être une espèce de Forum pour les Romains; il voulut qu'on en fît, non un marché proprement dit, mais un rendez-vous commun où les citoyens viendroient traiter de leurs affaires (3) : à l'instar des lieux du même genre chez les Perses, où l'on vient chercher la justice et apprendre la science du droit. A côté de la statue de la déesse, il plaça un beau portrait de Cléopâtre, qu'on y voit encore aujourd'hui. Il fit faire un dénombrement (4) de tous les citoyens de Rome, et la population se trouva réduite à moitié de ce qu'elle étoit avant cette guerre, tant la république eut à souffrir des dissensions intestines de ceux qui s'en disputoient l'empire.

CIII. Cependant César, déjà revêtu de son quatrième consulat, entra en campagne pour aller combattre le jeune Pompée en Ibérie. C'étoient là les seuls restes de la guerre civile; mais ces restes n'étoient point à mépriser (5). Tous les braves qui s'étoient sauvés de la Libye par la fuite s'étoient rendus auprès de Pompée. L'armée étoit composée partie des débris de celle de Libye et de Pharsale, qui avoient été amenés par leurs chefs, partie d'Ibériens et de Celtibériens, peuples robustes et singulièrement belliqueux. Pompée avoit en outre beaucoup d'esclaves sous ses drapeaux. Ces soldats s'exerçoient depuis quatre années, et ils étoient décidés à se battre en désespérés. Trompé principalement par ces apparences, Pompée ne songea point à traîner la guerre en longueur; mais dès l'arrivée de César il en vint aux mains. Ce fut en vain que les plus âgés de ceux qui étoient auprès de lui l'engagèrent, d'après l'expérience de ce qui étoit arrivé à Pharsale et en Libye, d'épuiser César par la temporisation et de le réduire par la famine, comme on le pouvoit dans un pays où tout étoit contre lui (6). Quant à César, il se rendit de Rome en Ibérie en vingt-sept jours, ayant fait une très longue route avec une très grosse armée, qui, en arrivant, se laissa gagner à une terreur jusqu'alors sans exemple, en apprenant qu'elle venoit se mesurer contre des troupes supérieures en nombre, exercées et décidées à se battre avec désespoir.

CIV. En conséquence, César prit de son côté le parti de temporiser. Mais Pompée s'étant approché de lui dans certain lieu où il étoit à la découverte, il lui reprocha sa lâcheté. Impatient de ce reproche,

César vint se ranger en bataille auprès de la ville de Cordoue (7). Il donna pour mot d'ordre à son armée, le mot de *Vénus*; Pompée donna à la sienne celui de *piété*. Les deux phalanges ne furent pas plutôt en présence que la terreur s'empara des troupes de César, et la stupeur vint se joindre à la crainte. César se mit à invoquer tous les Dieux, à lever ses mains vers le ciel, le suppliant de ne pas lui faire perdre dans cette seule bataille le fruit de tant de brillantes victoires. Il courut vers ses soldats pour leur rendre le courage : il ôta son casque de sur sa tête, fixant le visage de ses soldats d'un air de supplication et d'exhortation à la fois : Mais cela même fut incapable de diminuer leur terreur, jusqu'à ce qu'enfin ayant empoigné le bouclier de quelqu'un qui étoit à sa portée, il dit aux tribuns qui l'entouroient : « C'est ici que je vais perdre la « vie, et que vous allez terminer vos expéditions « militaires. » A ces mots il s'élança hors des rangs, et s'avança vers l'ennemi au point qu'il n'en étoit plus qu'à dix pieds de distance (8). Une grêle de deux cents flèches lui tomba dessus; les unes passèrent sans le toucher, son bouclier le sauva des autres. Alors chacun des tribuns accourant vers lui, combattit à ses côtés. Ce mouvement fit que toute l'armée se tourna avec impétuosité contre l'ennemi, qu'elle se battit toute la journée, victorieuse et vaincue, tantôt sur un point et tantôt sur un autre. Enfin sur le soir, après beaucoup d'efforts, elle remporta la victoire. On rapporte que César dit à cette occasion qu'il avoit plusieurs fois combattu pour vaincre; mais que dans cette journée il avoit combattu aussi pour se sauver (9).

CV. Après un grand carnage, les soldats de Pompée prirent la fuite du côté de Cordoue. César, pour éviter que les ennemis ne se ralliassent dans leur fuite et ne vinssent lui livrer une nouvelle bataille, ordonna à son armée d'entourer Cordoue d'une ligne de circonvallation. Les soldats excédés de fatigue se firent passer de main en main les corps et les armes de ceux qui avoient péri, et clouant les cadavres au terrain avec des flèches, ils formèrent une espèce de muraille au pied de laquelle ils bivouaquèrent (10). Le lendemain la ville fut prise. Scapula, un des chefs de Pompée, fit faire un bûcher, sur lequel il se laissa dévorer par les flammes. On apporta à César les têtes de Varus, de Labiénus, et de plusieurs autres illustres personnages. Quant à Pompée, ayant pris la fuite après sa défaite avec cent cinquante chevaux, il gagna Carthaïa (11) où il avoit une flotte. Il se fit porter à la rade en litière, incognito, en costume d'homme privé. Voyant que les gens de sa flotte paroissoient avoir perdu toute espérance, il craignit qu'ils ne prissent le parti de le livrer à César; il voulut s'enfuir du vaisseau pour se jeter dans une nacelle; mais son pied s'étant embarrassé dans un cordage, quelqu'un qui voulut couper le cordage d'un coup de hache, lui fit au contraire sauter le talon. Il naviga jusqu'à certain lieu pour faire panser sa plaie. A l'approche de l'ennemi qui vint le relancer jusque dans cet endroit-là, il prit la fuite au travers d'un sentier pénible, rempli de ronces dont les épines déchiroient sa blessure. Rendu de fatigue, il s'assit au pied d'un arbre, où ceux qui étoient à ses trousses étant venus l'assaillir, il fut tué après avoir vendu chèrement sa vie (12). On apporta (13) sa tête à César qui donna ordre qu'on l'inhumât. Cette guerre se termina aussi par une seule bataille, quoiqu'elle parût d'abord devoir durer plus long-temps. Le frère puîné de ce Pompée, qui s'appeloit lui-même Pompée, avec le prénom de Sextus, recueillit ceux qui se sauvèrent de cette défaite par la fuite; mais obligé de fuir lui-même pour le moment et de se cacher, il ne fit que brigander.

NOTES.

(1) P LUTARQUE ne parle que de trois entrées triomphales, *Vie de César*, 71. Florus en mentionne quatre, ainsi qu'Appien, mais il les place à une autre époque, savoir, après la bataille que César gagna à Munda en Ibérie, contre les enfants de Pompée. *Florus, lib. IV*, c. 2, *in fine*. Suétone ne fait triompher César qu'après la guerre civile, mais en revanche il le fait triompher cinq fois. *Confectis bellis quinquies triumphavit*. Paterculus, liv. II, 56, en dit autant, *quinque egit triumphos*. Cette disparité de nombre dans les triomphes de César ne tient qu'à la différence des temps.

(2) J'ai conservé le mot grec au lieu de le traduire par le mot *livre*. Aujourd'hui qu'il est employé dans notre système métrique, on aura moins de peine à en saisir l'acception.

(3) C'étoit, comme on voit, ce que dans notre langage on appelle aujourd'hui une *bourse de commerce*.

(4) Il y auroit beaucoup à dire sur l'habitude où étoit le peuple romain de faire, de temps immémorial, de fréquents dénombrements. Je trouve plus court de renvoyer le lecteur à la 50e note du Suétone d'Ophellot de la Pause, Vie de César, qui renferme dans un cadre étroit l'immense résultat des recherches d'un savant Anglais, Beaufort, sur cette matière. On y remarquera que César prit, sous prétexte de ce dénombrement, le titre d'inspecteur des mœurs, *præfectus morum*; titre singulier, dit Ophellot de la Pause, dans celui qui passoit pour être le mari de toutes les femmes, et la femme de tous les maris. On sait, au reste, que ce quolibet contre César étoit de ce même Curion qui se vendit à sa cause avant le passage du Rubicon, et qui la servit avec tant de zèle. Il y a apparence, d'ailleurs, que ce quolibet date de l'époque où Curion figuroit en première ligne parmi les antagonistes de César. Il devoit paroître, en effet, bien singulier, ce titre ambitieux de *præfectus morum*, dans la personne de celui qui, non seulement passoit pour être le

mari de toutes les femmes et la femme de tous les maris, mais encore qui avoit souffert que ses soldats chantassent à haute voix, le jour même qu'il triompha des Gaules,

Gallias Cæsar subegit, Nicomedes Cæsarem:
Ecce Cæsar triumphat qui subegit Gallias,
Nicomedes non triumphat qui subegit Cæsarem.

(5) Non pas du moins, s'il faut en croire Paterculus. *Victorem Africani belli C. Cæsarem gravius excepit Hispaniense, quod Cn. Pompeius, Magni filius, adolescens impetûs ad bella maximi, ingens hc terribile conflaverat;* lib. II, c. 55.

(6) Ce fut ici, pour la troisième fois, que les ennemis de César durent leur perte à leur inconsidérée précipitation à livrer bataille.

(7) Plutarque, *Vie de César*, 72; Florus, liv. IV, ch. 2, à la fin; l'Epitome de Tite-Live, liv. CXV, nomment la ville de Munda au lieu de Cordoue. Munda étoit dans l'ancienne Bétique, à peu de distance de Malaga et du détroit de Gibraltar.

(8) Florus prétend que, réduit au désespoir par la conduite de ses troupes, et par les premiers succès de l'ennemi, il se mit à délibérer à part lui sur le parti qu'il avoit à prendre, et qu'on lut véritablement sur son visage, qu'il fut un moment décidé à se poignarder lui-même sous les yeux de son armée. *Ibi prensare fugientes, confirmare, per totum denique agmen oculis, manibus, clamore volitare. Dicitur in illâ perturbatione et de extremis agitâsse secum, et ita manifesto vultu fuisse quasi occupare manu mortem vellet.* lib. IV, chap. 2. Orose, liv. VI, chap. 16, rapporte le même fait.

(9) Plutarque, *Vie de César*, 72.

(10) On trouve le même fait dans Florus, avec cette différence que c'est de Munda qu'il parle, et non de Cordoue. *Quanta fuerit hostium cædes, ira, rabiesque victoribus sic æstimari potest. Hoc à prælio profugi cùm se Mundam*

recepissent, et Cæsar obsideri statìm victos imperâsset, ex congestis cadaveribus agger effectus est, quæ pilis jaculisque confixa inter se tenebàntur. Fœdum, s'écrie l'histoire, *etiam inter Barbaros!*

(11) Ville maritime de l'Ibérie.

(12) Florus donne à peu près les mêmes détails. *Sed videlicet victoriam desperantibus Pompeii liberis, Cnœum prœlio profugum, crure saucio, deserta et avia petentem, Cesonius apud Lauronem oppidum consecutus pugnantem (adeo nondùm desperabat) interfecit.*

(13) On vient de voir que Florus nomme un Césonius, comme l'auteur de la mort de *Cnéius*, fils aîné de Pompée. Orose lui donne le même nom, liv. VI, ch. 16. Dion Cassius, liv. XLIII, nomme un Césennius Lento; et Plutarque, *Vie de César*, à la fin, dit que ce fut un Didius qui en apporta la tête.

CHAPITRE XVI.

César retourne à Rome. Après toutes ses victoires, le sénat et le peuple lui décernent les plus grands honneurs. Le peuple lui suppose l'intention de prendre le titre de roi, et il manifeste son improbation à cet égard. Ces dispositions du peuple donnent de l'ombrage à César. Il fait le projet d'aller combattre les Gètes et les Parthes. Peu de jours avant son départ, il est assassiné en plein sénat par un grand nombre de conjurés.

CVI. Cependant César, après avoir terminé la guerre civile, reprit en diligence le chemin de Rome, puissant et redouté comme nul ne l'avoit jamais été avant lui (1). Dans l'excès de la reconnoissance, on lui décerna toutes sortes d'honneurs (2), même ceux qui étoient au-dessus de l'homme. Chaque tribu lui offrit des sacrifices, célébra pour lui des jeux, et plaça des monuments à sa gloire dans tous les temples et dans tous les lieux publics. On en fit autant chez tous les peuples, chez tous les rois, amis du peuple romain. On le peignit dans ses images sous divers costumes : dans quelques unes il avoit une couronne de chêne, ce qui le caractérisoit comme le sauveur de la patrie; couronne que décernoient autrefois ceux qui avoient été sauvés, pour récompense de leur salut, à celui dont il avoit été l'ouvrage. On lui donna le surnom de Père de la Patrie. On lui conféra la dictature pour tout le cours de sa vie, et le consulat pour dix ans. Sa personne fut déclarée sacrée et inviolable. Pour l'exercice de ses fonctions, on lui décerna un siège d'or et d'ivoire. Il fut décrété qu'il ne vaqueroit à ses fonctions sacerdotales que revêtu du costume triomphal; que Rome feroit tous les ans des sacrifices pour solenniser l'anniversaire des jours où il avoit gagné ses batailles; que les prêtres et les vestales feroient pour lui, tous les cinq ans, des vœux publics; qu'en entrant en charge, tous les magistrats prêteroient serment de ne contrevenir à aucune de ses lois; et que, pour honorer le jour de sa naissance, le mois *Quintilis* changeroit son nom contre celui de *Julius* (3). On décréta aussi qu'on lui élèveroit plusieurs temples comme à un Dieu, et un entre autres qui lui seroit commun avec la Clémence, et où il seroit représenté ayant sa main dans la main de cette Déesse (4).

CVII. Ce fut ainsi que, pendant qu'on le redoutoit comme un despote (5), on faisoit des vœux pour qu'il se laissât aller à la clémence. Il y eut de ses partisans qui eurent l'idée de lui donner le titre de roi; mais il n'en fut pas plutôt informé qu'il manifesta son improbation, qu'il menaça même les auteurs de cette idée, en disant que c'étoit un titre réprouvé depuis l'exécration que les anciens Romains y avoient attachée. Les cohortes prétoriennes, qui, depuis le commencement de la guerre jusqu'à ce moment, avoient été chargées de la garde spéciale de sa personne, il les congédia, et ne se montra plus qu'entouré des licteurs, légalement attachés à sa magistrature. C'étoit avec ce modeste appareil qu'il vaquoit à ses fonctions au-devant de la tribune aux harangues, lorsque les sénateurs, précédés des consuls, vinrent chacun avec la dignité convenable lui apporter le sénatus-consulte qui lui décernoit les honneurs dont nous venons de parler. Il leur tendit bien la main; mais il ne se leva (6) ni pendant qu'ils s'avançoient, ni pendant qu'ils restèrent debout autour de lui ; en quoi il fournit un nouveau motif de calomnie à ceux qui l'accusoient de prétendre au titre de roi. Après avoir accepté tous les honneurs qu'on lui avoit décernés, à l'exception du consulat pour dix ans, il se désigna lui-même consul pour l'année suivante, et désigna pour son collègue Antoine, son chef de cavalerie. Cette dernière place, il la donna à Lépidus, qui avoit déjà le commandement de l'Ibérie, mais qui en faisoit faire le service par ses amis. César rappela d'ailleurs tous les exilés, excepté ceux qui étoient sortis de Rome pour crime indigne de rémission. Il pardonna à ses ennemis, et plusieurs de ceux qui avoient porté les armes contre lui, il les plaça, ou dans les magistratures annuelles, ou dans les commandements de province, ou à la tête de ses armées (7). Édifié de cette conduite, le peuple se flatta qu'il lui rendroit son gouvernement populaire, ainsi que l'avoit fait Sylla lorsqu'il fut parvenu comme lui au pouvoir suprême; mais le peuple fut trompé dans son espérance (8).

CVIII. Quelqu'un de ceux qui étoient les plus

ardents à accréditer le bruit qu'il devoit prendre le titre de roi, mit une couronne de laurier sur la tête d'une de ses statues, attachée avec des bandelettes blanches. Les tribuns Maryllus et Cæsétius (9) ayant découvert l'auteur de ce fait, le firent jeter en prison, tout en se donnant l'air de faire en cela leur cour à César qui avoit été le premier à menacer ceux qui lui prêtoient cette intention. César souffrit cette conduite de ces deux tribuns sans rien témoigner. D'autres personnes étant venues un jour à sa rencontre aux portes de Rome, au moment qu'il y rentroit, et l'ayant salué en lui donnant le titre de roi, comme il remarqua les murmures du peuple qui étoit à l'entour, il eut l'adresse de répondre à ceux qui le saluoient : « Je ne suis pas un roi, je « suis César », tout comme s'ils s'étoient mépris sur son véritable nom (10). Le tribun Maryllus et ses collègues découvrirent encore quel étoit celui de ces courtisans qui avoit le premier donné à César le titre de roi, et ils ordonnèrent à leurs appariteurs de le traduire devant leur tribunal. Alors César, perdant patience, fit un crime devant le sénat à Maryllus et à ses collègues de leur conduite, comme s'ils lui tendoient artificieusement un piège, en l'accusant indirectement d'aspirer à la royauté (11). Il ajouta que cette conduite méritoit la mort ; mais qu'il suffiroit néanmoins de destituer ces tribuns et de les chasser du sénat. Ce fut ainsi que César s'accusa lui-même, par ce discours, d'ambitionner le titre de roi, d'être l'instigateur secret de toutes ces manœuvres préparatoires, et d'avoir entièrement usurpé la tyrannie; car le motif de ce châtiment avoit pour objet le zèle avec lequel ces tribuns faisoient la guerre au titre de roi, dont ils le soupçonnoient avide, tandis que leur magistrature, en vertu de la loi et du serment antique, étoit sacrée et inviolable. Les esprits étoient d'autant plus exaspérés contre César, qu'il n'avoit pas attendu le terme des fonctions de ces magistrats.

CIX. César sentit lui-même son tort. Il se repentit d'avoir, en temps de paix et hors de toute autorité militaire, donné ce premier exemple d'une acerbité révoltante. On prétend qu'il ordonna à ses amis de veiller sur sa personne, attendu qu'il avoit fait beau jeu à ses ennemis, qui cherchoient matière à lui nuire. Ses amis lui demandèrent s'il y avoit lieu à rappeler les cohortes Prétoriennes pour leur confier de nouveau la garde de sa personne. Il leur répondit « que le comble du malheur étoit d'être continuel- « lement entouré de gardes; que c'étoit la précau- « tion de quelqu'un qui étoit toujours en transes, « et que ce ne seroit pas le moyen de faire tomber « les bruits de l'intention qu'on lui supposoit d'as- « pirer à la royauté. » Dans une autre circonstance, il étoit venu se placer sur son siège d'or dans le Forum, au-devant des rostres, pour jouir du spectacle des Lupercales(12). Antoine, son collègue dans le consulat, vint à lui, nu, et oint d'huile, comme l'étoient les prêtres dans la célébration de ces fêtes; il monta aux rostres, et lui plaça un diadème sur la tête. A cet aspect, quelques individus, en petit nombre, firent entendre des applaudissements;

mais un bien plus grand nombre ayant fait éclater une rumeur d'improbation, César jeta le diadème à terre. Antoine le lui replaça sur la tête, et César le jeta à terre une seconde fois. Une sorte de combat s'étant élevé entre eux deux à ce sujet, le peuple en demeura témoin immobile, incertain de l'issue de cette espèce de lutte. César finit par demeurer le plus fort (13); et alors le peuple se répandit avec allégresse en acclamations et en éloges envers César, parcequ'il avoit refusé le diadème.

CX. Cependant, soit qu'il ne sût comment se conduire, soit qu'il fût excédé des soins qu'il étoit obligé de prendre pour écarter les soupçons et l'accusation d'aspirer à la royauté, soit qu'il crût prudent de s'éloigner de Rome, pour s'éloigner de quelques ennemis, soit qu'il voulût chercher un remède contre l'épilepsie et les convulsions de cette maladie corporelle dont il étoit atteint, et dont les accès devenoient plus subits et plus fréquents depuis son inertie, il forma le projet d'une longue expédition contre les Gètes et contre les Parthes. Il devoit commencer par les Gètes, peuple vigoureux, ami du métier des armes, et plus voisin. De là il devoit aller punir les Parthes d'avoir violé le droit des gens envers Crassus (14). Il fit prendre les devants, au travers de la mer Ionienne, à une armée composée de seize légions, et de dix mille hommes de cavalerie. On fit courir à ce sujet un autre bruit, savoir que les livres sibyllins avoient prédit que les Parthes ne se soumettroient au peuple romain que lorsque ce seroit un roi romain qui iroit leur faire la guerre (15). Sur ce fondement, quelques personnes osèrent dire qu'il falloit confirmer à César les titres qu'il avoit déjà, de dictateur et d'empereur (16) des Romains, et tous les autres qui pouvoient être les équivalents de celui de roi; et que d'ailleurs il falloit lui donner le titre de roi, en propres termes, en ce qui concernoit toutes les nations qui composoient l'empire romain. Mais César refusa tous ces titres; et s'apercevant que la jalousie (17) lui faisoit à Rome une guerre sourde, il ne s'occupa plus que d'accélérer son départ.

CXI. Il devoit en effet partir dans quatre jours, lorsque ses ennemis le tuèrent en plein sénat; soit envie de sa prospérité, et sur-tout de sa puissance qui s'étoit élevée au-dessus de toute mesure, soit zèle, ainsi qu'ils le prétendirent eux-mêmes, pour le rétablissement de la république. Ils le connoissoient assez bien (18) pour savoir qu'à son retour, après avoir ajouté ces deux peuples à la domination des Romains, il se feroit proclamer roi sans aucune contradiction. Je pense donc qu'ils prirent ce nouveau motif pour prétexte de leur entreprise, motif qui ne portoit que sur une différence de terme; car, au fait, l'autorité d'un dictateur est à la lettre celle d'un roi (19). Les deux principaux machinateurs du complot furent, l'un, Marcus Brutus, surnommé Cépion, fils du Brutus qui périt sous la dictature de Sylla, et transfuge du parti de Pompée dans le parti de César après la bataille de Pharsale; et l'autre, Caïus Cassius (20), celui qui avoit livré ses trirèmes à César pendant qu'il faisoit le trajet de l'Hellespont (21). L'un et l'autre avoient été attachés au parti de Pompée. Il faut y joindre Décimus Brutus Albinus, un de ceux pour qui César avoit le plus d'affection. Ils étoient tous trois investis de sa confiance, comblés de ses faveurs, et honorablement employés. Il leur avoit donné les fonctions les plus importantes. En partant pour la guerre d'Afrique, il leur avoit confié des commandements militaires; savoir, celui de la Gaule Transalpine à Décimus Brutus, et celui de la Gaule Cisalpine à Marcus Brutus (22).

CXII. A cette époque, Décimus (23) Brutus et Cassius devoient être nommés préteurs en même temps. Ils disputoient entre eux à qui auroit la préture urbaine, à laquelle la prééminence étoit attachée; soit que cette contestation fût sérieuse et réelle, soit que ce ne fût qu'un jeu de leur part afin de ne point paroître avoir aucune sorte de concert ensemble. On rapporte que César, qu'ils prirent pour arbitre, dit à ses amis : « Cassius a la « justice pour lui; mais l'affection me décide en « faveur de Brutus. » Tant il lui portoit de prédilection et de bienveillance en toute occasion! Du reste, il passoit pour être son fils (24), attendu que César étoit l'amant de Servilie, sœur de Caton, lorsque Brutus vint au monde (25). Aussi dit-on qu'à Pharsale, lorsqu'il vit que la victoire se décidoit en sa faveur (26), il recommanda à ses chefs de sauver Brutus à quelque prix que ce pût être. Mais, soit que Brutus fût ingrat de son naturel, soit qu'il ignorât l'adultère de sa mère, ou qu'il n'y

ajoutât aucune foi, ou qu'il en rougît ; soit qu'en- Ans
thousiaste de la liberté, ses premières affections de
fussent pour la patrie ; soit qu'issu de ce Brutus Rome.
qui avoit anciennement chassé de Rome ses tyrans, 710.
il se sentît poussé et piqué d'émulation par les honteux reproches du peuple, (car on avoit souvent
trouvé clandestinement attachées aux statues de
l'ancien Brutus, ainsi qu'au tribunal de Décimus (27)
Brutus, préteur, des inscriptions en ces termes :
tantôt, *Brutus, t'es-tu laissé corrompre par des
largesses?* tantôt, *Brutus, es-tu mort?* tantôt,
Brutus, ah! que ne vis-tu encore! tantôt, *Ta
postérité est indigne de toi;* tantôt, *Toi, non, tu
ne descends pas de lui* (28)). Ce jeune homme
échauffé par des impulsions de ce genre, forma ce
complot, comme pour se rendre digne de ses ancêtres.

CXIII. Pendant que les bruits relatifs à la royauté
de César couroient avec le plus de chaleur, on annonça une prochaine convocation du sénat. Cassius
ayant rencontré Brutus, lui toucha la main et lui
dit : « Que ferons-nous dans le sénat, si les adula-
« teurs de César font la proposition de le proclamer
« roi (29)? » Brutus lui répondit qu'il ne se rendroit
point au sénat. Cassius lui ayant demandé encore :
« Mais si l'on nous fait appeler en qualité de pré-
« teurs (30), quelle conduite tiendrons-nous, brave
« Brutus ? » « Je défendrai, lui répondit Brutus, la
« patrie jusqu'à la mort. » Cassius ajouta en l'em-
brassant : « Mais avec une pareille intention, quels
« seront ceux des bons citoyens par qui tu te feras

« seconder? Qui crois-tu qui attache à ton tribunal
« ces inscriptions clandestines? Crois-tu que ce
« soient les ouvriers et les gens de la lie du peuple,
« ou ces généreux Romains qui demandent aux
« autres préteurs des spectacles, des courses de
« chevaux et des combats de bêtes, et qui te de-
« mandent, à toi, la liberté comme une grande action
« digne de ta race (31)? » Ce fut ainsi qu'ils s'ouvrirent entre eux pour la première fois sur un
projet qu'ils méditoient de longue main. Ils pres-
sentirent, chacun de son côté, leurs propres amis,
et même ceux des amis de César auxquels ils connoissoient le plus d'audace. Parmi leurs propres
amis, ils s'associèrent deux frères, Cécilius et Bucolianus, ainsi que Rubrius Riga, Quintus Ligarius,
Marcus Spurius, Servilius Casca, Servius Galba,
Sextus Nason, et Pontius Aquila; et parmi les amis
de César, ils s'adjoignirent Décimus Brutus, dont
je viens de parler, Caïus Casca, Trébonius, Tullius
Cimber, et Minucius Basillus.

CXIV. Lorsqu'ils se crurent assez nombreux (32),
ils se donnèrent réciproquement leur foi, sans avoir
recours ni à la sainteté des sermens ni à la religion
des victimes (33). Nul des conjurés ne se démentit;
nul ne devint un traître. Il ne fut plus question que
de choisir le jour et le lieu. Ils étoient pressés par
le temps, car César devoit partir dans quatre jours
pour son expédition contre les Gètes, et dès-lors
il devoit être constamment entouré d'une garde
nombreuse. Quant au lieu, ils choisirent le sénat.
Ils espérèrent que, quoique les sénateurs ne fussent

point prévenus du complot, aussitôt qu'ils en seroient témoins, ils en embrasseroient l'entreprise, ainsi qu'on disoit que cela étoit arrivé à l'égard de Romulus, qui, roi d'abord, avoit fini par devenir un tyran. Ils espérèrent que le meurtre de César exécuté, comme celui de Romulus, en plein sénat, paroîtroit non un assassinat de guet-apens, mais un acte de dévoûment pour le salut de la patrie, et que cette circonstance de l'intérêt public feroit que l'attentat n'entraîneroit aucun danger de la part de l'armée de César. Ils se flattèrent que tout l'honneur du complot leur resteroit à eux seuls, parcequ'on n'ignoreroit point qu'ils en avoient été les premiers auteurs. Par toutes ces considérations ils choisirent le sénat d'une voix unanime; ils ne différèrent que sur certains accessoires. Quelques conjurés proposèrent d'égorger en même temps Antoine, le collègue de César, son ami intime, et très influent sur l'esprit des troupes (34); mais Brutus fit observer qu'en se bornant à égorger César, ils se couvroient de gloire, comme tyrannicides, puisque ce seroit en effet un roi qu'ils auroient immolé : mais que s'ils égorgeoient en même temps ses amis, ils paroîtroient n'avoir servi que leur haine personnelle, et n'avoir agi que comme partisans de Pompée. Ces observations entraînèrent les suffrages, et ils n'attendirent plus que la première convocation du sénat.

CXV. La veille de cette convocation César alla souper chez Lépidus, son chef de cavalerie, et amena Décimus Brutus à souper avec lui (35).

Pendant le repas on agita la question de savoir quelle est pour l'homme la meilleure mort. Chacun ayant décidé cette question, les uns d'une façon les autres d'une autre, César dit qu'à son avis la mort la plus subite étoit la meilleure; pronostiquant ainsi son propre destin. Il conversa ensuite sur ce qu'on devoit faire le lendemain au sénat. Ce repas lui fit passer une mauvaise nuit. Il eut des engourdissements par tout le corps. Sa femme, Calpurnie, rêva (36) qu'elle voyoit des torrents de sang. Effrayée de ce rêve, elle voulut le lendemain l'empêcher de sortir. [Depuis long-temps on avoit remarqué de sinistres présages au milieu de ses sacrifices] (37). Il étoit sur le point d'envoyer Antoine pour congédier le sénat, lorsque Décimus Brutus (38) s'étant rendu chez lui, il lui persuada d'aller lui-même congédier l'assemblée, et de ne pas fournir une nouvelle matière à ceux qui l'accusoient de n'avoir pas pour le sénat le respect qui lui étoit dû. En conséquence il se fit porter en litière. C'étoit le jour où l'on célébroit les jeux dans le théâtre de Pompée; et le sénat, selon l'usage réglé pour ce jour-là, avoit été convoqué dans le palais (39) de Pompée, qui étoit attaché au théâtre de ce nom. Les deux préteurs, Brutus et Cassius, s'étoient rendus dès le matin sous le portique qui étoit sur le devant de ce théâtre, et ils y vaquoient à leurs fonctions avec le calme le plus profond (40). Instruits de ce qui s'étoit passé au sacrifice domestique de César, et que la séance du sénat étoit renvoyée à un autre jour, ils furent très déconcertés. Pendant qu'ils étoient dans cette sollicitude, quelqu'un s'approcha de Casca (41), lui prit la main, et lui dit : « Vous vous êtes défié de « moi, quoique je sois votre ami ; mais Brutus m'en « a fait part. » Casca croyant que cet individu avoit le secret de la conjuration, un trouble soudain s'empara de lui. Mais cet individu ayant ajouté en souriant, « Et d'où tirerez-vous les fonds nécessaires « pour vous installer dans les fonctions d'édile? » Alors Casca revint à lui. Un des membres du sénat, Popilius Lénas (42), ayant remarqué que Brutus et Cassius se parloient entre eux d'un air d'intelligence, les prit à l'écart et leur dit qu'il faisoit des vœux pour le succès de ce qu'ils paroissoient avoir dans la tête, et les exhorta à se dépêcher (43). Ils se troublèrent l'un et l'autre à ces mots de Popilius; mais dans leur effroi ils gardèrent le silence.

CXVI. Pendant que César se faisoit porter au sénat, un de ses familiers, qui avoit appris le complot formé contre sa personne, accourut chez lui pour lui en faire part; mais n'ayant trouvé que Calpurnie, il se contenta de lui dire qu'il avoit besoin de parler à César de choses pressantes, et il attendit qu'il fût de retour du sénat, parcequ'il n'avoit pas parfaitement entendu de quoi il étoit question. Artémidore, qui lui avoit donné l'hospitalité à Gnide, étant accouru au sénat, le trouva déjà égorgé (44). Un autre individu lui avoit remis, pendant qu'il faisoit son sacrifice, avant que d'entrer au sénat, un billet dans lequel on l'avertissoit du complot; mais il entra dans le sénat sans le lire,

Ans de Rome, 710.

et on le lui trouva entre les mains après qu'il eut été égorgé (45). Il ne faisoit que de sortir de sa litière, lorsque Popilius Lénas, le même qui peu auparavant avoit fait des vœux pour Cassius et Brutus, se trouvant sur son chemin, se mit à conférer sérieusement avec lui. L'aspect de cette conversation, après ce qui venoit de se passer, et sur-tout sa longueur, effraya singulièrement Brutus et Cassius. Ils commençoient déjà à se faire signe réciproquement de se poignarder eux-mêmes avant qu'on les arrêtât. Mais voyant que le discours de Lénas se prolongeoit encore, et que ce sénateur avoit moins l'air d'un homme qui fait une révélation que d'un suppliant qui demande quelque chose, ils revinrent de leur frayeur; et lorsqu'après qu'il eut fini de parler, ils virent qu'il rendoit grace à César, ils reprirent toute leur sécurité (46). C'étoit un usage que les consuls, en entrant au sénat, prissent les auspices avant que d'entrer; et encore ici la première victime immolée pour César se trouva n'avoir point de cœur, ou, comme d'autres le rapportent, n'avoir point le bout des entrailles dans son état naturel. L'aruspice lui déclara que c'étoit signe de mort. Il répondit en riant, qu'il lui en étoit arrivé tout autant en Ibérie au moment où il alloit livrer la bataille contre Pompée (47). L'aruspice lui ayant répliqué, qu'aussi il avoit couru le plus grand danger, et que pour le moment il y avoit lieu d'ajouter encore plus de foi au présage, César lui ordonna de consulter de nouvelles victimes. Il ne s'en trouva encore un coup aucune qui fût propice. Honteux alors de se faire attendre si long-temps au sénat, et pressé amicalement par ses ennemis, il entra dans l'assemblée, en méprisant les pronostics des victimes : car il falloit que César subît le sort qui lui étoit destiné.

CXVII. Les conjurés avoient laissé Trébonius (48), l'un d'entre eux, pour amuser par quelques discours Antoine à la porte. César ne fut pas plutôt assis sur son siège qu'ils l'entourèrent d'un air d'amitié. Ils avoient des glaives cachés sous leurs robes. Tullius Cimber (49) se plaça au-devant de lui, et lui demanda le rappel de son frère qui étoit en exil. Après lui avoir répondu d'abord qu'il falloit attendre, César finit par lui refuser tout net cette grace. Alors Cimber prit sa robe de pourpre comme pour le supplier avec encore plus d'instance, et retroussant ce vêtement à la hauteur du cou de César, il tira à lui en criant : « Qu'attendez-vous, « mes amis. » Casca, qui étoit au-dessus de la tête de César, lui lança le premier un coup de poignard à la gorge ; mais sa main ayant été détournée, il ne le frappa que dans l'estomac. César ayant arraché sa robe des mains de Cimber, prit Casca par le bras (50), s'élança de son siège, se retourna et tira Casca à lui avec beaucoup de force. Dans cette situation un autre des conjurés lui ouvrit d'un coup de glaive le flanc qui se trouvoit tendu par la position que le corps de César avoit reçue. Cassius le frappa au visage, Brutus à la cuisse (51), Bucolianus au front. César, écumant de rage et poussant des cris de fureur, se tournoit comme une

Pagination incorrecte — date incorrecte

bête féroce, tantôt contre l'un, tantôt contre l'autre. Mais après le coup qui lui fut porté par Brutus, perdant toute espérance, il s'enveloppa de sa toge sénatoriale (52), et se laissa tomber tout doucement au pied de la statue de Pompée. Les conjurés continuèrent de le frapper après cette chute, jusqu'à ce qu'il eut expiré après vingt-trois coups de poignard. Plusieurs des conjurés, au milieu de leur acharnement, se blessèrent les uns les autres (53).

NOTES.

(1) Plutarque place à cette époque le dernier des triomphes de César, et il ajoute que jamais César n'avoit rien fait qui déplût autant aux Romains. « Ce n'étoit pas, « dit l'historien, des rois barbares qu'il avoit vaincus, c'é- « toient les enfants de celui qu'on regardoit à Rome comme « le plus grand des Romains, et l'on ne pensoit pas qu'il y « eût de la bienséance à triompher ainsi des calamités de son « pays. » *Vie de César*, 73. Nous remarquerons que Florus a voulu ménager la mémoire de César, car il observe lui-même que dans ses pompes triomphales il s'abstint d'y faire rien figurer de relatif aux journées de Pharsale, de Thapse et de Munda. *Pharsalia, Thapsos et Munda nusquàm*. Lib. IV, c. 2. Nous avons cependant vu plus haut qu'Appien lui a reproché d'avoir intercalé les tableaux de L. Scipion, se poignardant sur un vaisseau, de Pétréius s'égorgeant dans le palais de Juba, de Caton se déchirant les entrailles à Utique, sect. CI.

(2) Selon Plutarque, ce fut Cicéron qui en fit la proposition, et l'adulation franchissant les bornes dans lesquelles devoit se contenir la reconnoissance, les choses furent poussées à un tel excès, que les ennemis de César poussoient à la roue avec encore plus de véhémence que ses adulateurs, dans la vue de le rendre par-là encore plus odieux, et de faire par conséquent plus beau jeu à ceux qui oseroient entreprendre de conspirer contre lui. *Vie de César*, 73, à la fin.

(3) D'où vient notre mois de juillet.

(4) Plutarque, *Vie de César*, 74.

(5) La dictature à vie qu'on venoit de lui conférer étoit, dit Plutarque, version d'Amyot, « manifestement une ty- « rannie certaine, pour ce que l'on adjoustoit à la souve- « raine puissance et plein pouvoir de la dictature, le non- « craindre d'en estre jamais déposé. Mais les Romains flé-

« chissans à sa fortune, reçurent le mors en la bouche,
« à cause qu'ils estimoyent que la principaulté d'un seul
« leur donneroit moyen de respirer un petit de tant de maulx
« et de misères qu'ils avoyent endurées en ces guerres ci-
« viles. » *Vie de César*, 73.

(6) S'il faut en croire Plutarque, son intention fut de se lever pour faire honneur au sénat. Mais Cornélius Balbus, un de ses adulateurs, qui se trouva auprès de lui, l'en empêcha, en lui disant : « Songe que tu es César. »

(7) Plutarq. *Vie de César*, 74.

(8) Sylla, en effet, avoit prédit que le dictateur qui viendroit après lui n'abdiqueroit point la dictature. Le même motif qui fit que César passa le Rubicon, fit qu'il garda le pouvoir suprême après l'avoir envahi, inférieur à cet égard à Sylla, qui donna en abdiquant un exemple de grandeur d'ame unique dans toutes les histoires. Paterculus rappelle avec éloge le sage conseil que Pansa et Hirtius avoient donné à César, « de conserver par la force des armes l'empire que ses armes lui avoient acquis. *Laudandum experientiâ consilium est Pansæ atque Hirtii, qui semper prædixerunt Cæsari ut principatum armis quæsitum armis teneret.* Lib. II, c. 57.

(9) Le vrai nom de ces tribuns du peuple étoit Epidius Marullus, et Flavus Cæsétius; c'est ainsi que les nomme Paterculus, liv. II, c. 68. Florus, dans l'Epitome de Tite-Live, liv. CXVI, et Suétone, dans la Vie de César, 79, leur donnent le même nom, si ce n'est qu'ils transposent le prénom de Cæsétius; si bien que Plutarque ne le désigne que par le nom de Flavius. *Voy.* Dion Cassius, 44, 9, etc.

(10) Plutarq. *vie de César*, 78.

(11) Le titre de roi étoit en effet si odieux aux Romains, qu'il n'y avoit pas jusqu'à César, comme on voit, qui ne cherchât à s'en défendre comme d'une atroce calomnie. C'est ainsi que Cicéron, dans son oraison pour P. Sylla, §. 9, repousse avec autant d'éloquence que de vigueur un sar-

casme de ce genre, que l'accusateur de son client s'étoit permis contre lui. Je vais me servir de l'estimable traduction de M. Clément. « Après cela, Torquatus, ne me traitez plus
« d'étranger, de peur de quelque réponse plus fâcheuse,
« et ne me traitez plus de roi, de peur qu'on ne se moque
« de vous; à moins qu'il ne vous semble peut-être que c'est
« vivre en roi, que de vivre en homme qui n'est l'esclave de
« personne, ni même d'aucune passion; que de mépriser tous
« les désirs déréglés, de n'avoir besoin, ni d'or, ni d'argent,
« ni de toute autre richesse, de penser et de parler libre-
« ment dans le sénat, d'avoir moins d'égard aux volontés
« du peuple qu'à son utilité, de ne céder à personne et de
« résister à plusieurs. Si vous pensez que ce soient là des
« qualités royales, je vous l'avoue, je suis roi; mais si ma
« puissance, si ma domination, si enfin quelque parole ar-
« rogante ou trop fière vous émeut contre moi, que ne vous
« en plaignez-vous, *plutôt que de m'outrager par un titre*
« *injurieux qui attire la haine et l'envie.* »

(12) Plutarq. *Vie de César*, 79.

(13) Plutarque ajoute qu'il se leva de son siège, et qu'il commanda que le diadème en question fût apporté à Jupiter au Capitole. Cependant, s'il faut en croire Paterculus, en refusant de recevoir le diadème que lui présentoit Antoine, il laissa apercevoir que cette conduite de son collègue ne lui déplaisoit pas. *Cui magnam invidiam conciliârat M. Antonius, omnibus audendis paratissimus, consulatûs collega, imponendo capiti ejus Lupercalibus sedentis pro rostris insigne regium, quod ab eo ita repulsum erat, ut non offensus videretur.* Lib. II, c. 56.

(14) Plutarque prétend que son projet d'expédition étoit bien plus vaste, qu'il vouloit faire à peu près le tour du monde connu, en prenant par l'Épire et la Macédoine, et revenant par la Germanie et les Gaules. *Vie de César*, 75.

(15) Plutarq. *Vie de César*, 78.

(16) Voyez ci-dessus la note sur les diverses acceptions du mot *imperator*.

(17) *Quippè dementiam principis vicit invidia*, dit Florus, et il ajoute cette réflexion, fondée sur la saine analyse de l'amour de la liberté, *Gravisque erat liberis ipsa beneficiorum potentia.* Cette dernière idée, on la retrouve dans un passage de Quinte-Curce, où il dit qu'Alexandre, pour apaiser les reproches qu'on lui faisoit d'avoir métamorphosé le roi des Macédoniens en un satrape de Darius, prodiguoit les libéralités envers ses amis et ses troupes. *Ille non ignarus principes amicorum et exercitum graviter offendi, gratiam liberalitate donisque recuperare tentabat; sed opinor liberis pretium servitutis ingratum est.* Lib. VI, c. 6. On peut consulter là-dessus le chap. 18 du second livre du *Traité des bienfaits* de Sénèque le philosophe.

(18) On se rappeloit, en effet, qu'il avoit dit quelque part qu'il aimeroit mieux être le premier dans un village que le second dans Rome. *Voy.* Plutarq. *Vie de César*, 13. Ce fut donc un motif d'ambition personnelle, joint à la crainte de tomber entre les mains de ses ennemis, qui l'empêcha d'imiter le grand exemple de Sylla.

(19) Voyez ci-dessus note 5.

(20) Paterculus n'en nomme que deux, ainsi qu'Appien, *Conjurationis auctoribus Bruto et Cassio*. Lib. III, c. 66. Suétone en nomme trois parmi plus de soixante, *Conspiratum est in eum, à LX, ampliùs C. Cassio, Marcelloque, et D. Bruto principibus conspirationis.* Jul. Cæs., 80. L'Epitome de Tite-Live en nomme quatre, *Cujus capita fuerunt, M. Brutus et C. Cassius, et ex Cæsaris partibus D. Brutus et C. Trebonius*. Lib. CXVI.

(21) Voyez ci-dessus sect. LXXXVIII.

(22) Quelques historiens ont prétendu que ce Brutus descendoit du célèbre Junius Brutus, le fondateur de la république romaine. D'autres l'ont nié, tels sont Denys d'Halicarnasse et Dion Cassius. Mais Plutarque affirme avoir lu dans un des ouvrages du philosophe Possidonius, que, lorsque Junius Brutus fit périr ses deux fils Caïus et Tibérius, pour avoir conspiré contre Rome en faveur de Tarquin,

il lui restoit un troisième fils, auteur de la race des Brutus, dont Marcus Brutus étoit descendu. Plut. *Vie de Brutus*, 1. Ce Brutus étoit fils de Servilie, sœur de Caton d'Utique, et il devint depuis le gendre de ce dernier, dont il se proposa la haute vertu pour modèle, *ibid.* 2. Le même auteur rapporte que César, avant que de partir pour porter la guerre en Afrique, donna à Brutus le commandement de la Gaule Cisalpine, et en faisant l'éloge de sa conduite dans cette province, il prouve que Brutus, en étudiant Platon, avoit appris cette vérité, base fondamentale de tout ordre politique, « que les peuples seront heureux lorsque les phi-« losophes seront constitués en autorité, ou lorsque les « hommes constitués en autorité seront philosophes. »

(23) C'étoit Marcus Brutus et non Décimus Brutus, qui étoit le compétiteur de la préture urbaine dont il est ici question. *Voyez* Plutarque, *Vie de Brutus*, 8, et *Vie de César*, 80. Je remarque que les historiens les ont quelquefois confondus, et pris l'un pour l'autre.

(24) Voyez ci-dessus, note 22.

(25) On lit dans Plutarque, *Vie de Brutus*, 5, quelques détails sur cet article de la chronique scandaleuse de Rome.

(26) Selon Plutarque, ce fut avant qu'on sonnât la charge à Pharsale que César recommanda à tous les officiers d'épargner la vie de Brutus, et de ne point l'attaquer s'il se mettoit en mesure de se défendre. *Vie de Brutus*, 5.

(27) On a déjà vu que c'étoit Marcus Brutus qui étoit préteur, et non Décimus. Il est d'ailleurs évident que c'est du premier qu'il s'agit ici, parceque c'étoit lui qui descendoit de l'ancien Brutus.

(28) Plutarque, *Vie de Brutus*, 10, rapporte à peu près les mêmes détails.

(29) Soit que la contestation qui s'étoit élevée entre eux au sujet de la préture fût une contestation sérieuse, soit qu'elle ne fût qu'un jeu, comme il étoit possible, pour masquer leur intelligence, ils devoient d'ailleurs être bien en-

semble, parcequ'ils étoient beaux-frères. Cassius avoit en effet, épousé Junie, sœur de Brutus. *Vie de Brutus*, 8.

(30) On sait que toutes les magistratures curules, et par conséquent la préture donnoient séance au sénat.

(31) Ce Cassius étoit un de ces républicains de Rome auxquels on pouvoit appliquer encore à cette époque ce que Florus dit du peuple romain entier dans des temps antérieurs. *Nullius acrior custos quàm libertatis fuit, nullàque in pretium ejus potuit largitione corrumpi.* Lib. I, c. 26. Plutarque rapporte un trait qui prouve que l'amour de la liberté s'étoit allumé de bonne heure dans le cœur de Cassius. Dans son enfance, il alloit à la même école que Faustus, le fils de Sylla le dictateur. Celui-ci ayant dit un mot à la louange de la dictature de son père, Cassius le souffleta vigoureusement par deux fois. Les tuteurs du jeune Sylla firent mine d'intenter une action judiciaire pour avoir raison de cette injure. Mais Pompée, qui en fut instruit, se fit amener les deux enfants pour les interroger. Lorsqu'ils furent en sa présence, Cassius dit à Faustus : « Ose redire en présence « de ce grand personnage ce que tu as dit l'autre jour, qui « m'a mis si fort en colère, et je te casse la tête à coups de « poings. » *Vie de Brutus*, 10. D'ailleurs, Plutarque met ici dans la bouche de Cassius le même discours qu'y met Appien.

(32) Le texte ajoute : *Et qu'ils ne furent pas d'avis de communiquer leur complot à un plus grand nombre*, ce qui ne m'a paru qu'une redondance. Plutarque raconte que Brutus ne voulut pas mettre dans le secret de la conspiration Cicéron, un des hommes qu'il estimoit le plus, parcequ'il craignit la foiblesse naturelle d'un caractère que l'âge avoit rendu encore plus pusillanime ; non plus que deux autres de ses plus intimes amis, Faonius et Statilius, parcequ'un jour qu'il les pressentit adroitement et indirectement là-dessus, Faonius répondit qu'une guerre civile étoit pire que la domination d'un usurpateur, et Statilius déclara qu'à son avis, un homme prudent et sage ne devoit point se compromettre personnelle-

ment pour l'intérêt d'une multitude dont la déraison et l'ignorance étoient l'apanage. *Vie de Brutus*, 12. Voilà du bon sens.

(33) On trouve le même fait dans Plutarque, *ibid.* 13.

(34) Ce fut en effet l'avis de tous les autres conjurés, au rapport de Plutarque, mais Brutus écarta cette proposition; et s'il faut en croire cet historien, ce fut, de la part de Brutus, une première faute qui fit manquer tous les résultats que devoit avoir le succès de la conspiration. *Vie de César*, 24. Florus est bien, sur ce point, de l'avis de Plutarque; car il pense que la république auroit été rétablie, si Antoine eût été enveloppé dans la conspiration. *Populus Romanus Cæsare et Pompeio trucidatis, rediisse in statum pristinæ libertatis videbatur; et redierat nisi aut Pompeius liberos aut Cæsar hæredem reliquisset, vel, quod utroque perniciosius fuit, si non collega quondàm mox æmulus Cæsarianæ potentiæ, fax et turbo sequentis sæculi, superfuisset Antonius.* Lib. IV, c. 3.

(35) On ne trouve pas ce fait dans Plutarque, mais Suétone en fait mention. *Et pridiè quàm occideretur in sermone nato super cœnam apud M. Lepidum, quisnam esset finis vitæ commodissimus, repentinum inopinatumque prætulerat.* Jul. Cæs. 87.

(36) Plutarq. *Vie de César*, 81.

(37) Et ailleurs. On trouvera dans Plutarque, *Vie de César*, 80, le détail de divers présages qui annoncèrent la mort de César.

(38) Plutarque a conservé le détail de toutes les considérations à l'aide desquelles Décimus Brutus persuada à César d'aller faire un acte d'apparition au sénat, quand ce ne seroit, lui dit-il, que pour congédier l'assemblée, et pour l'ajourner à un autre jour. *Vie de César*, 82.

(39) Amyot a traduit *le Portique du théâtre de Pompée.* C'étoit ordinairement celui des magistrats sur la convocation duquel le sénat étoit assemblé, qui désignoit le lieu où se tiendroit l'assemblée. Les historiens ne disent point par qui

le sénat fut convoqué dans ce portique. Quoi qu'il en soit, on ne peut s'empêcher de remarquer, comme une chose extrêmement singulière, que ce fût dans le portique de Pompée que cette convocation eût lieu. On diroit que quelque puissance céleste amena César en cet endroit, pour y être immolé comme une victime aux mânes du grand Pompée. *Vie de César*, 83.

(40) L'auteur de la vie de Brutus s'étend là-dessus, et dit qu'ils remplirent leurs fonctions de juges avec un sang-froid et une présence d'esprit vraiment remarquable. Un de ceux qui avoient plaidé devant Brutus, ayant perdu son procès, lorsqu'il entendit prononcer son jugement, il s'écria qu'il en appeloit à César. Brutus promena ses regards sur son auditoire, et dit à haute voix : « César ne m'empêchera point « de prononcer selon les lois. » *Vie de Brutus*, 16.

(41) Plutarq. *ibid.* 17.

(42) Plutarq. *ibid.*

(43) Plutarque dit que Popilius Lénas, en les exhortant à se dépêcher, ajouta, « car votre projet est déjà connu. » On voit, en effet, que peu s'en fallut que la conjuration ne fût dévoilée, puisqu'on trouva entre les mains de César assassiné un écrit dans lequel le complot étoit révélé, et qu'en le lui remettant, on lui avoit dit : « César, lis ce mé- « moire, seul, et promptement ; car tu y trouveras des choses « très importantes qui te touchent de bien près. » *Vie de César*, 82.

(44) Plutarque attribue à Artémidore le fait que nous avons rapporté dans la note précédente, et peut-être le récit d'Appien a-t-il plus d'exactitude ; car il paroît bien difficile de croire que si Artémidore, professeur de langue grecque à Rome, en recommandation auprès de César, à qui il avoit eu occasion de donner l'hospitalité, en relation avec quelques grands personnages de Rome, s'étoit approché de lui, et qu'en lui remettant un mémoire, il lui eût donné l'avis important dont parle Plutarque, César n'y eût pas fait plus d'attention.

(45) Voyez les deux notes précédentes. Il est probable que cet écrit fut donné à César par un homme obscur, et ce fut la raison pourquoi il ne le lut pas sur-le-champ.

(46) Plutarque ajoute à tous ces détails que Popilius baisa la main de César en s'éloignant, ce qui étoit signe, en effet, que c'étoit de quelque chose de relatif à ses intérêts personnels qu'il l'avoit entretenu. *Vie de Brutus.* 12.

(47) Suétone a remarqué que jamais les superstitions n'avoient arrêté sa marche, et que, quoique au moment de livrer bataille à Scipion et à Juba en Afrique, la victime se fût dérobée par la fuite au couteau sacré, il n'en accepta pas moins le combat qu'on lui présenta. *Nec religione quidem ullâ à quoquam incepto absterritus unquàm vel retardatus est. Cùm immolanti aufugisset hostia, profectionem adversùs Scipionem et Jubam non distulit. Jul. Cæs.* 59.

(48) Dans la Vie de César, 83, c'est Décimus Brutus qui est chargé de ce rôle; mais dans la Vie de Marcus Brutus, 20, c'est Trébonius qui retient Antoine à la porte.

(49) C'est Tullius Cimber, comme ici, dans la Vie de Brutus, 20; mais dans la Vie de César, c'est Métellus Cimber, 83. Lorsqu'on voit de pareilles variantes dans le même auteur, il faut les imputer à l'inadvertance des copistes; car il n'est pas possible qu'elles soient l'œuvre de Plutarque.

(50) César s'adressant à Casca, lui dit en latin : « Scélérat « de Casca, que fais-tu? » Casca, de son côté, se voyant saisi par César, s'écria en grec : « Mon frère, aide-moi. » On a vu en effet, à la fin de la CXIII^e section ci-dessus, qu'Appien a nommé deux Casca parmi les conjurés, savoir, Servilius Casca, et Caïus Casca. Ce dernier étoit, avant la conspiration, un des familiers de César; mais les historiens ne disent pas quel est celui des deux frères qui porta le premier coup. Selon Suétone, ce fut Caïus. 82.

(51) Il est étonnant que, ni Appien, ni Plutarque ne nous parlent des derniers mots qu'on dit être sortis dans ce moment terrible de la bouche de César. Suétone est, en effet,

le seul qui rapporte que, lorsqu'il aperçut Marcus Brutus fondre sur lui le glaive à la main, il s'écria, en grec : « et « toi, mon fils aussi, tu es du nombre des conjurés ! » *Jul. Cœs.* 82.

(52) Plutarque prétend que ce fut aussitôt qu'il vit Brutus le glaive à la main qu'il s'enveloppa de sa robe, et s'abandonna à la fureur des conjurés. Suétone, et son récit est le plus vraisemblable, dit qu'il se résigna à son sort, lorsque, après le second coup de poignard, il se vit entouré de conjurés armés de glaives. *Utque animadvertit undiquè se strictis pugionibus peti, togâ caput obvolvit.* Jul. Cœs. 82.

(53) Brutus, entre autres, fut blessé à la main. Plutarq. *Vie de Brutus*, 20. La réflexion de Florus, sur la fin tragique de César, mérite d'être remarquée. *Sic ille qui terrarum orbem civili sanguine impleverat, tandem ipse sanguine suo curiam implevit.*

CHAPITRE XVII.

Agitation et troubles dans Rome, après la mort de César. Les conjurés, soutenus par les gladiateurs, se retirent au Capitole, où leurs partisans viennent les joindre. Discours de Marcus Brutus au peuple rassemblé au Capitole. Députation envoyée à Lépidus et à Antoine, dans la vue de maintenir la paix. Réponse d'Antoine aux députés. Antoine donne ordre à la sûreté de Rome pendant la nuit, et convoque le sénat pour le lendemain.

CXVIII. Pendant que les meurtriers de César consommoient cet attentat dans un lieu saint, et sur un citoyen dont la personne avoit été déclarée sacrée et inviolable, tout le monde dans le sénat prit sur-le-champ la fuite : on la prit également dans Rome de tous les côtés. Quelques sénateurs furent blessés parmi ce désordre, d'autres reçurent la mort. Il périt d'ailleurs beaucoup de citoyens et beaucoup d'étrangers, non que leur meurtre eût été prémédité ; mais cela arrive quelquefois au milieu des troubles publics, faute d'être connu de ceux entre les mains de qui l'on tombe. Les gladiateurs qui s'étoient armés dès le matin pour venir figurer au théâtre de Pompée, accoururent du théâtre dans l'enceinte du sénat. Tous les spectateurs épouvantés, consternés, se sauvèrent du théâtre à toutes jambes. Les denrées furent pillées (1) dans les marchés. Chacun s'enferma dans sa maison, et monta sur les toits pour se mettre en mesure de se défendre. Antoine, averti par quelques indices qu'on lui en vouloit autant qu'à César, barricada aussi la sienne (2). Lépidus étoit au milieu du Forum, lorsqu'il apprit ce qui venoit de se passer. Il courut de suite dans l'île du Tibre, où il avoit une légion, et se rendit à la tête de ces troupes dans le Champ de Mars, pour y être plus à portée de seconder les mesures d'Antoine; car Lépidus se mit sous ses ordres. Antoine étoit en effet plus intimement lié que lui avec César, et d'ailleurs il étoit revêtu de l'autorité consulaire. Leur premier mouvement, après avoir réfléchi, fut de venger la mort de César. Mais ils craignirent que le sénat ne se déclarât en faveur de ses assassins, et ils prirent le parti d'attendre les événements. César n'avoit en effet auprès de lui aucun corps de troupes; car il n'avoit point voulu d'une garde spéciale pour sa personne. Il s'étoit contenté du cortège armé qui composoit l'attribut de sa magistrature. Une foule nombreuse de magistrats subalternes, de citoyens de Rome et d'étrangers, d'affranchis et d'esclaves, l'avoit accompagné de sa maison jusqu'au sénat; mais tout ce monde ayant pris la fuite, il ne resta que trois esclaves (3) qui recueillirent son cadavre, le placèrent dans sa litière, et reportèrent à eux trois, en nombre impair, celui qui peu de temps auparavant étoit le maître de la terre entière.

CXIX. Cependant les assassins de César avoient voulu prendre la parole dans le sénat; mais personne n'étant resté pour les entendre, ils entourèrent leur main gauche de leur robe, comme d'un bouclier, et armés de leurs poignards encore dégouttants de sang, ils coururent dans les rues de Rome, en criant qu'ils avoient immolé *le roi*; qu'ils avoient donné la mort *au tyran*. L'un d'eux portoit son chapeau élevé au bout d'une lance en guise d'étendard de la liberté. Ils invitoient le peuple à rétablir l'ancien gouvernement de la patrie; ils rappeloient la mémoire de l'ancien Brutus et des Romains de ce temps-là, qui s'unirent contre leurs rois par le plus saint des serments. Ils furent suivis par quelques individus qui se firent prêter des poignards, et qui n'ayant eu aucune part à la conjuration, avoient l'air d'en vouloir partager la gloire. On remarqua dans ce nombre Lentulus Spinther, Faonius (4), Aquinus, Dolabella (5), Murcus (6), Patiscus, lesquels, sans participer néanmoins à cette gloire pour le moment, furent ensuite enveloppés dans la vengeance qu'on exerça contre les coupables. Quand ils virent que le peuple ne se disposoit pas à les suivre, ils eurent des craintes et des sollicitudes. Ils comptoient néanmoins sur le sénat, quoiqu'il eût pris la fuite au milieu du trouble, et dans l'ignorance du complot. Ils y avoient beaucoup de parents, beaucoup d'amis, et il n'étoit pas révolté moins qu'eux de la perspective de la tyrannie. Mais ils se défioient du peuple, et des citoyens qui avoient servi dans les

An de Rome. 710.

armées de César, et qui étoient alors à Rome en grand nombre. Les uns avoient été assez récemment licenciés; mais ils étoient venus se faire inscrire pour de nouvelles colonies. Les autres, après être allé prendre possession des terres qui leur avoient été assignées, étoient revenus à Rome pour faire cortège à César le jour de son départ pour sa nouvelle expédition. Ils redoutoient Lépidus, qui étoit à la tête d'une armée sous les murs de Rome. Ils craignoient en même temps qu'Antoine, en sa qualité de consul, ne convoquât le peuple exclusivement, au lieu du sénat, et qu'il ne prît contre eux quelque funeste mesure.

CXX. Dans cet état de choses, ils coururent s'emparer du Capitole, suivis des gladiateurs. Ils tinrent conseil, et délibérèrent de faire jeter de l'argent au peuple (7). Ils espéroient que si quelques individus commençoient à préconiser leur entreprise, le sentiment de la liberté, et le désir de l'ancienne forme de gouvernement, entraîneroit tous les autres dans la même opinion (8). Car ils se flattoient que le peuple étoit encore vraiment romain, comme l'étoit anciennement, ainsi que l'histoire le leur avoit appris, le peuple contemporain du Brutus qui anéantit la royauté en chassant Tarquin le Superbe. Ils ne sentirent pas qu'ils comptoient sur deux choses incompatibles; que le même peuple qu'ils espéroient de gagner, en lui faisant jeter de l'argent, seroit susceptible des affections de la liberté. Tandis que, dans l'état de dépravation où étoient arrivés depuis long-temps les antiques éléments de la liberté publique, la première de ces deux choses, le sordide amour de l'argent, étoit la seule qui pût avoir lieu. La multitude d'étrangers qui étoient venus s'établir à Rome en avoit singulièrement mélangé la population à cette époque. L'affranchi jouissoit alors de tous les droits de citoyen. L'esclave y portoit le même costume que son maître. Car, à l'exception des esclaves des sénateurs, ceux des autres citoyens étoient vêtus de la même manière qu'eux. D'un autre côté, on distribuoit du blé en faveur des pauvres, et ces distributions, qui ne se pratiquoient uniquement qu'à Rome, y avoient attiré tous les fainéants, tous les gueux, tous les coupe-jarrets de l'Italie. D'ailleurs, les citoyens qui avoient servi dans les armées n'étoient plus, comme autrefois, renvoyés chacun dans sa propre patrie. Ils auroient eu à craindre qu'on leur reprochât d'avoir fait servir leurs armes à d'iniques expéditions. Ils se faisoient communément distribuer dans les colonies qui alloient, par une invasion non moins inique, occuper des terres, des possessions qui appartenoient à d'autres propriétaires. Il y avoit en ce moment à Rome beaucoup de ces vétérans, stationnés dans les lieux qui formoient l'enceinte sacrée des temples. Ils étoient réunis sous un seul drapeau, et aux ordres d'un seul chef, celui de la colonie; et comme ils avoient vendu tout ce qu'ils avoient, afin de pouvoir plus facilement se transplanter d'un lieu dans un autre, ils étoient prêts à se vendre, pour quoi qu'on eût à leur proposer (9).

CXXI. Il ne fut donc pas difficile à Cassius et à ses

amis de ramasser sur-le-champ dans le Forum une multitude considérable d'hommes de cette trempe, dans le grand nombre qu'il y en avoit. Toute mercenaire qu'étoit cette multitude, elle n'osa point applaudir à la mort de César. Sa grande renommée lui en imposoit, et d'ailleurs elle redoutoit le parti que prendroit le reste des citoyens. Mais elle demanda la paix à grands cris, comme le bien le plus important à la république, et elle invita les magistrats, à plusieurs reprises, à la maintenir; artifice imaginé pour sauver les meurtriers de César. Car il étoit bien clair que la paix seroit troublée, si l'on ne leur accordoit point une amnistie. Pendant que les esprits étoient dans ces dispositions, Cinna le préteur se mit le premier en évidence. Il étoit allié de César par les femmes; et s'avançant au milieu du Forum, à quoi l'on étoit loin de s'attendre, il jeta à terre son costume de préteur avec un air de mépris, comme lui ayant été donné par un despote; et prenant la parole, il traita César de *tyran*, et donna à ceux qui l'avoient immolé le titre de *tyrannicides*. Il se répandit en éloges sur la conjuration, comme semblable sous tous les rapports à celle de leurs ancêtres, et il proposa d'envoyer quérir au Capitole les bienfaiteurs de la patrie, et de leur décerner des récompenses. Mais les adhérents des conjurés, ne voyant pas que la partie la plus saine de la multitude abondât dans le sens de ce discours, n'envoyèrent point quérir ceux qui étoient au Capitole, et ils ne firent plus que réitérer les invitations et les exhortations à la paix.

CXXII. Mais après que Dolabella, jeune homme d'une illustre famille, que César avoit nommé pour remplir le reste de l'année son propre consulat, lorsqu'il seroit parti pour son expédition, qu'il avoit déjà revêtu du costume consulaire, et entouré des attributs de cette magistrature, l'eût attaqué le second, au mépris de tout ce qu'il lui devoit; après que, faisant semblant d'avoir été du nombre des conjurés, il eût déclaré que, malgré sa bonne intention, sa main seule n'avoit eu aucune part à l'entreprise (il est des auteurs qui prétendent que dans son discours il fit la proposition de consacrer cette journée comme l'époque solennelle du salut de Rome (10), la foule des mercenaires qui occupoit le Forum prit courage, voyant qu'elle avoit pour elle un préteur et un consul, et l'on envoya quérir au Capitole les amis de Cassius. Ils eurent beaucoup de joie de la conduite de Dolabella, en qui ils voyoient un jeune homme, d'une maison illustre, revêtu du consulat, et qu'ils pourroient opposer à Antoine (11). Les deux seuls néanmoins qui descendirent du Capitole furent Cassius et Marcus Brutus, qui avoit encore la main toute ensanglantée d'une blessure que lui avoit faite Cassius en frappant César en même temps que lui. Lorsqu'ils se présentèrent dans le Forum, ils ne proférèrent rien de bas, rien de lâche. Mais, comme s'ils eussent été en présence de gens de bien qui partageassent leurs sentiments, ils se louèrent l'un l'autre, ils firent valoir le bonheur de la république, et ils annoncèrent que Décimus Brutus leur amèneroit le renfort des gladiateurs quand il en seroit temps. Ils invitèrent les plébéiens à suivre l'exemple de leurs ancêtres envers ceux qui chassèrent les rois, quoique ces rois n'eussent pas envahi les magistratures par les voies de la force, comme César l'avoit fait, et qu'ils en eussent été investis conformément aux lois. Ils firent la proposition de rappeler Sextus Pompée, le fils de Pompée le Grand, qui avoit combattu contre César pour le gouvernement populaire, et qui combattoit encore en Ibérie contre ses lieutenants. Ils proposèrent de plus de rétablir dans leurs fonctions de tribuns, Cæsétius et Marullus, qui avoient été destitués par César (12).

CXXIII. Après ce discours de Cassius, ils retournèrent, Brutus et lui, au Capitole, parcequ'ils n'avoient point encore une pleine confiance dans la disposition des esprits. Leurs parents et leurs amis profitèrent du premier moment où ils purent venir les joindre au Capitole. Quelques uns d'entre eux furent choisis pour se rendre en députation auprès de Lépidus et d'Antoine, pour les inviter à la concorde, à prendre de concert les mesures conservatrices de la liberté, et à prévenir les calamités dont la patrie étoit menacée sans cette harmonie. Les députés s'énoncèrent avec le ton de la modération. Ils s'abstinrent de parler avec éloge de la conduite des conjurés. Ils ne l'auroient pas osé en présence des amis de César : ils ajoutèrent qu'il falloit fermer les yeux (13) sur ce qui venoit de se passer, autant par indulgence pour les auteurs de l'entreprise, qui avoient été animés, non par aucun sentiment de haine, mais par leur zèle et leur affection pour la patrie, que par commisération pour la république, qui avoit déjà perdu tant de citoyens dans une longue suite de séditions, et qui se verroit encore exposée par une sédition nouvelle à perdre le peu de bons citoyens qui lui restoient. Ils finirent par leur représenter qu'il seroit inique, en supposant qu'ils eussent des motifs d'inimitié contre quelques individus, de compromettre l'État par des dissensions intestines ; qu'il valoit beaucoup mieux faire à la république le sacrifice de ses ressentiments personnels, ou du moins, s'il en étoit d'incurables, d'en suspendre l'activité, dans les circonstances présentes.

CXXIV. Antoine et Lépidus avoient résolu, comme nous l'avons déjà dit, de venger César, soit par l'amitié qu'ils avoient pour lui, soit par respect pour la religion des serments qu'ils lui avoient prêtés, soit par l'ambition du pouvoir suprême auquel ils se flattoient qu'il leur seroit facile de s'élever, s'ils pouvoient parvenir à se défaire d'antagonistes aussi nombreux et de cette trempe (14). Mais ils redoutoient leurs parents, leurs amis, et le reste du sénat qui penchoit pour eux ; ils redoutoient principalement Décimus Brutus, à qui César avoit donné le commandement de la Gaule limitrophe de l'Italie, et qui y avoit une nombreuse armée. Ils furent donc d'avis d'attendre encore les événements, et d'essayer, si, par quelques artifices, ils ne pourroient point attirer dans leur parti l'armée de Décimus Brutus, qui déjà étoit énervée par d'excessives fatigues. Leur

plan ainsi arrêté, Antoine répondit aux députés du Capitole : « Nous ne ferons rien par animosité per-
« sonnelle. Mais, en considération de l'attentat com-
« mis sur la personne de César, en considération du
« serment que nous avions tous prêté que sa per-
« sonne seroit à l'abri de toute atteinte, ou que, s'il
« lui arrivoit quelque accident, il seroit vengé (15),
« il convient d'éloigner les coupables, parcequ'il
« vaut mieux vivre avec un petit nombre de gens de
« bien, que de laisser peser l'exécration du crime
« sur la tête de tous. Au surplus, quoique ce soit là
« notre opinion particulière, nous en délibèrerons
« avec vous en plein sénat, et nous tâcherons que
« les mesures quelconques qui seront adoptées en
« commun tournent à la prospérité de la répu-
« blique (16). »

CXXV. Telle fut l'adroite réponse d'Antoine. Les députés, après lui avoir témoigné leur satisfaction, se retirèrent, emportant avec eux la solide espérance de tout arranger. Car ils comptoient que le sénat se prêteroit à tout ce qui pourroit servir les conjurés. Antoine ordonna à tous les officiers publics de passer la nuit sur pied, et d'être chacun à son poste, comme en plein jour. Tous les quartiers de Rome furent éclairés. A la faveur de cette lumière, ceux qui prenoient intérêt aux conjurés passèrent toute la nuit à se rendre de chez un sénateur chez un autre, pour les inviter à servir la cause des conjurés, et celle du gouvernement populaire. Les chefs des colonies déjà formées couroient aussi de leur côté, proférant des menaces si l'on ne leur conservoit pas les concessions de territoire déjà faites, ou si l'on ne leur accordoit pas celles qui leur étoient déjà promises. Déjà la partie la plus saine des citoyens de Rome, instruite du petit nombre des adhérents des conjurés qui couroient les rues, reprenoit courage. Ils reportoient leur pensée sur la mémoire de César: mais ils étoient divisés d'opinion. Dans la même nuit on transporta chez Antoine tout le trésor de César, ainsi que tous les documents relatifs aux affaires publiques; soit que la femme de César crût devoir prendre la précaution de faire transférer tout cela dans la maison d'Antoine, comme plus sûre que la sienne (17), soit qu'Antoine eût donné les ordres à cet égard. En même temps Antoine fit afficher pendant la nuit une proclamation qui convoquoit le sénat avant le jour dans le temple de Tellus (18), qui étoit singulièrement voisin de son domicile. Car il n'osa point le convoquer dans le lieu ordinaire de ses séances, attenant le Capitole, à cause que les gladiateurs s'étoient rangés du côté des conjurés, et qu'il ne voulut point troubler la ville en y faisant entrer des troupes. Néanmoins Lépidus le fit.

NOTES.

(1) On lit le contraire dans Plutarque : « Mais quand on veit que l'on ne tuoit personne, que l'on ne pilloit ny ne forceoit chose quelconque, a donc aucuns des sénateurs et plusieurs du peuple, prenant assurance de là, s'en montèrent vers eulx au Capitole. » *Vie de Brutus*, 22.

(2) Selon Plutarque, il se déguisa en esclave et se déroba en fuyant. C'est le plus probable, parceque c'étoit le plus sûr. *Vie de Brutus*, 21.

(3) Selon Suétone, il resta quelque temps étendu sur le carreau, après que tout le monde qui étoit dans l'enceinte du sénat eût pris la fuite, avant que ces trois esclaves vinssent le mettre dans sa litière pour l'emporter chez lui. Il ajoute que des vingt-trois coups de poignard qu'il avoit reçus, il n'y en eut qu'un, le second, celui qu'il avoit reçu dans le flanc, qui fût jugé mortel par le médecin Antistius. On a vu Appien, sect. CXVII, parler de ce second coup. Si Ophellot de la Pause eût consulté ce dernier historien, et qu'il eût fait attention à ce passage, il auroit plus correctement rendu ce mot de Suétone, *Lethale ullum repertum est, nisi quod secundo loco in pectore acceperat*. Il auroit vu que Suétone désigne ici, comme Appien, le second des coups qui furent portés par les conjurés, et non *un second coup de poignard qu'il avoit reçu dans le cœur*. Jul. Cæs. 82.

(4) Ce Faonius est probablement celui dont j'ai parlé plus haut, note 32, chap. XVI. Il est possible qu'il se soit déclaré pour les conjurés après le succès de la conjuration.

Ce Dolabella étoit gendre de Cicéron. On verra tout à l'heure qu'il se prononça d'abord chaudement en faveur de la conjuration. Mais devenu consul et collègue d'Antoine, l'ambition le fit changer de parti, comme on le verra dans les livres suivants.

(6) C'est ce Murcus qui servit long-temps avec succès le

parti de Cassius et de Brutus, à la tête des forces navales dont il eut le commandement. Plutarque n'en nomme que deux, Caïus Octavius et Lentulus Spinther. Ce dernier avoit été l'un des trois compétiteurs qui s'étoient disputé, quelques jours avant la bataille de Pharsale, la place de souverain pontife qu'avoit César. Plut. *Vie de César*, 85.

(7) Ce n'étoit pas là ce qu'il y avoit de mieux à faire. Brutus et Cassius étoient l'un et l'autre préteurs. En cette qualité, les lois leur attribuoient le droit de convoquer le sénat, et il falloit suivre le conseil que donnoit Cicéron de le convoquer dans le Capitole, où les conjurés s'étoient réunis. « Vous vous souvenez, dit Cicéron à Atticus, dans la dixième « lettre du livre XIV, vous vous souvenez bien que le jour « même de sa mort, lorsque les conjurés se furent retirés « dans le Capitole, je croyois qu'il falloit que les préteurs y « fissent assembler le sénat. Grands Dieux ! que n'auroit-on « pas pu faire dans cette première chaleur ? La joie étoit ré- « pandue parmi les gens du bon parti, et même parmi les « moins zélés, tandis que les ennemis de la république étoient « consternés et abattus. » (Je me suis servi de l'estimable traduction de Mongault). En effet, si ce conseil eût été suivi, le sénat seroit accouru avec joie au Capitole. Antoine n'auroit point osé sortir de derrière les barricades de sa maison. Le lâche Lépidus auroit attendu au Champ de Mars, les décrets du sénat, et libres de délibérer à leur aise, les membres du sénat, qui regardoient les conjurés comme les libérateurs de la patrie, auroient fait prendre le dessus au parti de la république.

(8) Quoique Montesquieu dise rondement, (*Grand. et Décadence des Rom. chap. 12*) « qu'il étoit tellement im- « possible que la république pût se rétablir, qu'il arriva ce « qu'on n'avoit jamais vu encore, qu'il n'y eut plus de « tyran et qu'il n'y eut pas de liberté, car les causes qui l'a- « voient détruite subsistoient toujours », Plutarque et Florus pouvoient avoir de spécieuses raisons pour croire que si Brutus eût laissé prévaloir l'opinion des conjurés qui vou-

loient égorger Antoine en même temps que César, la république auroit été rétabli. Il est évident, en effet, que si Antoine eût péri avec César, et que les conjurés eussent exécuté le projet qu'ils avoient eu d'abord de jeter le corps de César dans le Tibre, comme on y avoit jeté celui de l'aîné des Gracques, la transaction qui eut lieu entre les deux partis, comme on va le voir tout à l'heure, n'auroit pas ruiné, comme elle le fit, les intérêts des conjurés ; et cette machiavélique transaction fut l'ouvrage d'Antoine. S'il eût péri comme César, Rome se seroit trouvée sans consuls, et la faveur du sénat, jointe à quelque faveur populaire, auroit tourné les suffrages du côté des partisans de la conjuration : or dans cette hypothèse, si Brutus et Cassius avoient été investis de l'autorité consulaire, le parti de la république auroit repris le dessus ; et pour peu qu'on eût mis de précaution à empêcher qu'il s'élevât de nouveaux colosses tels que Pompée et César, il pouvoit y en avoir pour longues années encore. *Qu'importent les causes de corruption dans les corps politiques, lorsque le gouvernement, qui en est le cœur, est encore vigoureux et sain.* Après la mort de César, Rome n'eut plus rien à soumettre ni à conquérir. En conservant avec sagesse, elle ne devoit plus avoir à confier de nombreuses armées pendant long-temps au même chef ; et n'ayant plus de héros à faire, elle auroit pu encore, plus ou moins longues années, vivre à l'ombre de sa liberté.

(9) Cette partie du récit d'Appien est infiniment précieuse. On y voit en détail ces éléments de dissolution de la république romaine, qui, mis en fermentation par l'esprit dominateur de quelques ambitieux que les circonstances favorisèrent d'ailleurs, amenèrent le despotisme des Césars. Je remarquerai en passant, que Montesquieu, qui a mis Appien à contribution avec beaucoup de talent et d'adresse, dans quelques chapitres de son livre sur *la Grandeur et la Décadence des Romains*, n'a pas assez profité de ce morceau pour étendre le chapitre X de cet ouvrage.

(10) On verra bientôt ce jeune étourdi chanter la palino-

die, et se montrer un des plus forcenés ennemis des conjurés. César, comme on voit, avoit fort bien choisi son homme pour en faire son successeur dans le consulat.

(11) Ces détails invitent à croire que, si Antoine avoit été assassiné, ainsi que César, l'absence de l'autorité consulaire, en même temps que nous l'avons observé un peu plus haut, favorisant l'expansion des sentiments républicains, car il y en avoit encore beaucoup à Rome, auroit produit un grand effet à l'avantage des conjurés.

(12) Montesquieu dit, dans une note du chap. 11 de son livre déjà cité, que César *cassa les tribuns du peuple*; ce qui, rapproché de la phrase du texte, semble donner à penser que du nombre des tentatives de César fut le projet qu'il exécuta de *casser le tribunat*. Sans doute telle n'a pas pu être la pensée de Montesquieu; mais l'exactitude dont il devoit se piquer, sur-tout dans l'ouvrage en question, ne pouvoit pas lui permettre de dire du collège entier des tribuns ce qui n'étoit vrai que de deux. A propos de ces deux tribuns, Suétone nous a conservé un fait qui prouve ce que nous disions tout à l'heure, qu'il y avoit encore à Rome des républicains, et des républicains courageux. Dans les premiers comices consulaires, qui eurent lieu après l'atroce destitution de ces deux tribuns par César, il y eut plusieurs citoyens qui, par leurs suffrages, les appelèrent l'un et l'autre au consulat. *Post remotos Cæsetium et Marullum tribunos, reperta sunt proximis comitiis complura suffragia consules eos declarantia.* Jul. Cæs. 80.

(13) Le texte porte litteralement, *qu'il falloit supporter ce qui venoit de se passer*.

(14) La conduite postérieure d'Antoine atteste que ce fut là son vrai motif. Florus en a très sainement jugé lorsque, parlant de lui au commencement du ch. 3 de son quatrième livre, il le caractérise par ces mots *æmulus Cæsarianæ potentiæ, fax et turbo sequentis sæculi*. Au reste Desmares, je ne peux m'empêcher d'en avertir, a laissé ici une grande lacune.

(15) Il avoit, en effet, été rendu à ce sujet un senatus-consulte solennel. L'historien des Césars qui mentionne ce sénatus-consulte dit que plusieurs pensoient que cet acte du sénat avoit inspiré à César la sécurité la plus profonde, et que, sur la foi des serments qui en avoient garanti la sanction, il avoit congédié le corps de troupes composé d'Ibériens qui veilloient à la sûreté de sa personne. *Sunt qui putent eum novissimo illo senatus-consulto ac jurejurando confisum, etiam custodias Hispanorum cum gladiis sectantium se removisse.* 86.

(16) Nulle autre part que dans Appien, on ne trouve des vestiges de cette démarche des amis des conjurés auprès de Lépidus et d'Antoine. Si d'ailleurs elle a eu lieu, et qu'Antoine ait fait la réponse qu'on vient de lire, il ne faut pas ajouter foi à ce que dit Plutarque, *Vie d'Antoine*, 17, que lorsque ce dernier fut informé que les conjurés s'étoient retirés dans le Capitole, et que d'ailleurs ils paroissoient n'en vouloir à la vie de personne, il leur fit dire qu'ils pouvoient sortir du Capitole sans rien craindre, il leur envoya son fils en otage, et que *ce même jour* Antoine donna à souper à Cassius, et Lépidus à Brutus. Plutarque parle de ces mêmes circonstances dans la *Vie de Brutus*, 23. Mais là il les met à leur véritable place, après le décret du sénat qui prononça une amnistie en faveur des conjurés.

(17) Selon Plutarque, ce fut Calpurnie, la veuve de César, qui fit transférer chez Antoine environ quatre mille talents, à quoi se portoit son trésor, et ce fut Antoine qui prit les registres. Il sentoit tout le parti qu'il en tireroit.

(18) Montesquieu dit, dans le chap. 12 de son ouvrage sur la Grandeur et la Décadence des Romains, que, « l'action « faite, les conjurés se retirèrent au Capitole, le sénat ne « s'assembla pas; et le lendemain, Lépidus, qui cherchoit le « trouble, se saisit, avec des gens armés, de la place ro- « maine. » Le sénat dissous par l'horrible scène qui s'étoit passée sous ses yeux ne se réunit pas de nouveau de toute cette journée : cela est vrai ; mais il fut convoqué dans la

nuit, et il s'assembla en effet le lendemain. Il est étonnant que Montesquieu ait méconnu ce fait sur lequel Plutarque (*Vie de Brutus*, 23) et Appien sont unanimes. Lépidus entra dans Rome à la tête de quelques troupes : cela est vrai; mais loin que ce fût pour y porter le trouble *qu'il cherchoit*, ce fut pour y maintenir le calme momentané dont Antoine et lui avoient besoin. On va voir en effet dans la section suivante que Lépidus employa la force qu'il avoit en main, pour empêcher des séditieux d'incendier la maison dans laquelle Cinna le préteur avoit cherché un asile. Il est fâcheux d'avoir à reprocher à Montesquieu de pareilles inexactitudes.

CHAPITRE XVIII.

Pendant que le sénat s'assemble, Cinna le préteur est assailli par une bande de séditieux. Débats dans le sénat. Opinion d'Antoine. Lépidus et lui font jouer toutes sortes de ressorts pour allumer la fureur du peuple contre les conjurés. Sénatus-consulte qui ratifie tous les actes de l'administration de César, et proclame une amnistie en faveur des conjurés.

Ans de Rome. 710.

CXXVI. Dès le point du jour, les sénateurs commencèrent à se rendre dans le temple de Tellus. Cinna le préteur s'y rendoit aussi, encore revêtu du costume qu'il avoit jeté à terre la veille, comme lui ayant été donné par un tyran. Quelques citoyens, du nombre de ceux qui ne vendoient point leur opinion pour de l'argent, et de ceux qui avoient servi sous les ordres de César, ayant vu Cinna, s'indignèrent de ce qu'il avoit le premier osé déclamer contre lui, quoiqu'il fût son parent. En conséquence ils l'assaillirent à coups de pierres, ils le poursuivirent, et, après avoir entouré de matières combustibles la maison où il s'étoit réfugié, ils alloient y mettre le feu, lorsque Lépidus arriva avec ses troupes, et empêcha cette voie de fait. Ce fut le premier acte par lequel la liberté d'opinion se prononça en faveur de César; les conjurés et les mercenaires leurs adhérents en conçurent des alarmes.

CXXVII. Dans le sénat, ils furent peu nombreux, ceux qui osèrent s'exprimer avec candeur sur l'atrocité de l'attentat, et en témoigner leur indignation. Le plus grand nombre, sous couleur de diverses considérations, plaida pour les conjurés. Il fut sérieusement (1) question de les appeler avant toute œuvre, de leur faire prendre séance au sénat, et de placer ainsi les accusés au rang des juges. Antoine ne dit rien pour s'y opposer, parcequ'il étoit sûr qu'ils ne viendroient pas, et ils ne vinrent pas en effet. Ensuite, comme pour mettre les opinions des sénateurs à l'épreuve, certains orateurs louèrent ouvertement, et en tranchant les termes, la conduite des conjurés. Ils leur donnèrent l'honorable titre de tyrannicides, ils proposèrent de leur décerner des récompenses. D'autres orateurs laissèrent de côté ce qui concernoit les récompenses, attendu que les conjurés n'en avoient pas besoin, et que ce n'étoit point d'ailleurs dans cette vue qu'ils avoient agi. Mais ils regardèrent comme juste de leur rendre des actions de graces, en qualité de bienfaiteurs de la patrie. D'autres enfin insinuèrent qu'il ne falloit pas même leur rendre des actions de graces, et qu'il falloit se borner à pourvoir à leur impunité. Telles étoient les artificieuses propositions que l'on jetoit en avant, afin d'observer quelle seroit celle à laquelle le sénat paroîtroit accorder le plus de faveur, et, en s'y restreignant par degrés, de finir par la faire plus facilement admettre. La partie la plus saine des sénateurs, sans dissimuler l'atrocité de l'attentat, étoit d'avis que, par égard pour les maisons illustres auxquelles les conjurés appartenoient, on leur ac-

Ans. de Rome. 710.

cordât une amnistie ; mais ces sénateurs montroient de l'indignation contre ceux qui proposoient de traiter les conjurés en bienfaiteurs de la patrie. D'autres pensoient, au contraire, que si l'on prenoit le parti de l'impunité, il ne falloit pas se montrer avare des mesures accessoires propres à la garantir. Un orateur ayant voulu faire remarquer qu'honorer les conjurés ce seroit couvrir César d'ignominie, d'autres répliquèrent qu'il falloit cesser de faire prévaloir l'intérêt d'un mort sur l'intérêt des vivants. Un autre orateur ayant dit avec énergie qu'il falloit de deux choses l'une, ou regarder César comme un tyran, ou se contenter de faire grace aux conjurés, leurs amis s'emparèrent de ce dilemme ; ils demandèrent qu'on prît les voix sur le compte de César, après le serment préalable, en faisant remarquer que, si l'on vouloit prononcer sur cette question avec intégrité, il falloit n'avoir aucun égard aux sénatus-consultes qu'on avoit été forcé de voter depuis que César s'étoit emparé du pouvoir suprême, et qu'on n'avoit votés qu'à contre-cœur, et dans le sentiment de la terreur personnelle qu'avoit inspirée la fin tragique de Pompée et celle d'un grand nombre d'autres après lui.

CXXVIII. Antoine, qui écoutoit tous ces discours, et qui attendoit pour prendre la parole le moment favorable (2), lorsqu'il vit l'abondance des propositions, et la discussion arrivée à un point où, parmi les opinions qui se combattoient, il en étoit auxquelles on pouvoit s'attacher, entreprit de se servir du dilemme dont les amis de la conjuration venoient de s'emparer, afin de leur inspirer des craintes et des sollicitudes pour leur propre compte. Instruit donc que le plus grand nombre de ces sénateurs avoient été nommés par César, pour remplir les magistratures urbaines, pour entrer dans les sacerdoces, pour aller commander dans les provinces ou dans les armées (car, en effet, avant que de partir pour sa longue expédition, il avoit fait toutes les élections pour cinq ans), après avoir réclamé le silence en sa qualité de consul, il dit : « Ceux qui « demandent à aller aux voix sur le compte de Cé- « sar doivent préalablement considérer qu'il faut « que tout ce qu'il avoit statué, que tout ce qu'il « avoit réglé, pendant la durée d'une magistrature « et d'un pouvoir dont il avoit été légalement re- « vêtu, conserve sa sanction. Car si l'on décide qu'il « n'a été qu'un tyran qui a envahi le pouvoir à force « ouverte, son cadavre devra être rejeté du sein de « la patrie sans sépulture, et tout ce qu'il a fait pour « la république devra être annulé. Or, ce qu'il a « fait à cet égard embrasse, pour le dire en peu de « mots, la mer et la terre; et plusieurs de ces choses « faites par César seront maintenues, même mal- « gré nous, comme je le montrerai tout à l'heure. « Mais je commence par vous soumettre, avant « tout autre point de vue, ce qui seul dépend de « nous, et ce qui ne dépend que de nous, afin que, « dans ce qui paroît facile, vous trouviez à juger « par analogie de ce qui le sera beaucoup moins. « Entre presque nous tous qui sommes ici, les uns « ont exercé des fonctions qu'ils avoient reçues de

« César, les autres en exercent encore dans ce mo-
« ment, d'autres enfin ont été nommés par lui pour
« en exercer bientôt ; car, comme vous le savez, il
« a disposé pour cinq ans des magistratures de
« Rome, des magistratures annuelles, du comman-
« dement des armées, et du gouvernement des pro-
« vinces. Renoncerez-vous volontiers à toutes ces
« dispositions (et vous êtes parfaitement les maîtres
« d'y renoncer)? voilà la première question sur la-
« quelle je pense que vous devez statuer, ensuite je
« continuerai. »

CXXIX. Après leur avoir donné ainsi matière à discuter, non pas sur le compte de César, mais sur leur propre compte, Antoine garda le silence. A l'instant ils se levèrent en foule, criant à grand bruit qu'ils ne vouloient pas de nouvelles élections, et qu'au lieu de laisser au peuple la disposition des magistratures, ils étoient dans l'intention de conserver chacun ce qu'il avoit. La grande jeunesse de quelques uns de ceux à qui César avoit conféré des emplois publics donnoit une nouvelle force à cette opposition à des élections nouvelles. Le premier de ces jeunes gens qui prit la parole fut Dolabella, qui n'étoit âgé que de vingt-cinq ans, et qui, par conséquent, ne pouvoit point espérer d'arriver au consulat par le suffrage des comices (3). Ce jeune homme, qui la veille avoit fait semblant d'être de la conjuration, chanta vivement la palinodie. Il se déchaîna contre le grand nombre de ceux qui prétendoient honorer les meurtriers de César aux dépens de ceux qui étoient investis des magistratures, et cela sous le prétexte spécieux de les sauver. Ceux-ci s'efforcèrent d'inspirer de la confiance à Dolabella, et aux autres qui étoient dans le même cas que lui, en leur représentant que par-là ils se populariseroient, qu'ils seroient immédiatement renommés par l'assemblée du peuple, et que, sans changer les magistrats, il n'y auroit de changement réel que dans le titre de leur élection, qui de monarchique deviendroit populaire, et qu'il leur seroit infiniment honorable d'avoir obtenu à la fois le suffrage de César et le suffrage du peuple. Pendant que des orateurs parloient encore dans ce sens-là, quelques uns des préteurs, pour tendre un piège à ceux d'une opinion contraire, quittèrent leur costume, comme disposés à recevoir de nouveau l'investiture de leurs fonctions par une élection plus légitime. Mais les autres ne se laissèrent pas prendre à cette ruse. Ils sentoient bien qu'ils ne seroient pas capables de maîtriser les élections.

CXXX. La discussion en étoit à ces termes, lorsque Antoine et Lépidus sortirent ensemble du sénat. Il y avoit déjà long-temps qu'une foule de citoyens étoient venus les faire appeler. Aussitôt qu'on les eut vu paroître sur un lieu élevé, et que les vociférations qui éclatèrent à leur aspect eurent fait place au silence, quelqu'un se mit à crier du milieu de la foule, soit de lui-même, soit qu'il fut instigué, « Prenez garde qu'il ne vous en arrive autant. » A ces mots, Antoine entr'ouvrit un peu ses vêtements, et laissa voir une cuirasse dont il s'étoit muni, spectacle propre à échauffer les esprits, en leur donnant lieu

Ans de Rome. 710.

de réfléchir que les consuls eux-mêmes ne pouvoient pourvoir à leur sûreté qu'avec de semblables précautions. Tandis que les uns demandoient à grands cris que l'attentat fût vengé, d'autres, en bien plus grand nombre, demandoient à grands cris également que la paix fût maintenue. Antoine répondit à ceux qui demandoient la paix : « Nous délibérons là-des-
« sus, nous cherchons les moyens de l'établir, et de
« la rendre durable; mais il est difficile d'en trouver
« les moyens. Car la religion du serment et la ter-
« reur des exécrations n'ont été pour César qu'une
« vaine sauvegarde. » S'étant ensuite tourné du côté de ceux qui demandoient le châtiment des conjurés, il loua leur zèle, comme plein de religion et de piété. « Et moi aussi, ajouta-t-il, je me serois joint
« à vous, et j'aurois été le premier à demander ven-
« geance, si je n'étois pas consul. Mais dans ces fonc-
« tions on doit prendre conseil de ce qui importe à
« la chose publique plutôt que de ce qui est réclamé
« par la justice (4). Telle est la doctrine que l'on
« fait valoir dans le sénat. Tels furent les principes
« de César lui-même, qui, après avoir sauvé pour
« l'intérêt de la république ceux qu'il avoit vaincus,
« a reçu la mort de leurs mains. »

CXXXI. Pendant qu'Antoine adressoit aux uns et aux autres ces astucieuses réponses, ceux qui désiroient que la mort de César fût vengée demandèrent que Lépidus se chargeât de cette entreprise. Lépidus ayant alors voulu prendre la parole, ceux qui étoient les plus éloignés l'invitèrent à se rendre au Forum, afin de pouvoir être également entendu de tout le monde. Lépidus s'y rendit sur-le-champ, dans la pensée que déjà le peuple changeoit de sentiment, et se tournoit contre les conjurés. Arrivé à la tribune aux harangues, il se mit à gémir, à pleurer long-temps, sous les yeux de tout le monde. Enfin, revenu à lui, il prit la parole, et dit : « Hier, « j'étois ici, avec César. Aujourd'hui, je suis forcé « d'y venir apprendre quelles sont les mesures que « vous jugerez à propos de délibérer contre ceux « qui l'ont assassiné. » Plusieurs voix demandèrent qu'il vengeât lui-même César. Les amis des conjurés demandèrent au contraire la paix dans la république. Lépidus s'adressant à eux, leur dit : « Nous « la voulons aussi la paix ; mais de quelle paix parlez-vous ? quels serments en seront le gage ? Tous « ceux qui sont consacrés dans la religion de la ré- « publique, nous les avions prêtés à César, et nous « les avons violés, nous tous qui les avions prêtés « ensemble, et qui passons pour les plus gens de « bien. » Il se tourna ensuite du côté de ceux qui demandoient vengeance, et leur dit : « Nous l'avons « perdu, César, ce citoyen dont la personne étoit « vraiment sacrée, et à qui nous devions de la vé- « nération. Mais nous craignons de faire perdre à la « république le peu de bons citoyens qui lui restent. « Telles sont les considérations qui occupent en ce « moment ceux qui délibèrent à ce sujet, et il paroît « que le plus grand nombre partage ces craintes. » On lui cria de nouveau, chargez-vous seul du soin de venger César. Il répondit : « Je le veux bien, « dussé-je seul acquitter ainsi mes serments. Mais

« il ne nous convient, ni à vous ni à moi, de délibé-
« rer seuls sur cette matière, ni de contrarier seuls
« le parti qui sera adopté. »

CXXXII. Au milieu de cette astucieuse discussion, les amis des conjurés, qui connoissoient l'esprit d'ambition de Lépidus, firent l'éloge de sa prudence, et lui promirent la place de souverain pontife, dont César étoit revêtu. Lépidus fut sensiblement touché de cette désignation, et leur dit : « Je
« vous prie de vous rappeler de moi ultérieurement,
« à l'époque de l'élection, si d'ailleurs je vous parois
« digne de vos suffrages. » L'appas de la suprême sacrificature offerte à Lépidus ayant rendu les amis des conjurés plus confiants, ils insistèrent à demander la paix dans la république. Lépidus leur répondit : « Sans doute ce sera agir avec impiété, ce sera
« violer les lois ; néanmoins je ferai ce que vous
« voulez » ; et à ces mots, il reprit le chemin du sénat, où Dolabella avoit employé tout le temps qu'il en avoit été absent, à parler avec inconvenance, relativement à son consulat. Antoine, qui attendoit des nouvelles de ce qui se seroit passé au Forum, l'écoutoit avec un léger sourire, car ils n'étoient pas de la même opinion. Mais lorsqu'il eut assez long-temps contemplé Dolabella, et qu'il apprit que dans le Forum on n'avoit pris aucune mesure vigoureuse, il consentit, par la force de la nécessité, au salut des conjurés ; à la vérité, il dissimula qu'il ne cédoit qu'à cet empire, et qu'il ne donnoit son assentiment à l'impunité que très à contre-cœur, pourvu que tout ce que César avoit

fait, tout ce qu'il avoit réglé dans l'intérêt de la république fût ratifié. Il réclama donc encore une fois le silence, et dit (5) :

CXXXIII. « Pères conscrits (6), depuis que vous
« délibérez, je n'ai point encore énoncé mon opi-
« nion en ce qui concerne ceux de nos concitoyens
« qui ont attenté sur la personne de César. Je n'ai
« fait jusqu'ici que présenter une question prélimi-
« naire à ceux qui vouloient aller aux voix sur la
« question relative à César même, et ce n'est pas
« sans raison que cette question préliminaire vous a
« jetés dans de longs débats. Car si nous déposons
« nos magistratures, nous tous, en si grand nombre
« qui en sommes revêtus, ce sera de notre part
« avouer que nous les avons obtenues sans les avoir
« méritées (7). Prenez maintenant en considération
« les difficultés que pourra éprouver votre détermi-
« nation sur la grande question qui vous occupe.
« Comptez les villes, les peuples, les rois, les prin-
« ces que cette détermination doit intéresser. Car
« César, par sa puissance et par ses victoires, a
« soumis à notre domination tous les États, depuis
« l'aurore jusqu'au couchant, et il nous les avoit
« attachés et affectionnés par ses lois, par ses bien-
« faits, par sa philantropie et par sa clémence. Or,
« pouvez-vous supposer que quelqu'une de ces na-
« tions, que quelqu'un de ces princes se laisse enle-
« ver ce qu'il a déjà reçu, à moins que vous n'ayez
« l'intention de porter de toutes parts le feu de la
« guerre, vous qui, par égard pour la patrie que
« vous regardez comme singulièrement appauvrie

« en bons citoyens, êtes d'avis de soustraire des
« coupables à la vengeance des lois ? Laissons de
« côté les inconvénients éloignés, et les craintes loin-
« taines. Mais les dangers qui, non seulement sont
« plus près de nous, mais encore qui sont actuelle-
« ment à nos portes, dans le sein de Rome et de
« l'Italie, comment y parerez-vous ? Ces vétérans,
« qui ont reçu la récompense de leurs victoires, et
« qui, encore réunis, encore en armes, et sous les
« mêmes drapeaux sous lesquels ils ont combattu,
« ont déjà reçu leur destination de la part de Cé-
« sar lui-même (et dans ce moment ils sont encore à
« Rome, au nombre de plusieurs milliers) (8), quelle
« pensez-vous que sera leur conduite, lorsqu'ils se
« verront dépouiller des villes et des campagnes qui
« leur ont déjà été assignées, ou sur l'assignation
« desquelles ils avoient lieu de compter ? La nuit
« dernière vous en avez vu un échantillon. Tandis
« que les amis des conjurés vous cherchoient de
« maison en maison pour vous intéresser en leur
« faveur, des bandes de vétérans étoient à leurs
« trousses en proférant des menaces.

CXXXIV. « Pensez-vous que ceux qui ont servi
« sous les ordres de César souffriront impunément
« qu'on leur montre son corps, traîné sur la claie,
« chargé d'avanies, et jeté dans le Tibre, sans sé-
« pulture, car c'est ainsi que nos lois ordonnent de
« traiter le corps d'un tyran ? Pensez-vous que ceux
« des vétérans qu'on envoie en qualité de colons
« dans les Gaules ou dans la Grande-Bretagne, se
« croiront bien solidement investis de leurs pro-

« priétés, lorsqu'ils verront celui qui les leur assi-
« gna traité avec cette ignominie? Et le peuple,
« comment se comportera-t-il? Et nos alliés d'Italie,
« que penseront-ils de votre sénatus-consulte? D'ail-
« leurs, de quelle épouvantable responsabilité ne
« serez-vous pas chargés au tribunal des Dieux et
« des hommes, si vous couvrez ainsi d'opprobre
« celui qui étendit votre empire depuis l'Océan
« jusque dans des régions où l'on n'avoit point en-
« core pénétré? Ne serons-nous pas encore bien
« plus répréhensibles, bien plus coupables, si nous
« poussons l'oubli des bienséances et le mépris des
« lois jusqu'à décerner des honneurs (9) à ceux qui
« ont immolé un consul en plein sénat, qui ont,
« dans un lieu sacré, attenté à la vie d'un citoyen
« déclaré inviolable, pendant que le sénat entroit
« en séance, et à la face des Dieux mêmes, et si
« nous couvrons d'infamie celui que nos ennemis
« mêmes vénèrent à cause de ses grandes qualités.
« Je commence donc par déclarer que nous devons
« nous abstenir d'une semblable mesure, comme
« atroce en elle-même, et comme n'étant pas d'ail-
« leurs en notre pouvoir; et, en énonçant mon opi-
« nion, je pense que nous devons ratifier tous les
« actes de l'administration de César; qu'en ce qui
« concerne les conjurés, nous devons nous abstenir
« de tout éloge de leur conduite, ce qui seroit con-
« traire à la religion, aux lois, et d'ailleurs à la ra-
« tification de tous les actes d'administration de Cé-
« sar, mais qu'uniquement, par indulgence, il faut
« leur garantir l'impunité, si vous en êtes d'avis, par

« égard pour leurs amis, et pour leurs familles; si « d'ailleurs leurs familles et leurs amis approuvent « qu'on les sauve ainsi à titre de grace. »

CXXXV. Antoine n'eut pas plutôt prononcé ce discours, dans le débit duquel il mit de la chaleur et une sorte d'impétuosité, que tout le monde garda le silence, et l'opinion de l'orateur ayant été unanimement adoptée, l'on rédigea le sénatus-consulte. Il porta « qu'il ne seroit intenté aucune action « criminelle au sujet de la mort de César, mais que « tous les actes quelconques de son administration « étoient ratifiés, *par intérêt pour le bien de la ré-* « *publique* (10). » Les amis des conjurés insistèrent sur l'addition de ces dernières paroles, afin de stipuler plus solidement en faveur de leur impunité, en faisant sentir que la ratification étoit moins fondée sur une raison de justice que sur un motif d'utilité publique; et Antoine céda sur ce point. Lorsque tout cela fut réglé, ceux qui étoient désignés pour être les chefs des colonies demandèrent que, outre le sénatus-consulte d'intérêt public que l'on venoit de passer, l'on en passât un autre en particulier pour eux, afin de confirmer les concessions qui leur avoient été promises. Antoine, loin de s'y refuser, fit remarquer au sénat combien il seroit dangereux de ne pas leur donner cette satisfaction; et l'on passa à cet effet un second sénatus-consulte (11). L'on en passa encore un nouveau en faveur de ceux qui étoient sur le point de partir pour des colonies antérieurement assignées.

NOTES.

(1) Schweighæuser a substitué ici, sur la foi de quelques manuscrits, l'adverbe ἀξιοπιστως à l'adjectif ἀξιοπιστους, et il a eu raison.

(2) L'interprète latin a rendu le participe ἐφεδρεύων, par *Veluti spectator certaminis sederat.* Ce sens ne m'a point paru convenir dans ce passage. *Voyez* livre I, chap. 3, note 10.

(3) Il falloit, en effet, selon l'ancienne loi sur cette matière, être âgé de quarante-trois ans pour arriver au consulat. Mais il n'étoit pas sans exemple qu'on eût obtenu des dispenses d'âge. Témoin Scipion l'Africain, et le jeune Marius, celui qui périt au siège de Preneste.

(4) On retrouve cette maxime pleine de sagesse dans le discours prononcé par l'orateur Diodote, fils d'Eucrate, devant le peuple d'Athènes, en faveur des Mityléniens. « Mais « nous, sans chercher ce qu'ils méritent selon les règles de la « justice, nous délibérons pour savoir quel est le parti le plus « utile à prendre sur leur sort. » Je me sers de la traduction de Thucydide, par M. Lévesque.

(5) Tous ces détails d'Appien sont d'autant plus précieux, qu'on ne les trouve dans aucun autre historien. Ils développent le secret des passions des chefs de la république, qui délibéroient en ce moment sur sa destinée ; les uns, le cœur plein du désir d'achever de la précipiter dans l'abîme ; les autres, faisant de foibles, d'impuissants efforts pour la soutenir encore. Jamais le sénat de Rome n'avoit agité des questions plus importantes. Jamais il n'avoit eu à discuter d'aussi grands, d'aussi sérieux intérêts. Au fond, il s'agissoit de savoir si l'empire romain se maintiendroit, sous les auspices de la liberté, au degré de splendeur où l'avoient élevé sept cents ans de vertu et de gloire, ou si cet empire deviendroit

la proie de quelques ambitieux, pour s'engloutir ensuite dans le despotisme. L'arrêt de la Providence l'emporta.

> *Lætis hunc Numina rebus*
> *Crescendi posuêre modum.*
>
> Lucan., lib. I, v. 81.

(6) L'expression grecque porte littéralement, *citoyens du même rang*, que les interprètes latins ont rendu par *patres conscripti*. Cette dénomination latine des membres du sénat ne date que des temps de la république. Jusques à Tarquin le Superbe, en s'adressant aux sénateurs, on les appeloit *patres*, tout court. Les crimes de ce tyran, qui avoit exercé principalement sa férocité contre les sénateurs, en avoient tellement réduit le nombre, que les libérateurs de Rome, pour rendre à ce corps auguste la majesté qui lui convenoit, et même pour l'augmenter, commencèrent par remplir les places vacantes, et portèrent ensuite le nombre des sénateurs jusqu'à trois cents. Les anciens membres du sénat furent distingués des nouveaux par une différence de dénomination. Les premiers conservèrent leur titre de *patres*, on donna aux autres le titre de *conscripti*; et à la longue, l'expression *patres et conscripti*, par laquelle on désigna les sénateurs dans les premiers temps de la république, fut restreinte à celle de *patres conscripti*, qu'ils eurent depuis. Voyez ci-dessus.

(7) Pur sophisme : c'auroit été avouer tout simplement qu'on les avoit reçues de celui qui n'avoit aucun droit de les conférer ; ce qui est bien différent. Les bonnes têtes du sénat n'étoient sûrement pas la dupe de ce langage ; mais l'intérêt personnel l'emportoit. « Quand la raison est contre « l'intérêt d'un homme, dit le fameux Hobbes dans une de « ses préfaces, cet homme ne manque jamais d'être contre « la raison. »

(8) On a déjà vu que César devoit partir dans quatre jours pour son expédition contre les Parthes, lorsqu'il fut im-

molé. Avant son départ, il étoit dans l'ordre qu'il réglât tout ce qui concernoit l'établissement des colonies destinées à ceux de ses vieux soldats que l'âge forçoit de se retirer du service; et voilà pourquoi ils se trouvèrent en si grand nombre dans la ville le jour de sa mort. Montesquieu a donc eu tort de ne les faire entrer dans Rome qu'après cet événement. Il a eu tort encore d'attribuer à cette entrée des vétérans à Rome le parti que prit le sénat de ratifier tous les actes de César. Si cet auteur à qui les inexactitudes historiques coûtoient, à ce qu'il paroît, assez peu, eût lu Appien avec un peu plus de soin, il auroit été un peu plus circonspect dans ses assertions. *Grand. et Décad. des Rom. c. 12.*

(9) Cette pensée du discours d'Antoine est dans l'ordre des choses, dans la nature de son caractère, comme dans le plan de son arrière-pensée. Il faut donc croire que Plutarque n'a pas consulté les monuments historiques avec assez d'attention, ou qu'il n'a pas eu autant qu'Appien la clef du véritable caractère d'Antoine, puisqu'il dit de lui, dans sa vie, 17, qu'après avoir fait assembler le sénat, il fit lui-même la proposition qu'on oubliât le passé, et que l'on assignât des provinces à Cassius et à Brutus. Antoine voyoit, et devoit voir, en effet, avec trop de sollicitude, Décimus Brutus à la tête d'une armée nombreuse dans la Gaule Cisalpine, pour proposer de fortifier le parti des conjurés, en donnant à Cassius et à Brutus des commandements de provinces.

(10) Voilà, selon Appien, le propre texte de ce fameux sénatus-consulte. Plutarque a donc été trompé lui-même, lorsqu'il a dit dans la *Vie de Brutus*, 23; *Vie de César*, 85, « Qu'il fut arrêté que, non seulement les conjurés jouiroient « de l'impunité, mais encore que les consuls proposeroient « au sénat quels honneurs on devoit leur décerner. » On conçoit en effet, que, d'après l'impression que le discours d'Antoine avoit faite sur les esprits, il ne pouvoit ni ne devoit être question de faire rien de plus pour les conjurés,

que de leur accorder une pure et simple amnistie. L'Épitome de Tite-Live fait foi que l'on n'en fit pas davantage. *Oblivione deindè cædis ejus à senatu decretâ.* Lib. CXVI. Velléius Paterculus tient le même langage, et il ajoute que ce fut à l'instar de la conduite que les Athéniens avoient tenue une fois en pareille occasion : *Et illud decreti Atheniensium celeberrimi exemplum, relatum à Cicerone, oblivionis præteritarum rerum, decreto Patrum comprobatum est.* Lib. II, c. 58.

(11) Montesquieu a donc eu tort de dire, ainsi que nous l'avons remarqué plus haut : « Les soldats vétérans crai« gnant qu'on ne répétât les dons immenses qu'ils avoient « reçus, entrèrent dans Rome; cela fit que le sénat ap« prouva tous les actes de César, et que, conciliant les ex« trêmes, il accorda une amnistie aux conjurés. » Il est évident que cet auteur s'est écarté de l'exactitude historique. Il est évident en même temps que ce second sénatus-consulte étoit un double emploi ; car le premier, en ratifiant tous les actes de César, avoit implicitement ratifié tout ce qui concernoit les colonies.

CHAPITRE XIX.

Violences exercées contre L. Pison, dépositaire du testament de César. Discours de Brutus au peuple dans le Capitole. Cicéron interpose sa médiation entre Antoine, Lépidus, et les conjurés. On fait une paix plâtrée.

CXXXVI. La-dessus, le sénat ayant levé sa séance, quelques individus exhortèrent Lucius Pison, à qui César avoit confié son testament (1), à ne point ouvrir cet acte, ainsi qu'à ne point faire inhumer le corps publiquement, de peur de donner lieu par-là à de nouveaux évènements. Pison résista à ces exhortations. Alors on le menaça de le traduire en justice, comme coupable d'enlever au peuple cette riche succession qui devenoit propriété publique ; menace qui caractérisoit un nouveau genre de tyrannie. Pison, en criant de toutes ses forces, demanda aux consuls de faire, par égard pour lui, rentrer en séance le sénat qui étoit encore présent. Le sénat étant rentré, Pison prit la parole et dit : « Ceux qui « prétendent que César que l'on vient de mettre à « mort n'étoit qu'un tyran commencent déjà à « nous montrer que nous avons plusieurs tyrans « au lieu d'un seul. Ils veulent m'empêcher de rendre « les honneurs funèbres à un souverain pontife. Ils « me menacent, si je fais paroître son testament. « Ils ont l'intention de confisquer sa succession, sous « prétexte que c'est la succession d'un tyran. Ils ra-

Ans de Rome. 710.

« tifient tous les actes de son administration qui les
« intéressent, et ils prétendent annuler l'acte par
« lequel il a disposé de ce qui étoit à lui : et ce ne
« sont ni Brutus ni Cassius qui élèvent ces préten-
« tions; ce sont ceux qui ont jeté Brutus et Cassius
« dans l'abîme. Vous êtes les maîtres, sénateurs, de
« statuer sur la sépulture de César. Mais je suis le
« maître, moi, de son testament. Le dépôt qui m'a
« été confié ne sera jamais violé, à moins que l'on
« ne m'égorge aussi moi-même. » Ce discours excita
un grand tumulte, et une indignation universelle,
principalement chez ceux qui se croyoient pour
quelque libéralité dans le testament de César. En
conséquence il fut décrété que son testament seroit
ouvert en présence du peuple, et qu'on feroit pour
son corps des funérailles aux dépens des deniers
publics (2). Cela fait, le sénat leva sa séance.

CXXXVII. Brutus et Cassius, instruits de ce
qui venoit de se passer, envoyèrent des émissaires
vers les plébéiens pour les inviter à se rendre auprès
d'eux dans le Capitole. Il y en accourut avec célérité
un assez grand nombre; aussitôt Brutus leur adressa
le discours suivant : « Citoyens; nous étions hier au
« milieu de vous dans le Forum (3). Vous nous
« voyez aujourd'hui dans le Capitole. Non que ce
« soit pour nous un asile où nous nous soyons réfu-
« giés; car nous n'avons commis aucun crime. Non
« que ce soit une forteresse dont nous nous soyons
« emparés pour notre défense; car, en tout ce qui
« nous concerne, nous nous mettons à votre discré-
« tion. Mais la violence, l'iniquité, les voies de fait

« commises contre la personne de Cinna (4), nous
« ont réduits à cette nécessité. Nous savons que nos
« ennemis nous accusent d'avoir violé les serments
« les plus saints, et de rendre toute paix solide dif-
« ficile à cimenter. Mais ce que nous avons à ré-
« pondre à ces accusations, nous le répondrons de-
« vant vous, citoyens, avec qui nous nous plaisons
« d'ailleurs à conserver les formes démocratiques.
« Depuis que César s'élança des Gaules en ennemi,
« et marcha, les armes à la main, contre la patrie,
« Pompée, le plus populaire de tous vos citoyens, a
« éprouvé la fin tragique que vous connoissez; et
« après lui, un grand nombre de vos meilleurs ci-
« toyens, amenés par les évènements en Libye et en
« Ibérie, ont subi le même sort. Quoique armé
« d'une puissance aussi solide que tyrannique, Cé-
« sar ne laissa pas de sentir de justes terreurs. Il
« demanda l'oubli du passé; nous le lui promîmes
« avec serment. Mais s'il nous avoit ordonné de lui
« promettre sous la foi du serment, non seulement
« de nous résigner aux résultats des évènements
« passés, mais encore de nous imposer à nous-mêmes
« le joug d'une servitude spontanée, quelle auroit
« été la conduite de ceux qui se constituent aujour-
« d'hui nos accusateurs? Car, quant à moi, je pense
« que, Romains comme ils le sont, ils auroient mille
« fois préféré de mourir, que de se déclarer sous la
« religion du serment spontanément esclaves.

CXXXVIII. « Sans doute, si jusqu'ici César
« n'avoit encore rien fait pour vous conduire à la
« servitude, nous avons violé nos serments. Mais

Ans
de
Rome.
710.

« s'il ne vous a laissé jouir ni du droit de nommer
« aux magistratures urbaines, ni du droit de nom-
« mer au gouvernement des provinces et au com-
« mandement des armées, ni du droit d'élection
« pour les fonctions sacerdotales, ni du droit de sta-
« tuer sur l'établissement des colonies, ni enfin
« d'aucune de vos prérogatives politiques ; s'il n'a
« laissé jouir le sénat d'aucune sorte d'initiative,
« sous aucun de ces rapports ; s'il n'a jamais invo-
« qué la ratification du peuple, mais qu'il ait dis-
« posé de tout de sa propre autorité, et qu'il ne se
« soit point rassasié de ces excès de despotisme,
« comme s'en rassasia Sylla (car ce dernier, après
« avoir exterminé (5) ses ennemis, vous rendit du
« moins les formes de votre antique gouvernement,
« au lieu que César, prêt à partir pour une longue
« expédition, avoit disposé d'avance de toutes vos
« magistratures pour cinq années) ; au milieu de
« tant d'audace, que nous restoit-il d'une liberté
« dont nous ne pouvions plus entrevoir même l'es-
« pérance ? Comment avoit-il traité les défenseurs
« des droits du peuple, Cæsétius et Marullus ? Ne
« les avoit-il pas ignominieusement fait condamner
« à l'exil, quoiqu'ils fussent revêtus d'une magistra-
« ture inviolable et sacrée ? Tandis que la loi de vos
« ancêtres et la religion du serment ne permettent
« point d'intenter aucun genre d'action criminelle
« contre les tribuns pendant qu'ils sont encore en
« fonctions, César, au contraire, les avoit fait con-
« damner à l'exil sans aucune forme de procédure.
« De quel côté sont donc les forfaits de ceux qui

« ont attenté à ce que les lois rendoient inviolable ?
« La personne de César étoit-elle inviolable et sa-
« crée, parceque nous lui avions imprimé ce carac-
« tère, non par l'impulsion libre de nos suffrages,
« mais par l'impulsion impérieuse de la nécessité ;
« non pas avant qu'il eût marché à main armée
« contre la patrie, mais seulement après cet attentat
« et après la mort d'un si grand nombre d'illustres
« citoyens qui en a été la suite ? Ou bien n'étoient-
« ils point inviolables et sacrés, ces tribuns du peu-
« ple, ces magistrats dont vos pères avoient, hors
« de l'empire d'une semblable nécessité, consacré
« pour toujours l'inviolable caractère sous la reli-
« gieuse foi des serments et des plus redoutables
« exécrations ? Que devenoient vos contributions
« et vos revenus publics (6) ? Qui jamais avoit osé
« faire ouvrir le trésor public sans l'autorité du peu-
« ple ? Qui jamais avoit osé porter une main sacri-
« lège sur les inviolables, sur les saints dépôts qui
« y étoient renfermés ? Qui jamais avoit osé mena-
« cer de la mort un tribun du peuple qui vouloit
« s'opposer à ces attentats (7) ?

CXXXIX. « Mais, dit-on, où trouver de nou-
« veaux serments pour être désormais le gage d'une
« paix solide ? Si personne n'a l'ambition de la
« tyrannie, nous n'avons pas besoin de serments ;
« car un tel besoin ne se fit jamais sentir à nos
« pères. Et si quelque autre a l'ambition secrète de
« devenir notre tyran, les Romains ne peuvent lui
« devoir aucune fidélité, pas même celle qui auroit
« été promise sur la foi des serments les plus saints.

« Tels sont les principes que nous professons, au
« milieu des circonstances critiques où nous sommes
« en ce moment, et que nous professerons toujours,
« pour l'intérêt de la patrie. Car nous jouissions au-
« près de César du crédit le plus étendu et le plus
« solide; mais l'intérêt de la patrie a prévalu sur
« notre propre intérêt. D'un autre côté, nos ennemis
« cherchent à vous exaspérer contre nous au sujet
« des colonies. Mais si parmi ceux qui m'écoutent
« il est des vétérans, ou de ceux dont l'apanage est
« déjà réglé, ou de ceux qui n'ont encore que des
« espérances, je les prie de me faire le plaisir de se
« montrer. »

CXL. Il s'en montra en effet un assez grand nombre. « A merveille ! citoyens, leur dit Brutus;
« vous avez bien fait de vous rendre ici avec les
« autres. Sans doute vous devez être récompensés;
« sans doute vous avez des droits aux bienfaits de la
« patrie: mais il faut qu'elle reçoive de vous à pro-
« portion de ce que vous recevrez d'elle. Le peuple
« vous avoit donnés à César pour marcher contre la
« Gaule et contre la Grande-Bretagne; et, couverts
« des lauriers de la victoire, vous deviez obtenir les
« honneurs et les récompenses d'usage. Mais César,
« profitant du serment que vous lui aviez prêté,
« vous a fait marcher contre la république, malgré
« toute votre répugnance. Depuis, il vous a conduits
« en Libye, contre les meilleurs citoyens Romains,
« quoique vous n'en eussiez également aucune in-
« tention. Si c'étoient là vos exploits uniques, vous
« rougiriez peut-être de demander, à cette occasion,

« les prix de la gloire. Mais puisque, ni l'envie, ni le
« temps, ni l'oubli ne peuvent éteindre la mémoire
« des grandes choses que vous avez faites dans les
« Gaules et dans la Grande-Bretagne, voilà vos
« droits aux récompenses de la valeur; à ces récom-
« penses que le peuple décernoit autrefois à ceux
« qui s'étoient distingués à la guerre, mais sans ja-
« mais dépouiller de leurs héritages, ni des citoyens
« romains, ni des peuples qui n'avoient pris aucune
« part aux hostilités; sans donner des propriétés aux
« uns aux dépens des autres; sans avoir l'idée de
« récompenser l'iniquité par l'iniquité (8). Lors
« même qu'il subjuguoit son ennemi, il ne lui enle-
« voit pas tout son territoire. Il se contentoit d'une
« partie, et sur cette partie il établissoit ceux qui
« s'étoient le plus vaillamment comportés dans l'ex-
« pédition, pour être comme les gardiens de la
« conquête : et lorsqu'il arrivoit quelquefois que la
« portion du territoire conquis étoit insuffisante,
« il donnoit des terres de son domaine, ou bien il en
« achetoit d'autres. C'étoit ainsi que le peuple for-
« moit ses colonies en conciliant tous les intérêts.
« Mais Sylla et César, lorsqu'ils eurent envahi la
« patrie à main armée, comme une terre ennemie,
« eurent besoin de troupes et de satellites contre la
« patrie elle-même; aussi ils ne vous licencièrent
« point pour vous renvoyer chacun chez vous. Ils
« n'achetèrent point des terres pour vous. Ils ne vous
« distribuèrent point celles qui étoient provenues
« de confiscations. Les propriétaires qu'ils dépouil-
« loient, ils ne leur payoient point le prix des terres

« qui leur étoient enlevées, quoiqu'ils eussent à leur
« disposition beaucoup d'argent des caisses publi-
« ques par les tributs et par le produit des biens
« confisqués. Mais, traitant l'Italie d'après les lois
« militaires, ou pour mieux dire d'après les lois du
« brigandage (9), sans nul prétexte d'hostilité à
« punir, ou d'injure à venger, ils firent main basse
« sur les héritages, sur les maisons, sur les tom-
« beaux, sur les temples : chose dont le peuple ro-
« main ne dépouilla jamais ses ennemis étrangers,
« et sur le produit desquelles il se contenta d'exiger
« la dîme.

CXLI. « Mais on vous a distribué les propriétés
« de vos propres concitoyens, de ceux dont les suf-
« frages vous ont fait passer sous les enseignes de
« César, pour marcher contre les Gaules, de ceux
« qui vous ont accompagnés à votre départ, en fai-
« sant mille vœux pour vos succès. On vous fait
« partir en corps pour aller en prendre possession,
« rangés sous les drapeaux, avec tout l'appareil
« d'une expédition militaire, sachant bien que vous
« ne pouvez pas espérer d'en jouir en paix, mais au
« contraire que vous y serez perpétuellement en
« crainte d'être troublés par les possesseurs évincés.
« Car celui qui est réduit à mener une vie errante,
« celui à qui on a enlevé son héritage, doit conti-
« nuellement être à l'affût des moyens qui peuvent
« le lui faire recouvrer; mais c'est là principalement
« la fin secrète de la politique des tyrans, de ne pas
« vous investir d'une propriété qu'ils auroient pu
« prendre ailleurs. Ils ont voulu qu'ayant perpétuel-

« lement à craindre des hostilités personnelles, vous
« fussiez des auxiliaires sur lesquels leur gouverne-
« ment, auteur de ces attentats, pût perpétuellement
« compter. Les tyrans, en effet, ne s'assurent de la
« bienveillance de leurs satellites, qu'en leur faisant
« partager leurs terreurs, après leur avoir fait par-
« tager leurs crimes; et ils appellent, grands Dieux!
« établir des colonies, ce qui plonge leurs conci-
« toyens dans le deuil, et qui chasse de leurs de-
« meures ceux qui ne s'y sont exposés par aucune
« injure. C'est dans l'unique vue de leur intérêt per-
« sonnel qu'ils ont sciemment cherché à vous rendre
« les ennemis de vos propres concitoyens. Quant
« à nous, que les arbitres actuels du destin de la
« patrie ne veulent sauver que par pure commiséra-
« tion, nous voulons vous investir, et nous vous in-
« vestirons incommutablement de la propriété de
« ces mêmes terres qui vous sont assignées. Nous en
« prenons à témoin ce Dieu qui nous voit et qui nous
« entend. Vous les avez, et vous les aurez, ces terres,
« pour toujours, sans avoir à craindre que personne
« vous en dépouille jamais, ni Brutus, ni Cassius,
« ni aucun de tous ceux qui sont ici, et qui sont les
« premiers montés à la brèche pour l'intérêt de votre
« liberté. Nous porterons remède au seul inconvé-
« nient que présente l'opération qui vous intéresse.
« Nous vous réconcilierons en même temps avec
« vos concitoyens, qui doivent avoir déjà éprouvé
« une vive satisfaction, en apprenant que nous sai-
« sirons la première occasion qui se présentera, pour
« leur faire toucher sur le trésor public la valeur

« des propriétés qui leur auront été enlevées, afin
« que vous jouissiez de vos concessions, non seule-
« ment avec sécurité, mais encore sans qu'aucun de
« vos concitoyens le trouve mauvais (10). »

CXLII. Ce discours de Brutus fut universellement approuvé par tous ceux qui l'entendirent, pendant que l'orateur parloit, et après que l'assemblée fut dissoute. On trouvoit ce discours plein de justice et de raison. On admiroit les conjurés comme des hommes remplis d'intrépidité, et singulièrement zélés pour les intérêts du peuple. L'on revint à des sentiments d'affection et de bienveillance en leur faveur, et l'on se promit de venir les seconder le jour suivant. Mais, au point du jour, les consuls convoquèrent l'assemblée du peuple (11). On y fit la lecture des délibérations du sénat, et Cicéron y parla très longuement en faisant l'éloge de la mesure d'amnistie. Les auditeurs, agréablement touchés de ce discours, demandèrent que Cassius et ses amis fussent invités à se rendre, du Capitole, à l'assemblée du peuple. Cassius et ses amis demandèrent que des otages leur fussent envoyés au Capitole (12), et on leur envoya en effet les enfants d'Antoine et de Lépidus (13). L'apparition de Brutus fut accompagnée d'applaudissements et d'acclamations. Les consuls ayant voulu prendre la parole, on ne voulut les écouter qu'après qu'ils auroient, avant toute œuvre, touché la main de Brutus et de ses amis, en signe de réconciliation ; ce qui fut exécuté. Déjà l'esprit des consuls se partageoit entre la jalousie et la crainte. Ils redoutoient que les conjurés ne prissent, à leur préjudice, la prépondérance dans le gouvernement.

NOTES.

(1) A PPIEN est ici en contradiction avec Suétone, qui rapporte que César avoit confié son testament à la première des vestales, selon l'usage attesté par les Pandectes et par les historiens : *Demandeveratque virgini vestali maximæ*. Le même historien nous apprend que César avoit fait ce testament les ides de septembre précédentes, dans sa maison de campagne aux portes de Rome. Il nous apprend aussi, sur le témoignage de Tubéron, que dans tous les testaments que César avoit faits depuis son premier consulat jusqu'au commencement de la guerre civile, c'étoit le grand Pompée qu'il avoit constamment institué son héritier. *Jul. Cæs.* 83.

(2) Atticus, l'ami de Cicéron, jugea bien sainement des conséquences de cette mesure. *Meministine te clamare causam periisse, si funere elatus esset?* dit Cicéron dans une de ses lettres à son ami, *Litt. X, lib. XIV*. Atticus ne se trompa pas. Antoine disposa si bien ses batteries, qu'il fit produire à cette cérémonie tout ce qu'il s'en étoit promis. Les conjurés saisis de terreur, sortirent de Rome, et laissèrent le champ de bataille aux partisans de César.

(3) On a déjà vu en effet que, dans la matinée du jour où ils assassinèrent César, Brutus et Cassius, tous deux préteurs, étoient à leur poste, occupés à rendre la justice à leurs concitoyens.

(4) Il étoit préteur, ainsi qu'on l'a déjà vu, et il avoit été un des premiers à donner des éloges au patriotisme des conjurés. Il se nommoit Cornélius Cinna. *Suet. Jul. Cæs.* 85. C'est celui qu'une bande de brigands avoit forcé de se sauver dans une maison à laquelle ils alloient mettre le feu, si Lépidus ne fût survenu avec des troupes pour leur en imposer. *Voy.* ci-dessus, sect. c. XXVI.

(5) Au sujet des proscriptions de Sylla, j'ai oublié, dans le premier livre, de consigner un trait de Dion Cassius, qui

mérite de n'être pas passé sous silence. Selon cet historien, les massacres exécutés pour assouvir les vengeances de ce dictateur furent, dans l'ensemble comme dans les détails, accompagnés de circonstances si atroces et si terribles, que les particularités de la proscription exécutée en Asie par ordre de Mithridate, en un même jour, contre plusieurs milliers de Romains, furent peu de chose en comparaison : ὥστε τὸ τοῦ Μιθριδάτου πολὺ δεινὸν νομισθὲν ὅτι ποτὲ πάντας τοὺς ἐν τῇ Ἀσίᾳ Ῥωμαίους ἐν μιᾷ ἡμέρᾳ ἀπέκτεινεν, ἐν βραχεῖ πρός τε πλῆθος καὶ τὸν τρόπον τῶν τότε φονευθέντων νομισθῆναι. *Dion Fragm. Peiresc.* 136.

(6) César les faisoit verser entre ses mains. On a vu en effet que, dans la nuit qui suivit son assassinat, on apporta de la maison de César dans la maison d'Antoine, environ quatre mille talents.

(7) Ceci fait allusion à la conduite de César envers le tribun du peuple Métellus, qui eut le courage de vouloir s'opposer à ce qu'il mît la main sur le trésor public sans l'autorité du peuple. Plutarque, *Vie de César*, 46.

(8) Tel étoit, en effet, le respect du peuple romain pour les propriétés particulières, lorsqu'il établissoit des colonies; et l'on en avoit vu un exemple récent à cette époque. C'étoit d'après ce principe que s'étoit conduit P. Sylla, pour qui Cicéron prononça un plaidoyer, et qui avoit été chargé d'aller installer une colonie à Pompeia, ville de la Campanie, dans le voisinage de Naples. « Je ne dois pas, dit « l'orateur romain, §. 22, je ne dois pas oublier ce trait « remarquable et si honorable pour Sylla, qu'ayant conduit « cette colonie, et lui ayant procuré toutes sortes d'avantages « par la seule munificence du peuple romain, sans toucher « aux biens des anciens habitants, il s'est rendu si agréable « et si cher aux uns et aux autres, qu'il semble moins avoir « donné aux uns un nouvel établissement, que leur avoir « donné à tous une commune patrie ». Je me suis servi de l'estimable traduction de M. Clément.

(9) Πολέμου νόμῳ καὶ λῃστηρίου νόμῳ. Nous avons noté

la première de ces expressions plus haut, liv. I, chap. 7, n. 1.

(10) Plutarque, dans la Vie de Brutus, chap. 22, dit que Brutus voyant arriver à la file au Capitole une grande quantité de personnes, fit une harangue pour se concilier la bienveillance du peuple; mais il ne cite pas un mot de cette harangue. Au surplus, il est probable que ce discours, qui appartient à Brutus pour le fond des choses, Appien l'a accommodé à sa manière; et que Cicéron, s'il l'avoit lu tel que nous l'a transmis l'historien grec, n'auroit pas dit à Atticus, comme il le fit dans une de ses lettres, « la haran-« gue de Brutus est un modèle d'élégance pour le style et « pour les sentiments. Mais si j'avois eu le même sujet à « traiter, je me serois efforcé d'y mettre plus de chaleur. » *Litt. ad Attic. lib. XV, lit. 1.*

(11) Ce fut le lendemain du jour qu'avoit eu lieu la convocation du sénat.

(12) Voilà la marche naturelle de ces évènements dans lesquels on voit clairement, d'après Appien, que Plutarque n'a pas suivi l'ordre convenable.

(13) Les auteurs ne sont pas d'accord là-dessus. L'Epitome de Tite-Live nomme, comme Appien, les enfants de Lépidus et d'Antoine. *Obsidibus Antonii et Lepidi liberis acceptis.* Lib. CXVI. Plutarque, *Vie de Brutus*, 23; *Vie d'Antoine*, 17, ne parle uniquement que du fils d'Antoine. Selon Paterculus, ce fut Dolabella, le consul désigné pour succéder à César après son départ pour sa nouvelle expédition, qui devint l'arbitre de la paix et de la réconciliation avec les conjurés, et qui leur envoya ses enfants en otage. *Dolabella quem substituturus sibi Cæsar designaverat consul, fasces atque insignia consularia corripuit, velut pacis auctor, liberos suos obsides in Capitolium misit, fidemque descendendi tutò interfectoribus Cæsaris dedit.* Lib. II, cap. 58.

CHAPITRE XX.

Obsèques de César. Lecture de son testament en présence du peuple. Oraison funèbre de César prononcée par Antoine. Jongleries d'Antoine à ce sujet. Il parvient à mettre le peuple en fureur contre les conjurés, qui, dans la crainte d'être massacrés, se sauvent de Rome.

Ans de Rome. 710.

CXLIII. Sur ces entrefaites, on apporta le testament de César. Le peuple demanda que sur-le-champ on en fît la lecture. César y mentionnoit, en qualité de son fils adoptif, Octave (1), neveu de sa sœur. Il léguoit au peuple ses jardins pour en faire une promenade publique. Il donnoit à chaque citoyen romain, dans l'intérieur de Rome, soixante-quinze drachmes attiques (2). Le peuple commença de repasser à des sentiments d'animosité, lorsqu'il vit un ami de la république dans celui qu'il avoit auparavant entendu accuser (3) d'en avoir été le tyran. Ce qui excita le plus sa commisération, fut d'entendre nommer au nombre de ses héritiers, en qualité de son fils adoptif, ce même Décimus Brutus qui avoit été un de ses assassins; car c'étoit l'usage des Romains d'instituer des héritiers en seconde ligne, dans le cas où les premiers institués refuseroient d'accepter la succession. Cette circonstance échauffoit encore davantage l'esprit du peuple : il regardoit comme une atrocité, comme un sacrilège, que

Brutus, mentionné dans le testament de César comme son fils adoptif, eût conspiré contre sa personne. Cependant Pison fit conduire le corps de César au Forum. Il étoit escorté d'une foule innombrable de citoyens qui s'étoient armés pour le défendre de toute insulte. On demanda avec acclamation qu'il fût placé, ainsi que son brillant cortège, en face de la tribune aux harangues. Les gémissements, les lamentations s'emparèrent du plus grand nombre des spectateurs. Ceux qui étoient armés commencèrent à faire entendre le cliquetis de leurs armes, et par degrés ils laissoient transpirer le regret qu'ils avoient qu'on eût décrété l'amnistie. Antoine voyant les esprits dans cette disposition, se hâta d'en profiter. Il avoit été choisi pour faire l'oraison funèbre de César, comme son collègue (4), comme son ami, comme son parent (car il étoit parent de César du côté de sa mère). Il avoit préparé son discours avec beaucoup d'art, et il le prononça en ces termes :

CXLIV. « Citoyens, ce n'étoit pas à moi, simple
« individu, qu'il convenoit de faire l'éloge funèbre
« d'un si grand homme; c'étoit plutôt à la patrie
« entière. Je regarderai donc comme l'expression
« de vos propres sentiments, plutôt que des miens,
« cette multitude de décrets que, dans l'enthou-
« siasme des grands succès de César, le sénat, et le
« peuple après lui consacrèrent à sa gloire pendant
« qu'il vivoit encore, et j'en ferai la lecture. » Il se mit en effet à lire, en donnant à sa physionomie le caractère de la sévérité et de la douleur. Il fit res-

sortir, avec les inflexions de sa voix, chaque passage selon ses vues. Il insista principalement sur celui qui étoit relatif à la consécration de la personne de César, sur celui qui la déclaroit sacrée et inviolable, sur celui qui le proclamoit le père de la patrie, le bienfaiteur de la république, et l'incomparable arbitre de ses destins. A chacun de ces traits, Antoine dirigea ses yeux et sa main sur le corps de César, afin de rendre plus sensible le contraste de sa gloire et de son assassinat. Il intercala dans sa lecture, de temps en temps, entre les divers décrets, quelques réflexions succinctes, où il laissoit percer sa douleur et son indignation. Lorsqu'il fut arrivé au sénatus-consulte qui déclaroit César *père de la patrie*, « Voilà, s'écria-t-il, le monument de sa clé-
« mence. Voilà qui rendoit sa personne inviolable
« et sacrée, et non seulement la sienne, mais encore
« celle de quiconque venoit chercher un asile auprès
« de lui. Et néanmoins, ajouta-t-il, ce n'est point un
« autre pendant qu'il venoit chercher un asile auprès
« de lui, c'est lui-même, tout sacré, tout inviolable
« qu'il fût, qui a été assassiné, lui qui n'avoit usé
« d'aucune violence tyrannique pour se faire décer-
« ner ces honneurs illustres qu'il ne demandoit
« même pas. Nous étions donc des lâches et des
« esclaves, lorsque nous accordâmes tant de choses
« à celui qui ne les méritoit pas plus qu'il ne les
« demandoit. Mais vous, fidèles Romains, vous
« nous avez justifiés de ce reproche de lâcheté et
« de servitude, en accordant à César, même après
« sa mort, les honneurs qu'il reçoit en ce mo-
« ment. »

CXLV. Antoine ayant repris le cours de ses lectures, lut par deux fois le serment en vertu duquel tous les citoyens s'étoient obligés de veiller sur César et sur sa personne, et de le défendre de toutes leurs forces, ainsi que le serment par lequel, en cas de conspiration, on dévouoit aux Dieux infernaux tous ceux qui ne voleroient pas à son secours. A ces mots il éleva singulièrement la voix, et dirigeant ses mains vers le Capitole; « Quant à moi, s'écria-t-il, « ô Jupiter, protecteur de Rome! ô vous, autres « Dieux! oui, je suis prêt à venger César, à obéir « à mes serments, à être fidèle aux exécrations que « j'ai prononcées. Mais puisque ceux qui sont « comme moi les arbitres du destin de Rome ont « pensé que le bien public réclamoit les mesures « qui ont été adoptées, je fais des vœux pour qu'en « effet le bien public en résulte (5). » Ce passage du discours d'Antoine excita du tumulte parmi les sénateurs, qui sentirent bien que c'étoit un trait manifestement dirigé contre eux. Antoine alors pour les radoucir, passant de suite à la palinodie, ajouta : « Il a donc été décrété, citoyens, que cet « évènement seroit regardé, non comme l'attentat « d'aucun des mortels, mais comme l'œuvre de « quelque mauvais génie. Il nous faut donc fixer « nos regards sur le présent plutôt que sur le passé, « car nous aurions à craindre pour l'avenir, et « peut-être pour le moment, le plus grand des « dangers, celui de retomber dans nos séditions « antérieures, et de voir la république perdre ce qui « lui reste de bons citoyens. Accompagnons donc

« ce défunt parmi les bienheureux, en entonnant
« autour de lui les chants accoutumés, et les hymnes
« funèbres d'usage (6). »

CXLVI. Après ce discours, Antoine, semblable à quelqu'un saisi d'enthousiasme, retroussa les manches de sa robe, et les ayant assujetties autour de son bras de manière à donner toute liberté à ses mains, il vint se placer sous l'espèce de dais qui couvroit le lit de parade; et là, tantôt s'inclinant vers le corps de César, tantôt se relevant, il commença par célébrer ses louanges comme les louanges d'un Dieu habitant de l'Olympe; et pour donner à penser qu'il étoit un Dieu en effet, il tendit les mains vers lui, récapitulant, avec une grande volubilité de paroles, toutes ses guerres, toutes ses batailles, toutes ses victoires, toutes les provinces dont il avoit agrandi l'empire de la patrie, toutes les dépouilles des peuples vaincus dont il avoit enrichi le trésor public; s'extasiant d'admiration sur chacun de ces détails, et s'écriant à plusieurs reprises : « Celui-là « est le seul qui ait perpétuellement vaincu ceux qui « en sont venus aux mains avec lui. » Et s'adressant ensuite à lui directement : « C'est toi, qui seul as « vengé la patrie de trois cents ans d'outrages, en « subjuguant cette féroce nation, la seule qui ait « jamais envahi Rome, la seule qui y ait porté l'in-« cendie. » Après plusieurs autres explosions d'enthousiasme, Antoine quitta le ton brillant de l'apothéose pour prendre le douloureux accent du deuil. Il se répandit en regrets, en lamentations, sur le sort de son ami injustement immolé. Il faisoit des vœux pour qu'il lui fût possible de donner sa vie (7) pour la vie de César; et exaltant le sentiment de sa douleur au plus haut degré, il découvrit le corps de César, il agita sa robe qui étoit soutenue par une pique (8), qui étoit déchirée par les coups de poignards qu'il avoit reçus, et encore toute sanglante. A ce spectacle, le peuple, à l'instar d'un chœur de théâtre qui reçoit l'impulsion de son coryphée, se laissa emporter au dernier excès de la douleur, et ces impressions réveillèrent son amour; et après l'oraison funèbre d'Antoine, selon les usages funèbres des Romains, l'on fit chanter autour du corps de César, par des chœurs, des hymnes funéraires. On y parloit encore de ses grands exploits et de sa fin tragique. Dans certains endroits de ces hymnes, César paroissoit s'exprimer ainsi lui-même: « A quel grand nombre de mes ennemis j'ai fait « du bien, en considération de leurs noms (9)! Et peu après, en désignant ses assassins, il disoit d'eux par exclamation : « Devois-je sauver ceux-là même « qui devoient me donner la mort de leurs propres « mains (10)! » Alors le peuple n'y tint plus. Il regarda comme une atrocité inouie, que tous les assassins de César, à l'exception de Décimus Brutus (11), ayant été faits prisonniers après la défaite de Pompée, et ayant reçu de lui des magistratures, des gouvernements de provinces, des commandements militaires, au lieu d'en recevoir des punitions et des châtiments, eussent formé cette conjuration, et que Décimus Brutus lui-même se trouvât du nombre des conjurés, quoique César lui eût donné le titre de son fils, par la voie de l'adoption (12).

CXLVII. Tandis que les esprits étoient dans cette disposition, et que le peuple étoit sur le point d'en venir aux voies de fait, quelqu'un fit élever sur le lit de parade une effigie de César en cire (13). Quant à son propre corps, il resta étendu dans le lit, et l'on ne le voyoit pas; mais l'effigie, à l'aide d'un mécanisme, se tournoit de tous les côtés. Elle présentoit les vingt-trois blessures que César avoit reçues sur les diverses parties de son corps, et même celles qu'il avoit reçues sur la figure, et qui la lui avoient rendue hideuse. Le peuple ne put pas soutenir long-temps le spectacle de cette effigie, dont l'aspect eût bientôt mis en mouvement toutes les puissances de sa pitié. Il s'abandonna aux impulsions de la douleur, et, les robes retroussées, il courut mettre le feu au palais où César avoit reçu la mort. De là il se porta de tous les côtés pour chercher les conjurés, qui avoient pris la fuite depuis long-temps (14). Mais telle étoit la frénésie de la colère et de la douleur dans les auteurs de ces voies de fait, qu'ils se jetèrent sur Cinna (15) le tribun du peuple, qui portoit le même nom que Cinna le préteur, celui qui le premier avoit déclamé contre César, et que, sans vouloir rien entendre touchant la différence des personnes sous l'identité de nom, l'on le déchira et l'on le mit en pièces avec tant de férocité, qu'on ne trouva point un seul morceau de son cadavre auquel on pût rendre les honneurs funèbres. Le peuple courut de là aux maisons des autres ennemis de César pour les incendier; mais vigoureusement repoussés d'une part par les amis des conjurés, instamment suppliés par les voisins, d'autre part, les incendiaires se retirèrent avec menaces de revenir en armes le lendemain.

CXLVIII. Cependant les conjurés s'étoient clandestinement sauvés de Rome. Le peuple s'étant reporté vers la pompe funèbre de César, s'empara du lit de parade; et comme si son corps eût déjà été consacré, ils (16) le portèrent au Capitole dans l'intention de l'y inhumer, et de faire son apothéose: mais les prêtres ne voulurent pas le permettre. Alors ils le portèrent dans celle des places publiques où étoit le palais des anciens rois de Rome. On ramassa tout ce qu'on put trouver de bois, de planches, ou d'autres matières combustibles dans cette place publique, pour en composer un bûcher. On jeta sur ce bûcher tous les ornements de sa pompe funèbre, quoique magnifiques. Certains individus vinrent y jeter des couronnes qui leur appartenoient; d'autres y apportèrent les récompenses qu'ils avoient obtenues pour leurs beaux faits d'armes. On y mit le feu (17), et le peuple passa toute la nuit autour du bûcher. C'est là que fut élevé en l'honneur de César le premier autel, dont on fit depuis un temple où il reçut les honneurs divins; car Octave, son fils adoptif, qui changea son nom contre celui de César, et qui, marchant sur les mêmes principes politiques que lui, donna plus de consistance à la forme de gouvernement qui a prévalu jusqu'à ce moment, et dont les fondements avoient été jetés par César lui-même, fit décerner ce genre d'honneurs à son père : honneurs qui, depuis ce premier exemple, ont été constamment décernés au chef suprême de l'Empire après sa mort, toutes les fois qu'il n'a pas été un tyran, ou qu'il n'a pas démérité d'ailleurs; honneurs décernés par ces mêmes Romains, qui d'abord ne pouvoient pas supporter que, du vivant de leurs grands hommes, le titre de roi leur fût décerné.

NOTES.

(1) Nous dirons d'*Octavius* ce que nous avons déjà dit d'*Antonius*. L'usage de notre langue a consacré le mot *Octave*, à la place du mot latin, et nous ne lui donnerons plus que ce nom-là. Suétone a fait sa généalogie dans le premier chapitre de sa vie. On voit là que dans une certaine circonstance Antoine lui reprocha de ne pas avoir, du côté de sa mère, une origine très illustre. Il lui donnoit pour bisaïeul un *Restio*, qu'Ophellot de la Pause rend par *marchand de merceries*, et voici, à ce sujet, la réflexion de ce traducteur. « Il ne soupçonnoit guère, en vendant son ma-
« gasin de merceries, que son arrière-petit-fils achèteroit
« le tiers du monde avec de l'argent, de la politique et des
« crimes. »

(2) Le traducteur latin de l'édition de Tollius a traduit *Septuagenæ quinæ drachmæ atticæ*. Schweighæuser, dans son édition, a substitué la monnoie romaine à la monnoie grecque, et a traduit *Treceni sestertii*, « trois cents ses-
« terces. » Il a donc adopté l'opinion des savants qui pensent que la drachme attique valoit quatre sesterces romains.

(3) Il y a ici dans le texte grec de Schweighæuser une faute grave de typographie, dont il est bon d'avertir. Au lieu de προπεπωμενοι, il faut lire προπεπυσμένοι.

(4) Voyez le chap. 18 du second livre de Kirckmann, *De funeribus veterum*, que nous avons cité plus haut.

(5) Qu'on lise Desmares, et l'on verra à quel point il a défiguré ce passage.

(6) Les détails de cette phrase sont remarquables. Ils attestent que le cérémonial des enterrements des temps modernes n'est à peu près que la copie des cérémonies funèbres anciennement pratiquées dans le Paganisme.

(7) Le texte porte τὴν ἑαυτοῦ ψυχὴν, à la lettre, *son ame*. Mais il est évident que c'est une métonymie assez fa-

milière aux auteurs grecs. Entre autres exemples que je pourrois citer, je me contenterai de celui qu'offre le vingtième verset du chap. 2 de l'Evangile selon S. Matthieu, où l'on dit, à propos de la mort d'Hérode, τεθνήκασι γὰρ οἱ ζητοῦντες τὴν ψυχὴν τοῦ παιδίου. Presque tous les interprètes français ont traduit; « car ceux qui en vouloient *à la vie* de l'enfant « sont morts. » Plus haut, à la fin de la section CIV, Appien s'est servi du même mot dans le même sens, lorsqu'il fait dire à César après sa bataille contre le fils de Pompée, « qu'il avoit plusieurs fois combattu pour vaincre, mais qu'à « cette journée il avoit combattu aussi pour sauver sa « vie »; ὅτι πολλάκις μὲν ἀγωνίσαιτο περὶ νίκης, νῦν δὲ καὶ περὶ ψυχῆς.

(8) L'interprète latin a rendu le texte par ces mots, *Ejusque vestem conto sublatam explicaret*. Suétone s'est exprimé dans les termes suivants, *Et ad caput tropæum cum veste in quâ fuerat occisus*, qui ont fait penser à l'estimable traducteur de l'historien des Césars, que son auteur avoit désigné par le mot *tropæum* l'effigie mobile dont Appien parlera dans un moment. Selon le récit de Suétone, le simulacre de César étoit enveloppé de sa robe. Selon le récit d'Appien, la robe de César et son effigie, comme on le verra dans un moment, étoient séparées l'une de l'autre; et selon l'adroit calcul de la manœuvre d'Antoine, l'aspect de la seconde devoit achever de produire ce que l'aspect de la première devoit commencer.

(9) Les interprètes latins n'ont point rendu ἐξ ὀνόματος, qui cependant n'est point oiseux dans le texte.

(10) Suétone, qui rend compte de la même particularité, dit que ces exclamations étoient empruntées de quelque tragédie de Pacuvius, intitulée *de Armorum Judicio*, ce qui a fait penser à Casaubon que cette pièce rouloit sur la querelle d'Ulysse et d'Ajax, au sujet des armes d'Achille. *Jul. Cæs.* 84.

(11) Appien oublie ici ce qu'il a dit plus haut, sect. CXIII, à la fin, que les conjurés s'associèrent *parmi les amis de Cé-*

sar, outre D. Brutus, les personnages suivants, Caïus Casca, Trébonius, Tullius Cimber, et Minucius Basillus. On ne pourroit pas objecter que ceux-ci pouvoient avoir aussi été faits prisonniers à la journée de Pharsa'e; car ils auroient alors cela de commun avec Brutus et Ca::*:*us d'avoir été du parti de Pompée, et si Appien n'avoit pas tort ici, il l'auroit dans la section que nous venons de citer.

(12) C'est, je crois, une erreur d'Appien, de présenter D. Brutus comme le fils adoptif de César. Il a dit plus haut, sect. CXLIII, que César l'avoit nommé dans son testament *In secundis hæredibus*; et ce fait est attesté par Suétone, *D. Brutum etiam in secundis hæredibus*. Il a ajouté qu'il l'avoit institué *comme fils*, et c'est, je crois, une erreur de sa part; car on ne connoît d'autre adoption de César que celle d'Octave, témoin l'Epitome de Tite-Live, liv. CXVI. *C. Octavius sororis nepos et in nomen adoptatus est.* Suétone, Jul. Cœs. 83. *In imâ cerâ C. Octavium etiam in familiam nomenque adoptavit.* Paterculus, lib. II, cap. 59. *Cæsaris deindè testamentum apertum est, quo C. Octavium nepotem sororis suæ Juliæ adoptabat.*

(13) Polybe rapporte que de son temps on faisoit représenter en cire (*Possumus Polybii verba accipere de simulacris defunctorum cereis*) ceux dont on devoit prononcer dans le Forum l'oraison funèbre; que la plupart du temps cette effigie étoit placée debout, et que rarement elle étoit couchée. Συντελουμένης τῆς ἐκφορᾶς, κομίζεται μετὰ τοῦ λοιποῦ κόσμου, πρὸς τοὺς καλουμένους Ἐμβόλους, εἰς τὴν ἀγορὰν, ποτὲ μὲν ἑστὼς ἐναργὴς, σπανίως δὲ κατακεκλιμένος. Si ces simulacres étoient, comme on voit, présentés debout, c'étoit afin que le peuple qui assistoit à la cérémonie pût les voir de loin. Celui de César étoit fait de manière à tourner de tous les côtés, ce qui devoit servir à lui donner un air de vie propre à faire illusion à la multitude. C'est peut-être de cette circonstance que ce simulacre emprunta le nom latin *tropæum* que lui a donné Suétone. Cet historien l'aura

trouvé dans quelques mémoires grecs, où ce substantif aura été formé du verbe τρέπω, qui veut dire *tourner.*

(14) Les historiens varient sur ces particularités. *Voyez* Plutarque, *Vie de Brutus*, 46; *Vie d'Antoine*, 18. Suétone, *Jul. Cæs.* 84.

(15) Suétone nous a transmis son vrai nom, Helvius Cinna, *Jul. Cæs.* 85; et Plutarque, *Vie de Brutus*, 25, nous apprend que c'étoit un poëte, ancien ami de César, et qui ne se trouva dans la bagarre que parcequ'une vision qu'il avoit eue la nuit précédente l'avoit engagé à venir se joindre au convoi. Son nom de *Cinna* ayant été prononcé sans son prénom *Helvius*, il fut pris pour *Cinna* le préteur, dont le prénom étoit *Cornélius*, et fut mis en pièces par l'effet de cette méprise. Appien dit que ce malheureux Cinna fut déchiré avec tant de fureur, qu'il ne resta pas un seul lambeau de son corps qui pût recevoir les derniers honneurs. Mais Suétone rapporte que sa tête fut promenée au bout d'une pique. *Plebs obvium sibi Helvium Cinnam, per errorem nominis, quasi Cornelius is esset, quem graviter pridiè concionatum de Cæsare requirebat, occidit, caputque ejus præfixum hastæ circumtulit.* Cette épouvantable frénésie, dans les séditions, de promener les têtes des victimes au bout d'une pique, date, comme on voit, d'assez loin. Au surplus, cet Helvius Cinna étoit à cette époque tribun du peuple, et il paroît que César, dont il étoit l'ami, l'avoit chargé de présenter aux comices une loi qui lui permît de prendre en mariage les femmes qui lui plairoient dans toutes les conditions et en tel nombre qu'il jugeroit à propos, pour en obtenir des enfants. Voilà la lettre du passage de Suétone. *Helvius Cinna plerisque confessus est habuisse se scriptam paratamque legem, quam Cæsar ferre jussisset, cùm ipse abesset, uti uxores liberorum quærendorum causâ, quas et quot vellet ducere liceret.* César étoit sans enfant mâle. Il avoit pour de la postérité masculine la foiblesse de certains hommes, et afin d'être plus sûr de ne pas mourir sans en laisser, il vouloit faire ce que Salomon avoit fait

chez les Hébreux, et ce qu'ont fait depuis en Asie les successeurs de Mahomet. Or, il y a loin de là à l'odieuse, à l'abominable intention que lui a prêtée Ophellot de La Pause, d'avoir dressé, pendant sa dictature, un projet de loi qui lui donnât le droit de jouir de toutes les dames romaines auxquelles il lui plairoit de jeter le mouchoir. Il a dit lui-même, ce traducteur de Suétone, en terminant le troisième de ses Mélanges philosophiques sur une matière du même genre, *qu'il faut être juste quand on parle de l'antiquité.* Or, avec un peu de justice, et sur-tout avec une attention froide et impartiale sur le passage de Suétone, on voit que *Ducere uxorem*, dans le style de cet historien, comme dans celui de tous les auteurs latins, ainsi que dans celui des jurisconsultes, veut dire *se donner une femme selon les formalités légales*, ce que nous appelons dans notre langue *l'épouser*; ce qui est bien différent du *droit de jouir.* A la vérité, c'étoit un privilège de *polygamie*, inouï jusqu'alors dans les Annales de Rome, que César vouloit se faire donner; mais ce n'étoit pas *vouloir une loi pour faciliter les adultères, et vouloir faire de Rome entière son sérail.* Si Ophellot de La Pause n'eût lu que Dion Cassius, le passage de ce dernier historien auroit pu l'induire dans l'erreur grave où il est tombé; ἀμέλει καὶ γυναιξὶν ἐποίεις καὶ ὅσαι ἂν θελήσῃ συνεῖναι οἱ ἐτόλμησάν τινες ἐπιτρέψαι. Le verbe grec συνεῖναι qui ne signifie que *jouir d'une femme*, et non l'*épouser, ducere uxorem*, auroit fait beau jeu à Ophellot de La Pause; mais les commentateurs ont fort bien remarqué qu'on avoit tronqué ici le passage de Dion Cassius, qui devoit être rectifié par celui de Suétone, à moins que ce ne soit la fraude de quelque copiste, aussi peu ami de César qu'Ophellot de La Pause, lequel aura imaginé de couvrir le nom de ce Romain d'un opprobre fait pour révolter à jamais les peuples qui conserveroient quelques sains principes d'ordre social et de civilisation. L'auteur de la vie de Cicéron a parfaitement saisi le sens de Suétone. Il présume, ce qui peut être vrai, que César n'avoit d'autre vue dans cette loi, que de s'ouvrir une voie légale pour épouser Cléopâtre, et légitimer les enfants qu'il avoit ou qu'il pourroit avoir d'elle. *Vie de Cicéron*, liv. IX, tom. 3, p. 418.

Puisque j'en ai ici une occasion aussi opportune, je relèverai une autre erreur du traducteur de l'historien des Césars, qu'il a bâtie sur le fondement de la première. « On « voit, dit-il, dans le huitième de ses Mélanges philoso-« phiques, on voit dans les historiens, un Cinna au rang « des conjurés qui assassinèrent César. Il n'y a point d'ab-« surdité à croire que ce Cinna est le tribun du peuple « qui devoit promulguer la loi qui faisoit de César le mari « légitime de toutes les dames romaines. » Les historiens ne mentionnent point de *Cinna* dans le nombre des conjurés. Appien parle, à la vérité, d'un Cinna préteur qui déclama violemment contre César après son assassinat; qui fit même une scène en jetant au milieu du Forum les marques de sa dignité, sous prétexte que sa magistrature venoit de la main d'un tyran. Mais le prénom de ce *Cinna* étoit, ainsi que nous l'apprend Suétone, *Jul. Cæs.* 85, *Cornélius* et non *Helvius*, différence qui n'empêcha pas que le dernier tribun du peuple, à qui le peuple n'en vouloit pas, puisque, selon Plutarque, *Vie de Brutus*, 25, il étoit l'ami de César, ne fût écharpé, *per errorem nominis, quasi Cornelius esset*, au lieu de Cornélius, ce même préteur, à qui le peuple en vouloit : et ce qui prouve que ce fut le nom de *Cinna* qui donna lieu à cette méprise, c'est ce passage de Plutarque, « et pour ce « que quelqu'un le nomma par son nom *Cinna*, le peuple « pensa que ce fust celui qui n'aguères avoit en sa harangue « blasmé et injurié publiquement César, et se ruant dessus « lui en fureur, le deschira en pièces sur la place. » Il est donc évident que le *Cinna* que César avoit chargé de présenter au peuple la loi qui devoit lui permettre d'épouser telles femmes qu'il jugeroit à propos, n'étoit pas du nombre des conjurés. Voyez d'ailleurs Valère Maxime, liv. IX, chap. 9.

(16) On trouve des exemples de cet *enallage* dans plusieurs

de nos bons écrivains, notamment dans Racine, tragédie de Britannicus, acte IV, scène III. On y lit ces vers :

> Un jour, il m'en souvient, le *sénat* équitable
> Vous pressoit de souscrire à la mort d'un coupable :
> Vous résistiez, seigneur, à *leur* sévérité.

Six vers plus haut, on trouve *leurs pleurs*, en parlant du *peuple*. Au reste, cet enallage est singulièrement fréquent chez les auteurs grecs.

(17) On trouve à peu près les mêmes détails dans Plutarque et dans Suétone. Il faut ajouter que ce dernier auteur remarque que les Juifs se distinguèrent par les témoignages de regret qu'ils donnèrent à la mort de César. Ils devoient, en effet, être les ennemis de Pompée, qui avoit saccagé la Judée, et qui étoit entré en vainqueur dans le temple de Jérusalem ; et ce ressentiment devoit les avoir jetés dans le parti de César, quoiqu'une poignée de soldats de cette nation fût sous les drapeaux de Pompée à Pharsale. Josephe, dans ses Antiquités Judaiques, liv. XIV, chap. 14 et 15, rapporte que les Juifs rendirent des services signalés à César dans sa guerre d'Alexandrie, sous les ordres d'un Mithridate de Pergame et d'Antipater, fils d'Aristobule. *Præcipuèque Judæi*, dit Suétone, *qui etiam noctibus continuis bustum frequentârunt.* Jul. Cæs. 84, *in fine*.

CHAPITRE XXI.

César périt pour avoir bravé les pronostics qui lui annonçoient sa mort. Parallèle de César et d'Alexandre.

CXLIX. Ce fut ainsi que périt César, le jour que les Romains appellent les ides de mars, et qui répond à peu près au milieu de notre mois anthistérion (1). Un devin (2) lui avoit prédit qu'il ne vivroit pas au-delà de ce jour-là. César ayant aperçu ce devin le matin de cette journée, il lui dit : « Eh « bien, les ides sont arrivées. » Le devin, sans se déconcerter, lui répondit : « Cela est vrai; mais « elles ne sont pas encore passées. » Pour avoir osé braver cette prédiction que ce devin lui avoit faite avec tant de confiance, et les autres sinistres pronostics dont j'ai déjà parlé, il périt à la cinquante-sixième année de son âge (3). Par son bonheur en toutes choses, par sa constante prospérité, par les grandes entreprises où il a été couronné de succès, il a mérité d'être comparé à Alexandre. Tous deux extrêmement ambitieux, tous deux les plus grands capitaines de leur siècle, tous deux très prompts à exécuter ce qu'ils avoient résolu, tous deux singulièrement intrépides dans le danger, tous deux sachant payer de leur personne dans l'occasion, tous deux moins accoutumés à compter sur la force de leurs armées que sur leur audace et sur leur fortune personnelle. Le premier se rendit en effet dans le temple de Jupiter Ammon (4), bravant au fort de l'été une route longue et aride. En Pamphylie, il traversa un bras de mer avec succès pendant que les flots s'étoient retirés (5). Un Dieu suspendit ici le retour des vagues jusqu'à ce qu'il eût passé, tout comme en Libye il avoit fait pleuvoir pour lui sur la route (6). Dans les Indes, une mer sur laquelle on n'avoit jamais vu de vaisseaux avant lui, il la traversa. Ailleurs, il s'élança le premier sur les remparts; il descendit seul dans l'enceinte des murailles de son ennemi, et combattit seul, quoique couvert de treize blessures (7). Toujours invincible, il termina toutes ses guerres, presque avec une ou deux batailles. Il subjugua en Europe plusieurs peuples barbares. Il se rendit maître des Grecs, nation très difficile à manier, très ardente pour la liberté, et qui passoit pour n'avoir jamais obéi à personne avant lui, à l'exception de Philippe à qui elle céda pour peu de temps, et purement par bienséance, le commandement de ses forces. Il ne fit, pour ainsi dire, que traverser l'Asie pour la conquérir. Pour peindre en peu de mots la fortune et la puissance d'Alexandre, il suffit de dire qu'il soumit à son empire toutes les régions où il porta ses pas; et que, pendant qu'il songeoit et qu'il se disposoit à la conquête du reste du monde, il mourut.

CL. Quant à César, la mer Ionienne céda à l'influence de son génie, en devenant pour lui tranquille et navigable au cœur de l'hiver. Il avoit antérieurement fait le trajet de l'Océan Britannique, trajet qui

Ans de Rome. 710.

jusqu'alors n'avoit point été tenté ; et, après avoir débarqué, il avoit ordonné à ses pilotes de briser ses vaisseaux contre les rochers de la Grande-Bretagne. Ailleurs, il lutta seul dans une petite nacelle contre une tempête, et il ordonna à celui qui la conduisoit de hisser ses voiles, et d'avoir de la confiance dans la fortune de César, au lieu de craindre les flots de la mer (8). Plusieurs fois il se jeta seul au milieu des rangs ennemis à l'aspect de son armée tremblante de peur (9). Il livra trente batailles rangées dans la Gaule seule, avant que d'avoir subjugué les quarante peuples entre lesquels elle est divisée; peuples d'ailleurs si redoutables aux yeux des Romains, que, dans la loi relative à l'immunité du service militaire de la part des prêtres et des vieillards, on avoit excepté le cas d'une guerre contre les Gaulois, cas auquel les vieillards et les prêtres devoient être obligés de prendre les armes et de marcher. Dans un de ses combats à Alexandrie, il fut laissé seul sur un pont, et pressé par le danger, il jeta de côté sa robe de pourpre (10), et se précipita dans les flots. Poursuivi encore jusque-là par l'ennemi, il nagea long-temps sous l'eau sans être aperçu, ne prenant l'air que par intervalles, et seulement pour respirer (11); jusqu'à ce que s'étant approché d'un de ses vaisseaux, il tendit les mains, se fit reconnoître, et fut sauvé. D'un autre côté, dans le cours de cette guerre civile, où il se jeta, soit par crainte, ainsi qu'il le dit lui-même (12), soit par ambition (13), il eut à combattre contre les plus grands capitaines, contre de nombreuses et fortes armées, composées, non seulement de Barbares, mais encore de Romains, au fort de leurs prospérités et de leurs triomphes. Dans toutes ses expéditions militaires, il n'eut également besoin, pour en décider le succès, que d'une ou de deux batailles. Mais il n'eut pas une armée toujours invincible, comme l'avoit été celle d'Alexandre; car il fut grandement battu par les Gaulois, lors de l'échec considérable qu'éprouvèrent ses deux lieutenants Ituréius et Cotta. Dans l'Ibérie il fut cerné par Pétréius et par Afranius, comme dans une ville assiégée : à Dyrrachium et dans la Libye ses troupes prirent la fuite et se débandèrent : en Ibérie, elles furent consternées de terreur devant le jeune Pompée. César, à la vérité, étoit lui-même d'une intrépidité à toute épreuve. Quant à lui, toujours personnellement invincible, le résultat définitif de ses entreprises tourna constamment en sa faveur. Il s'empara par la force et par la clémence du pouvoir suprême, et se rendit maître de l'Empire du peuple romain qui avoit déjà subjugué la mer et la terre, depuis l'Occident jusqu'à l'Euphrate; usurpation qui eut des fondements plus fermes et plus solides que l'usurpation de Sylla. Il exerça toute l'autorité d'un roi sur les Romains, malgré eux, quoiqu'il refusât d'en accepter le titre; et, comme Alexandre, il mourut l'esprit occupé de nouvelles expéditions.

CLI. Ils eurent l'un et l'autre des troupes qui leur furent également dévouées, qui eurent pour eux une égale affection, et qui, dans les champs de bataille, en présence de l'ennemi, se battoient en

Ans de Rome, 710.

bêtes féroces. A la vérité, l'excès des fatigues les poussa souvent à la sédition et à la révolte. Mais après leur mort elles les regrettèrent également, elles les pleurèrent tous deux, et leur décernèrent à l'un et à l'autre des honneurs divins. Ils avoient reçu de la nature un vigoureux tempérament, et une heureuse physionomie. Ils tiroient l'un et l'autre leur origine de Jupiter; Alexandre, du côté d'Éacus et d'Hercule (14); César, du côté d'Anchise et de Vénus. Également prompts à se passionner contre toute contradiction, ils étoient également faciles à se réconcilier et à pardonner lorsqu'ils avoient été les plus forts. Au pardon ils ajoutoient les bienfaits, contents d'avoir vaincu ; chose qui étoit l'unique objet de leur ambition. Jusqu'ici la parité se soutient dans le parallèle, si ce n'est que chacun d'eux ne partit pas du même point pour arriver au faîte de la puissance; car Alexandre prit son essor du haut du trône que Philippe lui avoit laissé, au lieu que César s'éleva du sein d'une condition privée, avec l'avantage sans doute d'un nom et d'une origine illustre, mais dénué d'ailleurs de fortune.

CLII. Ils méprisèrent l'un et l'autre les pronostics qui les intéressoient (15). Ils ne sévirent ni l'un ni l'autre contre les devins qui leur prédirent leur mort. Les mêmes signes eurent souvent lieu à leur égard, et quelquefois dans les mêmes circonstances. Il leur arriva deux fois à l'un et à l'autre que l'on trouva des difformités dans les entrailles de leurs victimes. La première fois, ce fut pour chacun d'eux le signe d'un très grand péril. Alexandre assiégeoit les Oxydraques ; il étoit monté le premier de son armée sur les murs de l'ennemi : l'échelle vint à rompre, et il resta seul sur les remparts. Ne prenant conseil que de son courage, il s'élança dans l'intérieur de la ville, au milieu même des ennemis (16). Il étoit déjà grièvement blessé à la poitrine et au cou, il étoit prêt de succomber, lorsque les Macédoniens qui avoient brisé les portes de la ville, craignant de le perdre, arrivèrent tout juste à temps pour le sauver. César courut le même danger en Ibérie. Son armée, lorsqu'elle fut en présence du jeune Pompée, se laissa saisir de terreur ; elle répugnoit à en venir aux mains. César s'élança le premier de tous dans l'espace qui séparoit les deux armées. Une grêle de flèches avoit déjà frappé son bouclier, lorsque toute son armée, soit honte, soit crainte de le perdre, vint à son secours. Ce fut ainsi que les difformités dans les entrailles de leurs victimes leur pronostiquèrent pour la première fois un péril de mort. La seconde, elles leur pronostiquèrent la mort même. Le devin Pythagoras faisoit un sacrifice en présence d'Apollodore, qui avoit quelque raison de redouter Éphestion et Alexandre. Il lui dit : « Ne craignez « rien ; ils périront bientôt l'un et l'autre. » Éphestion mourut en effet peu de jours après. Apollodore craignant alors qu'il n'y eût quelque conspiration tramée contre Alexandre, vint lui rendre compte du pronoctic. Alexandre n'en fit que rire, et ayant fait venir Pythagoras, il lui demanda ce que vouloit dire ce signe. Pythagoras lui ayant répondu que c'étoit un signe de mort, il en rit encore, et loua en même temps Apollodore de son attachement à sa personne, et Pythagoras de sa candeur (17).

CLIII. Je viens de raconter tout à l'heure que les mêmes signes eurent lieu au sujet de César lorsqu'il entra dans le sénat pour la dernière fois; mais il s'en moqua, en disant que la même chose lui étoit arrivée en Ibérie. L'Aruspice lui répondit qu'aussi il avoit couru dans cette circonstance un très grand danger, et que d'ailleurs le pronostic étoit en ce moment beaucoup plus sinistre. Par égard pour cette franchise, il lui permit d'essayer de nouvelles victimes. Enfin, impatienté par le retard que ces sacrifices (18) qui lui déplurent lui faisoient éprouver, il entra et fut égorgé. Alexandre eut exactement le même sort. Il revenoit avec son armée des Indes à Babylone; il s'en approchoit, lorsque les Chaldéens (19) lui conseillèrent de n'y point entrer pour le moment. Il leur répondit par ce vers iambique. « Le meilleur devin est celui qui rencontre « juste. » Les Chaldéens lui conseillèrent encore de n'y point entrer avec son armée ayant les yeux dirigés du côté du couchant, mais de faire un détour et de prendre la ville par le côté où sa vue regarderoit le soleil à son lever. On rapporte qu'il céda à ce dernier pronostic des Chaldéens, et qu'il entreprit de faire le tour de Babylone; mais fatigué par les lieux aquatiques et les marécages qui gênoient sa marche, il méprisa ce second pronostic des Chaldéens, et il entra dans Babylone les yeux dirigés vers le soleil couchant. Peu de temps après il s'embarqua sur l'Euphrate, pour se rendre au canal de Pallacotta qui reçoit les eaux de ce fleuve, et les distribuant dans des étangs ou dans des marais, empêche que ces eaux ne se répandent dans les plaines de l'Assyrie et ne les submergent (20). Il avoit, dit-on, l'intention de retenir les eaux de ce canal par des digues, et c'étoit là l'objet de son voyage. Quoi qu'il en soit, on prétend que, dans ce voyage, il railla les Chaldéens sur ce qu'il étoit entré dans Babylone et qu'il en étoit ressorti sans aucun mal. Mais il y devoit mourir dès son retour. César railla également l'Aruspice qui lui avoit pronostiqué le jour de sa mort, en lui disant qu'il ne vivroit pas au-delà des ides de mars ; car ce jour des ides étant arrivé, il dit à cet aruspice, d'un ton moqueur, « Les voilà ce-« pendant les ides (21) ! » Et néanmoins ce fut ce même jour qu'il périt. Ils eurent donc cela de commun l'un et l'autre, qu'ils se moquèrent des pronostics qui les regardoient personnellement, qu'ils ne montrèrent aucune colère à ceux qui osèrent les leur révéler, et que néanmoins ces pronostics s'accomplirent sur l'un et sur l'autre.

CLIV. Ils eurent de plus un amour et un zèle égal pour les sciences et les beaux-arts, soit grecs, soit romains, soit étrangers. Alexandre s'instruisit dans les Indes auprès des brachmanes, qui paroissent être les savants et les sages du pays, ainsi que les mages l'étoient en Perse (22). César s'instruisit également en Égypte, dans le séjour qu'il y fit pour y établir l'autorité de Cléopâtre. De là plusieurs améliorations qu'il introduisit à Rome après lui avoir rendu la paix. Les deux mois intercalaires qu'on étoit en possession jusqu'alors de faire entrer tous les ans dans le calendrier, y avoient jeté le plus grand désordre (23). C'étoit en effet sur le cours de la lune que l'annuaire romain étoit réglé; il le fit régler sur le cours du soleil, comme il l'étoit en Égypte. Enfin, aucun de ceux qui avoient pris part à la conjuration contre sa personne n'évita de périr de mort violente (24). Ils eurent tous à cet égard, sous Octave son fils, le même sort qu'avoient eu tous les assassins de Philippe sous le règne d'Alexandre. Les détails de la fin tragique de chacun de ces conjurés feront la matière des livres suivants.

NOTES.

(1) Il est remarquable que les Grecs donnoient au mois de mars le nom d'*Anthistérion*, mot qui, selon l'étymologie grecque, répond au nom de *floréal* que l'on avoit donné au mois d'avril dans notre calendrier prétendu républicain.

(2) Suétone nous a transmis son nom. Il s'appeloit Spurinna. Il étoit du collège des aruspices. *Et immolantem haruspex Spurinna monuit, caveret periculum, quod non ultra martias idus proferretur.* Jul. Cæs. 81.

(3) Plutarque est d'accord avec Appien. *Vie de César*, 87. L'époque de la mort de César correspond à l'an de Rome 710. Lorsque ses partisans eurent décidément pris le dessus, les ides de mars furent comptées parmi les jours néfastes, et il fut réglé que le sénat ne s'assembleroit plus ce jour-là. Toujours des superstitions enfantées par l'adulation !

(4) On trouve les détails de cette expédition d'Alexandre dans Quinte-Curce, liv. IV, chap. 7, et dans Plutarque, *Vie d'Alexandre*, 51.

(5) Ce fut, disent les historiens, le second volume du passage de la mer Rouge par les Hébreux sous la conduite de Moïse. Appien, comme on voit, fait intervenir ici la Divinité, Δαιμονίως, ainsi que Moïse fait intervenir l'Eternel. Voy. Plutarq. *Vie d'Alexandre*, 30. Quinte-Curce, supplém. de Freinshémius, liv. II, chap. 11.

(6) *Sive illud Deorum munus*, dit Quinte-Curce, *sive casus fuit.* Ce dernier mot de l'historien d'Alexandre est d'un homme sage qui n'est pas dupe des superstitions populaires.

(7) Appien fait allusion ici à ce célèbre trait d'intrépidité d'Alexandre, qui, resté seul sur les remparts des Oxydraques qu'il assiégeoit, préféra s'élancer dans l'enceinte de la ville pour soutenir la gloire de sa valeur, que de se laisser tomber

Ans de Rome. 710.

possession jusqu'alors de faire entrer tous les ans dans le calendrier, y avoient jeté le plus grand désordre (23). C'étoit en effet sur le cours de la lune que l'annuaire romain étoit réglé; il le fit régler sur le cours du soleil, comme il l'étoit en Égypte. Enfin, aucun de ceux qui avoient pris part à la conjuration contre sa personne n'évita de périr de mort violente (24). Ils eurent tous à cet égard, sous Octave son fils, le même sort qu'avoient eu tous les assassins de Philippe sous le règne d'Alexandre. Les détails de la fin tragique de chacun de ces conjurés feront la matière des livres suivants.

NOTES.

(1) Il est remarquable que les Grecs donnoient au mois de mars le nom d'*Anthistérion*, mot qui, selon l'étymologie grecque, répond au nom de *floréal* que l'on avoit donné au mois d'avril dans notre calendrier prétendu républicain.

(2) Suétone nous a transmis son nom. Il s'appeloit Spurinna. Il étoit du collège des aruspices. *Et immolantem haruspex Spurinna monuit, caveret periculum, quod non ultra martias idus proferretur.* Jul. Cæs. 81.

(3) Plutarque est d'accord avec Appien. *Vie de César*, 87. L'époque de la mort de César correspond à l'an de Rome 710. Lorsque ses partisans eurent décidément pris le dessus, les ides de mars furent comptées parmi les jours néfastes, et il fut réglé que le sénat ne s'assembleroit plus ce jour-là. Toujours des superstitions enfantées par l'adulation !

(4) On trouve les détails de cette expédition d'Alexandre dans Quinte-Curce, liv. IV, chap. 7, et dans Plutarque, *Vie d'Alexandre*, 51.

(5) Ce fut, disent les historiens, le second volume du passage de la mer Rouge par les Hébreux sous la conduite de Moïse. Appien, comme on voit, fait intervenir ici la Divinité, Δαιμονίως, ainsi que Moïse fait intervenir l'Eternel. Voy. Plutarq. *Vie d'Alexandre*, 30. Quinte-Curce, supplém. de Freinshémius, liv. II, chap. 11.

(6) *Sive illud Deorum munus*, dit Quinte-Curce, *sive casus fuit.* Ce dernier mot de l'historien d'Alexandre est d'un homme sage qui n'est pas dupe des superstitions populaires.

(7) Appien fait allusion ici à ce célèbre trait d'intrépidité d'Alexandre, qui, resté seul sur les remparts des Oxydraques qu'il assiégeoit, préféra s'élancer dans l'enceinte de la ville pour soutenir la gloire de sa valeur, que de se laisser tomber

eu dehors vers les siens qui avoient les bras tendus pour le recevoir. *Voy.* ci-dessous, note 15.

(8) Voyez ci-dessus, sect. LVII. Le texte a l'air de dire, « d'avoir plus de confiance dans la fortune de César, que « dans les flots de la mer. »

(9) C'est, en effet, ce qu'il fit en Ibérie dans la bataille que lui livra le fils de Pompée. Voyez ci-dessus, sect. CIV.

(10) Suétone dit, au contraire, qu'il tint son manteau serré entre ses dents, de peur que l'ennemi ne s'emparât de cette dépouille. *Paludamentum mordicùs trahens, ne spolio potiretur hostis.*

(11) Voy. ci-dessus sect. XC. Suétone, qui parle de ce même fait, le raconte d'une autre manière; et il dit notamment qu'en nageant César tint toujours son bras gauche en l'air, afin de ne pas mouiller des pièces écrites qu'il tenoit entre les mains. *Alexandriæ circa oppugnationem pontis, eruptione hostium subitâ compulsus in scapham, pluribus eodem præcipitantibus cùm desiliisset in mare, nando per CC. passus evasit ad proximam navem, elatâ lævâ, ne libelli quos tenebat madefierent.*

(12) Suétone raconte en effet que Caton d'Utique, indigné de tous les attentats que César avoit commis, avoit hautement déclaré que, lorsqu'il seroit rentré dans la condition d'homme privé, il le traduiroit en justice pour lui demander compte de sa conduite; et il rapporte à cette occasion le mot de César, contemplant à Pharsale le champ de bataille couvert de morts : « Ils l'ont voulu : malgré les « grandes choses que j'avois faites, j'aurois été judiciaire- « ment condamné, si je n'eusse appelé mon armée à mon « secours. » *Hoc voluerunt; tantisque rebus gestis, C. Cæsar condemnatus essem, nisi ab exercitu auxilium petissem.*

(13) Les deux motifs concoururent, et dans ce concours, il est permis de croire que le dernier eut plus de poids que le premier dans l'ame de celui qui avoit dit, en traversant

une bicoque dans des montagnes : « J'aimerois mieux être
« le premier dans un village, que le second dans Rome. »
Pompée prétendoit que, dans le désespoir de pouvoir disposer
de tout à sa fantaisie, et sur-tout d'accomplir, à ses propres
dépens, les magnifiques espérances dont il avoit bercé le
peuple, à l'époque de son retour, il s'étoit déterminé à tout
mettre sens dessus dessous, à bouleverser la république.
Ce fut ainsi que ces trois passions d'un seul homme couvrirent le monde connu de fleuves de sang humain.

(14) Quinte-Curce nous a un peu révélé le foible du conquérant macédonien sur ce point, en disant, à propos du
voyage qu'il entreprit pour se rendre auprès de Jupiter
Ammon : *Hæc (impedimenta) Ægyptii verò majora jactabant. Sed ingens cupido animum stimulabat adeundi
Jovem, quem generis sui auctorem, haud contentus mortali
fastigio, aut credebat esse, aut credi volebat.* Lib. IV,
c. 7. Cette réflexion de l'historien, *haud contentus mortali
fastigio*, atteste la sagesse de son esprit, et prouve en même
temps qu'Alexandre, tout Alexandre qu'il étoit, n'étoit à
ses yeux que le fils de Philippe.

(15) Pendant qu'Alexandre faisoit le siège de la ville des
Oxydraques, un aruspice nommé Démophon lui dit de s'éloigner des murailles, ou du moins de suspendre l'assaut,
parceque sa vie étoit menacée d'un grand danger. Alexandre
fixa Démophon, et lui dit : « Si, pendant que vous êtes en-
« foncé dans les fonctions de votre ministère, et que vous
« scrutez les entrailles des victimes, quelqu'un venoit vous
« tenir le langage que vous me tenez, vous trouveriez, j'en
« suis sûr, ce discours fort incommode. » — Je l'avoue,
répondit Démophon. — « Eh bien ! continua Alexandre,
« pensez-vous que rien puisse être plus importun à celui
« qui, au lieu d'attacher ses regards sur des fibres de qua-
« drupèdes, médite les plus grandes choses, qu'un aruspice
« qui vient avec ses superstitions entraver sa marche ? » Et à
ces mots, il ordonna d'appliquer les échelles aux murailles.
Quinte-Curce, liv. IX, *chap.* 4.

(16) Cet évènement de l'histoire d'Alexandre est bien plus amplement détaillé dans Quinte-Curce, à l'endroit que nous venons de citer. On y verra qu'Alexandre courut le plus grand danger de perdre la vie en cette occasion, par les suites d'une blessure qu'il avoit reçue dans les flancs, et qu'il soutint avec un courage vraiment héroïque les opérations de Critobule son chirurgien.

(17) Voyez Plutarque, *Vie d'Alexandre*, 117.

(18) *Dein pluribus hostiis cæsis, cùm litare non posset, introiit curiam spretâ religione.* Sueton. Jul. Cæs. 81.

(19) *Revertenti Babylonem Chaldæi vates occurrerunt, monentes ne Babylonem ingrederetur. Profectionem enim ejus per id tempus vitæ periculum ei portendere. Quibus spretis, quò destinaverat ire pergit.* Q. Curt., lib. X, c. 4.

(20) Le lecteur qui voudra se faire une idée bien juste de ce canal, de sa situation par rapport à Babylone et à l'Euphrate, doit consulter la petite carte géographique qui se trouve dans le troisième volume du Voyage de Néarque, de Vincent, traduit par Billecocq, page 220. La *suite au Voyage de Néarque*, page 242 et suivantes, renferme des détails précis sur le compte de ce canal, qu'on nomme *Pallacopas*, au lieu de *Pallacotta*, qui est dans le grec, et qui prouvent que ce canal étoit destiné à amener les eaux de l'Euphrate dans le lac qu'on nomme aujourd'hui *Meschid-Ali*, et à les employer à féconder les terres des campagnes voisines de Babylone. Il faut donc qu'Appien se soit trompé au sujet de son *Pallacotta*, ou que son texte soit corrompu, puisqu'il dit que ce canal n'avoit été creusé que pour empêcher que les eaux de l'Euphrate ne se répandissent dans les plaines qui le bordoient. Ce qui fortifie cette conjecture, c'est ce qu'il dit de l'intention d'Alexandre, qui vouloit faire réparer ce canal; parceque, dans le projet qu'il avoit de rendre à Babylone son ancienne splendeur, il falloit en même temps rendre au canal de Pallacopas ses anciennes fonctions, qui étoient d'augmenter le produit des terres par le bienfait de l'irrigation.

(21) « Il est vrai, lui répondit l'aruspice Spurinna, que
« les ides sont arrivées, mais elles ne sont pas passées en-
« core. » *Venisse quidem eas diceret, sed non præterisse.*
Sueton. Jul. Cæs. 81.

(22) Plutarque se contente de dire qu'il fit venir devant
lui dix de ces brachmanes et gymnosophistes, pour mettre à
l'épreuve leur sagesse et leur savoir. Cet historien rapporte
à ce sujet les questions curieuses qu'Alexandre proposa à ces
gymnosophistes, et les réponses qu'ils y firent. *Vie d'A-
lexandre*, 107.

(23) On trouvera dans Plutarque, Vie de César, 77, de
quelle importance fut ce service que César rendit aux Romains, quoique Cicéron se permît d'en faire le sujet de
ses sarcasmes.

(24) Appien est sur ce point d'accord avec Suétone, *neque
suâ morte defunctus est.* Mais ce dernier historien paroît
s'être trompé, lorsqu'il a dit que presque aucun de ses assassins ne lui avoit survécu plus de trois ans. *Percussorum autem ferè neque triennio quisquam ampliùs supervixit.* On
verra plus bas, dans Appien, que lorsque Sextus Pompée traita
avec Antoine et Octave, l'an 715, il stipula en faveur de ceux
des assassins de César qui étoient venus chercher un asile auprès de lui. Dion Cassius nous a transmis le même fait, en
parlant du même traité de paix. Après la mort de Sextus Pompée, Antoine accorda sa protection à quelques uns de ces
assassins, à Cassius Parmensis, entre autres, qui périt le
dernier selon le témoignage de Paterculus (*liv*. II, *c*. 87),
un an après la bataille d'Actium, c'est-à-dire environ treize
ans après la mort de César. C'est donc une inadvertance grave
de la part d'Ophellot de La Pause, d'avoir totalement
méprisé l'adverbe latin *ferè* de son texte, et d'avoir traduit, « aucun des assassins de César ne lui survécut plus
« de trois ans. » Une autre inadvertance de ce traducteur,
c'est d'avoir traduit les mots de son texte *damnati omnes*
par, « tous furent condamnés par le peuple romain. » Suétone n'a point parlé du peuple romain à propos de cette con-

damnation, et il n'avoit garde de le faire, parcequ'il ne pouvoit ignorer un fait que l'on trouvera plus bas dans Appien; savoir, qu'Octave forma une commission de juges choisis à son gré, pour faire condamner à la mort les conjurés; fait accompagné de cette circonstance vraiment remarquable, c'est que, quoique Octave eût fixé son choix, comme on peut se l'imaginer, sur des hommes bien décidés à devenir les instruments de sa vengeance, il se trompa sur l'un d'eux, qui eut le courage de voter blanc pour les conjurés, et cela ostensiblement, au vu de tous les spectateurs.

FIN DU LIVRE SECOND ET DU TOME PREMIER.

www.ingramcontent.com/pod-product-compliance
Lightning Source LLC
Chambersburg PA
CBHW071151230426
43668CB00009B/907